U0910195

本书系：

国家社会科学基金一般项目（14BJY084）阶段性成果
浙江省哲学社会科学规划重点项目（13NDJC004Z）阶段性成果
国家社会科学基金青年项目（16CSH014）阶段性成果
浙江省技术创新与企业国际化研究中心重点资助项目阶段性科研成果
浙江工业大学人文社科预研基金重点项目（110307003708）阶段性成果
浙江省中小微企业转型升级协同创新中心重点资助项目科研成果
浙江工业大学中国中小企业研究院重点资助项目科研成果
浙江省高校人文社科重点研究基地——技术经济及管理研究成果

课题支持单位：

浙江省中小微企业转型升级协同创新中心
浙江工业大学中国中小企业研究院
国家工业与信息化部中小企业局
国家工业与信息化部中小企业发展促进中心
浙江省经济与信息化委员会（浙江省中小企业局）
杭州市经济与信息化委员会
中国技术经济学会
世界工业与技术研究组织协会（WAITRO）
浙江省哲学社会科学重点研究基地——技术创新与企业国际化研究中心

中小企业研究文库•主编　肖瑞峰　池仁勇

浙江省中小微企业转型升级协同创新中心
浙江工业大学中国中小企业研究院
浙江省哲学社会科学重点研究基地
浙江省高校人文社会科学重点研究基地

中国中小企业景气指数研究报告（2017）

Climate Index Report of Chinese SMEs 2017

池仁勇　刘道学　林汉川　秦志辉 等 著

中国社会科学出版社

图书在版编目（CIP）数据

中国中小企业景气指数研究报告.2017/池仁勇等著.—北京：中国社会科学出版社，2017.9
ISBN 978-7-5203-0950-9

Ⅰ.①中… Ⅱ.①池… Ⅲ.①中小企业—经济发展—研究报告—中国—2017 Ⅳ.①F279.243

中国版本图书馆 CIP 数据核字(2017)第 220081 号

出 版 人 赵剑英
责任编辑 卢小生
责任校对 周晓东
责任印制 王 超

出 版 中国社会科学出版社
社 址 北京鼓楼西大街甲 158 号
邮 编 100720
网 址 http：//www.csspw.cn
发 行 部 010-84083685
门 市 部 010-84029450
经 销 新华书店及其他书店

印刷装订 北京君升印刷有限公司
版 次 2017 年 9 月第 1 版
印 次 2017 年 9 月第 1 次印刷

开 本 787×1092 1/16
印 张 27.75
插 页 2
字 数 447 千字
定 价 110.00 元

《中国中小企业景气指数研究报告(2017)》课题组主要成员

组　　长　池仁勇　林汉川　秦志辉

副 组 长　刘道学　金陈飞

主要执笔者（以姓氏笔画为序）

王　楠　王国勇　王黎萤　乐　乐　刘玉浩

刘凤婷　刘　宇　刘道学　池仁勇　汤临佳

李鸽翎　李　翱　吴　宝　吴俊华　宋秀玲

张卫平　范瑾瑜　林汉川　金陈飞　俞梦莹

秦志辉　徐　露　郭元源　黄萍萍　曹泽钦

葛江宁　董　睿　程　聪　程宣梅　虞微佳

詹爱岚　褚思帆　穆家柱

中国中小企业景气指数研究课题组主要成员简介

池仁勇 管理科学与工程博士。浙江工业大学中国中小企业研究院执行院长、经贸管理学院教授，博士生导师，浙江省高校人文社科重点研究基地负责人，享受国务院政府特殊津贴专家。研究领域为中小企业创业管理、创新网络，是中国最早从事中小企业发展研究的学者之一。先后主持国家社会科学基金重大项目1项（12&ZD199）、国家自然科学主任基金应急项目1项、国家自然基金项目3项及省部级课题10余项。在《管理世界》《科研管理》、Small Enterprise Development 等国内外杂志发表论文100余篇。出版专著教材10余部。获中国科学技术协会“全国优秀科技工作者”称号，获教育部人文社会科学研究优秀成果奖二等奖1项，浙江省人民政府哲学社会科学优秀成果奖一等奖2项，浙江省科技进步三等奖及浙江省高校科研成果一等奖、二等奖各1项，2013年获美国中小企业协会（USASBE）年度会议企业家和公共政策最佳论文奖。现兼任中国技术经济研究会常务理事，世界工业与技术研究组织协会（WAITRO）常务理事，中国科学学与科学技术研究会理事。《中国中小企业发展年鉴》执行副总编，《浙江省通志：乡镇企业卷》常务副主编，中国中小企业景气指数研究课题组组长。

林汉川 经济学博士。对外经济贸易大学特级教授，博士生导师，校长顾问（学科建设），中小企业研究中心主任，享受国务院政府特殊津贴专家。任北京企业国际化经营研究基地首席专家，浙江工业大学中国中小企业研究院院长。主要研究方向为企业理论与企业制度、产业结构调整与企业国际化经营、中小企业发展与政策等。已公开发表论文200多篇，出版专著教材20多部。已主持1项国家社会科学基金重大项目（08&ZD039）和其他11项国家级项目，获得孙冶方经济科学奖、教育部人文社会科学研究优秀成果奖一等奖、北京市政府人文社科一等奖、蒋一苇企业改革与发展学术基金优秀著作奖、武汉市政府社科优秀成果一等奖与国家级精品课程奖、全国教学科学优秀成果奖等省部级以上科研与教学奖励21项。现兼任中国工业经济学会副理事长、中国企业管理研究会常务理事、中国商业联合会专家委员、中国国有资产管理学会理事等职。

秦志辉　经济学博士、研究员。现任工业和信息化部中小企业局副局长（正局长级），中国中小企业国际合作协会秘书长。先后主编《中国中小企业年鉴》《中外企业案例解析》《中小企业研究热点》《中国中小企业大讲堂》等多部著作，并在《人民日报》《经济日报》《中国经贸导刊》等报刊发表《小企业绝非责任"盲区"》《中小企业怎样做品牌》《快、准、灵是企业成功的秘诀所在》等多篇论文。先后主持全国人大财经委、国家发改委、财政部、工业和信息化部等委托的多项课题和规划。

刘道学　经济学博士，浙江工业大学中国中小企业研究院专职研究员，日本大阪市立大学客座研究员，中国中小企业景气指数研究课题组副组长。主要研究方向为中小企业成长、区域产业经济。在国内外发表学术论著30余篇（部）。主持国家社会科学基金项目（14BJY084）、浙江省哲学社会科学规划重点项目（13NDJC004Z）、浙江省科技厅重点软科学研究项目（2012C25066）、浙江省"钱江人才"计划择优资助项目（QJC1302016）及浙江省技术创新与企业国际化研究中心重点课题等7项，同时参与国家社会科学基金重大项目及其他各级各类科研项目多项。作为主要参加成员获教育部人文社会科学研究优秀成果奖二等奖1项，浙江省人民政府哲学社会科学优秀成果奖一等奖2项。

丛 书 序

浙江省是中国中小企业最发达的省份之一。早在20世纪60年代，浙江广大农村就有很多社队企业发展，它们大多从事农副产品加工、农业机械修理、日用品生产等。改革开放以后，浙江农村乡镇企业成为中小企业的主要成分，在活跃城乡人民生活、增加市场竞争、增加城乡就业、活跃经济、区域经济增长、开展技术创新等方面发挥了不可替代的作用。浙江中小企业绝大多数是民营经济，它们经营机制灵活，市场信息灵敏，市场反应速度快，取得了很多成功经验。尤其是中小企业地域集聚形成的“块状经济”“一村一品，一乡一品”的发展模式取得了很大成功，成为独特的浙江经济现象。浙江地方政策在扶持中小企业的发展，促进科技型中小企业发展，增强中小企业技术创新能力等方面，也做出了积极贡献。因此，研究浙江省中小企业发展经验，在中小企业发展方向与政策具有现实和理论意义。

浙江工业大学是中国最早开始研究中小企业的机构之一，早在20世纪80年代，以吴添祖教授带头的研究团队就开始研究中小企业的发展，是中国中小企业国际合作协会首届理事单位，先后承担十余项国家自然基金和国家社科基金项目等，培养了一支活跃于中小企业研究的科研队伍。浙江工业大学中小企业研究团队依托浙江省高校人文社科重点研究基地、浙江省哲学社会科学重点研究基地和2012年3月成立的中国中小企业研究院等研究平台以及浙江省中小微企业协同创新研究中心，依托浙江省中小企业的实践，借鉴世界各国中小企业发展经验，研究中小企业创新、产业集群、中小企业国际合作、中小企业政策、发展环境、中小企业融资、财务管理、市场营销、人力资源管理、中小企业劳工关系、中小企业知识产权保护等方面进行研究，取得了开创性成就。

近年来，依托浙江工业大学中小企业研究理论，以开放性视野吸纳全国中小企业研究成果，逐渐出版“中小企业研究文库”，形成了一系列中小企业理论研究成果，在中国尚属首创，具有重要的现实与理论意义。期望以此为契机，推动中国中小企业理论研究向更高层次发展，为中小企业政策发展提供参考，为中小企业经营与发展提供理论支撑。

浙江省中小企业局原局长、浙江省中小企业协会会长

2011 年 4 月

内 容 简 介

《中国中小企业景气指数研究报告（2017）》为中国中小企业景气指数研究的最新年度报告书，主体内容由四篇十五章构成。

第一篇 2016—2017 年中国中小企业发展总体评述（第一章和第二章），主要分析近一年来中国中小企业总体发展状况及区域中小企业发展动态和新亮点，同时系统地梳理了 2016 年以来国家及各地方政府促进中小企业发展的最新政策与法规（包括中小企业财税金融、创业创新、公共服务平台及国际化扶持政策等）。

第二篇 2017 年中国中小企业景气指数测评（第三章至第六章），是本研究报告的核心部分。本研究报告基于国内外相关最新前沿理论和中国中小企业发展的实际，通过确立宏观和微观、官方统计和非官方调研相结合的景气指数评价方法，收集选取统计数据、上市中小企业财务数据以及中小微企业景气监测问卷调查数据，采用主成分分析法—扩散指数法—合成指数法，计算出中国大陆 31 个省份、七大地区及 16 个主要城市的中小企业综合景气指数，系统地总结了中国中小企业总体发展及不同区域发展的最新现状和趋势。

第三篇中国区域中小企业景气指数实证研究——浙江小微篇（第七章和第八章）。主要基于浙江小微企业景气监测最新数据，计算出 2017 年浙江省 11 市和主要行业小微企业景气指数，并针对当前浙江小微企业发展现状及主要问题进行了综合分析，提出相关对策与建议等。

第四篇 2017 年中国中小企业发展热点专题研究（第九章至第十五章）。主要针对当前热点问题结合案例进行分析，包括区域中小企业景气提升路径专题研究、供给侧结构性改革背景下中小企业创业创新发展专题研究、共享经济与中小企业成长专题研究、中小企业知识产权研究专题研究、中小企业降成本专题研究、中小企业融资评价专题研究及“一带一路”与中小企业“走出去”区域专题研究。

本研究报告为中国社会科学出版社—浙江工业大学“中小企业研究文库”系列著作，是包括多项国家及省部级社会科学、自然科学重大重点科研项目的阶段性成果。本研究报告由池仁勇、刘道学等策划统撰，是撰写团队持续开展中国中小企业景气指数研究协同攻关取得的最新标志性成果。本研究报告具有科学理论基础和可靠数据支撑，结合大量案例研究，深入分析中国中小微企业发展的最新景气状况和动态趋势，研究具有鲜明的现实针对性，可为政府决策、企业经营提供决策参考，具有较高的学术价值和社会应用价值。

目　录

第二篇　2017 年中国中小企业景气指数测评

第三篇　中国区域中小企业景气指数实证研究
——浙江小微篇

第四篇　2017 年中国中小企业发展热点专题研究

图　目　录

表　目　录

前　言

2016 年以来，中国中小企业发展的政策环境更加宽松，投资环境进一步改善。特别是中央经济工作会议提出的“三去一降一补”政策深化了供给侧结构性改革，使中小企业经营成本明显降低，产业结构进一步优化，新技术、新产品、新业态、新模式不断涌现，创业创新活力进一步增强，从而助推中国中小企业发展景气触底回升，总体呈现出强劲增长态势。

国家工商行政管理总局发布的数据显示，截至 2017 年 3 月底，全国实有各类市场主体 8935.7 万户。其中，企业 2696.8 万户，占 30.2%；个体工商户 6052.8 万户，占 67.7%；农民专业合作社 186.1 万户，占 2.1%。2017 年第一季度，中国新登记市场主体 359.8 万户，同比增长 19.5%，平均每天新登记企业约 4 万户，新增企业数量高于上年同期水平，其中 99% 为中小微企业。就业方面，截至 2016 年年底，以中小微企业为主体的全国个体私营经济从业人员实有 3.1 亿人，较 2015 年增加 2782.1 万人。第三产业个体私营经济从业人员最多，实有 2.3 亿人。另据国家统计局数据，2016 年年末，全国规模以上中小工业企业 37 万户，比 2015 年年末增加 5000 户。其中，中型企业 5.4 万户（占 14.6%），小型企业 31.6 万户（占 85.4%）。中国中小微企业创造了 50% 以上的国家财政税收和 60% 以上的国内生产总值，完成了 70% 以上的发明专利，提供了 80% 以上的城镇就业岗位。可见，中小微企业是支撑中国实体经济发展基石，是中国实施创新驱动发展的生力军，在吸纳社会就业、促进经济增长、实现和谐发展等方面发挥着不可替代的重要作用。

另外，近年来受中国经济下行、实体经济投资回报率走低和房地产价格上涨过快等因素影响，社会资金“脱实向虚”的倾向较为明显，这无疑对中小企业实体经济带来了不利影响。同时，近年来，企业降成本政策尽管大大减轻了企业负担，但由于涉企收费项目、相关资金使用情况及政务公开等还不够透明，当前中小企业发展仍然面临内外各种沉重的负担。在创新方面，中国中小企业仍然存在创新人才匮乏、创新资金来源不足、创新意愿不强等困境，且中小企业整体素质偏低，进入门槛低，无序竞争的状态在一些地区、一些行业还明显存在，这些都不利于中国中小企业提质增效，有碍中小企业在公平、公正的社会环境下实现健康持续发展。根据中国国家工商总局的数据资料，2016 年，国家工商总局与税务总局联合清理长期停业未经营未纳税的"僵尸企业"，全国注吊销企业 138.6 万户，同比增长 70.2%，其中吊销 41.1 万户，是 2015 年的 15.8 倍，注销 97.5 万户，同比增长 23.6%。

中小企业景气指数是用来衡量中小企业动态发展状况的"晴雨表"。为了帮助中国量大面广的中小企业及时了解企业运行现状及相关行业和区域发展态势，更好地为政府部门、行业机构以及企业自身提供决策依据，浙江工业大学中国中小企业研究院发挥浙江省高校人文社科重点研究基地、浙江省哲学社会科学重点研究基地及浙江省中小微企业转型升级协同创新中心等依托部门的专家团队优势，从 2010 年开始策划开展有关中小企业景气监测、景气指数编制工作，在中国率先开展中小企业景气指数理论及实证研究。2011 年，该项研究工作列入浙江工业大学中国中小企业研究院的重大研究项目，当年 8 月课题组推出了中国首部《中国中小企业景气指数研究报告》，填补了该领域研究的空白。2012 年在研究中国省际中小企业景气指数的基础上，追加研究中国主要城市中小企业景气指数，并基于深交所发布的中小板、创业板 500 指数样本企业的财务数据，运用扩散指数法编制中小板及创业板景气指数；2013 年开始，基于浙江省的重点监测数据开展浙江 11 市的区域景气指数和小微企业发展指数编制工作，同时参加《浙江省中小企业发展报告》及《中国中小企业发展研究报告》的编撰工作，负责承担中小微企业动态数据分析及相关专题研究；2014 年开始，随着新三板挂牌企业的财务数据逐渐可以获得，在此前仅限于中小板和创业板企业的景气分析，通过选取新三板的成分指数与做市指数样本，加入新三板企业数据后，使上市中小企业景气指数更能够全面、客观地反映中小企业动态发展的现实。由此不断丰富和完善了中国中小企业景气指数研究的方法与内容，满足了该项研究的重大社会需求。

七年来，《中国中小企业景气指数研究报告》在西湖中小企业国际研讨会（2011 年 10 月、2012 年 10 月，杭州）、世界工业技术研究院协会暨国际创新成果浙江推介会（2013 年 10 月，杭州）及 APEC 中小企业工商论坛（2014 年 9 月，南京）、全国小企业发展论坛（2015 年 6 月，杭州）、全国科技评价学术研讨会（2016 年 11 月）向国内外公开发布，并作为“中小企业文库”由中央级出版社出版持续发行。研究报告公开发布后，得到新华通讯社、中国新闻社、《光明日报》《21 世纪经济报道》《参考消息》《中国日报》、中国网、《浙江日报》《杭州日报》《文汇报》《新民晚报》《证券时报》、浙江在线、浙江卫视、人民网、央视网、中国广播网、中国经济网、新浪网、浙江网、凤凰网、《大公报》“中央日报”等 60 多家国内及境外有力新闻媒体的采访、报道及传播推广，引起相关各界高度关注，产生了较大社会影响。

《中国中小企业景气指数研究报告（2017）》是依托浙江工业大学中国中小企业研究院和中小微企业转型升级协同创新中心的研究团队，联合相关部门和研究同行完成的又一大型年度报告书。本研究报告总体由四篇十五章构成。

第一篇由第一章和第二章组成。第一章是从宏观角度回顾 2016 年以来中国中小企业发展概况。内容包括：2016—2017 年中国中小企业发展概况分析及评述；2016 年以来中国区域中小企业发展动态比较分析，特别分析了各地促进中小企业发展的主要亮点，东部地区重点介绍了浙江“最多跑一次”改革、江苏“两聚一高”发展战略及辽宁“百千万”帮扶行动；中部地区重点介绍了“江西制造”变“江西智造”、安徽中小企业构建融资网络平台及河南“1816”投资促进计划；西部地区重点介绍了贵州省的大数据战略行动、青海省的“千干帮千企”活动及宁夏的精准扶持施策等。第二章系统地梳理分析了 2016—2017 年中国促进中小企业发展政策，包括国家及各部委出台和实施的扶持中小微企业发展的财税金融政策、创业创新政策、公共服务平台政策及中小企业国际化扶持政策；各地中小微企业发展扶持政策；最后对《中国制造 2025》推进中小企业创新改革、中小企业信息化培育政策及“一带一路”与中小企业发展政策等进行了重点解读评述。

第二篇2017年中国中小企业景气指数测评，是本研究报告的核心部分，由第三章至第七章组成。第三章阐述了中小企业景气指数研究的最新动态及趋势，内容包括国内外中小企业景气指数研究的理论与方法前沿；中国中小企业景气指数研究的意义；景气指数评价的对象及指标选取原则、样本规模、数据收集与预处理、景气指数评价指标分类与评价指标权重的确定方法、中小企业综合景气指数指标体系构建等。第四章为2017年中国中小企业景气指数测评结果分析，分别研究分析了工业中小企业、上市中小企业景气指数、比较景气指数的测评结果，并对2017年中国中小企业综合景气指数的省际排名、地区排名及年度景气指数基于加权平均指数进行了综合性探讨。第五章基于时序维度具体分析了2013—2017年中国大陆31个省、直辖市和自治区中小企业综合景气指数的变动趋势。作为区域研究的有机组成部分，第六章对2017年苏州、杭州、广州、青岛、成都、郑州、武汉、福州、长沙、大连、石家庄、合肥、昆明、贵阳、西安及乌鲁木齐16个主要城市中小企业景气指数进行测评，报告了中国主要城市中小企业发展的最新现状与景气特征。

第三篇中国区域中小企业景气指数实证研究——浙江小微篇。由第七章和第八章组成。聚焦浙江省小微企业开展实证跟踪研究。第七章基于2016—2017年小微企业培育监测数据的浙江省区域小微企业景气指数测评，在分别对浙江省11市最新的工业小微企业景气指数、企业信心指数、重点监测企业景气指数进行测评的基础上，计算出了2017年浙江省11市小微企业综合景气指数，并基于全省平均指数进行了综合评价。第八章为基于2016—2017年浙江行业监测数据的主要行业景气指数研究，内容包括浙江省行业发展总体景气状况、对浙江省企业数量占比最多的纺织业、通用设备制造业、金属制品业及橡胶和塑料制品业四大主要行业的景气指数进行了计算、分析和综合探讨等。连续六年使用区域监测平台数据开展行业景气指数研究，为行业分析积累新的基础数据，并针对当前浙江小微企业发展现状及主要问题提出相关对策建议。

第四篇包括第九章至第十五章，针对当前中国中小企业景气状况的热点问题结合实证和案例分析进行专题研究。第九章区域中小企业景气提升路径专题研究，内容包括区域创新能力与中小企业景气的作用机理；区域经济结构对区域创新能力与中小企业景气的调节作用的机制分析；区域创新投入能力、区域创新支撑能力和区域创新产出能力与中小企业景气指数相关实证分析；提升区域中小企业景气的对策与建议。第十章供给侧结构性改革背景下中小企业创业创新发展研究，内容包括供给侧结构性改革背景下中小企业创业创新的战略意义、创业创新发展现状及相关对策建议。第十一章共享经济与中小企业成长专题研究，内容包括共享经济的内涵、特征和类型，以众创空间为例说明中小企业典型共享发展模式，共享经济背景下中小企业面临的机遇与挑战。第十二章中国中小企业知识产权专题研究，内容包括中国中小企业知识产权战略实施进展及作用、中国推动中小企业知识产权发展的政策措施及发展趋势等。第十三章中国中小企业降成本专题研究，内容包括中国推动中小企业降成本的政策措施及效果、推行中小企业“营改增”的政策措施及效果、推动中小企业降费的政策措施及效果。第十四章中国中小企业创业融资评价专题研究，内容包括中国中小企业借贷总体情况、信贷环境总体变化、融资渠道及2016年中国中小企业创业融资政策评价等。第十五章“一带一路”与中国中小企业“走出去”——拉美地区专题研究，本研究报告首次选择迄今研究较少的拉美地区进行案例分析，内容包括拉美主要国家产业现状及投资政策分析、拉美主要国家外资需求及中国企业投资分析、中国企业投资拉美总结分析等。

作为反映中国中小企业景气状况的重要补充资料，本研究报告在参考文献之前设置附录，收录了2016年中国中小企业大事记及重要会议信息，同时附录了中国中小企业景气指数测评数据表和全书参考文献。

本研究报告作为中国中小企业景气指数研究的最新年度报告，具有较高的学术价值和社会应用价值。

首先，本研究报告基于持续开展基础理论研究和监测调查数据的收集，进一步完善了中国中小企业景气指数评价方法与指标体系。本研究报告基于中国中小企业发展的实际情况，通过确立宏观和微观、官方统计和非官方调研相结合的景气指数评价方法，收集选取中国国家和各省市统计局的统计数据、上市中小板、创业板及新三板企业财务数据，以及全国中小微企业景气监测问卷调查数据，采用主成分分析法—扩散指数法—合成指数法，计算出了中国大陆31个省份、七大地区及16个主要城市的中小企业综合景气指数和加权平均值，系统地总结了中国中小企业总体发展及不同区域发展的最新现状和趋势，研究具有科学理论基础和可靠数据支撑。

其次，本研究报告密切关注近年来中国中小企业动态发展的现状及当前存在的主要问题，提出了若干有针对性的对策建议。本研究报告采用定量分析与定性研究相结合，系统地梳理了2016年以来国家及各地方政府促进中小企业发展的最新政策与法规，深入分析了中国中小微企业发展的最新景气状况和动态趋势，特别聚焦近年来中国中小企业发展的热点及亮点，并结合具体案例展开专题研究，研究具有鲜明的现实针对性与时代前瞻性。

本研究报告通过对中小企业景气指数的最新分析，可以帮助中小企业自身及时了解行业或地区的整体发展态势，明确其在行业或地区中的地位，较为客观地评估区域企业的优势所在与不足之处，从而有利于中小企业在转型升级过程中制定正确的经营方针和发展策略。同时，本研究报告通过区域分析和企业案例研究，也为国家和地方政府调整区域产业结构、促进中国中小企业健康持续发展提供了决策依据。

本研究报告作为中国社会科学出版社—浙江工业大学“中小企业研究文库”系列著作，为国家社会科学基金项目（14BJY084、16CSH014）、浙江省哲学社会科学规划重点项目（13NDJC004Z）及浙江省哲学社会科学重点研究基地技术创新与企业国际化研究中心、浙江工业大学中国中小企业研究院、中小微企业转型升级协同创新中心的重点科研资助项目，是课题组撰写团队开展联合攻关的科研成果结晶。全书由池仁勇、林汉川、秦志辉、刘道学负责策划设计、组织与统撰，具体参加本研究报告撰写的成员有（以章节为序）：池仁勇（前言），池仁勇、郭元源、葛江宁、刘道学（第一章），汤临佳、范瑾瑜、李翱（第二章），刘道学、池仁勇（第三章），刘道学、金陈飞、池仁勇、吴俊华、俞梦莹、褚思帆、徐露（第四章），刘道学、金陈飞、池仁勇、俞梦莹、褚思帆、吴俊华、徐露（第五章），刘道学、金陈飞、徐露（第六章），金陈飞、乐乐、刘玉浩、王楠、刘道学、王国勇（第七章），金陈飞、刘宇、刘道学、王国勇（第八章），池仁勇、刘凤婷、金陈飞、刘道学（第九章），程宣梅（第十章），李鸽翎（第十一章），詹爱岚（第十二章），王黎萤、虞微佳、张卫平、宋秀玲、曹泽钦（第十三章），金陈飞、吴宝（第十四章），程聪（第十五章），董睿、穆家柱（大事记、附录）。池仁勇、刘道学、金陈飞对全书初稿进行了统撰和审校。黄萍萍参与了书稿校对工作。

本研究报告在研究和撰写过程中，得到国家工业与信息化部中小企业局、中国中小企业发展促进中心、中国社会科学院中小企业研究中心、中共浙江省委办公厅、浙江省人民政府办公厅、浙江省经济与信息化委员会（浙江省中小企业局）、浙江省中小企业协会、杭州市经济与信息化委员会、中国技术经济学会、浙江省中小企业研究会、经济合作与发展组织（OECD）、世界工业与技术研究组织协会（WAITRO）等国内外有关组织机构和部门的指导与大力支持，使本研究报告内容充实，数据准确，资料丰富，在此一并表示诚挚的感谢！

同时，特别感谢中国社会科学出版社经济与管理出版中心主任卢小生编审一如既往地给予细心指导与鼎力支持。感谢其领导下的专业团队从本书策划、出版设计到书稿审校、印刷出版等各方面默默付出的诸多心劳，正是因为他们高度敬业的工作，才保证了本研究报告及时顺利出版。

参加本研究报告撰写的专家、学者对自己撰写的内容都进行了专门潜心研究，但由于中国中小企业发展面临的内外环境都在发生日新月异的变化，加之时间紧迫，难免存在一些不足。本研究报告中如有不妥之处，敬请各位研究同行和读者批评指正为幸。

池仁勇

2017 年 6 月

于浙江工业大学

第　一　篇

2016—2017 年中国中小企业发展总体评述

第一章

2016—2017 年中国中小企业发展分析

中小企业在国民经济中处于重要地位，其发展也越来越受到党中央、国务院和社会各界的普遍关注。近年来，随着“大众创业、万众创新”等政策的实施，中小企业面临着前所未有的政策扶持和发展机遇。供给侧结构性改革使企业成本降低，产业结构得到优化；技术革命使得新业态、新商业模式不断涌现，为中小企业的发展创造了更加公平的机会。但中国中小企业在创新方面同时也存在创新人才匮乏、创新资金来源不足、创新意愿不强等困境，且中小企业整体素质偏低，进入门槛低，易形成无序竞争。同时，由于发展历史及资源分配等原因，中国东部与中西部中小企业在发展过程中存在显著差异，总体呈现东强西弱的不均衡特征。本章首先分析近一年来中国中小企业总体的发展概况，其次比较分析中国区域中小企业发展状况及趋势特征，最后重点介绍区域中小企业发展的最新亮点，为准确把握中国中小企业总体发展情况提供参考。

第一节 2016—2017 年中国中小企业发展概况

一 中小企业发展总体状况

根据国家工商行政管理总局最新统计数据披露，2017 年第一季度，中国新登记市场主体 359.8 万户，同比增长 19.5%，平均每天新登记 4 万户。截至 2017 年 3 月底，全国实有各类市场主体 8935.7 万户。其中，企业 2696.8 万户，占 30.2%；个体工商户 6052.8 万户，占 67.7%；农民专业合作社 186.1 万户，占 2.1%。

2017 年前 3 个月，新登记企业数量高于上年同期水平，保持平均每天新登记企业 1.4 万户；与内资企业相比，外资企业增长平稳，新登记外资企业为 1.15 万户，同比增长 15.4%，增速较上年同期高出 4.1 个百分点。新登记的外资企业主要来源于港澳台地区，其中台资企业尤为突出。[①] 其中，第一季度，新登记个体工商户 227.3 万户，同比增长 21%，增长速度明显提升。从产业分布看，第三产业新登记数量最多，占 90.0%。在建筑业的带动下，第二产业新设企业增加很快，第一季度同比增长 45.1%。制造业企业同比增长 25.4%，比上年同期提高 13.4 个百分点。同时，第一季度，全国注吊销市场主体 152.2 万户，同比增长 31.6%。企业注吊销 30.5 万户，增长 42.2%，其中，外商投资企业注吊销 4112 户，增长 22.4%；个体工商户注吊销 120.6 万户，增长 28.8%。农民专业合作社注吊销 1 万户，增长 82.6%。

表 1-1 2002—2016 年中国私营企业发展情况

年份	企业数量状况		从业人员状况		注册资金状况	
	户数（万户）	增长率（%）	从业人数（万人）	增长率（%）	注册资金（万亿元）	增长率（%）
2002	263.8	20.0	3247.5	19.7	2.5	35.9
2003	328.7	24.8	4299.1	32.3	3.5	42.6
2004	402.4	22.4	5017.3	16.7	4.8	35.8
2005	472.0	17.3	5724.0	16.1	6.1	28.0
2006	544.1	15.3	6586.4	13.1	7.6	23.9
2007	603.1	10.8	7253.1	10.1	9.4	23.5
2008	657.4	9.0	7904.0	9.0	11.7	25.0
2009	743.2	13.0	8607.0	8.9	14.6	24.8
2010	845.5	13.8	9418.0	9.4	19.2	31.2
2011	967.7	14.5	10353.6	9.9	25.8	34.3
2012	1085.7	12.2	—	—	31.1	20.6
2013	1253.9	15.5	—	—	39.3	26.4
2014	1546.4	23.3	—	—	59.2	50.6

① 参照国家工商行政管理总局官网发布资料，http：//www.saic.gov.cn/hd/ftzb/hdzb/2017xwfbh/。

续表

年份	企业数量状况		从业人员状况		注册资金状况	
	户数（万户）	增长率（%）	从业人数（万人）	增长率（%）	注册资金（万亿元）	增长率（%）
2015	1967.6	27.4	—	—	—	—
2016	2520.4	28.1	31000.0	—	—	—

资料来源：根据国家工商行政管理总局各年度《全国市场主体发展总体情况》整理。

表 1-2　　2002—2016 年中国个体工商户发展情况

年份	企业数量状况		从业人员状况		注册资金状况	
	户数（万户）	增长率（%）	从业人数（万人）	增长率（%）	注册资金（亿元）	增长率（%）
2002	2377.5	-2.3	4742.9	-0.4	3782.4	10.1
2003	2353.2	-1.0	4299.1	-9.4	4187.0	10.7
2004	2350.5	-0.1	4587.1	6.7	5057.9	20.8
2005	2463.9	4.8	4900.5	6.8	5809.5	14.9
2006	2595.6	5.3	5159.7	5.3	6468.8	11.4
2007	2741.5	5.6	5496.2	6.5	7350.8	13.6
2008	2917.3	6.4	5776.4	5.1	9006.0	22.5
2009	3197.4	9.6	6585.4	14.0	11900.0	20.6
2010	3453.3	8.0	7097.7	7.8	13400.0	12.6
2011	3756.5	8.8	7945.3	11.9	16200.0	20.8
2012	4059.3	8.1	—	—	17800.0	22.2
2013	4436.3	9.3	—	—	24300.0	23.1
2014	4984.1	12.4	—	—	2930.00	20.6
2015	5995.1	20.3	—	—	—	—
2016	6052.8	1.0	—	—	—	—

资料来源：根据国家工商行政管理总局各年度《全国市场主体发展总体情况》整理。

二　规模以上工业中小企业发展情况

国家统计局网站显示，2016 年年末，全国规模以上中小工业企业

（以下简称规模以上中小企业）37.0 万户，比 2015 年年末增加 0.5 万户。其中，中型企业 5.4 万户，占中小企业户数的 14.6%；小型企业 31.6 万户，占中小企业户数的 85.4%。

分地区看，东部地区、中部地区、西部地区和东北地区中小企业户数分别为 21.4 万户、8.5 万户、5.0 万户和 2.0 万户，同比分别增长 0.8%、5.8%、6.6% 和 –18.0%，分别占中小企业户数的 58.0%、23.1%、13.6% 和 5.3%。其中，中小企业户数最多的前六省分别为江苏（占全国数量 12.5%）、广东（10.8%）、山东（10.7%）、浙江（10.7%）、河南（6.1%）和安徽（5.2%），6 省合计企业户数 20.7 万户，占全国规模以上中小企业户数的 56.1%。

分行业看，2016 年年底，制造业中小企业 34.7 万户，同比增长 1.8%，占中小企业户数的 93.7%；采矿业 1.3 万户，同比下降 11.4%，占中小企业户数的 3.6%；电力热力燃气及水生产和供应业 1.0 万户，同比增长 5.9%，占中小企业户数的 2.6%。

制造业 31 个行业中，中小企业户数占比超过 5% 的行业有 9 个，分别为非金属矿物制品业（10.0%）、农副食品加工业（7.4%）、化学原料和化学制品制造业（7.0%）、通用设备制造业（6.7%）、电气机械和器材制造业（6.5%）、金属制品业（5.9%）、纺织业（5.7%）、橡胶和塑料制品业（5.2%）和专用设备制造业（5.0%），这 9 个行业中小企业合计户数占制造业中小企业户数的 59.5%。

三 2016—2017 年中国中小企业发展评述

在“大众创业、万众创新”政策鼓舞下，2016—2017 年我国中小企业数量继续保持快速增长，全国上下创业热情继续高涨。2016 年全国新增城镇就业岗位 1314 万个，国家对小微企业减税总额超过 1000 亿元。中小企业转型升级初现成效，涌现了一批智能制造、“互联网 +”“专精特新”等新型中小企业，中小企业成为参与“一带一路”建设的主力，对外投资逐年增加。中小企业在吸纳社会就业、繁荣经济、技术创新、开展国际合作中的地位与作用进一步增强。

但是，因国际经济下滑，国内外市场需求疲软，经济结构调整进入攻坚阶段等原因，中国中小企业发展仍然面临很多挑战与困难，主要体现在以下几方面。

（一）要素成本大幅度上升，企业经营负担较重

近几年来，年轻人受教育程度不断增加，生活成本上升速度较快，中国各地劳动力成本上升速度较快，年轻劳动力供给趋紧，招工难现象在沿海地区继续凸显。此外，环境成本、土地成本、制度性交易成本仍然较高，尤其是沿海地区一些重体力工作、操作性工作的招工越来越困难，妨碍中小企业发展。

（二）国内外市场需求不足，转型升级阻力较大

经济结构调整大背景下，经济增长速度进入新常态，国内外市场需求增长速度趋缓，PMI 长期处于荣枯分水岭等因素制约了我国中小企业发展。投资需求、消费需求、出口等经济增长的“三驾马车”均出现回落趋势，对中小企业的影响首当其冲。我国中小企业主要集中于传统产业、批发业和零售业，传统产业转型升级受到人才和技术创新能力制约，淘汰落后产能受到地方保护主义和 GDP 考核等阻力。同时，随着国内消费需求的升级，一些高端消费者纷纷转向国外市场购买产品，更加剧了国内中小企业产能过剩。

（三）“脱实向虚”现象凸显，实体经济发展缓慢

当前，实体经济生产经营成本居高不下，生产制造业企业利润逐渐下降，边际收益递减现象十分突出。一方面，实体经济流动资金紧张；另一方面，全社会流动性宽裕，大量资金流向金融、房地产等产业，从而加剧了实际经济的资金短缺。民营企业、中小企业对实体经济投资意愿下降，而虚拟经济因赚“快钱”、赚“短钱”而备受资本青睐，这严重影响实体经济发展和中小企业的转型升级。市场经营短期化趋势十分明显，社会资本追求短平快、高收益，投资周期长，风险大的实体经济被资本所遗忘。

（四）中小企业获得感不足，政策宣传力度有待加强

近几年，国家出台很多中小企业扶持政策，从中央到地方各级政府纷纷实施了大量中小企业减税等扶持政策。例如，减免税、平台扶持、减轻负担；等等。但是，问卷调查显示，中小企业对国家政策的获得感不足，政策落地存在“最后一公里”问题。需要破解政策信息不对称，加强政策宣传，实施政策文本公开。同时，需要进一步加强对中小企业政策指导与实施管理力度，减少中小企业政策享受的制度性交易成本，建设中小企

业政策落实快捷通道。

第二节　中国区域中小企业发展分析

一　东部地区中小企业发展环境及特征

（一）供给侧结构性改革初见成效

东部地区作为改革开放的先行者，经济社会发展水平一直处于全国前列。但是，近几年来经济增速下行，经济运行呈现出不同以往的态势和特点，供给和需求不平衡、不协调的矛盾和问题日益凸显。为进一步提升经济增长的质量和程度，东部地区坚持以“三去一降一补”五大任务为抓手，减少无效和低端供给，扩大有效和中高端供给，促进要素流动和优化配置，强势推进供给侧结构性改革。以浙江省为例，2016 年共处置 555 家“僵尸企业”，淘汰改造 2000 多家企业落后产能；不良贷款处置力度加大，工业企业资产负债率从 57.8% 下降到 56%；制订实施企业减负三年行动计划，直接减轻企业负担 1010 亿元。主要成效体现在以下几个方面：

1. 企业成本有所回落

成本高居不下一直是中小企业所面临的主要困境之一，东部地区中小企业虽然发展相对较快，但随之也存在成本水涨船高的问题。东部地区各省份抓住供给侧结构性改革的契机，着力从税费负担、融资成本、制度性交易成本、人工成本等八个方面降低企业成本负担。如广东省，仅减税降费方面，全省 2016 年地税实际减免各项税费 1523 亿元，为企业减负逾 140 亿元。据 2016 年全国企业负担调查评价报告，东部地区企业财务成本明显低于其他地区，企业负担主观感受有一定程度下降，但由于去产能使得煤炭、钢铁、有色金属成本快速上升，企业用电、原材料方面成本反而有所提升。

2. 产业结构更新加速

东部地区各省份在积极推进“去产能”淘汰落后产能的同时，利用已积累的经济资源和发展经验，积极培育绿色、高效、支撑作用强的新产业，实现经济发展新旧动能的衔接转换。2016 年，浙江全省高新技术产业增加值增长 10.1%，占规模以上工业的 40.1%，对规模以上工业增长贡献率为 68.5%；装备制造业增加值增长 10.9%，占规模以上工业的 38.8%；战略性新兴产业增加值增长 8.6%，占规模以上工业的 22.9%。在规模以上工业中，健康产品制造、节能环保产业增加值分别增长 8.9%、7.4%；新一代信息技术和物联网、海洋新兴产业、生物产业、核电关联产业增加值分别增长 21.2%、16.0%、8.3% 和 7.9%。江苏省“十二五”期间，战略性新兴产业销售收入年均增长超过 20%，2015 年销售收入突破 4.5 万亿元，是 2010 年的 2.2 倍，占规模以上工业产值比重超过 30%，新材料、节能环保、新一代信息技术和软件、光伏、海工装备、生物医药等产业规模居全国领先地位。福建省“十二五”期间，战略性新兴产业整体增速年均约 17.7%，2015 年占全省规模以上工业增加值比重达到 17%，其中高端装备制造、节能环保和海洋高新产业增加值在 2011—2015 年从 77.06 亿元、71.55 亿元、18.06 亿元分别提高到 311.50 亿元、340.97 亿元、67.65 亿元，成为全省产业发展的新增长点。

3. 融资环境逐步优化

随着东部地区创业园区、众创空间的兴起，越来越多的银行、民间金融机构瞄准创业企业融资需求，为中小微企业提供简单快速的信贷服务。在“大众创业、万众创新”和“互联网+”时代背景下，中小企业的创业融资方式也在传统的债权融资、股权融资基础上不断出现新的融资方式和做法。东部地区经济活跃，机制体制灵活，融资方式呈现出多元化的特征，融资渠道不断拓宽，信贷服务更加便利化。而且，针对前期出现的“两链”风险，东部地区各省份均十分重视，密集出台相关政策，强化司法保障，将风险造成的损失控制在较低水平。

（二）外部环境由紧向松

1. 全球经济逐渐回暖

到 2017 年第一季度，全球经济回暖趋势逐渐显现，中国、美国、欧盟、日本等国主要经济指标纷纷向好。IMF 和世界银行两大机构都在有关世界经济的最新评估报告中对经济前景做出了积极乐观的评估，其中，新兴市场和发展中经济体经济增长预期加快是主要支撑因素。中国经济回暖势头较强，固定资产投资加快，2017 年 1—2 月三大类投资全部上升。出口形势处于缓慢回升过程，进口大幅增长表明国内需求明显回升。供需两端回升带动生产加快。中国中小企业信心指数各分项指标均显著改善，销售和生产的现状和前瞻性指标均增长强劲、经营现状向好、生产强劲反弹。

2. 技术革命呈现机遇

全球正在经历第三次工业革命，随着信息、生物、新能源等高新技术应用范围的拓展和深入，将对生产生活模式均产生颠覆性的影响。中小企业管理简便、机制灵活，主观能动性强，在变革中更容易抓住机遇实现突破性成长。而且东部地区中小企业利用改革开放的先发优势已发展多年，具有更好的经济技术基础以及更丰富的管理经验，在快速变化的大环境中相对优势更为明显。

3. 政务改革提升效能

简政放权、放管结合、优化服务，是全面深化改革特别是供给侧结构性改革的重要内容，被社会各界视作全面深化改革的先手棋、转变政府职能的当头炮。东部地区市场经济发达，简政放权对于中小企业的发展有积极作用。2016年，东部地区各省份在供给侧结构性改革的背景下，进一步推进效能改革，简化办事审批程序，有效地促进了行政效率提升，节省企业交易成本。如浙江省实施“最多跑一次”改革，基本覆盖行政事项的80%，初步统计审批时限缩短20%以上。广东省利用大数据部署“互联网+政务服务”工作，行政审批标准化建设，广东省行政审批事项网上全流程办理率达75%以上，广东省网上办事大厅覆盖至镇街，窗口平均办理时间和群众办事等候时间减少50%，事项平均承诺时限减少了30%以上。

（三）创业活力进一步激发

1. 创业环境持续优化

东部地区各省份积极响应“大众创业、万众创新”的战略导向，众创空间等新型创新平台发展迅速，2016年全国众创空间数量排名前10位的地区中7个省份位于东部地区，为创业者提供了更加全面、更低成本、更有效率的成长环境。与此同时，东部地区各省份财税、科技、融资、产业、人才等方面的创业政策体系进一步完善，社会上对创业的关注度显著提升，各类资源在政策引导及市场配置下向创业逐渐倾斜。

2. 创业活动更为活跃

创业环境持续优化不仅让企业充满活力，也激发了社会创新潜能和创业热情。《中国创业蓝皮书》（2015—2016）显示，东部地区城市创业指数平均水平显著高于中西部地区，创业指数排名前 10 的省份中 7 个属于东部地区。据调查，2016 年上海市市民意向创业活动率达到 15.2%，整体创业活动率达到 11.9%[①]，均创历史新高，其中 16—35 岁的青年中，每 8 人就有一名创业者。

二　中西部地区中小企业发展环境及特征

（一）“洼地”效应更为突出

从目前宏观数据来看，东部地区经济走势已逐渐进入稳定期，资本积累水平较高，导致边际收益水平逐渐降低。而中西部地区发展相对滞后，边际收益水平显著高于东部地区。根据收敛理论，发展水平较低的中西部地区，最终会向东部地区收敛。这意味着中西部地区的发展速度会更快，成为蕴含着更多机会的投资“洼地”。而且随着东部地区各省份突破或接近人均 GDP 万元关口，各项要素价格不断上升，如 2016 年浙江在职职工年人均工资为 66668 元，而安徽为 55139 元、四川为 58915 元；企业用电成本浙江为 0.687 元，而安徽为 0.646 元、四川为 0.535 元，加上土地资源和环境制约的进一步强化，最终将促使部分产业向中西部地区转移。

（二）金融体系仍不完善

“融资难”问题仍旧是阻碍中西部地区经济前进步伐的主要拦路石。据 2016 年中国区域金融运行报告，中西部地区金融资源完善程度显著落后于东部地区，东部地区金融机构数量占 49.6%，中部地区占 23.6%，西部地区占 26.8%；东部地区金融从业人数占 55%，中部地区占 21.1%，西部地区占 23.9%。而且金融机构在中西部地区省份内分布也不均衡，在省会城市相对集中，而县（区）层面则金融资源相对匮乏。由于政策管制等原因，中小企业融资方式缺乏有效的创新工具，仍以银行贷款为主，而企业与金融机构的信息不对称使中小企业融资门槛远高于大型企业，中小企业想要获得必要的资金支持困难重重。

（三）产品市场话语权不强

东部地区由于先发优势，在产品市场上已经树立了良好的品牌知名度

---

① 意向创业活动率，是指每 100 位年龄在 16—64 岁的成年人中，未来一年内有创业打算的人数；整体创业活动率，是指每 100 位年龄在 16—64 岁的成年人中参与创业活动的人数。

和美誉度。在2015年中国品牌文化影响力500强榜单中，具有文化影响力的品牌在地区分布方面有着很大的差异性，东部地区的分布要强于西部地区。2016年中国品牌50强城市，上榜前10名城市中只有3个来自中西部地区城市。在中小企业品牌10强排名中，仅有两家公司来自中西部地区，其余公司均来自浙江、上海、北京等东部地区。中西部地区产品要想在市场上获得与东部地区产品同样地位，仍任重道远。东西部地区中小企业在市场话语权存在差异，主要是因为区域技术创新能力、产业基础等原因所致。东部地区良好的市场环境、技术人才以及品牌意识，使东部地区中小企业在国内市场的话语权相对较高。

三 中国区域中小企业发展比较分析

（一）东部地区、中部地区和西部地区三大区域的比较

1. 中小企业主营业务收入比较

根据《中国工业统计年鉴（2016）》的数据，东部地区中小企业主营业务收入为434777.23亿元，占63%，中部地区为185173.97亿元，占27%，西部地区为68334.48亿元，占10%，东部地区省份仍是全国中小企业的绝对主力，不平衡现象未出现明显的转移趋势。

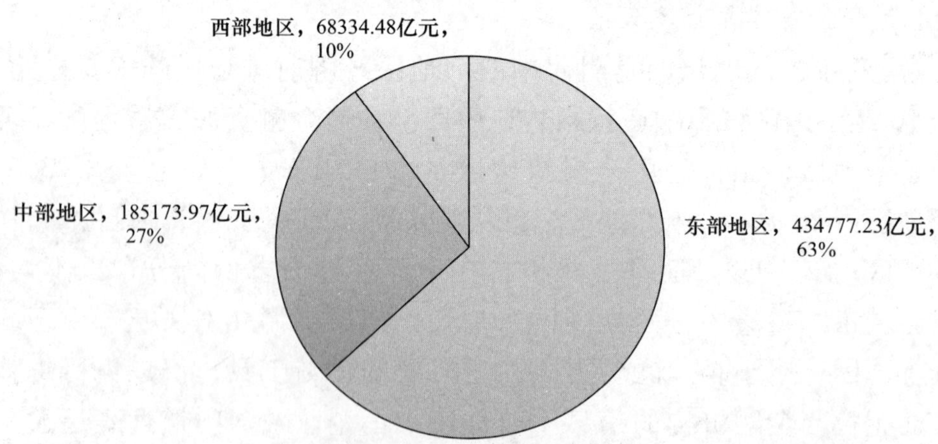

图1-1 中国东部地区、中部地区和西部地区中小企业主营业务收入

注：东部地区包括北京市、天津市、河北省、山东省、辽宁省、吉林省、黑龙江省、上海市、江苏省、广东省、浙江省和福建省；中部地区包括安徽省、江西省、山西省、河南省、湖北省、湖南省、内蒙古自治区、广西壮族自治区和海南省；西部地区包括重庆市、四川省、贵州省、云南省、西藏自治区、陕西省、甘肃省、青海省、宁夏回族自治区和新疆维吾尔自治区。下同。

资料来源：《中国工业统计年鉴（2016）》。

2. 外向度比较

外向度可以用当年出口交货值与当年销售收入的比值来表示，用以表征中国东部地区、中部地区、西部地区中小企业在对外贸易中的差异。结果显示，2015 年东部地区中小企业的外向度为 9.98%，比 2014 年、2013 年均有一定的回落；中部地区为 2.74%，相较上年有小幅上涨；西部地区为 2.49%，相较上年有所提升。总体来看，东部地区中小企业的外向度仍然较高，但中西部地区的增长势头十分强劲。

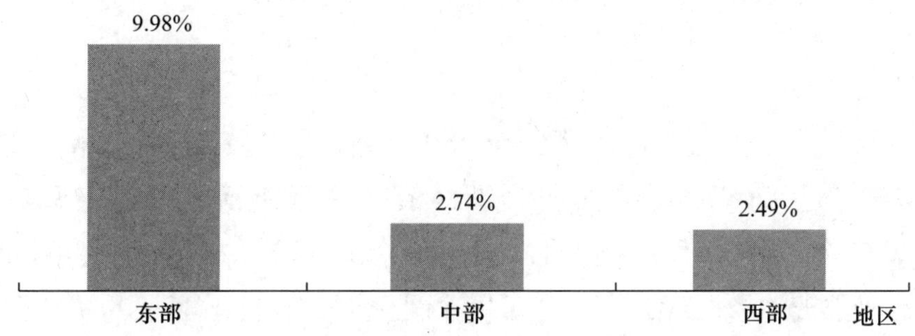

图 1－2 中国东部地区、中部地区和西部地区中小企业外向度比较

资料来源：《中国工业统计年鉴（2016）》。

3. 总资产利润率比较

总资产利润率是反映企业盈利能力的指标之一，一般用总利润与总固定资产的比值来表示。从图 1－3 可以看出，2015 年，中部地区中小企业的利润率仍然最高，为 8.88%；东部地区次之，为 7.98%；西部地区中小企业利润率最低，为 5.12%。总体来看，2015 年中国中小企业总资产利润率再次出现小幅下滑，表明中国整体经济仍处于深度调整期，中小企业发展面临较大压力。

（二）各省份中小企业发展状况的比较

1. 企业主营业务收入

2015 年，从省级行政区划分来看，中国中小企业主营业务收入最高的省份依然是山东、江苏、广东、浙江。第一名是山东省，企业主营业务收入较 2014 年有所提升（同比增长 4.3%，增加 3876.17 亿元）；第二名是江苏省，达到 91274.23 亿元，较 2014 年增加 4483.78 亿元（增速为

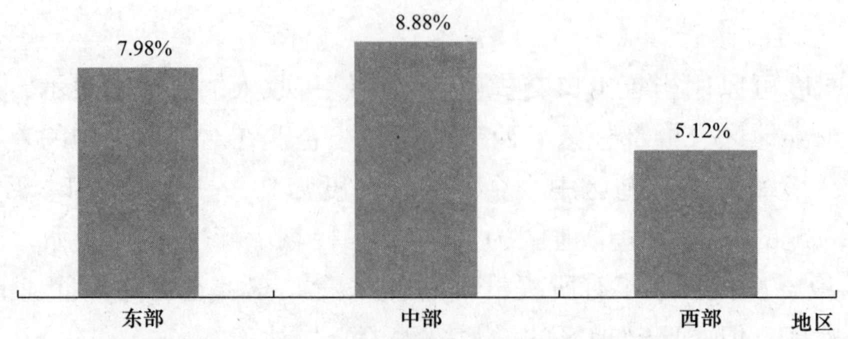

图 1－3 中国东部地区、中部地区和西部地区中小企业总资产利润率比较

资料来源:《中国工业统计年鉴(2016)》。

5.17%);第三名是广东省,达到 66280.66 亿元,较 2014 年增加 2710.34 亿元(增速为 4.26%);第四名为浙江省,主营业务收入为 48212.86 亿元,较 2014 年减少 645.87 亿元,同比下降 1.32%,位次与上年持平;数量最少的仍然是西藏自治区,为 110.45 亿元,比上年增加 8.72 亿元(增速为 8.57%)。总体来看,虽然多数省份企业主营业务收入都出现上涨的情况,但也有 10 个省份相较上年有所回落(见图 1－4),表明新常态下部分中小企业仍未根据环境及时调整发展战略,出现了衰退的迹象。

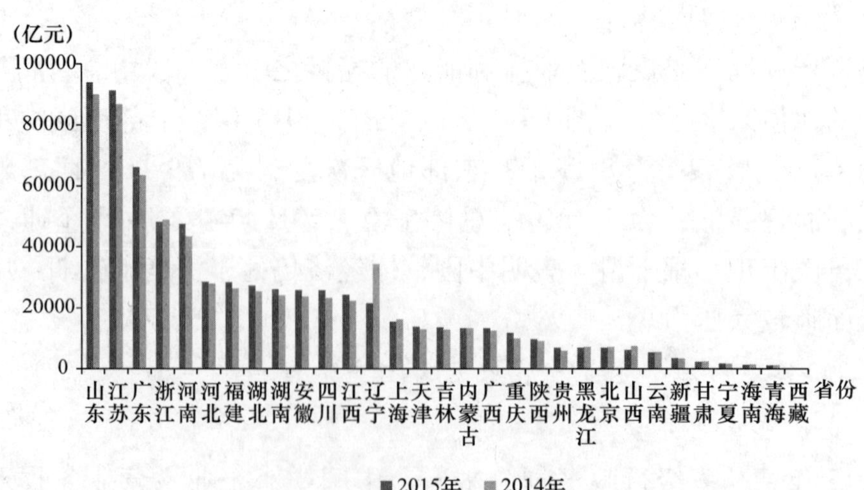

图 1－4 中国各省份中小企业主营业务收入比较

资料来源:《中国工业统计年鉴(2016)》。

2. 出口交货值

从出口交货值来看，2015 年，排在前四位的仍然是中小企业数量最多的 4 个省份，广东、江苏、浙江、山东。但广东外向度最高为 18.9%，出口交货值为 12703 亿元，江苏为 8631.13 亿元，浙江为 8295.19 亿元，山东为 4220.72 亿元。

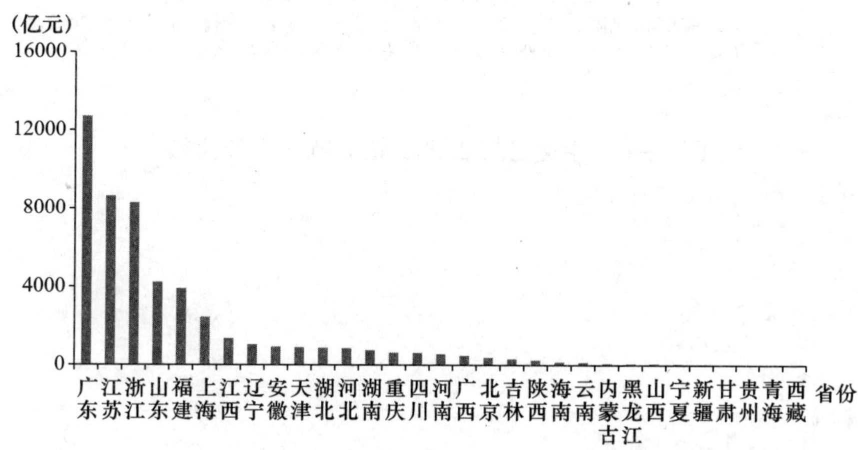

图 1－5　中国各省份中小企业出口交货值比较

资料来源：《中国工业统计年鉴（2016）》。

3. 从业人员数量

中小企业是吸纳就业的主力军，其从业人员数量一定程度上反映了工业中小企业在该地区的重要性。图 1－6 显示，2015 年，广东、江苏、山东、浙江等省份排在前列，而海南、西藏等排在后面，基本上与当地的中小企业数量大体相关。

4. 总资产利润率

总资产利润率在一定程度上体现了各省份中小企业的盈利能力差异。从数据看，2015 年，江西、河南、湖南、山东等省份中小企业经营效果位居前列，而浙江、广东等东部地区中小企业大省份反而名次靠后，表明中西部地区中小企业发展较为稳健，受宏观环境影响较小。

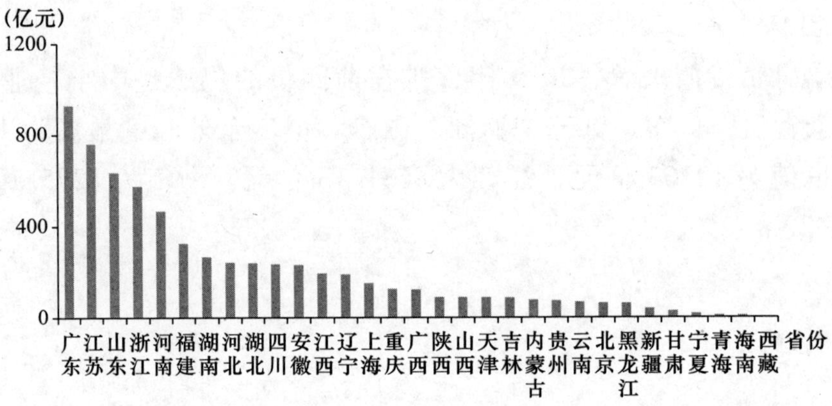

图 1－6 中国各省份中小企业就业人口比较

资料来源：《中国工业统计年鉴（2016）》。

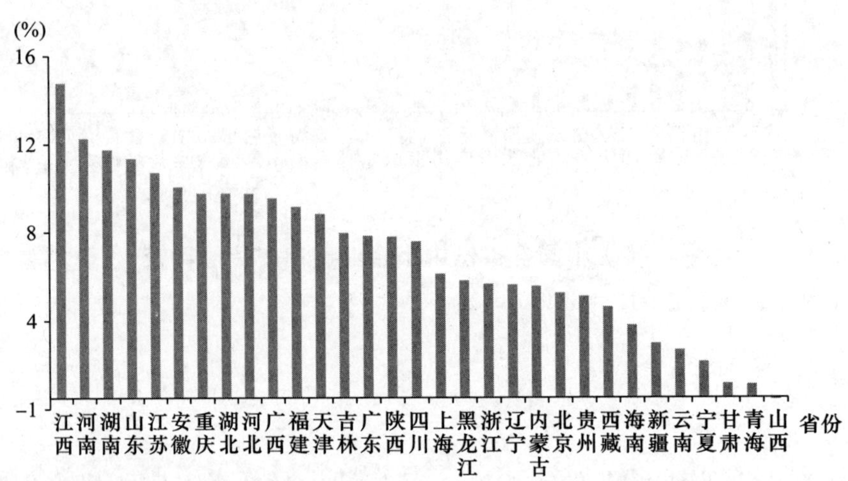

图 1－7 中国各省份中小企业总资产利润率比较

资料来源：《中国工业统计年鉴（2016）》。

第三节 中国区域中小企业发展亮点

一 东部地区

（一）浙江省：“最多跑一次”改革惠及中小企业

在“放管服”改革的背景下，浙江省在 2016 年省委经济工作会议上创造性地提出“最多跑一次”改革，即群众和企业到政府办事最多跑一次，以此来倒逼政府部门简政放权。它要求政府部门舍小利求大义，让企业“轻装上阵”，让百姓办事更便捷。“最多跑一次”改革推进各地行政服务中心“一窗受理、集成服务”改革，探索将部门分设的办事窗口整合为“投资项目”“不动产登记”“商事登记”等综合窗口，实行前台综合受理、统一窗口出件，避免群众在不同部门之间来回奔波。“最多跑一次”改革使企业领取营业执照、实现企业登记、投资项目审核等流程都更加便捷。

2017 年 1 月，“最多跑一次”改革写入省政府工作报告，被列为省政府重点工作。预期 2017 年年底实现“最多跑一次”事项覆盖 80% 左右的行政权力事项，基本实现“最多跑一次是原则、跑多次是例外”的要求。至 2017 年 2 月底，浙江各级政府部门已梳理公布首批“最多跑一次”事项 40961 项。

（二）江苏省：“两聚一高”发展战略促进中小企业发展

江苏省第十三次党代会报告明确提出“聚力创新，聚焦富民，高水平建设全面小康社会”发展方略，即“两聚一高”，成为江苏未来五年的发展取向、工作导向和奋斗指向。江苏人多地少，资源环境约束压力大，经济增长的传统动力逐年衰减，需大力实施创新驱动发展战略，使创新驱动成为经济社会持续健康发展的主引擎。

中小企业是科技创新的主力军，江苏省在“两聚一高”战略的指导下，优化创新组织体系，实施普惠性创新支持政策：一是建设区域性产业科技创新中心，强化科技创新核心支撑；二是推进开放创新与协同创新，构建以产学研合作为主线、“产业 + 企业 + 平台 + 人才 + 载体 + 金融 + 政策”的区域创新体系；三是实施科技企业培育计划，鼓励企业加大研发投入，形成以创新型领军企业、科技“小巨人”企业和科技型中小企业为重点的创新梯队。

（三）辽宁省：“百千万”帮扶行动为企业解决具体困难

辽宁省自 2016 年在全省范围内开展以“百支专家团队扶助千企惠及万人创业创新专项行动”为内容的“百千万”帮扶企业活动，组建百支专家团队，动员千名公务员参与“百千万”帮扶行动，实施公务员和企业“结对子”帮扶，1 名公务员对应 1 家或多家企业；并且组织专家团队采取线上线下服务相结合的方式，深入企业开展免费咨询服务，帮助企业解决发展过程中遇到的各种问题，主要包括以下几个方面：一是帮助企业解决行政审批、合法权益保护等软环境方面的问题；二是为中小企业提供与大企业和平台机构协作配套对接服务；三是为中小企业提供与高等院校、科研院所和技术服务机构的对接服务，帮助企业解决技术难题；四是开展银企对接服务，解决企业“融资难、融资贵”的问题；五是开展企业“走出去”的市场拓展服务。“百千万”帮扶行动为中小企业排忧解难，有助于提升中小企业的创新创业信心，催生发展新动力和新活力。

二 中部地区

（一）江西省：变“江西制造”为“江西智造”

国际金融危机后，江西省订单减少，出口量下降；随着国内经济发展水平的提高，低成本优势也不再具备。此外，低价格所形成的竞争优势也导致了环境污染等负面影响。在此背景下，江西省以智能制造为突破口，提出将比较优势从低端组装转向技术创新，推进个性化、定制化、柔性化制造，变“江西制造”为“江西智造”，推动产业迈向中高端。全省开展“加大全社会研发投入攻坚行动”，落实鼓励科技人员创新创业和以增加知识价值为导向的政策措施，深化科研成果激励和人才评价、举荐、流动等制度改革。

从2016年起，连续五年，每年由省财政统筹和新增预算安排10亿元，用于扶持制造业发展升级。其中，整合各类支持工业发展专项资金7亿元，省财政新增预算安排3亿元。以产业集群平台建设为突破口，对新建国家级公共服务平台和建设“两化”深度融合示范园区给予一次性补助；对符合相关条件的省战略性新兴产业集聚区，每个区注入2000万元引导资金，扶持重点产业加快发展；对智能制造产业基地，每个基地安排1000万元用于公共平台建设；对实施的国际国内先进制造重大工程，各级财政资金予以重点保障；对“两化”深度融合示范企业，每个企业给予100万元补助。2017年，江西省又提出深入推进创新驱动的“5511”工程和重点创新产业化升级工程，着重实施10个左右省级重大科技专项和20个左右重点创新成果产业化项目。

（二）安徽省：为中小企业构建融资网络平台

融资难等问题一直困扰着中小企业的发展，安徽省以信息技术为媒介，在全省启动了“网融 e + 服务万家”扶助企业专项行动，提出以“互联网 +”模式构建企业发展与金融服务相融合的网络新平台，帮助 1 万家企业建立微网站，开展线上线下（O2O）销售，助力 1000 家企业利用线上大数据实现有效融资，举办 100 场网络营销及融资专题培训，力争实现平台企业销售收入同比增长 10% 以上、成本下降 5% 左右的目标。

针对部分中小企业的融资难问题，安徽省经信委利用多年滚存结余的 8000 万元财政专项作为风险准备金，用于分担专项贷款逾期的代偿风险，支持银行向产业集群专业镇中小企业发放贷款。专项贷款的政策优惠性较突出，贷款执行基准利率，年化担保费不超过 1%；省信用担保集团为贷款企业提供第三方担保，并以信用担保为主。目前，累计有 171 户企业获得专项贷款 4.752 亿元支持，有效培植壮大了一批产业集群龙头企业。与此同时，安徽省还建立了安徽省高成长性中小企业直接融资评价体系，以专精特新企业、技术中心企业、两化融合示范企业为主体，利用信息管理系统分析企业数据，挖掘目标企业，建立全省中小企业直接融资后备资源库，目前已入库工业企业 1060 户，从中筛选出 400 余户企业重点培育，选择 100 户成熟企业推荐给金融业机构，加强引导扶助。

（三）河南省：“1816”投资促进计划拉动中小企业发展

“1816”投资促进计划由河南省政府于 2016 年年初提出，目的在于发挥投资对增长的关键性作用，在交通、能源、水利、新型城镇化、高服务性服务业、先进制造业、现代农业、网络经济、生态环保、民生改善 10 大重点领域，由省直有关部门和省辖市、县（市、区）政府分别牵头负责，集中力量推进 8000 个左右重大项目实施，在优化结构、提高质量效益的基础上，力争全年完成投资 1.6 万亿元。

“1816”投资计划加快了河南省先进制造业、现代农业以及网络经济的建设。先进制造业方面，实施河南省产业园、软件基地建设等项目 2600 个左右，完成投资 5000 亿元左右；现代农业方面，实施新增千亿斤粮食生产能力规划田间工程等项目 460 个左右，全年完成投资 500 亿元左右；网络经济建设方面，实施菜鸟网络中国智能骨干网、中原云计算和大数据产业园、中国移动（河南）数据中心、阿里巴巴集团电子商务产业园、中国中部电子商务港一期等项目 410 个左右，完成投资 330 亿元左右。进一步完善了河南省中小企业发展的经济环境，拉动了中小企业的发展。

三 西部地区

(一) 贵州省：推进大数据战略行动

为了促进中小企业的创新发展，贵州省深入推进大数据战略行动，充分挖掘大数据的商用价值，以大数据引领经济转型升级。贵州省建立了国家首个大数据综合试验区，形成省级政府数据集聚、共享、开放的云上贵州系统平台，通过构建大数据全产业链，发展数据中心、电子商务、呼叫服务、端产品制造等“落地性”产业，实施数据处理加工、智能终端、数据交易和金融、智慧产业等项目。目前已经培育200家大数据保障、系统集成服务、数据服务软件研发的中小企业，基本形成大数据产业配套体系，初步建立以大数据应用为基本业态的产业发展模式。2016年，以贵阳为大数据发展的试验点，大数据产业规模总量达1302亿元，大数据企业主营业务收入达650亿元，两项指标在全省的占比均超过50%。

(二) 青海省：“千干帮千企”活动帮扶中小企业

2016年，青海省印发《2016年“千干帮千企”专项帮扶活动实施方案》，继续运用2015年“万名干部入企服务”活动经验，组织全省经信系统对覆盖全部规模以上工业企业和重点中小微企业的1000户工业企业进行重点帮扶。“千干帮千企”活动由省经信委领导分组带队，相关职能处（室、局）牵头实施，实行省市州县多级联动，分级建立对口联系工作组，明确责任分工，按照“一企一策”原则开展上门服务。帮扶工作主要包括对企业存在的突出问题进行分类归纳，建立台账，逐级解决，并对上年梳理的问题进行跟踪问效，对解决不彻底的遗留问题加强跟踪协调。

在海西州，帮扶工作组针对企业138亿元融资难问题，组织召开政银企融资对接会，现场签订企业项目融资贷款合作协议33个，共计34.02亿元，签订企业意向协议项目35个，共计63.76亿元。并利用政府担保平台积极为11户企业提供融资贷款担保服务，担保金额3.2亿元，缓解企业的资金压力。同时，与路政部门协调降低企业物流成本相关事宜，减免19家企业约3.1万辆次车辆过路过桥费近120万元。

(三) 宁夏回族自治区：精准施策，挽经济颓势

针对经济低迷、投资乏力、增速下滑的困局，宁夏回族自治区及时出

台《关于扶持小微企业健康发展的若干意见》，即“小微企业 23 条”，政策为鼓励中小企业创新创业，在“减负、解困、助力”三个方面为中小企业提供支持。减负方面，对符合条件的中小企业提供减税优惠，建立涉企收费常态化公示制度；解困方面，为中小企业强化信贷支持，缓解融资难、融资贵的问题，并且强化人才培训和用功保障，提升中小企业经营者的素质；助力方面，加大各类专项资金对创业基地的建设比例，加强和改善公共服务，支持小微企业发展的信息互联互通机制。

针对企业融资难问题，宁夏回族自治区设立产业引导基金、工业风险补偿基金，挂牌宁夏股权托管交易中心，引进金融机构 38 家，截至 2016 年 1 月，撬动社会资本和银行授信 130 亿元支持特色产业和重点企业，降低企业生产成本 27 亿元，减免各类税费近 30 亿元，有效降低了中小企业成本，并且争取中央转移支付 690 亿元，盘活存量资金 312 亿元，争取国家专项建设基金 146.6 亿元，发行债券融资 638 亿元，新增人民币贷款 539.3 亿元。

第二章

2016—2017年中国促进中小企业发展政策

第一节　国家及各部委中小微企业发展扶持政策

一　中小企业财税金融扶持政策

综观2016年，国家不断健全面向中小企业的财税优惠政策支持体系，切实减轻税费负担。在进一步深化税收制度改革、建立完善公共财政体系的同时，不断加大对中小企业发展的支持力度，促进中小企业发展的财税政策措施也日益丰富完善，形成了以税费优惠政策、资金支持、公共服务等为主要内容的促进中小企业发展的财税政策体系。2016年8月，国务院发布《关于印发降低实体经济企业成本工作方案的通知》，开展降低实体经济企业成本工作，有效缓解实体经济企业困难、助推企业转型升级，对有效应对当前经济下行压力、增强经济可持续发展能力具有重要意义。

（一）降低中小企业经济成本政策

2016年7月，财政部等发布《涉企业收费清理情况专项检查方案》（以下简称《方案》），进一步加强涉企收费管理，减轻企业负担，促进实体经济发展。《方案》提出检查目标，通过专项检查，确保国家各项普遍性降费政策落地生根，已经取消的收费项目不再征收，已经降低的收费标准执行到位；坚决遏制各种乱收费，切实降低企业成本负担；对确需保留的涉企收费基金项目，建立科学规范、公开透明的管理制度；研究提出进一步的政策措施，加快建立完善监管机制。

2016年8月，国务院发布《关于印发降低实体经济企业成本工作方案的通知》，从降低企业税费负担、融资成本、制度性交易成本等8个方面推出 30 项措施助企业降成本。

表 2－1　　降低中小企业经济成本重点和支持方式

政策分类	项目细分	支持方式
合理降低企业税费负担	“营改增”试点，年减税额 5000 亿元以上清理规范涉企政府性基金和行政事业性收费	★全面推开“营改增”试点，确保所有行业税负只减不增 ★落实研发费用加计扣除政策，修订完善节能环保专用设备税收优惠目录 ★扩大小微企业行政事业性收费免征范围
有效降低企业融资成本	企业贷款、发债利息负担水平逐步降低，融资中间环节费用占企业融资成本比重合理降低	★保持流动性合理充裕，营造适宜的货币金融环境 ★降低融资中间环节费用，加大融资担保力度 ★稳妥推进民营银行设立，发展中小金融机构 ★大力发展股权融资，合理扩大债券市场规模 ★引导企业利用境外低成本资金，提高企业跨境贸易本币结算比例
着力降低制度性交易成本	营商环境进一步改善，为企业设立和生产经营创造便利条件，行政审批前置中介服务事项大幅压缩	★打破地域分割和行业垄断，加强公平竞争市场环境建设 ★深化“放管服”改革，为企业创造更好的营商环境 ★加快社会信用体系建设，加强知识产权保护
合理降低人工成本	工资水平保持合理增长，企业“五险一金”缴费占工资总额的比例合理降低	★降低企业社保缴费比例，采取综合措施补充资金缺口 ★规范和阶段性适当降低企业住房公积金缴存比例 ★完善最低工资调整机制，健全劳动力市场体系
进一步降低企业用能用地成本	企业用电、用气定价机制市场化程度明显提升，工商业用电和工业用气价格合理降低	★加快推进电力体制改革，合理降低企业用电成本 ★完善土地供应制度，降低企业用地成本

资料来源：课题组根据 http：//www. gov. cn/、http：//www. chinatax. gov. cn 资料整理。

（二）中小企业税收优惠政策

2017 年 4 月，国务院总理李克强主持召开国务院常务会议，决定推出进一步减税措施，持续推动实体经济降成本后劲。深化税制改革、加大减税力度、不断为市场主体减负增力是深入推进供给侧结构性改革的重要举措，有利于在当前国内外环境错综复杂、不稳定不确定因素仍然较多的形势下，通过优化营商环境，增强企业活力和创新动力，巩固经济稳中向好势头，促进结构升级。在 2017 年第一季度已出台降费 2000 亿元措施的基础上，进一步推出以下减税举措。

1. 中小微企业所得税优惠政策

扩大享受企业所得税优惠的小型微利企业范围。从 2017 年 7 月 1 日起，将商业健康保险个人所得税税前扣除试点政策推至全国，且对个人购买符合条件的商业健康保险产品的支出，允许按每年最高 2400 元的限额予以税前扣除；自 2017 年 1 月 1 日至 2019 年 12 月 31 日，小型微利企业年应纳税所得额上限由 30 万元调整到 50 万元，符合这一条件的小型微利企业所得减半计算应纳税所得额并按 20% 优惠税率缴纳企业所得税。

从 2017 年 1 月 1 日起，在京津冀、上海、广东、安徽、四川、武汉、西安、沈阳 8 个全面创新改革试验地区和苏州工业园区开展试点的创投企业投资种子期、初创期科技型企业可享受按投资额 70% 抵扣应纳税所得额的优惠政策；自 2017 年 7 月 1 日起，将享受这一优惠政策的投资主体由公司制和合伙制创投企业的法人合伙人扩大到个人投资者且政策生效前 2 年内发生的投资也可享受前述优惠。

2016 年年底到期的部分税收优惠政策延长至 2019 年年底，包括：对金融机构农户小额贷款利息收入免征增值税，并将这一优惠政策范围扩大到所有合法合规经营的小额贷款公司；对物流企业自有的大宗商品仓储设施用地减半计征城镇土地使用税；对高校毕业生、就业困难人员、退役士兵等重点群体创业就业，按规定扣减增值税、城市维护建设税、教育费附加和个人（企业）所得税等。

2. 增值税优惠政策

持续推进“营改增”，简化增值税税率结构。从 2017 年 7 月 1 日起，取消增值税税率中 13% 这一档，保留 17%、11% 和 6% 三档；将农产品、天然气等增值税税率从 13% 降至 11%。同时，对农产品深加工企业购入农产品维持原扣除力度不变，避免因进项抵扣减少而增加税负。

3. 出口退（免）税优惠政策

根据财政部和国家税务总局2016 年11 月出台的《关于提高机电、成品油等产品出口退税率的通知》，将照相机、摄影机、内燃发动机、汽油、航空煤油、柴油等产品的出口退税率提高至17%。

表2－2　　2016 年国家层面中小企业财税金融重要政策一览

颁布时间	政策文号	出台部门	政策名称	政策要点
2016 年7 月13 日	财税〔2016〕76 号	财政部、国家发展改革委、工业和信息化部、民政部	涉企业收费清理情况专项检查方案	进一步加强涉企收费管理，减轻企业负担，促进实体经济发展，经国务院同意，财政部会同国家发展改革委、工业和信息化部、民政部将对地方涉企收费清理情况开展专项检查
2016 年8 月8 日	国发〔2016〕48 号	国务院	关于印发降低实体经济企业成本工作方案的通知	有效降低实体经济企业成本，优化企业发展环境，助推企业转型升级，进一步提升产业竞争力，增强经济持续稳定增长动力
2016 年8 月11 日	财税〔2016〕89 号	财政部、国家税务总局	关于科技企业孵化器税收政策的通知	自2016 年1 月1 日至2018 年12 月31 日，对符合条件的孵化器自用以及无偿或通过出租等方式提供给孵化企业使用的房产、土地，免征房产税和城镇土地使用税等
2016 年9 月20 日	财税〔2016〕101 号	财政部、国家税务总局	关于完善股权激励和技术入股有关所得税政策的通知	支持国家大众创业、万众创新战略的实施，促进中国经济结构转型升级，完善股权激励和技术入股有关所得税
2016 年11 月4 日	财税〔2016〕113 号	财政部、国家税务总局	关于提高机电、成品油等产品出口退税率的通知	将照相机、摄影机、内燃发动机、汽油、航空煤油、柴油等产品的出口退税率提高至17%

续表

颁布时间	政策文号	出台部门	政策名称	政策要点
2016年11月10日	财税〔2016〕122号	科技部、国家发展改革委、财政部、国家税务总局、商务部	关于在服务贸易创新发展试点地区推广技术先进型服务企业所得税优惠政策的通知	进一步推进外贸结构优化，根据国务院有关决定精神，就在服务贸易创新发展试点地区推广技术先进型服务企业所得税优惠政策
2017年3月15日	财税〔2017〕20号	财政部、国家发展改革委	关于清理规范一批行政事业性收费有关政策的通知	取消或停征41项中央设立的行政事业性收费；取消、停征或减免上述行政事业性收费后，有关部门和单位依法履行管理职能所需相关经费，由同级财政预算予以保障，不得影响依法履行职责
2017年3月21日	财税〔2017〕22号	财政部、税务总局	关于中小企业融资（信用）担保机构有关准备金企业所得税税前扣除政策的通知	符合条件的中小企业融资（信用）担保机构按照不超过当年年末担保责任余额1%的比例计提的担保赔偿准备，允许在企业所得税税前扣除，同时将上年度计提的担保赔偿准备余额转为当期收入等优惠政策
2017年5月2日	财税〔2017〕34号	财政部、税务总局、科技部	关于提高科技型中小企业研究开发费用税前加计扣除比例的通知	科技型中小企业开展研发活动中实际发生的研发费用，未形成无形资产计入当期损益的，在按规定据实扣除的基础上，在2017年1月1日至2019年12月31日期间，再按照实际发生额的75%在税前加计扣除等优惠政策

资料来源：课题组根据 http：//www. gov. cn/、http：//www. chinatax. gov. cn 资料整理。

二 中小企业创业创新扶持政策

在引导中小企业创新创业方面，国家继续通过出台各项鼓励性政策提高中小企业创业创新水平，促进中小企业转型升级，实现“专精特新”发展，提高中小企业产业集群发展水平，同时深度支持中小企业“走出去”和“引进来”。

与往年中央扶持中小微企业的政策不同的是，2017 年国家特别注重简放政权和政策落实“最后一公里”问题，对中小微企业的提供项目直接支持，分部门分行业专项推进。工作政府主要在以下三个方面推出有关政策，鼓励促进中小企业创业创新。

（一）简放政权政策

国家工商行政管理总局 2016 年 8 月发布了《关于实施个体工商户营业执照和税务登记证“两证整合”的意见》，意见明确将由工商行政管理税务部门分别核发的营业执照和税务登记证，改为由工商行政管理部门核发一个加载法人和其他组织统一社会信用代码。这样一来，通过个体工商户“两证整合”，实现公民只需填写一张表，向一个窗口提交一套材料即可办理个体工商户工商及税务登记。

2017 年 5 月，国务院办公厅推出《关于加快推进“多证合一”改革的指导意见》，旨在推动市场在资源配置中起决定性作用和更好地发挥政府作用，构建“互联网 +”环境下政府新型管理方式，营造便利宽松的创业创新环境和公开透明平等竞争的营商环境。

（二）服务型政策

中小企业创业创新服务型政策主要表现在支持小企业创业基地的建设和完善创新创业公共服务体系这两个方面。2016 年 8 月，工业和信息化部推出《关于完善制造业创新体系，推进制造业创新中心建设的指导意见》，旨在打造高水平有特色的国家制造业创新平台和网络，推动中国制造业向价值链中高端跃升，形成以制造业创新中心为核心节点的制造业创新体系，为制造强国建设提供有力支撑。

一是支持小企业创业基地的建设。为了优化小型微型企业创业创新的环境，政府出台了国家小型微型企业创业示范基地建设的管理办法，鼓励各地利用闲置的厂房和土地，以及在现有的工业园区等建立小企业创业基地。

二是完善创新创业的公共服务体系。工信部认定了包括将近 400 家创业服务和技术服务的示范平台的 500 多家国家中小企业公共服务的示范平台，为了充分使中小企业找得到、用得起、可信赖，以便中小企业创业创新发展提供多层次、全方位网络化的服务，中国政府还在全国建设了 800 多个网络窗口平台，实施了中小企业公共服务平台网络建设工程。

（三）信息化指导

推动中小企业信息化是促进中小企业创新转型发展的重要途径。2005 年以来，涌现出一批具有明显信息化优势、市场竞争力强的中小企业，集聚了一批优质的信息化服务资源。这说明国务院有关部门联合实施中小企业信息化推进工程，取得了显著成效，形成了支持中小企业信息化和创新发展的服务网络。

2016 年 12 月，工业和信息化部印发《关于进一步推进中小企业信息化的指导意见》，旨在深入贯彻《国家信息化发展战略纲要》和《国务院关于大力推进大众创业万众创新若干政策措施意见》。中国政府通过对 2005 年以来中小企业信息化推进工程取得经验的总结，以加快转变经济发展方式为主线，以推动落实“互联网 +”、《中国制造 2025》、“大众创业、万众创新”为方向，着力缓解制约中小企业发展的难题，突出市场主导与政府引导相结合、服务平台化与应用网络化相结合、示范带动与协同推进相结合的原则，进一步优化完善信息化应用和推广环境，对提升中小企业信息技术应用水平，增强创业创新活力，形成经济发展新动能具有重要意义。

表 2 -3 2016 年国家层面中小企业创业创新重要政策一览

颁布时间	政策文号	出台部门	政策名称	政策要点
2016 年 8 月 19 日	工信部科〔2016〕273 号	工业和信息化部	关于完善制造业创新体系，推进制造业创新中心建设的指导意见	打造高水平有特色的国家制造业创新平台和网络，形成以制造业创新中心为核心节点的制造业创新体系，推动中国制造业向价值链中高端跃升，为制造强国建设提供有力支撑

续表

颁布时间	政策文号	出台部门	政策名称	政策要点
2016年8月29日	工商个字〔2016〕167号	国家工商行政管理总局、国家税务总局、国家发展和改革委员会、国务院法制办公室	关于实施个体工商户营业执照和税务登记证“两证整合”的意见	进一步深化商事制度改革，加快推进“三证合一”登记制度改革向个体工商户延伸，实施个体工商户营业执照和税务登记证“两证整合”
2016年9月20日	国发〔2016〕53号	国务院	关于促进创业投资持续健康发展的若干意见	加快形成有利于创业投资发展的良好氛围和“创业、创新+创投”的协同互动发展格局，培育一批具有国际影响力和竞争力的中国创业投资品牌，推动中国创业投资行业跻身世界先进行列；加强沟通协调，形成工作合力，确保各项政策及时落实到位，积极发展新经济、培育新动能、改造提升传统动能，推动中国经济保持中高速增长、迈向中高端水平
2016年9月21日	工信厅企业函〔2016〕619号	工业和信息化部办公厅	关于做好2016年全国“大众创业、万众创新”活动周相关工作的通知	强化“双创”服务，活动周期间，结合本地实际，积极组织开展丰富多彩的“双创”活动，营造中小企业“双创”氛围
2016年11月11日	国办发〔2016〕78号	国务院办公厅	关于推动实体零售创新转型的意见	调整商业结构，创新发展方式，促进跨界融合，优化发展环境，强化政策支持
2016年12月22日	国知发管字〔2016〕101号	国家知识产权局、工业和信息化部	关于全面组织实施中小企业知识产权战略推进工程的指导意见	落实国家实施创新驱动发展战略和知识产权战略的部署，加快形成适应经济发展新常态的知识产权体制机制和发展方式，提高中小企业知识产权创造、运用、保护和管理能力

续表

颁布时间	政策文号	出台部门	政策名称	政策要点
2016 年 12 月 30 日	工信部企业〔2016〕445 号	工业和信息化部	关于进一步推进中小企业信息化的指导意见	进一步提升中小企业信息技术应用水平，增强创业创新活力，形成经济发展新动能
2017 年 3 月 17 日	国办发〔2017〕22 号	国务院办公厅	关于印发东北地区与东部地区部分省市对口合作工作方案的通知	对标先进经验做法，推进体制机制创新；开展产业务实合作，加快结构调整步伐；共促科技成果转化，提升创业创新水平；搭建合作平台载体，探索共赢发展新路等
2017 年 3 月 23 日	国办发〔2017〕24 号	国务院办公厅	关于印发 2017 年政务公开工作要点的通知	全面推进决策、执行、管理、服务、结果公开，加强解读回应，扩大公众参与，增强公开实效，助力稳增长、促改革、调结构、惠民生、防风险
2017 年 4 月 19 日	国发〔2017〕28 号	国务院	关于做好当前和今后一段时期就业创业工作的意见	坚持实施就业优先战略，支持新就业形态发展，促进以创业带动就业，抓好重点群体就业创业，强化教育培训和就业创业服务，切实加强组织实施
2017 年 5 月 12 日	国办发〔2017〕41 号	国务院办公厅	关于加快推进“多证合一”改革的指导意见	推动市场在资源配置中起决定性作用和更好地发挥政府作用，构建“互联网 +”环境下政府新型管理方式、营造便利宽松的创业创新环境和公开透明平等竞争的营商环境

资料来源：课题组根据 http：//www. gov. cn、http：//www. chinatax. gov. cn 等资料整理。

三　中小企业公共服务平台政策

2016 年 5 月，国务院办公厅发布《国务院办公厅关于建设大众创业万众创新示范基地的实施意见》，旨在加强顶层设计和统筹谋划，在完成试点示范完善“双创”政策环境的基础上，推动“双创”政策落地，扶持“双创”支撑平台，构建“双创”发展生态，调动“双创”主体积极性，发挥“双创”和“互联网+”集众智汇众力的乘数效应，发展新技术、新产品、新业态、新模式，总结“双创”成功经验并向全国推广，进一步促进社会就业，实现发展动力转换、结构优化，促进经济提质增效升级，推动形成“双创”蓬勃发展的新局面。

中国政府通过以促进创新型初创企业发展为抓手，以构建“双创”支撑平台为载体，明确示范基地建设目标和建设重点，积极探索改革，推进政策落地，形成一批可复制、可推广的“双创”模式和典型经验。

表 2-4　2016—2017 年中国“大众创业、万众创新”示范基地建设

基地类型	建设目标	重点措施
区域示范基地	结合全面创新改革试验区域、国家综合配套改革试验区、国家自主创新示范区等，以创业创新资源集聚区域为重点和抓手，集聚资本、人才、技术、政策等优势资源，探索形成区域性的创业创新扶持制度体系和经验	推进服务型政府建设；完善“双创”政策措施；扩大创业投资来源；构建创业创新生态；加强“双创”文化建设
高校和科研院所示范基地	以高校和科研院所为载体，深化教育、科技体制改革，完善知识产权和技术创新激励制度，充分挖掘人力和技术资源，把人才优势和科技优势转化为产业优势和经济优势，促进科技成果转化，探索形成中国特色高校和科研院所“双创”制度体系和经验	完善创业人才培养和流动机制；加速科技成果转化；构建大学生创业支持体系；建立健全“双创”支撑服务体系
企业示范基地	充分发挥创新能力突出、创业氛围浓厚、资源整合能力强的领军企业核心作用，引导企业转型发展与“双创”相结合，大力推动科技创新和体制机制创新，探索形成大中小型企业联合实施“双创”的制度体系和经验	构建适合创业创新的企业管理体系；激发企业员工创造力；拓展创业创新投融资渠道；开放企业创业创新资源

资料来源：课题组根据 http：//www. gov. cn、http：//www. chinatax. gov. cn 等资料整理。

“双创”示范基地建设计划如下：

（1）2016 年上半年，首批“双创”示范基地结合自身特点，明确各自建设目标、建设重点、时间表和路线图，研究制订具体工作方案。国家发展和改革委员会同教育部、科技部、工业和信息化部、财政部、人力资源社会保障部、国务院国资委、中国科学技术协会等部门和单位论证、完善工作方案，建立执行评估体系和通报制度。示范基地工作方案应向社会公布，接受社会监督。

（2）2016 年下半年，首批“双创”示范基地按照工作方案，完善制度体系，加快推进示范基地建设。

（3）2017 年上半年，国家发展和改革委员会通过会同相关部门组织对示范基地建设开展督促检查和第三方评估，在全国范围内推广成熟的可复制、可推广的“双创”模式和典型经验。

（4）2017 年下半年，总结首批“双创”示范基地建设经验，完善制度设计，丰富示范基地内涵，逐步扩大示范基地范围，组织后续示范基地建设。

“双创”示范基地所在地人民政府要高度重视，加强领导，完善组织体系，把“双创”示范基地建设作为重要抓手和载体，认真抓好落实；要出台有针对性的政策措施，保证政策真正落地生根，进一步释放全社会创新活力。各相关部门要加强指导，建立地方政府、部门政策协调联动机制，为高校、科研院所、各类企业等提供政策支持、科技支撑、人才引进、公共服务等保障条件，形成强大政策合力；要细化评估考核机制，建立良性竞争机制，实现对示范基地的动态调整，推动形成“大众创业、万众创新”的新局面。

表 2－5　2016—2017 年国家层面中小企业公共服务平台建设的重要政策一览

颁布时间	政策文号	出台部门	政策名称	政策要点
2016 年 6 月 2 日	工信部企业〔2016〕194 号	工业和信息化部	国家小型微型企业创业创新示范基地建设管理办法	贯彻落实国务院关于促进小型微型企业发展的政策措施，推动“大众创业、万众创新”，加快小型微型企业创业创新基地发展步伐
2016 年 8 月 16 日	工信厅联企业函〔2016〕544 号	工业和信息化部办公厅 财政部办公厅	关于开展中小企业公共服务平台网络第三批项目验收的通知	支持改善中小企业服务环境、推动中小企业服务体系建设

续表

颁布时间	政策文号	出台部门	政策名称	政策要点
2016 年 12 月 5 日	工信部联企业〔2016〕394 号	工业和信息化部、国家税务总局	关于推动小型微型企业创业创新基地发展的指导意见	进一步优化小型微型企业创业创新环境，促进小型微型企业创业创新基地规范发展，推动中小企业转型升级
2017 年 2 月 6 日	国办发〔2017〕7 号	国务院办公厅	关于促进开发区改革和创新发展的若干意见	优化开发区形态和布局，加快开发区转型升级，全面深化开发区体制改革，完善开发区土地利用机制，完善开发区管理制度
2017 年 2 月 16 日	工信厅企业函〔2017〕86 号	工业和信息化部办公厅	关于推荐第三批国家小型微型企业创业创新示范基地的通知	各省级中小企业主管部门要按照《管理办法》的要求做好推荐工作，每个省、自治区、直辖市推荐的示范基地数量不超过 4 个，计划单列市、新疆生产建设兵团推荐的示范基地数量不超过 2 个
2017 年 3 月 31 日	国发〔2017〕23 号	国务院	关于印发全面深化中国（上海）自由贸易试验区改革开放方案的通知	贯彻落实党中央、国务院决策部署，对照国际最高标准、最好水平的自由贸易区，全面深化自贸试验区改革开放，加快构建开放型经济新体制，在新一轮改革开放中进一步发挥引领示范作用
	国发〔2017〕21 号	国务院	关于印发中国（陕西）自由贸易试验区总体方案的通知	
	国发〔2017〕20 号	国务院	关于印发中国（四川）自由贸易试验区总体方案的通知	
	国发〔2017〕19 号	国务院	关于印发中国（重庆）自由贸易试验区总体方案的通知	
	国发〔2017〕17 号	国务院	关于印发中国（湖北）自由贸易试验区总体方案的通知	

续表

颁布时间	政策文号	出台部门	政策名称	政策要点
2017 年 3 月 31 日	国发〔2017〕16 号	国务院	关于印发中国（河南）自由贸易试验区总体方案的通知	贯彻落实党中央、国务院决策部署，对照国际最高标准、最好水平的自由贸易区，全面深化自贸试验区改革开放，加快构建开放型经济新体制，在新一轮改革开放中进一步发挥引领示范作用
	国发〔2017〕15 号	国务院	关于印发中国（浙江）自由贸易试验区总体方案的通知	
	国发〔2017〕14 号	国务院	关于印发中国（辽宁）自由贸易试验区总体方案的通知	

资料来源：课题组根据 http：//www. gov. cn、http：//www. chinatax. gov. cn 等资料整理。

四　中小企业国际化扶持政策

2016—2017 年，中国对外开放进入新阶段，加快构建开放型经济新体制，实施新一轮高水平对外开放，以开放的主动赢得发展的主动、国际竞争的主动；以“一带一路”为战略契机，支持中小企业“走出去”和“引进来”，积极支持中小企业稳定和开拓国际市场；鼓励中小企业到境外收购技术和品牌，带动产品和服务出口，加大出口信用保险以及各类出口信贷对中小企业的支持力度。以下从专项资金支持和降低“走出去”成本两方面进行介绍说明。

（一）专项资金支持

2016 年 6 月 23 日，财政部和商务部联合下发了《关于 2016 年度外经贸发展专项资金重点工作通知》（以下简称《通知》），明确了 2016 年度外经贸发展专项资金的支持重点（三大类 11 小类）、资金分配及申请、资金申报指南（进口贴息事项、跨境电子商务服务事项、促进服务贸易创新发展事项）等内容。《通知》从三个方面要求充分发挥财政资金的引导作用，助力外贸中小企业降低经营成本、防范经营风险。

表 2－6　　　　　中国中小企业外贸发展专项资金支持政策

政策分类	项目细分	相关措施
信用保障	支持外贸中小企业获取出口信用保险相关服务	1. 利用商务部开通的“中小企业外贸软件（ERP）云服务平台”，支持企业将 ERP 系统与中国信保的“信保通”系统进行电子数据交换，获得专业出口信用保险服务 2. 支持企业通过中国信保的“信用风险管理平台”，获取信用管理与风险信息服务，提升企业信用风险全流程管理水平 3. 支持企业利用出口信用保险专业资信服务，掌握海外市场信息，提高企业经营管理决策水平 4. 组织企业参加中国信保外贸风险管理等培训，推动风险管理知识与技术普及
融资租赁	引导社会资金改善外贸中小企业融资环境	1. 利用好财政资金，引导银行、保险机构、股权投资机构等社会资金对外贸中小企业提供专业融资服务 2. 支持政策性银行等金融机构针对外贸企业特点，增加信贷规模，为中小企业提供出口退税质押贷款、出口信用保险保单融资、应收账款保理等融资服务 3. 鼓励政策性银行等金融机构为中小企业提供开立保函、出具信用证等结算服务；支持股权投资机构加大对外贸中小企业投资，改善企业财务状况，降低融资成本和经营风险
监督管理	继续用好绩效评价较好的支持手段	1. 整合支持外贸中小企业开拓市场事项的支出方向，继续支持企业开展境外专利申请、商标注册、资质认证、参加境外展会业务 2. 各地商务主管部门选择重要市场、有影响力的展会、适用性强的认证和专利，有重点地对企业相关业务给予支持

资料来源：课题组根据 http：//www. gov. cn、http：//www. chinatax. gov. cn 等资料整理。

（二）降低“走出去”成本

2016 年 12 月，财政部、海关总署和国家税务总局推出《关于“十三五”期间支持科技创新进口税收政策的通知》，对科学研究机构、技术开发机构、学校等单位进口国内不能生产或者性能不能满足需要的科学研究、科技开发和教学用品，免征进口关税和进口环节增值税、消费税；对出版物进口单位为科研院所、学校进口用于科研、教学的图书、资料等，免征进口环节增值税。这样就能更好地深入实施创新驱动发展战略，发挥科技创新在全面创新中的引领作用，规范科学研究、科技开发和教学用品免税进口行为。

表 2－7 2016—2017 年国家层面中小企业国际贸易的重要政策一览

颁布时间	政策文号	出台部门	政策名称	政策要点
2016 年 6 月 23 日	商办财函〔2016〕733 号	财政部、商务部	关于用好外经贸发展专项资金支持外贸中小企业开拓市场的通知	切实帮助解决外贸中小企业的难点问题，资金使用要聚焦提升外贸中小企业可持续发展能力，提高国际化经营能力，确保资金政策落到实处
2016 年 9 月 18 日	国发〔2016〕52 号	国务院	关于印发北京加强全国科技创新中心建设总体方案的通知	推动科技与产业、科技与金融、科技与经济深度融合，培育一批具有国际竞争力的创新型领军企业，聚集世界知名企业技术创新总部，构建跨界创新合作网络
2016 年 12 月 27 日	财关税〔2016〕70 号	财政部、海关总署、国家税务总局	关于“十三五”期间支持科技创新进口税收政策的通知	深入实施创新驱动发展战略，发挥科技创新在全面创新中的引领作用，规范科学研究、科技开发和教学用品免税进口行为
2017 年 4 月 1 日	国办发〔2017〕27 号	国务院办公厅	关于印发贯彻实施《深化标准化工作改革方案》重点任务分工（2017—2018 年）的通知	深度参与国际标准化治理，增强标准国际话语权。实施标准连通“一带一路”行动计划，与沿线重点国家在国际标准制定、标准化合作示范项目建设等方面开展务实合作
2017 年 4 月 24 日	税总发〔2017〕42 号	国家税务总局	关于进一步做好税收服务“一带一路”建设工作的通知	落实税收协定政策，营造优良营商环境，保障中国“走出去”企业的合法权益

资料来源：课题组根据 http：//www. gov. cn、http：//www. chinatax. gov. cn 等资料整理。

第二节　各地中小微企业发展扶持政策

一　东部地区

东部地区对于中小企业的扶持政策主要体现在财税金融、建设公共服务平台、创新创业及国际化扶持相关政策上（见表 2 - 8）。

表 2 - 8　　2016—2017 年东部地区中小企业扶持政策汇总

分类	省份	扶持政策要点
财税金融政策	山东省	为助推小微企业“双创”，将在 2016—2018 年 3 年内筹集安排资金 30 亿元，用于支持创业创新载体、公共服务体系、融资政策体系建设等 印发《山东省小微企业升级高新技术企业财政补助资金管理办法》，对通过省高新技术企业管理机构认定、符合条件的小微企业（不含期满 3 年重新认定的小微企业），给予一次性补助 10 万元，主要用于企业研究开发活动
	福建省	全省各地、各相关部门要进一步完善和落实中小微企业吸纳毕业生的社保补贴、培训补贴、税费减免等优惠政策。要针对中小微企业特点，主动组织中小微企业集中开展校园招聘活动，引导毕业生到中小微企业就业
	浙江省	出台《关于补齐科技创新短板的若干意见》，在研发机构建设、引进培育重大创新项目等方面给予重大财政支持，最高 3000 万元，同时将设立 20 亿元省科技成果转化引导基金，全力支持科技创新补“短板”
公共服务平台政策	山东省	“产业互联网云平台”上线，将着力解决中小企业在成长过程中面临的项目、资金、人才匮乏等“痛点”
	海南省	海南省中小企业公共服务平台正式启动
	河北省	按照《河北省科技型中小企业成长计划》要求，围绕战略性产业培育、传统产业转型升级、大众创业和万众创新、“三去一降一补”的战略任务目标，河北省 2017 年支持 55 项科技小巨人企业项目
国际化扶持政策	天津市	天津市科委出台《科技小巨人“走出去”战略实施方案》，将大力发动科技小巨人企业、科技领军企业和优势产业中的龙头企业，加速“走出去”融入全球创新网络的步伐，使天津市成为全国科技企业“走出去”领航区和国际高端研发资源集聚地

续表

分类	省份	扶持政策要点
创新创业政策	浙江省	《浙江省小微企业发展“十三五”规划》出台，“十三五”时期，浙江将努力再创小微企业发展新优势，为经济持续健康发展提供坚实支撑和强大动力；促进中小企业发展工作领导小组办公室、浙江省经济和信息化委员会正式发布《浙江省中小企业发展“十三五”规划》，提出今后五年的主要目标、重点任务与工程；正式发布《浙江省中小企业发展“十三五”规划》，提出今后五年的主要目标、重点任务与工程
	河北省	按照《河北省中小企业名牌产品管理办法》规定，申报省中小企业名牌产品的企业，要履行社会责任，讲究诚信，所申报的产品应符合国家和省产业政策；按照《河北省科技型中小企业成长计划》要求，围绕战略性产业培育、传统产业转型升级、大众创业和万众创新、“三去一降一补”的战略任务目标，河北省2017年支持55项科技小巨人企业项目

资料来源：课题组根据http：//www.sme.gov.cn/资料整理。

东部地区政府非常重视中小企业公共服务平台的建设，大部分地区均建立了多个中小企业公共服务平台。如除建设中小企业公共服务平台之外，山东省还于2017年2月上线产业互联网云平台，致力于解决中小企业在成长过程中面临的项目、资金、人才匮乏等“痛点”。该平台计划先期推广适合中小企业的大数据精准营销、物联网应用、云服务等帮扶内容，同时向50万有代表性的中小企业演示“产业互联网云平台”和“中小企业公共服务平台（鲁企帮帮）”应用。在国际化扶持政策上，东部各省市主要通过资助中小企业参与境外展会、举办中小企业进入境外的推介会、创建互联网平台等，为中小企业提供国际贸易全价值链的“一站式”服务。如天津市科委于2016年7月出台《科技小巨人“走出去”战略实施方案》，将加速“走出去”融入全球创新网络的步伐，大力发动科技小巨人企业、科技领军企业和优势产业中的龙头企业，使天津市成为全国科技企业“走出去”领航区和国际高端研发资源集聚地。

东部地区中，浙江省非常注重培养中小企业的创新创业，在中小企业的创新创业政策上出台了较多的扶持政策，相继发布了《浙江省中小企业发展“十三五”规划》《浙江省小微企业发展“十三五”规划》等。

2017 年 2 月，浙江省旨在全面推进政府自身改革，深化简政放权、放管结合、优化服务各项工作，发布了《关于印发加快推进“最多跑一次”改革实施方案的通知》。例如，在特色小镇、孵化基地、小微企业园、创业园区等试行住所申报承诺制；申请人在提交“住所（经营场所）申报表”，并对所申报信息真实性做出承诺后，可免予提交租赁协议等使用权证明文件。

二　中部地区

中部地区对于中小企业的扶持政策主要集中于创新创业，财税金融、国际化扶持政策和公共服务平台政策较少。

在财税金融政策上，西部地区各地政府主要通过融资政策、税收优惠等政策及进一步加强和规范省中小企业发展专项资金项目管理等途径来扶持中小企业发展。

在公共服务平台建设方面，江西省推出的《江西省中小企业公共服务示范平台认定办法》和黑龙江省的《关于印发哈尔滨市中小企业公共服务平台认定管理（试行）办法》加快了中小企业公共服务平台建设。

在国际化扶持政策上，江西省财政专门设立外贸中小企业开拓市场项目，对符合条件的企业境外展览、境外专利申请、商标注册及资质认证等开拓外贸市场的行为给予补助。

创新创业政策方面，山西省将以提高创新转型能力为主线，积极构建具有山西特色的中小微企业发展体系；并于 2016 年 8 月发布《关于进一步加强和完善全省中小企业重点监测工作的通知》，以便全面、及时、准确地反映全省中小企业经济运行状况。江西省通过孵化万户小微企业、推动 900 户中小企业上规模的方式推出“组合拳”，着力培育经济发展新增量、新动能。

表 2－9　　　2016—2017 年中部地区中小企业扶持政策汇总

分类	省份	扶持政策要点
财税金融政策	安徽省	从完善项目储备、调度、督察、验收、评价制度等方面，进一步加强和规范省中小企业发展专项资金项目管理，促使项目早日建成投产发挥效益。其中明确，将加强项目绩效评价结果运用，绩效评价好坏与下年度省中小企业发展专项资金安排挂钩

续表

分类	省份	扶持政策要点
公共服务平台政策	江西省	为深入贯彻落实省政府关于促进中小企业发展政策措施，推动“大众创业、万众创新”，加快中小企业公共服务平台建设，推出了《江西省中小企业公共服务示范平台认定办法》
	黑龙江省	推出《关于印发哈尔滨市中小企业公共服务平台认定管理（试行）办法》，为了贯彻落实国务院促进中小企业发展的政策措施，推动公共服务平台建设，支持中小企业健康发展
国际化扶持政策	江西省	为推动外经贸发展，江西省财政专门设立外贸中小企业开拓市场项目，对符合条件的企业境外展览、境外专利申请、商标注册及资质认证等开拓外贸市场的行为给予补助
创新创业政策	山西省	将以提高创新转型能力为主线，积极构建具有山西特色的中小微企业发展体系。目标是全省中小企业发展速度增长6%以上，新增从业人员30万人，新创办小微企业3万户以上；为了全面、及时、准确反映全省中小企业经济运行状况，发布《山西省中小企业局关于进一步加强和完善全省中小企业重点监测工作的通知》，完善中小企业重点监测范围
	吉林省	在推进供给侧结构性改革，落实好去产能、去库存、去杠杆、降成本、补短板“五大任务”中，尤为注重中小企业和民营经济的发展，特别是在为其补短板上，出台并实施了一系列强力举措
	江西省	工信委推出“组合拳”，通过强化政策扶持做“加法”，降低要素成本做“减法”，推进企业内部挖潜增效做“乘法”，帮助破解难题做“除法”，助推企业加快发展
		力争孵化万户小微企业、推动900户中小企业上规模，着力培育经济发展新增量、新动能
		出台《江西省“专精特新”中小企业认定管理暂行办法》，鼓励引导中小企业走专业化、精细化、特色化、新颖化发展路子，促进企业结构调整和转型升级

资料来源：课题组根据 http：//www. sme. gov. cn/网站等资料整理。

三 西部地区

2016—2017年，西部地区政府发力推出了较多财税金融扶持、公共服务平台和创业创新相关政策，各方面对中小企业快速发展给予了大力支持。

在财税扶持政策方面，西部地区各地政府主要通过融资政策、税收优惠、中小企业发展专项资金和政府采购促进中小企业发展等途径来扶持中小企业发展。

在公共服务平台建设方面，西部地区各地政府开通公共服务平台为中小企业提供普惠式支持。

在创业创新政策方面，与东部地区和西部地区保持一致。例如，陕西省计划用 3 年时间扶持培育 1500 家具有品牌发展潜力的“专精特新”中小企业，辅导帮助 60 家中小企业打造区域知名品牌，带动 3000 家以上的中小企业关注自身品牌发展，建立陕西中小企业品牌梯级培育库。

表 2－10　　2016—2017 年西部地区中小企业扶持政策汇总

分类	省份	扶持政策要点
财税金融政策	广西壮族自治区	支持中小企业扩大投资和技术改造，自治区财政厅下达了有关市县 2017 年中小企业发展专项资金 7000 万元，主要用于支持“专精特新”中小企业项目、“产业富民”专项活动等
	四川省	设立了“四川省中小企业发展基金”，采取母子基金的模式，并在全国首创创新融资子基金，以缓解中小企业融资“瓶颈”；印发《四川省政府采购促进中小企业发展的若干规定》的通知，要求采购人、采购代理机构应当积极支持中小企业自由进入本地区和本行业的政府采购市场，同时强调 30% 以上政府采购项目预算专门面向中小企业，并引入信用担保手段为中小企业提供专业化的融资担保服务
	甘肃省	成立中小企业发展基金，由省级财政和社会资本共同出资设立，按市场化方式运作，支持全省工业、农业、科技等各行业领域的中小企业发展的政府投资基金；下发《甘肃省中小企业发展基金管理办法》，发挥财政资金引导作用，拓宽企业融资渠道
	重庆市	针对中小企业服务云平台签约服务机构的补助资金发放工作已启动。按服务机构投入费用的 50% 给予补助，最高不超过 1.5 万元。符合条件的服务机构，须在 11 月 10 日前携带相关材料向市中小企业局提出申报；市财政局制定并印发《重庆市政府采购促进中小企业发展若干规定》，进一步发挥政府采购支持中小企业发展的政策功能

续表

分类	省份	扶持政策要点
财税金融政策	陕西省	省国税局、地税局、银监局与中小企业局联合启动“银税互动助力小微”活动，首场活动与中国农业银行陕西省分行、中国建设银行陕西省分行、招商银行西安分行、中信银行西安分行、西安银行、陕西省农村信用社联合社、秦农银行7家商业银行签订了“征信互认银税互动”合作协议
公共服务平台政策	贵州省	中小企业公共服务平台网络上线
	甘肃省	省中小企业公共服务平台网络正式上线运行
	四川省	省企业市场服务平台正式上线
	青海省	省中小企业公共服务平台正式启动运行
	宁夏回族自治区	开通公共服务平台为中小企业提供普惠式支持
	重庆市	中小企业服务云平台2016年8月上线投入试运行
创新创业政策	陕西省	拟用3年时间辅导帮助60家中小企业打造区域知名品牌，扶持培育1500家具有品牌发展潜力的“专精特新”中小企业，带动3000家以上的中小企业关注自身品牌发展，建立陕西中小企业品牌梯级培育库；《中小企业“十三五”创业创新发展规划》正式出台
	青海省	省人社厅会同省农牧、省扶贫开发局、团省委、省妇联4部门联合印发了《关于实施青海省农民工等人员返乡创业培训五年行动计划的通知》，计划从2017年起到2020年，在全省进一步对农民工、建档立卡贫困人员、大中专毕业生和退役军人等返乡人员开展创业培训工作
	甘肃省	出台《2016年扶助小微企业专项行动实施方案》，进一步释放政策红利。2016年甘肃省开展以“激发创业创新活力、提升企业内在素质”为主题，以“政策落实、优化环境、贴近服务、交流合作”为重点的扶助小微企业专项行动

资料来源：课题组根据 http：//www. sme. gov. cn/网站等资料整理。

第三节　重点政策解读与评述

一　《中国制造2025》推进中小企业创新改革

李克强总理强调："'互联网+''双创'+《中国制造2025》，彼此结合起来进行工业创新，将会催生一场'新工业革命'。《中国制造2025》绝对不是光指大企业，制定相关方案和支持措施时千万不要只瞄准大企业，对中小企业要予以充分支持，促进大中小企业融通发展。"许多中小企业通过大众创业、万众创新发展智能制造，已经成为推动制造业转型升级不可忽视的力量。

2017年5月，李克强总理在国务院常务会议上指出，《中国制造2025》是推动新旧动能转换和经济迈向中高端的重要抓手，实施两年来取得了明显成效。下一步要深入实施，促进整个制造业向智能化、绿色化和服务型升级，加快建设制造强国。会议确定了积极支持大中小企业融通发展、服务业与制造业有机结合，鼓励制造、电信、软件等企业跨界合作，发展网络化协同研发制造、大规模个性化定制、服务型制造等新模式等发展方针。

会议同时指出，《中国制造2025》是推动新旧动能转换和经济迈向中高端的重要抓手，实施两年来取得了明显成效。下一步深入实施《中国制造2025》，要深化供给侧结构性改革，以市场为导向，以企业为主体，强化创新驱动和政策激励，把发展智能制造作为主攻方向，与"互联网+"和"大众创业、万众创新"紧密结合，打造勇于改革创新、成果不断涌现、具有引领作用的"示范方阵"，促进整个制造业向智能化、绿色化和服务型升级，加快建设制造强国。

表2-11　2016—2017年国务院常务会议关于《深入实施〈中国制造2025〉》的重要措施

项目分类	相关措施
攻关键、强基础	以高端装备、短板装备和智能装备为切入点，狠抓关键核心技术攻关，加快突破传感器、工业软件、工控系统等"瓶颈"制约，集中支持重点领域创新发展和传统产业改造提升急需装备的工程化、产业化

续表

项目分类	相关措施
加强平台建设	加快建设工业互联网云平台和基于互联网的开放式“双创”平台，积极支持大中小企业融通发展、服务业与制造业有机结合，鼓励制造、电信、软件等企业跨界合作，发展网络化协同研发制造、大规模个性化定制、服务型制造等新模式
抓好试点示范	因地制宜建设《中国制造 2025》试点示范城市（群）和智能制造示范区，择优创建一批《中国制造 2025》示范区，支持在政策和制度创新上先行先试，形成智能制造创新氛围和产业集群，打造新的增长区域
提高产品和服务品质	弘扬企业家精神和工匠精神，培育创客品质，推广先进质量管理方法，建立优质制造标准体系；对接多样化消费升级需求，增品种、提品质、创品牌
优化发展环境	深化简政放权、放管结合、优化服务改革。完善市场监管，强化知识产权保护；健全技术入股、股权激励等收益分配机制，更好调动科技人才积极性

资料来源：课题组根据 http：//www. sme. gov. cn/网站等资料整理。

为配合此项工作，2017 年起工业和信息化部将会同人民银行开展小微企业应收账款融资的三年专项行动；配合财政部研究加快担保体系建设；引导和带动社会资本支持中小企业发展；在全国开展小微企业金融支持普及教育行动，帮助小微企业提高获得贷款能力。

二　中小企业信息化培育政策

推动中小企业信息化是促进中小企业创新转型发展的重要政策途径。2005 年以来，国务院有关部门联合实施中小企业信息化推进工程，取得了显著成效，涌现出一批具有明显信息化优势、市场竞争力强的中小企业，集聚了一批优质的信息化服务资源，形成了支持中小企业信息化和创新发展的服务网络。

2017 年 1 月，工业和信息化部发布《关于进一步推进中小企业信息化的指导意见》。该政策主要目标是到 2020 年实现我国中小企业信息化水平显著提升。互联网和信息技术在提升中小企业创新发展能力和推动组织管理变革方面的作用明显增强。中小企业在研发设计、生产制造、经营管理和市场营销等核心业务环节应用云计算、大数据、物联网等新一代信息技术的比例不断提高。培育和发展一批有效运用信息技术，具有创新发展优势、经营管理规范、竞争力强的中小企业。中小企业信息化服务体系进一步完善。中小企业通过基于互联网的产业生态体系，与大企业协同创新、协同制造能力显著提升。

为了深入贯彻《国家信息化发展战略纲要》和《国务院关于大力推进“大众创业、万众创新”若干政策措施意见》，中央政府在总结 2005 年以来中小企业信息化推进工程取得经验的基础上，突出市场主导与政府引导相结合、服务平台化与应用网络化相结合、示范带动与协同推进相结合的原则，以加快转变经济发展方式为主线，以推动落实“互联网 +”、《中国制造 2025》、“大众创业、万众创新”为方向，提出了八个方面的重点任务（见表 2 - 12）。

表 2 - 12　　2017 年中国中小企业信息化培育重点任务

项目分类	政策要点	实施要点
以信息技术提升研发设计水平	运用信息技术开展研发设计可以极大提升中小企业创新能力和效率，提高产品质量和附加值	★发挥计算机辅助（CAD/CAE/CAPP/CAM）等系统应用的作用，通过构建基于互联网的开放式研发平台，推广应用数字化产品建模工具、三维及虚拟现实模拟设计方式，为中小微企业提供用户参与式的研发设计、仿真与验证分析，实现大中小企业协同研发与产品设计的网络化
以信息技术改造生产制造方式	信息技术与现代制造业的深度融合，推进生产制造流程的柔性化改造，发展网络众包、分享经济、个性化定制、服务型制造等新模式，促进中小企业变革生产方式	★发挥工业互联网和自主可控的软硬件产品为支撑作用，推广“智能制造”信息化集成应用产品和解决方案，为先进制造中小企业提供信息化支撑，实现信息技术与现代制造业的深度融合
以信息技术提升经营管理能力	运用新一代信息技术帮助中小企业迅速获得信息化服务，降低信息化应用的成本和门槛	★利用云计算、大数据、移动互联网等信息技术提升中小企业以租代建、支持核心业务发展、覆盖企业经营管理链条的便捷信息化服务水平； ★推动经营管理信息化向商业智能（BI）转变和关键环节的整合与创新，实现中小企业内外部管理信息的互通与共享

续表

项目分类	政策要点	实施要点
以信息技术优化市场营销	发展基于社交的电子商务，创新网络营销模式，助力中小企业细化区分网络群体，增强营销的精准性，拓展市场空间	★利用信息化拓展市场空间，发展社交型电子商务和基于大数据的精准营销； ★构建覆盖采购、生产和销售等全链条的产品品质追溯系统； ★优化互联网产品质量监督环境，实现中小企业营销模式的网络化、精准化
探索互联网金融缓解中小企业融资难	利用互联网金融等工具，降低中小企业的金融抑制，缓解中小企业融资难	★加快拓宽中小企业融资渠道，发展投融资公共服务平台； ★通过集聚各类金融资源，营造良好的金融创新环境，协作解决小微企业融资难题
引导大型信息化服务商服务中小企业	探索政府支持、大型信息化服务商让利、中小企业受益的信息化推进服务模式	★支持大型服务商向小微企业和创业团队开放各类资源，支持大型信息化服务商与地方政府、有关部门、工业园区、产业集群等开展务实合作； ★培育第三方信息化服务市场，通过开展有针对性的专项行动，加快中小企业信息化应用水平
完善中小企业信息化服务体系	完善中小企业信息化服务体系，为中小企业提供“一站式”的信息化解决方案	★推动服务机构专业化发展，打造特定行业、领域的信息化服务平台，建设各种中小企业创新创业服务平台，通过集聚整合专业服务资源，为中小企业信息化难题提供对策
加强案例研究和应用宣传	加强案例研究，总结和推广中小企业信息化建设的成功模式和经验，加强应用宣传以强化试点示范效应	★结合区域发展实际开展信息化相关创新政策试点，开展中小企业信息化示范推广行动； ★通过举办信息化经验交流会、试点示范工程推广会、信息化产品与服务展示推介会，普及信息化专业知识和应用技能； ★通过加强跨区域合作与交流，总结和推广中小企业信息化建设的成功模式和经验

资料来源：课题组根据中国知网资料整理。

2017 年 5 月，工业和信息化部在北京举办“2017 中小企业信息化服务信息发布会”，总结 2016 年中小企业信息化推进工作并部署 2017 年工作任务。据不完全统计，2016 年，18 家大型电信运营商在全国建立了 907 个服务机构，配备了近 11 万名服务人员，联合近 7600 多家专业合作伙伴；企业投入的资金约 18.72 亿元；年内组织开展宣传培训和信息化推广活动 13000 余场，参加活动者达 670 多万人次，与地方政府部门签署了 409 份合作协议。

2017 年是中小企业信息化推进工程实施的第十二年，中小微企业的信息化需求呈现出个性化、多元化和多层次趋势。中小企业局将落实《工业和信息化部关于进一步推进中小企业信息化的指导意见》（工信部企业〔2016〕445 号），重点做好提高信息化服务商的信息化服务能力、提高中小企业信息化应用水平、促进小微企业创业创新和深入开展信息化服务等相关工作。以进一步拓展发展思路，创新工作方式，突出服务重点，推动新产品、新业态、新市场和新模式发展，为中小企业提供广阔的发展空间。

为贯彻落实中小企业进一步信息化，中国政府将通过贯彻落实建立协同工作机制、加大财税金融扶持、加强人才队伍建设、加强信息化评测四大措施在全国范围内全面推进信息化部署工作。

三　“一带一路”与中小企业发展政策

“一带一路”自提出倡议以来，在中央政府与 18 个省份的大力推动下，少数中国大型企业已迈开“走出去”的步伐。事实上，“一带一路”的建设，既包括走出国门，在海外进行投资合作建设，也包括在国内相关省区及城市开展的自主与合作建设。

国内，“一带一路”战略辐射 18 个主要省份，连接包括西宁、重庆、成都等在内的 8 个重要内陆节点城市以及上海、天津、宁波等 15 个重要港口节点城市。相比于大企业，在节点城市进行战略性布局与发展，更有利于降低投资风险，为小企业“走出去”赢得更多机遇。“一带一路”战略的实施，为中国中小企业“走出去”创造出了难得的历史机遇。走出去前，企业可先占据国内“一带一路”主要节点城市，进行功能性布局，加强“点”对“点”的建设，实现以节点城市为形式的国内经济带。布局国内节点城市可以为企业推动内陆资源和国外基地的互联互通以及未来对“走出去”战略起到支撑作用。

2017 年 3 月，国务院正式批复设立辽宁、浙江、河南、湖北、重庆、四川、陕西 7 个省份自贸试验区，并分别印发了总体方案。7 省份结合自身特点，提出各自贸试验区的侧重试点任务。其中：（1）辽宁省主要是落实中央关于加快市场取向体制机制改革、推动结构调整的要求，着力打造提升东北老工业基地发展整体竞争力和对外开放水平的新引擎；（2）浙江省主要落实中央关于"探索建设舟山自由贸易港区"的要求，就推动大宗商品贸易自由化，提升大宗商品全球配置能力进行探索；（3）河南省主要是落实中央关于加快建设贯通南北、连接东西的现代立体交通体系和现代物流体系的要求，着力建设服务于"一带一路"建设的现代综合交通枢纽；（4）湖北省主要是落实中央关于中部地区有序承接产业转移、建设一批战略性新兴产业和高技术产业基地的要求，发挥其在实施中部崛起战略和推进长江经济带建设中的示范作用；（5）重庆市主要是落实中央关于发挥重庆战略支点和连接点重要作用、加大西部地区门户城市开放力度的要求，带动西部大开发战略深入实施；（6）四川省主要是落实中央关于加大西部地区门户城市开放力度以及建设内陆开放战略支撑带的要求，打造内陆开放型经济高地，实现内陆与沿海沿边沿江协同开放；（7）陕西省主要是落实中央关于更好发挥"一带一路"建设对西部大开发带动作用、加大西部地区门户城市开放力度的要求，打造内陆型改革开放新高地，探索内陆与"一带一路"沿线国家经济合作和人文交流新模式。七大自贸试验区总体建设方案如表 2 – 13 所示。

表 2 – 13　　国务院印发 7 个新设自贸试验区总体方案一览

政策	战略定位	发展目标
国务院关于印发中国（陕西）自由贸易试验区总体方案的通知	以制度创新为核心，以可复制可推广为基本要求，全面落实党中央、国务院关于更好发挥"一带一路"建设对西部大开发带动作用、加大西部地区门户城市开放力度的要求，努力将自贸试验区建设成为全面改革开放试验田、内陆型改革开放新高地、"一带一路"经济合作和人文交流重要支点	经过 3—5 年改革探索，形成与国际投资贸易通行规则相衔接的制度创新体系，营造法治化、国际化、便利化的营商环境，努力建成投资贸易便利、高端产业聚集、金融服务完善、人文交流深入、监管高效便捷、法治环境规范的高水平高标准自由贸易园区，推动"一带一路"建设和西部大开发战略的深入实施

续表

政策	战略定位	发展目标
国务院关于印发中国（四川）自由贸易试验区总体方案的通知	以制度创新为核心，立足内陆、承东启西，服务全国、面向世界，将自贸试验区建设成为西部门户城市开发开放引领区、内陆开放战略支撑带先导区、国际开放通道枢纽区、内陆开放型经济新高地、内陆与沿海沿边沿江协同开放示范区	经过 3—5 年改革探索，力争建成法治环境规范、投资贸易便利、创新要素集聚、监管高效便捷、协同开放效果显著的高水平高标准自由贸易园区，在打造内陆开放型经济高地、深入推进西部大开发和长江经济带发展中发挥示范作用
国务院关于印发中国（重庆）自由贸易试验区总体方案的通知	以制度创新为核心，以可复制可推广为基本要求，全面落实党中央、国务院关于发挥重庆战略支点和连接点重要作用、加大西部地区门户城市开放力度的要求，努力将自贸试验区建设成为“一带一路”和长江经济带互联互通重要枢纽、西部大开发战略重要支点	经过 3—5 年改革探索，努力建成投资贸易便利、高端产业集聚、监管高效便捷、金融服务完善、法治环境规范、辐射带动作用突出的高水平高标准自由贸易园区，努力建成服务于“一带一路”建设和长江经济带发展的国际物流枢纽和口岸高地，推动构建西部地区门户城市全方位开放新格局，带动西部大开发战略深入实施
国务院关于印发中国（湖北）自由贸易试验区总体方案的通知	以制度创新为核心，以可复制可推广为基本要求，立足中部、辐射全国、走向世界，努力成为中部有序承接产业转移示范区、战略性新兴产业和高技术产业集聚区、全面改革开放试验田和内陆对外开放新高地	经过 3—5 年改革探索，对接国际高标准投资贸易规则体系，力争建成高端产业集聚、创新创业活跃、金融服务完善、监管高效便捷、辐射带动作用突出的高水平高标准自由贸易园区，在实施中部崛起战略和推进长江经济带发展中发挥示范作用
国务院关于印发中国（河南）自由贸易试验区总体方案的通知	以制度创新为核心，以可复制可推广为基本要求，加快建设贯通南北、连接东西的现代立体交通体系和现代物流体系，将自贸试验区建设成为服务于“一带一路”建设的现代综合交通枢纽、全面改革开放试验田和内陆开放型经济示范区	经过 3—5 年改革探索，形成与国际投资贸易通行规则相衔接的制度创新体系，营造法治化、国际化、便利化的营商环境，努力将自贸试验区建设成为投资贸易便利、高端产业集聚、交通物流通达、监管高效便捷、辐射带动作用突出的高水平高标准自由贸易园区

续表

政策	战略定位	发展目标
国务院关于印发中国（浙江）自由贸易试验区总体方案的通知	以制度创新为核心，以可复制可推广为基本要求，将自贸试验区建设成为东部地区重要海上开放门户示范区、国际大宗商品贸易自由化先导区和具有国际影响力的资源配置基地	经过三年左右有特色的改革探索，基本实现投资贸易便利、高端产业集聚、法治环境规范、金融服务完善、监管高效便捷、辐射带动作用突出，以油品为核心的大宗商品全球配置能力显著提升，对接国际标准初步建成自由贸易港区先行区
国务院关于印发中国（辽宁）自由贸易试验区总体方案的通知	以制度创新为核心，以可复制可推广为基本要求，加快市场取向体制机制改革、积极推动结构调整，努力将自贸试验区建设成为提升东北老工业基地发展整体竞争力和对外开放水平的新引擎	经过 3—5 年改革探索，形成与国际投资贸易通行规则相衔接的制度创新体系，营造法治化、国际化、便利化的营商环境，巩固提升对人才、资本等要素的吸引力，努力建成高端产业集聚、投资贸易便利、金融服务完善、监管高效便捷、法治环境规范的高水平高标准自由贸易园区，引领东北地区转变经济发展方式、提高经济发展质量和水平

资料来源：课题组根据 http：//www. gov. cn/网站资料整理。

第　二　篇

2017 年中国中小企业景气指数测评

第三章

中小企业景气指数的评价流程与方法

景气指数（Climate Index）是用来衡量经济发展状况的“晴雨表”。企业景气指数是对企业景气调查所得到的企业家对本企业生产经营状况及对本行业景况的定性判断和预期结果的定量描述，用以反映企业生产经营和行业发展所处的景气状况和发展走势。在企业景气调查和指数编制方面，自德国伊弗（IFO）研究所于1949年正式开始实施以来，世界发达市场经济国家已有半个世纪以上的理论研究和实践经验。中国国家统计局在1998年将企业景气调查纳入了统计制度，但从政府机构和学术界对企业景气指数的研究和应用来看，大都以工业企业和大中型企业为对象。在企业运行监测和管理方面，2004年中国农业部开始建立全国乡镇企业信息直报系统，2009年国家工业和信息化部也在全国建立了中小企业生产经营运行监测平台，使中国中小企业景气监测和预警机制逐步得以确立。但从目前的监测企业数量和类型等来看，还不能充分客观地反映中国中小企业发展景气特征。本章首先跟踪国内外有关景气指数研究的理论前沿和最新动态，其次阐述分析中国中小企业景气指数研究的意义，最后介绍本研究报告采用的中小企业景气指数编制流程及评价方法。

第一节　国外景气指数研究动态

一　经济周期波动与景气指数研究

经济周期波动是经济发展过程中难以回避的一个重要现象。在20世纪初，对于经济周期波动的研究首先在欧美各国的学术界引起普遍重视，相关机构及学者提出了各种定量方法来测量经济的周期性波动。1909年，美国巴布森统计公司（Babson）发布了巴布森经济活动指数，这是最早、较为完整地提出景气指数分析的经济预测和评价活动。早期研究中影响最大的是哈佛大学 1917 年开始编制的哈佛指数，其在编制过程中广泛收集了美国经济发展的历史数据，选取了与经济周期波动在时间上存在明确对应关系的 17 项经济指标，在三个合成指数的基础上，利用它们之间存在的时差关系来判断经济周期的波动方向并预测其转折点，对 20 世纪以来美国的四次经济波动都得到了较好反映。哈佛指数从 1919 年起一直定期发布，此后欧洲各国涌现出了许多类型指数研究小组，从不同角度分析经济、产业与市场等运行状况。

W. C. 米切尔（W. C. Mitchell，1927）总结了历史上对经济景气指数以及经济周期波动测定等方面的一些结果，从理论上讨论了利用经济景气指标对宏观经济进行监测的可能性，提出经济变量之间可能存在时间变动关系，并由此来超前反映经济景气波动的可能性。这些理论的提出为 W. C. 米切尔和 A. F. 伯恩斯（A. F. Burns，1938）初步尝试构建先行景气指数提供了基础，他们从 500 个经济指标中选择了 21 个构成超前指示器的经济指标，最终正确地预测出经济周期转折点出现的时间。1929 年美国华尔街金融危机爆发后，学术界认为，仅凭借单个或几个指标已经难以全面、准确地反映整个经济运行状况，由此季节调整成为经济监测的基本方法。

在对经济周期进行系统性的研究后，米切尔和伯恩斯（1946）在 *Measuring Business Cycles* 一书中提出了一个关于经济周期的定义："一个周期包括同时发生在许多经济活动中的扩张、衰退、紧缩和复苏，复苏又融入下一个周期的扩张之中，这一系列的变化是周期性的，但并不是定期的。在持续时间上各周期不同。"这一定义成为西方经济学界普遍接受的经典定义，并一直作为 NBER 判断经济周期的标准，也为企业景气指数的研究提供了理论支撑。

从 1950 年开始，NBER 经济统计学家穆尔（J. Moore）的研究团队从近千个统计指标的时间序列中选择了 21 个具有代表性的先行、一致和滞后三类指标，开发了扩散指数（Diffusion Index，DI），其中先行扩散指数在当时能提前 6 个月对经济周期的衰退进行预警。虽然扩散指数能够很好地对经济周期波动的转折点出现的时间进行预测，却不能表示经济周期波动的幅度，没能反映宏观经济运行的效率与趋势，这使扩散指数的推广和应用受到了一定的限制。为了弥补这一缺陷，希金斯和穆尔（J. Shiskin and G. H. Moore，1968）合作编制了合成指数（CI），并且在1968年开始正式使用，合成指数有效地克服了扩散指数的不足，它不仅能够很好地预测经济周期的转折点，而且能够指出经济周期波动的强度。其中，经济周期波动振幅的标准化是构建合成指数的最核心问题，不同的经济周期波动振幅标准化后获得的合成指数也不相同。合成指数为经济周期波动的度量提供了一个有力的工具，至今广泛应用于世界各国的景气指数评价研究。

20世纪70年代，NBER建立了西方七国经济监测指标体系，构建基于增长循环开发景气指标体系。由于指标选取会直接影响到最终构建的景气指数，一些经济学家开始尝试利用严谨的数学模型作为分析工具，利用多元统计分析中的主成分分析法来合成景气指数，以此尽量减少信息损失。斯托克和沃森（J. H. Stock and M. W. Watson，1988；1989）还利用状态空间模型和卡尔曼滤波建立了S—W型景气指数，这种指数方法也被许多国家用来监测宏观经济周期波动状况。

20世纪80年代，以经济活动指标增长率为基础的循环测度景气方法逐步得到应用，随后美国发布了部分行业景气指数。20世纪80年代末至90年代以后，经济监测体系延伸到多个国家，斯托克和沃森（2002）将系统化回归的方法引入，建立了先行指标和同步指标的总和模型，并论证了建模分析的可实施性，季节调整方法也有较大进展，开发了X－12－ARIMA软件，利用自回归移动平均模型进行预测。对合成指数、信息提取方法和多维分析方法的探测取得了较好成果。总之，景气指数的研究在国外发展趋于成熟，对经济运行状态的预警和行业动态分析起到重要作用。

二　企业与行业景气研究

经济衰退和经济增长过快都会影响到企业运营与行业发展。而客观判断企业与行业发展景气状况主要是通过企业景气指数分析来实现的。企业景气指数是对企业景气监测调查所得到的企业家关于本企业生产经营状况及对本行业景气状况判断和预期结果的定量描述，用以反映企业生产经营和行业发展所处的景气状况及发展趋势。1949年德国伊弗研究所首次实施了企业景气调查（IFO Business Climate Index），具体对包括制造业、建筑业及零售业等各产业部门的 7000 多家企业进行月度调查，主要依据企业评估目前的处境状况、短期内企业的计划及对未来半年的看法等编制指数。这种企业景气指数评价方法很快被法国、意大利及欧共体（EEC）等采用，并受到日本、韩国与马来西亚等亚洲国家的重视。

日本是世界上中小企业景气调查机制最为健全完善的国家之一。日本在 1957 年以后实行了两种调查，即 17 项判断调查和定量调查。日本的权威性企业景气动向调查主要有日本银行的企业短期经济观测调查（5500 家样本企业）、经济企划厅的企业经营者观点调查和中小企业厅的中小企业景气状况调查。其中，中小企业景气状况调查和指数编制及研究始于 1980 年，其会同中小企业基盘整备机构，依靠全国 533 个商工会、152 个商工会议所的经营调查员、指导员及中小企业团体中央会的调查员，对日本 19000 家中小企业（2011 年度）分工业、建筑业、批发业、零售业、服务业 5 大行业按季度进行访问调查，并通过实地获取调查问卷信息来实施。2004 年以后，日本还从全国 420 万家中小企业中选出 11 万家，细分 10 个行业，在每年 8 月进行定期调查，并发布研究报告。

此外，美国独立企业联合会（NFIB）自 1986 年开始面向美国 47 万家小企业每月编制发布小企业乐观程度指数（The Index of Small Business Optimism），该指数至今为反映美国小企业景气状况的“晴雨表”。

三 景气监测预警研究

经济预警（Economic Early Warning）基于经济景气分析，但比景气分析预测要更加鲜明，属于经济突变论的概念范畴。其最早的应用可追溯到 1888 年巴黎统计学大会上发表的以不同色彩评价经济状态的论文，但经济预警机制的确立是在 20 世纪 30 年代第一次世界经济危机之后。20 世纪 60 年代引入合成指数和景气调查方法之后，美国商务部开始定期发布 NBER 经济预警系统的输出信息（顾海兵，1997）。具有评价功能的预警信号指数始于法国政府制定的“景气政策信号制度”，其借助不同颜色的信号灯对宏观经济状态做出了简明直观的评价。

1968 年，日本经济企划厅也发布了“日本经济警告指数”，分别以红、黄、蓝等颜色对日本宏观经济做出评价。1970 年，联邦德国编制了类似的警告指数。1979 年，美国建立“国际经济指标系统”（IEI）来监测西方主要工业国家的景气动向，这标志着经济监测预警系统研究开始走向国际化。到 20 世纪 80 年代中期，印度尼西亚、泰国、新加坡、中国台湾、中国香港等国家和地区先后将景气预警作为宏观经济的政策支持基础。

作为反映国际贸易情况的领先指数，波罗的海干散货运价指数（BDI）近年来日益受到企业和行业的重视（卿倩、赵一飞，2012）。该指数是目前世界上衡量国际海运情况的权威指数，由若干条传统的干散货船航线的运价，按照各自在航运市场上的重要程度和所占比重构成的综合性指数，包括波罗的海海岬型指数（BCI）、巴拿马型指数（BPI）和波罗的海轻便型指数（BHMI）三个分类指数，由波罗的海航交所向全球发布。其预警功能表现为，如果该指数出现显著的上扬，说明各国经济情况良好，国际贸易火热。根据上海国际航运研究中心发布的 2016 年国际干散货运输市场相关数据显示，2016 年，受消费需求普遍不足、全球贸易持续低迷及金融市场频繁震荡等不利因素影响，主要发达经济体经济增长滞缓，发展中经济体与新兴市场国家在改革、经济转型的过程中遭遇较大阻力。2016 年全球铁矿石海运量上涨明显，煤炭海运量同比下滑，谷物海运量保持增长，小宗散货海运量基本持平。受益于海运量的回升及运力的持续控制，2017 年国际干散货运输市场的形势将有望温和回升，BDI 指数全年均值在 800—900 点之间，全球运价整体有望小幅回升。

根据上海市社会科学院发布的研究报告，由于美国新任总统和美元升息等因素，全球金融市场短期内将保持动荡不定。特别是新兴市场国家再次面临货币贬值和资本外流的风险。与此同时，世界贸易仍然缺乏强有力的支持，增长将保持缓慢。虽然商品价格反弹或会带来一些需求回升，但范围有限，全球贸易增长率低于经济增长态势不大可能扭转。全球投资将由于美元走强、新贸易保护主义等因素，整体复苏进程受阻。但第四次全球工业转移浪潮的崛起可能导致全球投资逐步复苏。此外，杭州二十国集团首脑会议有效推动了全球高效的金融治理；中国提出的“一带一路”倡议也为实现强劲复苏和可持续发展提供了新的思维方式，也使在全球化趋势下促进经济全球化注入新的动力和活力。摩根大通全球制造业采购经理人指数（PMI）显示，2017 年 3 月全球制造业 PMI 企稳 53（69 个月高位），已连续 13 个月处于 50 扩张线之上，表明 2017 年世界经济景气总体趋向回暖上升。

第二节 国内景气指数研究动态

一 宏观经济景气循环研究

在中国，吉林大学董文泉（1987）的研究团队与国家经委合作首次开展了中国经济周期的波动测定、分析和预测工作，编制了中国宏观经济增长率周期波动的先行、一致和滞后扩散指数和合成指数。后来，国家统计局、国家信息中心等政府机构也开始了这方面的研究并于 20 世纪 90 年代初正式投入应用（朱军和王长胜，1993；李文溥等，2001）。陈磊等（1993，1997）通过多元统计分析中的主成分分析方法，构建了先行、一致两组指标组的主成分分析来判断中国经济景气循环特征。高铁梅等（1994，1995）通过运用 S—W 型景气指数很好地反映了中国的经济运行状况。

毕大川和刘树成（1990）、董文泉等（1998）、张洋（2005）等全面系统地总结了国际上研究经济周期波动的各种实用的经济计量方法，并利用这些方法筛选的指标合成适合中国的景气指数和宏观经济预警机制。李晓芳等（2001）利用 HP 滤波方法和阶段平均法对中国的经济指标进行了趋势分解，利用剔除趋势因素的一致经济指标构造了中国增长循环的合成指数，并与增长率循环进行了比较。阮俊豪（2013）实证研究了 BDI 指数风险测度及其与宏观经济景气指数关系。陈乐一等（2014）运用合成指数法分析了当前中国经济景气走势。史亚楠（2014）基于扩散指数对中国宏观经济景气进行了预测分析。顾海兵、张帅（2016）通过建立国家经济安全指标体系来预测分析“十三五”时期中国经济的安全水平。近年来，不少研究者从投资、物价、消费、就业和外贸等宏观经济的主要领域，对转型期中国产业经济的周期波动进行了实证研究（高铁梅等，2009；许谏，2013；许洲，2013；王亚南，2013；冯明、刘淳，2013；谌新民等，2013；陆静丹等，2014；胡培兆等，2016；丁勇等，2016）。还有学者研究“新常态”下中国宏观经济的波动趋势及消费者景气指数（国家信息中心，2015；国家开发银行研究院等，2015；王桂虎，2015；吴君等，2015；李斯，2015；赵军利，2015；张彦等，2015；张同斌，

2015；于德泉，2016；杨晓光，2016；刘元春等，2016）；孔宪丽、梁宇云对2016年中国工业经济景气态势及特点进行了分析；张勇、姜亚彬（2016）对中国制造业PMI与宏观经济景气指数关系进行了实证分析；胡涛、王浩、邱文韬（2016）基于VAR模型研究了中国国房景气指数与宏观经济景气指数的联动关系；丁勇、姜亚彬（2016）对中国制造业PMI与宏观经济景气指数的关系进行了实证分析；张言伟（2017）分析了经济景气循环对股市波动的影响。

二　企业与行业景气研究

中国人民银行1991年正式建立5000户工业企业景气调查制度，但所选企业以国有大、中型工业生产企业为主。1994年8月起，国家统计局开始进行企业景气调查工作，调查主要是借助信息公司的技术力量，开展对工业和建筑业企业直接问卷调查。到1998年，国家统计局在全国开展企业景气调查，编制了企业家信心指数和企业景气指数，分别按月度和季度在国家统计局官网发布。

1997年，王恩德对企业景气调查方法进行了改进，设计了对问卷调查结果进行统计和分析的计算机软件，对得到的结果进行定性、定量分析，使问卷调查法更加严谨、更加科学。同年，国家统计局建立了一套专门针对中国房地产发展动态趋势和变化程度的“国房景气指数”。从2001年开始，国家统计局又根据对商品与服务价格进行抽样调查的结果，编制发布了全国居民消费价格指数（CPI）。王呈斌（2009）基于问卷调查分析民营企业景气状况及其特征，浙江省工商局2010年结合抽样调查、相关部门的代表性经济指标，运用国际通行的合成指数法编制发布了全国首个民营企业景气指数。黄晓波、曹春嫚、朱鹏（2013）基于2007—2012年中国上市公司的会计数据信息研究了企业景气指数。中国社会科学院金融研究所企业金融研究室尝试开发编制中国上市公司景气指数。浙江工商大学开发编制了“义乌中国小商品指数”。中国国际电子商务中心中国流通产业网开发编制了“中国大宗商品价格指数”。迄今国内学术界对中小企业景气指数的研究大都集中在工业企业领域。其他相关指数有中国中小企业国际合作协会与南开大学编制的中国中小企业经济发展指数，复旦大学编制的中小企业成长指数，中国中小企业协会编制的中小企业发展指数，中国企业评价协会编制的中小企业实力指数，浙江省浙商研究中心编制运营的浙商发展指数，阿里巴巴为中小微企业用户提供行业价格、供应及采购趋势的阿里指数以及百度推出的百度中小企业景气指数等。

伴随景气指数分析的进一步深入，关于景气指数的评价对象也逐渐出现了分化，目前更多的研究则将景气指数评价应用于某一具体区域、具体行业、领域的企业及其他组织的分析。中国学术界迄今对行业和企业监测预警的研究大都集中在工矿业（李园、刘宁、姜早龙，2017；吴卫华、王红玲，2016；中国化工经济技术发展中心行业景气指数课题组，2016；莫欣达，2016；张凌洁，2016；孔宪丽、梁宇云，2016；张艳芳等，2015；任旭东，2015；屈魁等，2015；庞淑娟，2015）、房地产（胡涛、王浩、邱文韬，2016；袁宁，2016；张红、孙煦，2014；张宇青等，2014；崔霞等，2013；张斌，2012；朱雅菊，2011；陈峰，2008；隋新玉，2008；王鑫等，2007；李崇明等，2005）、旅游（如婳，2016；孙赫、王晨光，2015；何勇，2014；刘晓明，2011；倪晓宁、戴斌，2007；梁留科等，2006）、金融证券及财富（张言伟，2017；周程程，2016；王彤彤，2016；肖欢明，2015；交通银行，2015；国家开发银行研究院等，2015；徐国祥、郑雯，2013；刘恩猛等，2011；薛磊，2010；周世友，2009；陈守东等，2006；吴军，2005）、商业、互联网及其他服务业（姚静，2016；姚燕清，2016；韩兆洲，2017；任玉佩，2017；曹继军等，2015；何翠婵，2015；黄隽，2015；邬关荣等，2015；中国出版传媒商报专题调查组，2015；张伟等，2009；李朝鲜，2004）、海洋航运及进出口贸易（上海国际航运研究中心，2016；王伟民，2016；中国轻工业信息中心，2015；周德全，2013；殷克东等，2013；朱敏等，2008；苏春玲，2007）、资源及能源（余韵，2015；彭元正，2015；肖欢明等，2015；支小军等，2013；刘元明等，2012；李灵英，2008）及其他特定行业与企业（丁勇、姜亚彬，2016；胡佳蔚，2016；许慧楠等，2016；赵陈诗卉等2016；杨婷，2016；霍晨，2015；中国柯桥纺织指数编制办公室，2015；刘存信，2015；孙延芳等，2015；霍晨，2015；张炜等，2015；陈文博等，2015；李平，2015；北京通联国际展览公司，2015；唐福勇，2015）等。

三　景气监测预警研究

1988 年以前，中国经济预警研究主要侧重于经济周期和宏观经济问题的研究（石良平，1991），最早由国家经委委托吉林大学系统工程研究所撰写中国经济循环的测定和预测报告，而首次宏观经济预警研讨会是由东北财经大学受国家统计局委托于 1987 年 9 月以全国青年统计科学讨论会为名召开的。

1988 年以后，中国学者更多地关注先行指标，在引入西方景气循环指数和经济波动周期理论研究成果的基础上，将预测重点从长期波动向短期变化转变。中国经济体制改革研究所（1989）在月度经济指标中选出先行、一致和滞后指标，并利用扩散指数法进行计算，找出三组指标分别对应的基准循环日期。同年，国家统计局也研制了六组综合监测预警指数，并利用五种不同颜色的灯区来代表指数不同的运行区间，从而更直观地表示经济循环波动的冷热状态。

相关早期研究方面，毕大川（1990）首次从理论到应用层面对中国宏观经济周期波动进行了全面分析，顾海兵、俞丽亚（1993）从农业经济、固定资产投资、通货膨胀、粮食生产和财政问题五个方面进行了预警讨论。吴明录、贺剑敏（1994）利用经济扩散指数和经济综合指数设计了适合中国经济短期波动的监测预警系统，并对近年来中国经济波动状况进行了简要评价。谢佳斌、王斌会（2007）系统地介绍了中国宏观经济景气监测的预警体系的建立、统计数据的处理和经济景气度的确定以及描绘等，从总体上，客观、灵敏、形象地反映中国经济运行态势。除此之外，还有学者构建了基于 BP 神经网络的经济周期波动监测预警模型系统，并进行了仿真预测和预警（张新红、刘文利，2008），在实证应用方面产生了较大影响。

新近的区域景气监测预警研究方面，池仁勇、刘道学等（2012，2013，2014，2015，2016）连续五年基于浙江省中小企业景气监测数据对浙江 11 个地市中小企业的综合景气及主要行业景气指数进行了研究分析；王亚南（2013）对湖北 20 年文化消费需求景气状况进行了测评；何勇等（2014）探讨了海南省旅游景气指数的构建；肖欢明等（2014）基于产业链视角专门研究了浙江纺织业景气预警；吴凤菊（2016）专门研究了江苏省中小企业政策景气指数；庄幼绯、卢为民等（2016）基于景气循环理论及基本规律，结合上海实际，提出影响上海土地市场景气的指标因素，在此基础上构建上海土地市场当前景气指数、未来景气指数和综合景气指数，并通过主客观赋权法进行赋权；武鹏等（2016）在原来 FCI 指数的基础上构建了金融风险指数 FRI；吴卫华、王红玲（2016）基于工业景气企业财务调查数据，对工业企业景气指数和预警信号系统构建进行研究，以此对江苏省工业企业景气状况和未来走势进行了分析预测；任保平、李梦欣（2017）研究了构建新常态下地方经济景气增长质量检测预警系统的理论与方法，从经济增长的动态检测、趋势预测、识别预测以及政策选择四大模块构建系统，且以山西省为例进行了演示分析与指数模拟；韩兆洲、任玉佩（2017）主要针对广东省经济运行监测预警指数进行了研究。

在应用网络大数据进行景气监测预测方面，近几年来，诞生了阿里指数、百度指数、微信指数、360 指数等相关景气监测和数据分享平台。其中，阿里指数 2012 年 11 月上线，具体根据阿里巴巴网站每日运营的基本数据包括每天网站浏览量、每天浏览的人次、每天新增供求产品数、新增公司数和产品数这 5 项指标计算得出，用于解读企业生产和采购预测及区域、行业商品流通最新动态等。百度指数 2014 年上线，是以其海量网民行为数据为基础研发的大型数据分享平台，其经济指数包括中小企业景气指数和宏观经济指数；其专业版是集行业趋势、市场需求、受众定位、效果监测、竞争分析和品牌诊断于一体的系统化工具。微信官方于 2017 年 3 月推出的“微信指数”整合了微信上的搜索和浏览行为数据，基于微信大数据分析，提供关键词的热度变化，间接地获取用户的兴趣点及变化情况，进而成为组合营销的最新渠道之一。

第三节 中国中小企业景气指数研究的意义

一 中国中小企业的重要地位与研究短板

中小企业是中国数量最大、最具活力的企业群体，是吸纳社会就业的主渠道，也是技术创新和商业模式创新的重要承担者。但是，转型期中国宏观经济运行的波动规律越发复杂和难以把握。近年来，企业，特别是中小微企业仍未摆脱“用工贵、用料贵、融资贵、费用贵”与“订单难、转型难、生存难”这“四贵三难”的发展困境，中小微企业所面临的经营风险和不确定性日趋增加。

在中小企业管理方面，中国长期以来实行“五龙治水”，即工信部负责中小企业政策制定与落实，商务部负责企业国际化，农业部乡镇企业局负责乡镇企业发展，工商管理部门负责企业工商登记，统计局主要负责统计规模以上企业，而占企业总数97%以上的小微企业总体被排除在政府统计跟踪范围之外。这样，各部门数据统计指标不统一，数据不共享，统计方法各异，经常存在数据不全及数据交叉的混乱状况，缺乏统一的数据口径。这使现行数据既不能客观地反映中小微企业景气现状，也难以用来做科学预测预警，这影响到制定政策的前瞻性和针对性以及对政策实施效果的评价，也会影响到小微企业的健康持续发展。

中国中小企业信息不对称、缺乏科学的监测预警和决策支持系统是当前政产学研共同关注和亟待解决的理论与现实课题。尤其是随着中国中小企业面临的区域性、系统性风险的增大，今后有关区域中小企业和行业景气监测预警的研究更具有重要的学术价值与现实意义。

二　中国中小企业景气指数研究的理论意义与应用价值

如前所述，在经济发达国家，客观地判断企业发展景气状况主要是通过企业景气监测预警分析来实现的。在企业景气指数编制方面，世界上自1949年德国先行实施以来已有60多年的研究与应用历史。在企业景气指数预警理论及应用研究上，目前国际通用的扩散指数（DI）和合成指数（CI）受到了广泛应用，各个国家和地区越来越重视先行指数和一致指数的指导作用，这也说明了这两种经典的指数分析方法的可靠性。随着景气指数研究的深入，世界上对中小企业景气指数的评价也日益成为经济景气研究领域的重要内容。

从预警方法来看，基于计量经济学的指标方法和模型方法，以及基于景气指数监测的景气预警法是三种比较有效的方法。其中，计量经济学方法是政府部门使用一定的数学计量方法对统计数据进行测算，从而向公众发布对经济前景具有指导性作用的信息；而景气预警方法是利用结构性模型的构建，以及它们之间相关联的关系来推测出经济发展可能位于的区间。目前，在研究宏观经济和企业运行监测预警过程中，多数是两种方法相结合。

中国在1998年才正式将企业景气调查纳入国家统计调查制度，近几年来，中国政府部门、科研机构、金融机构等虽然在经济景气预警方面的研究比较多，但政府和学术界对企业景气指数研究和应用，受长期以来抓大放小的影响，迄今主要以特定行业为对象，而对企业，特别是中小微企业的景气波动过程少有系统研究，对于中小企业的监测预警研究更少，大多数研究还停留在理论探索阶段，还没有形成较成熟的理论与实证分析模型，特别是对小微企业发展景气预警进行全面系统的研究基本上还是空白。

本研究报告正是基于上述国内外研究现状，旨在建立和完善中国中小微企业景气指数与预警评价体系，并开展区域中小微企业发展的实证研究。课题研究既跟踪国内外企业景气监测预警理论前沿，又直接应用于中国区域中小微企业发展的实践，因此研究具有理论意义和现实应用价值。

三 中国中小企业景气指数评价的经济意义

相对于大型企业而言，中小企业一般是指规模较小、处于成长或创业阶段的企业。中小企业景气指数是对中小企业景气调查所得到的企业家关于本企业生产经营状况以及对本行业发展景气状况的定性判断和预期结果的定量描述，用于反映中小企业生产经营和行业发展的景气程度，并预测未来发展趋势。由于中国中小企业量大面广，为了尽可能全面地反映中国中小企业的景气状况，本研究报告以中国规模以上工业中小企业、中小板、创业板和新三板上市企业及重点监测调查的中小微企业为评价对象，首先根据数据指标的特性，基于扩散指数及合成指数的方法，分别计算出分类指数；然后基于主成分分析法及专家咨询法等，确定各分类指数的权重；最后进行加权计算，合成得到中国中小企业综合景气指数。

中国中小企业综合景气指数的取值范围在 0—200 之间，景气预警评价以 100 为临界值。100 上方为景气区间，100 下方为不景气区间，100 上下方又根据指数值的高低分别细分微景气和微弱不景气区间、相对景气和不景气区间、较为景气和不景气区间、较强景气和较重不景气区间及非常景气和严重不景气区间。

第四节　中小企业景气指数编制流程及评价方法

编制景气指数评价是一项系统工程。本研究报告的中小企业景气指数编制流程主要包括确定评价对象；构建景气指数指标体系；数据收集与预处理；景气指数计算与评价等步骤。本研究报告构建的中国中小企业景气指数评价体系如图3－1所示。

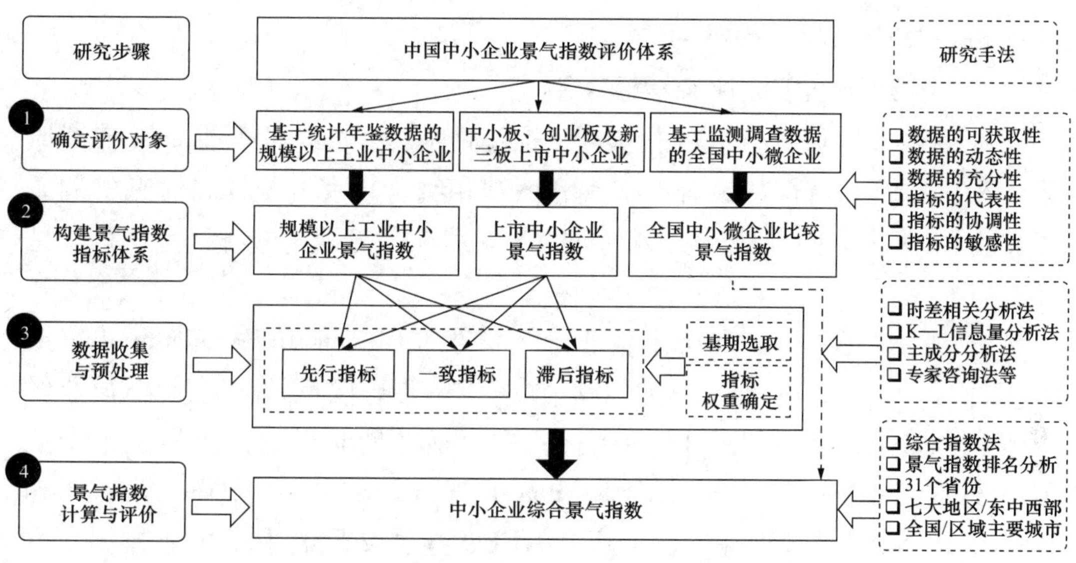

图3－1　中国中小企业景气指数编制流程

图3－1中，虚线框表示该步骤只存在于某些特定的景气指数评价分析中，例如，合成指数评价中的先行指标、一致指标与滞后指标等。

需要特别指出的是，本研究报告在对中国中小企业景气状况进行分析时，是依据上一年度各省级行政区或地区的中小企业景气指数值作为当年度景气测评依据的。本课题组按以下步骤来计算中国中小企业景气指数。

一　确定评价对象

中小企业是指与所在行业的大企业相比人员规模、资产规模与经营规模都比较小的经济单位。中国中小企业量大面广，为了客观全面地反映中小企业景气状况，本研究报告根据数据的可获取性、动态性及充分性等原则，确定三类中小企业作为评价分析的对象：（1）规模以上工业中小企业（2010年以前主营业务收入达到500万元及以上，2011年以后同标准提高到2000万元及以上）；（2）中小板、创业板及新三板上市企业；（3）重点监测调查的中小微企业。

本研究报告根据这三类评价对象分别构建分类指数指标体系，再根据各类数据指标的特性，基于扩散指数及合成指数的方法，分别计算出分类指数，然后用主成分分析法及专家咨询法等确定各分类指数的权重，最后进行加权计算，得到中国中小企业综合景气指数（Composite Climate Index of Chinese SMEs，CCSMECI）。

二 构建景气指数评价指标体系

本研究报告基于数据的代表性、协调性及对于经济波动的敏感性原则，采用定量与定性相结合、宏观和微观相结合、官方统计和非官方调研相结合的方法，构建中国中小企业景气评价各分类指数指标体系（见表3-1）。

其中，规模以上工业中小企业景气指数（Climate Index of Manufacturing SMEs，ISMECI）基于统计年鉴数据，主要选取反映工业中小企业经营现状和未来发展潜力的13项指标；中小板、创业板及创业板上市企业景气指数（Climate Index of SMEs Board、ChiNext Board & the New Third Board，SCNBCI）基于深交所上市及NEEQ挂牌交易的中小企业数据，主要选取反映中小板、创业板及新三板上市企业发展景气状况及特征的11项指标；重点监测调查的中小企业比较景气指数（Comparison Climate Index，CCI）基于非官方和研究机构的中小微企业景气监测调查数据，本年度报告选取百度中小企业景气指数和中国中小企业研究院的景气调查问卷数据两项指标计算了该分类合成指数。

三 数据收集与预处理

2017年版研究报告课题组收集了中国31个省份的2万多家工业中小企业数据，时间跨度为2001—2017年；收集了全国1000多家中小板、创业板及新三板上市企业财务数据、全国近2万家重点监测调查的中小微企业运行及景气监测调查数据，时间跨度为2011—2017年第一季度。

表3-1　　　　中国中小企业景气指数分类指数指标及样本数据

分类指数	主要数据指标项目	样本的选取与数据来源
规模以上工业中小企业景气指数	流动资产 流动负债 财务费用 总资产 主营业务收入 税金总额 利润总额 工业总产值 企业单位数 固定资产 负债合计 所有者权益合计 全部从业人员平均人数 企业综合生产经营指数 企业家信心指数等	样本企业：全国规模以上工业中小企业21000家 数据来源： • 国家统计局 • 各省市统计局 • 中小企业年鉴等
中小板、创业板及新三板上市企业景气指数	流动资产 流动负债 财务费用 总资产 主营业务收入 税金总额 利润总额 存货 固定资产合计 负债合计 股东权益合计等	样本企业：全国上市中小企业约1000家 数据来源： • 深圳证券交易所 • 全国中小企业股份转让系统（NEEQ） • 上市中小企业动态信息资料等
中小企业比较景气指数	财务指标约30项（月/季度） 产品产销存指标3项（月/季度） 景气调查问卷15项（年度）	样本企业：全国中小微企业约4万家 数据来源： • 中国中小企业生产经营运行监测平台（工信部） • 中国中小企业动态数据库景气监测平台（中国中小企业研究院） • 其他非官方监测调查数据（百度、阿里研究院等）

由于数据庞大，有些年份和地区的数据存在缺失。另外，不同指标的数据在数量级上的级差有时也较大。为此，课题组对收集到的年度数据分

别进行了预处理，主要包括无量纲化、消除季节性因素以及剔除非常规数据等。

四 指标权重确定

对于工业中小企业和三个板块上市企业景气指数，本研究报告根据前述指标权重的确定方法，选择使用主成分分析法，通过SPSS软件实现。首先，将原有指标标准化；其次，计算各指标之间的相关矩阵、矩阵特征根以及特征向量；最后，将特征根从大到小排列，并分别计算出其对应的主成分。本研究报告关于中小企业比较景气指数的权重，采用专家咨询法确定；而对于中小企业综合景气指数，课题组运用AHP法来确定工业中小企业景气指数、上市中小企业景气指数和中小企业比较景气指数的权重。

五 景气指数计算与评价

本研究报告的考察对象期间，中国经济处于低速增长的新常态阶段，经济周期性并不是很明显，因此，在后续运用合成指数计算时，课题组将经济周期对于工业中小企业景气指数的影响要因做了忽略处理。

课题组根据各类指数指标的特性，先基于扩散指数及合成指数的方法，分别计算出各分类指数。在具体计算过程中，使用时差相关分析法、K—L信息量法等，并结合咨询专家意见，分别确定各分类指数的先行指标（流动资产、资本、存货、企业数量等）、一致指标（总资产、产值、利税、费用等）和滞后指标（固定资产、负债、所有者权益、从业员人数等），根据主成分分析法，求出先行指标组、一致指标组和滞后指标组各小类指标的权重；再确定各大类指标的权重；最后进行加权计算，合成得到中国中小企业综合景气指数（CCSMECI）。

中国中小企业综合景气指数采用纯正数形式表示，取值范围在0—200之间，景气预警评价以100为临界值。此外，为了对可获得的最新数据进行不同区域的横向比较，以相应年份各地区工业总产值为权重分别计算得到近五年来区域中小企业景气指数的加权平均指数，并与各地区历年平均指数进行纵向比较和科学分析。

第四章

2017 年中国中小企业景气指数测评结果分析

第一节　2017 年中国工业中小企业景气指数测评

工业中小企业景气指数计算以中国 31 个省级行政区统计年鉴数据为基础，在对中国各省份中小企业发展情况进行定量描述的基础上，计算各省份的合成指数。

一　评价指标选取

工业中小企业景气指数的计算基于中小企业统计整理汇总数据。本报告根据经济的重要性和统计的可行性选取了以下指标（见表 4－1）。

表 4－1　　工业中小企业景气指数选取指标

指标类型	指标项目
反映工业中小企业内部资源的指标	总资产
	流动资产
	固定资产
反映工业中小企业股东状况的指标	所有者权益
	国家资本
反映工业中小企业财务状况的指标	税金
	负债
	利息支出
反映工业中小企业经营状况的指标	主营业务收入
	利润

续表

指标类型	指标项目
反映工业中小企业经营规模的指标	总产值
	企业数量
	从业人员数

(一) 反映工业中小企业内部资源的指标

具体包括三项指标：(1) 总资产。反映企业综合实力。(2) 流动资产。体现企业短期变现能力，确保企业资金链。(3) 固定资产。反映企业设备投资及其他固定资产的投资状况。

(二) 反映工业中小企业股东状况的指标

具体包括两项指标：(1) 所有者权益。反映资产扣除负债后由所有者应享的剩余利益，即股东所拥有或可控制的具有未来经济利益资源的净额。(2) 国家资本。反映了工业中小企业得到国家投资的政府部门或机构以国有资产投入的资本，体现了国家对中小企业的扶持力。

(三) 反映工业中小企业财务状况的指标

具体包括三项指标：(1) 税金。包括主营业务税金及附加和应交增值税，主要体现企业支付的生产成本，影响企业收入和利润。(2) 负债。影响企业的资金结构，反映企业运行的风险或发展的条件和机遇。(3) 利息支出。作为财务费用的主要科目，反映企业负债成本。

(四) 反映工业中小企业经营状况的指标

具体包括两项指标：(1) 主营业务收入。企业经常性的、主要业务所产生的基本收入，直接反映一个企业生产经营状况。(2) 利润。直接反映企业生产能力的发挥和市场实现情况，也显示了企业下期生产能力和投资能力。

(五) 反映工业中小企业经营规模的指标

具体包括三项指标：(1) 总产值。体现企业创造的社会财富，直接反映出区域中小企业的发展程度。(2) 企业数量。直接反映了中小企业在一个区域的聚集程度。(3) 从业人员数。反映企业吸纳社会劳动力的贡献率和企业繁荣程度。

二　数据收集与预处理

工业中小企业景气指数计算数据来自国家及各地的统计年鉴及工业经济统计年鉴。最新年鉴为 2016 年版，实际统计时间跨度为 2009—2015 年，在指标信息齐全和不含异常数据的基本原则下采集数据。课题组先收集了中国 31 个省份的工业中小企业数据，然后按七大行政区域，即东北地区、华北地区、华东地区、华中地区、华南地区、西南地区和西北地区分别进行了汇总整理（见表 4 – 2）。

表 4 – 2　　工业中小企业景气数据样本的地区分布

地区	省份	数量
东北	黑龙江、吉林、辽宁	3
华北	北京、天津、河北、山西、内蒙古	5
华东	山东、江苏、安徽、浙江、江西、福建、上海	7
华中	河南、湖北、湖南	3
华南	广东、海南、广西	3
西南	四川、云南、贵州、重庆、西藏	5
西北	陕西、甘肃、青海、宁夏、新疆	5
全　国		31

由于基于统计年鉴所获得的数据较为庞大，有些省份和年份的数据存在缺失值。另外，不同指标的数据在数量级上的级差较大，为了保证后续数据分析和数据挖掘的顺利进行，课题组对收集到的年度数据进行了预处理，包括无量纲化、消除季节性因素以及剔除非常规数据等。一方面，尽量保证数据的完整性，避免缺失年份或省份的数据的存在；另一方面，考虑到中国各地区经济发展差异性较大，在数据处理过程中，本报告还关注数据样本中孤立数据与极端数值的影响。

三　指标体系与权重确定

为了确定指标体系，课题组对指标进行分类。在计算工业中小企业景气指数时主要采用时差相关系数法，确定一个能敏感地反映工业中小企业经济活动的重要指标作为基准指标。最能反映工业中小企业的经济状况的指标确定为工业增加值增长率，同时采用工业中小企业的总产值作为基准指标，并考察了全国工业中小企业总产值与GDP、第二产业总产值和工业总产值之间的相关性，具体实证结果如表4－3所示。

表4－3　　工业中小企业景气指数基准指标

相关性	GDP	第二产业总产值	工业总产值
工业中小企业总产值	0.998**	0.998**	0.997**

注：①相关分析时间为2002—2015年。②**表示在0.01水平（双侧）上显著。

资料来源：根据《中国统计年鉴》和《中国工业经济统计年鉴》各年度数据整理计算。

实证结果表明，工业中小企业总产值基本和整个经济循环波动保持一致，这种相关性很好地反映了工业中小企业的发展状况。因此，综合考虑到重要性、适时性和与景气波动的对应性，这里选取工业中小企业总产值作为基准指标。根据时差相关系数分析法计算出了各指标与总产值的时差相关系数和先行指标、滞后指标、一致指标的期数指标，结果如表4－4所示。

表4－4　　工业中小企业景气指标类型时差分析结果

指标	企业单位数	资产合计	流动资产	固定资产合计
期数	0	0	Lead4	Lag3
相关系数	0.987	0.996	0.992	0.999
指标	负债合计	所有者权益	国家资本	主营业务收入
期数	Lag4	Lag4	Lead4	0
相关系数	0.995	0.995	0.920	0.999
指标	税金	利息支出	利润总额	全部从业人员
期数	0	0	0	Lag4
相关系数	0.997	0.991	0.997	0.963

注：表中期数栏中Lag表示滞后指标，Lead表示先行指标，0表示一致指标。

另外，课题组还使用K—L信息量法、文献综述法、马场法、聚类分析法、定性分析法等，并咨询了专家意见，综合考察了各类先行、一致和滞后指标的选取方法，确定了中国工业中小企业的先行、一致和滞后指标，并根据主成分分析法求出先行指标组、一致指标组和滞后指标组小类指标的权重；其次利用全国规模以上工业中小企业数据，具体计算出了各分类项目评价指标的权重；最后为了改善迄今基于单一的一致指标计算工业企业景气指数的计算方法，采用专家咨询法确定了先行指标组、一致指标组和滞后指标组大类指标的权重，结果如表 4－5 所示。

表 4－5　　　　　　　工业中小企业景气评价指标权重

指标类别	指标项目名称	小类指标权重	大类指标权重
先行指标组	流动资产合计	0.339	0.30
一致指标组	国家资本	0.322	
	利息支出	0.339	
	工业总产值	0.167	
	企业单位数	0.166	0.50
	资产总计	0.167	
	主营业务收入	0.167	
	利润总额	0.166	
	税金总额	0.167	
滞后指标组	固定资产合计	0.250	0.20
	负债合计	0.250	
	所有者权益合计	0.250	
	全部从业人员平均人数	0.250	
合　计			1.00

四　2017 年中国省际工业中小企业景气指数计算结果及排名

为了使各省份的工业中小企业景气指数波动控制在 0—200 的取值范围，2017 年工业中小企业景气指数计算以 2007 年的全国平均值作为基年数据。由于实际统计的 2007—2015 年中国经济总体处于平稳减速发展期间，没有明显出现多个上下起伏的经济周期循环，因而本研究报告在运用合成指数算法进行计算时省略了趋势调整。经过计算，分别获得了中国省际与地区工业中小企业先行、一致与滞后合成指数，并按三组大类指标的权重（见表 4－5），最终合成计算省际和地区工业中小企业综合景气指数。

由于各省份工业中小企业景气指数受各省份企业数量影响较大，因此，本报告在计算景气指数的过程中考虑到企业数量因素，通过无量纲化处理等进行了修正调整。具体步骤和方法是，首先采用 Min – max 标准化将企业数量进行无量纲化处理，其次是根据专家咨询法获得修正调整前的景气指数和企业数量的权重，并与其相对应的权重相乘，最后将获得的乘数相加得到各省份工业中小企业景气指数值。

为了获得 2017 年工业中小企业景气指数，本研究报告基于历年数据运用最小二乘法对 2016 年省际工业中小企业景气指数进行预测，并以 2016 年度的预测值作为 2017 年度工业中小企业景气指数评价数据。表 4 –6 及图 4 –1 显示了 2017 年中国省际工业中小企业景气指数评价结果及排名状况。

表 4 –6　　2017 年中国省际工业中小企业景气指数及排名

省份	先行指数	一致指数	滞后指数	工业企业景气指数（ISMECI）	排名
江苏	141.66	152.06	161.94	150.92	1
广东	134.08	136.75	166.32	141.86	2
浙江	131.31	143.15	150.10	140.99	3
山东	120.32	117.76	129.99	120.97	4
河南	70.28	61.00	72.02	65.99	5
河北	60.26	50.17	57.95	54.75	6
福建	49.34	46.80	54.44	49.09	7
湖北	50.24	45.32	51.90	48.11	8
辽宁	59.09	38.41	50.68	47.07	9
安徽	48.19	43.86	49.74	46.33	10
上海	38.77	42.70	45.32	42.05	11
四川	46.14	35.85	44.39	40.64	12
湖南	40.06	34.96	41.93	37.89	13
江西	27.02	21.91	26.61	24.38	14
天津	24.42	22.97	25.43	23.90	15
北京	25.03	19.42	22.11	21.64	16
山西	25.84	15.85	26.07	20.89	17

续表

省份	先行指数	一致指数	滞后指数	工业企业景气指数（ISMECI）	排名
陕西	26.45	16.00	22.27	20.39	18
吉林	23.56	17.06	22.45	20.09	19
广西	24.84	14.82	19.96	18.85	20
重庆	21.14	16.46	20.42	18.65	21
云南	24.28	12.35	17.56	16.97	22
黑龙江	18.87	13.66	18.21	16.13	23
内蒙古	20.83	12.53	16.53	15.82	24
贵州	18.39	12.19	15.31	14.67	25
新疆	20.83	8.89	13.37	13.37	26
甘肃	14.27	9.69	12.36	11.60	27
宁夏	4.12	2.78	3.57	3.34	28
海南	4.88	2.29	3.18	3.24	29
青海	2.90	1.76	2.74	2.30	30
西藏	1.97	0.62	0.97	1.09	31

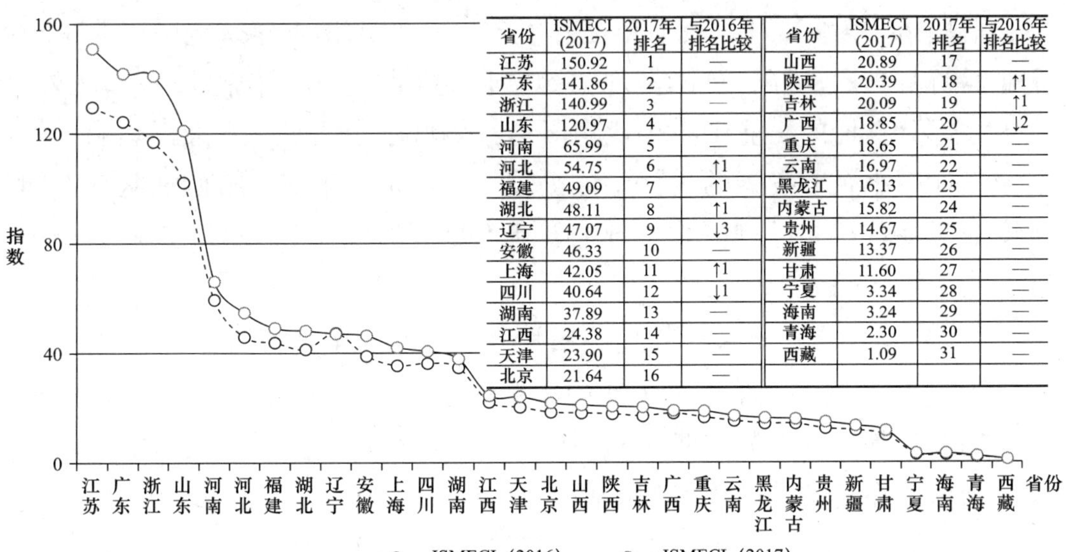

省份	ISMECI (2017)	2017年排名	与2016年排名比较	省份	ISMECI (2017)	2017年排名	与2016年排名比较
江苏	150.92	1	—	山西	20.89	17	—
广东	141.86	2	—	陕西	20.39	18	↑1
浙江	140.99	3	—	吉林	20.09	19	↑1
山东	120.97	4	—	广西	18.85	20	↓2
河南	65.99	5	—	重庆	18.65	21	—
河北	54.75	6	↑1	云南	16.97	22	—
福建	49.09	7	↑1	黑龙江	16.13	23	—
湖北	48.11	8	↑1	内蒙古	15.82	24	—
辽宁	47.07	9	↓3	贵州	14.67	25	—
安徽	46.33	10	—	新疆	13.37	26	—
上海	42.05	11	↑1	甘肃	11.60	27	—
四川	40.64	12	↓1	宁夏	3.34	28	—
湖南	37.89	13	—	海南	3.24	29	—
江西	24.38	14	—	青海	2.30	30	—
天津	23.90	15	—	西藏	1.09	31	—
北京	21.64	16	—				

图 4 - 1　2017 年中国省际工业中小企业景气指数

注：“与 2016 年排名比较”栏：“—”表示持平，“↑”“↓”的数字分别表示与 2016 年相比升降的位数。

2017年，中国省际工业中小企业景气指数波动趋势具有以下特点：

（一）东部地区苏粤浙三省持续领跑中国工业中小企业发展

反映2017年区域中小企业发展的最新现状中，江苏省的工业中小企业景气指数以较大领先优势继续保持王座，排名全国第一。广东和浙江分列第二位和第三位，也显示出工业中小企业的强劲稳定发展态势。

（二）全国工业中小企业景气分布的第二、第三梯队势力增强

2017年，全国工业中小企业景气分布可划分为四个梯队。前四位的江苏、广东、浙江和山东构成第一梯队，平均指数在100以上；河南、河北、福建、湖北、辽宁和安徽6个省份的指数在40—100，构成第二梯队；四川、上海、湖南、江西、天津、北京和山西7个省份的指数在20—40，为第三梯队；广西、陕西等其余14个省份为第四梯队，指数都低于20。与上年相比，第二、第三梯队省份势力增强，景气指数较低的第四梯队省份减少，显示出区域发展差异有缩小趋势（见图4－1）。

（三）全国工业中小企业加权平均景气指数有较大提升

2017年，全国工业中小企业四个梯队的景气指数曲线较上年总体上移，平均指数为81.71，较上年提升了16%，显示出近年来全国工业中小企业运行基本面良好，总体呈现强劲增长的发展态势。但除第一梯队外，全国大部分省份的工业中小企业景气指数仍低于全国平均水准，表明中国区域工业中小企业发展的内部差异仍较大，特别是第三、第四梯队都不同程度地面临着产能过剩严峻、自主创新不足等问题，亟须强化工业中小企业的内生增长动力。

（四）四个直辖市工业景气小幅提升，五个自治区排名靠后

2017年，四大直辖市的工业中小企业景气指数排名与2016年相比有小幅提升。其中，上海（42.05）排名较上年上升一位，其工业中小企业景气指数值在直辖市中仍然是最高；天津（23.90）、北京（21.64）和重庆（18.65）排名与上年相同。五个自治区中，2017年，广西的工业中小企业景气排名下降两位，仍居于第四梯次，其他自治区工业中小企业景气排名总体靠后，与上年相比排名没有变化，西藏的工业中小企业景气指数继续全国垫底。

五　2017 年七大地区工业中小企业景气指数计算结果及排名

根据表 4－6，按中国七大地理分布地区划分进行数据整理，得到 2017 年中国七大地区工业中小企业景气指数评价结果及排名状况（见表 4－7 和图 4－2）。

表 4－7　　2017 年中国七大地区工业中小企业景气指数及排名

地区	先行指数	一致指数	滞后指数	工业企业景气指数（ISMECI）	排名	与 2016 年排名比较
华东	135.68	138.31	149.38	139.73	1	—
华南	34.89	32.81	40.68	35.01	2	↑1
华中	34.93	30.54	36.09	32.97	3	↓1
华北	32.43	24.72	30.73	28.23	4	—
西南	22.26	14.49	19.26	17.77	5	—
东北	19.36	12.11	17.07	15.28	6	—
西北	11.25	4.61	8.00	7.28	7	—

注：“与 2016 年排名比较”栏：“—”表示持平，“↑”“↓”的数字分别表示与 2016 年相比升降的位数。

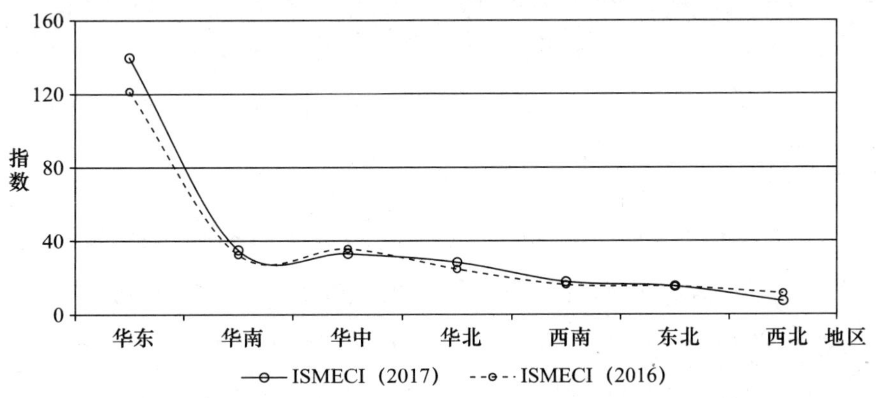

图 4－2　2017 年中国七大地区工业中小企业景气指数

从 2017 年中国七大地区工业中小企业景气指数测评结果来看，华东地区持续高位一枝独秀，其他地区的指数值参差不齐，总体偏低。与上年相比，华南地区在稳增长、调结构、增效益方面取得积极进展，工业中小企业景气指数有所上升。总体来看，七大地区工业中小企业的景气曲线位移不大，大部分地区工业中小企业呈现稳中求进态势（见图 4－2）。另外，华东地区、华南地区与东北地区、西北地区的工业中小企业发展差距仍较大，反映了当前中国各地区间的工业中小企业发展还很不平衡的现状。

第二节 2017 年中国上市中小企业景气指数测评

一 指标体系构建及评价方法

在上市中小企业景气指数测评方面，本年度报告的评价指标和评价方法沿用 2016 年度报告的指标体系及方法步骤，数据预处理采用扩散指数（DI）的编制方法，最后运用权重法合成计算综合指数。

扩散指数是所研究的经济指标系列中某一时期扩张经济指标数的加权百分比，表达式为：

$$DI_t = \sum_{i=1}^{N} I_i = \sum W_i [X_i(t) \geqslant X_i(t-j)] \times 100\%$$

其中，DI_t 为 t 时刻的扩散指数；$X_i(t)$ 为第 i 个变量指数在 t 时刻的波动测定值；W_i 为第 i 个变量指标分配的权数；N 为变量指标总数；I 为示性函数；j 为两比较指标值的时间差。若权数相等，公式可简化为：

$$DI_t = \frac{t\text{ 时刻扩散指标数}}{\text{采用指标总数}} \times 100\% \ (t=1, 2, 3, \cdots, n)$$

扩散指数是相对较为简单的景气评价指数，具体按以下三个步骤进行推导计算：（1）确定两个比较指标值的时间差 j，本研究报告中确定 $j=1$，将各变量在 t 时刻和 $t-1$ 时刻的波动测定值进行比较，若 t 时刻的波动测定值大，则是扩张期，则 $I=1$；若 $t-1$ 时刻的波动测定值大，则 $I=0$；若两者基本处于相等水平，则 $I=0.5$。（2）将这些指标值升降状态所得的数值相加，即得到扩张指数指标，即在某一时阶段的扩张变量个数，并以扩张指数除以全部指标数，乘以 100%，即得到扩散指数。（3）绘制扩散指数变化图，即将各阶段的景气指数运用图表来表达。

据深圳证券交易所（深交所）及全国中小企业股份转让系统（NEEQ）公开的数据资料显示，截至 2017 年 5 月末，中国国内共有各类上市中小企业 12868 家，其中，中小板上市企业 833 家、创业板上市企业 630 家、新三板上市企业 11405 家。由于部分上市企业财务公开数据存在不同程度的缺失，兼顾到抽样企业样本的代表性和财务数据完整性，本研究报告基于深交所 500 指数选取了 227 家中小板企业、101 家创业板企业，基于 NEEQ 选取了 114 家新三板企业，共收集 442 家上市中小企业的有效样本。

同时，由于上市中小企业景气指数受企业数量影响也较大，因此计算上市中小企业景气指数时，也将企业数量作为调整系数尽量对计算结果进行修正。具体方法是：先采用 Min – max 标准化将企业数量进行无量纲化处理，再将合成的景气指数和企业数量与其相对应的权重相乘，最后将获得的乘数相加作为反映上市中小企业景气指数的值。此外，对于上市中小企业数量少且企业财报数据缺失严重的黑龙江、吉林、广西、内蒙古和西藏 5 个省份，因与其他省份不具有可比性，本研究报告未对这些省份的上市中小企业景气指数进行测评比较。

二　2017 年中国省际上市中小企业景气排名分析

测评结果显示，2017 年，广东、浙江和北京继续保持中国上市中小企业景气指数前三位，全国平均景气指数同比有所上升。具体分析 2017 年中国上市中小企业景气指数的动态趋势，主要有以下四个特点。

（一）上市中小企业活跃度高的省份，其景气指数相应较高

根据课题组汇总，截至 2017 年 5 月末，广东省上市中小企业数量达 2150 家，其中中小板（206 家）、创业板（146 家）及新三板（1798 家），上市企业数量都远高于其他省份，上市企业景气指数也居全国首位；北京、江苏、浙江 3 个省份的上市中小企业数量都在 1000 家以上，其中江浙两省份的中小板上市企业活跃度较高，北京和江苏两省份的新三板企业活跃度较高，这 3 个省份的上市中小企业景气指数居全国第 2 至第 4 位。进入前五位的还有新三板企业活跃度较高的上海市。其他上市中小企业活跃度较低的省份，景气指数相应较低（见图 4 – 3）。

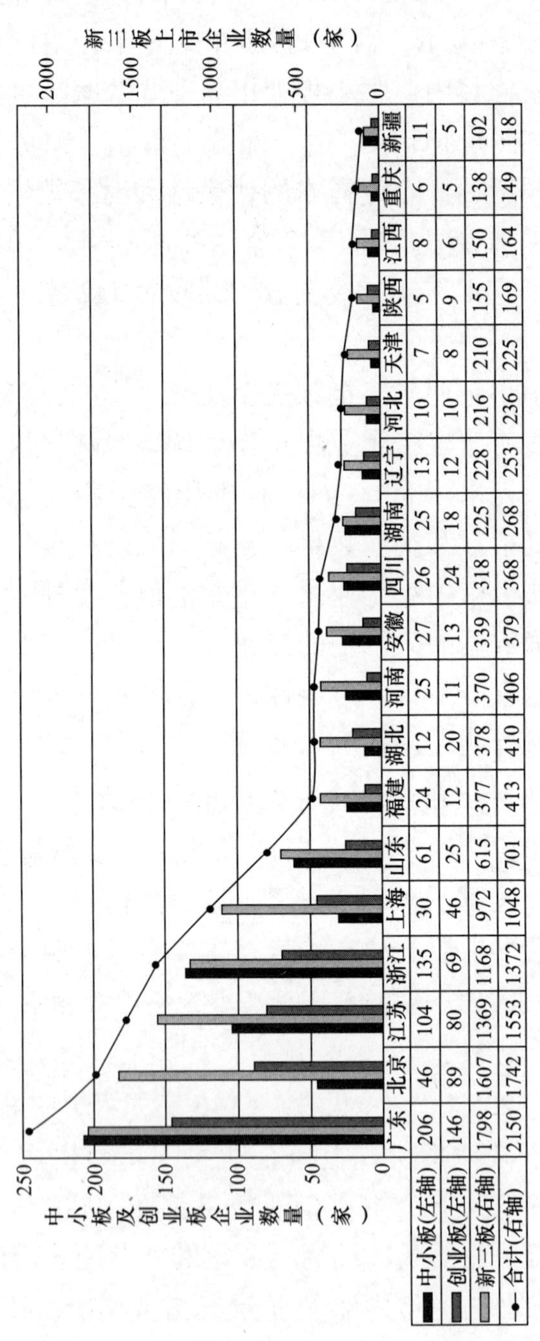

	广东	北京	江苏	浙江	上海	山东	福建	湖北	河南	安徽	四川	湖南	辽宁	河北	天津	陕西	江西	重庆	新疆
中小板(左轴)	206	46	104	135	30	61	24	12	25	27	26	25	13	10	7	5	8	6	11
创业板(左轴)	146	89	80	69	46	25	12	20	11	13	24	18	12	10	8	9	6	5	5
新三板(右轴)	1798	1607	1369	1168	972	615	377	378	370	339	318	225	228	216	210	155	150	138	102
合计(右轴)	2150	1742	1553	1372	1048	701	413	410	406	379	368	268	253	236	225	169	164	149	118

图 4－3　中国上市中小企业数量主要省份分布（截至 2017 年 5 月末）

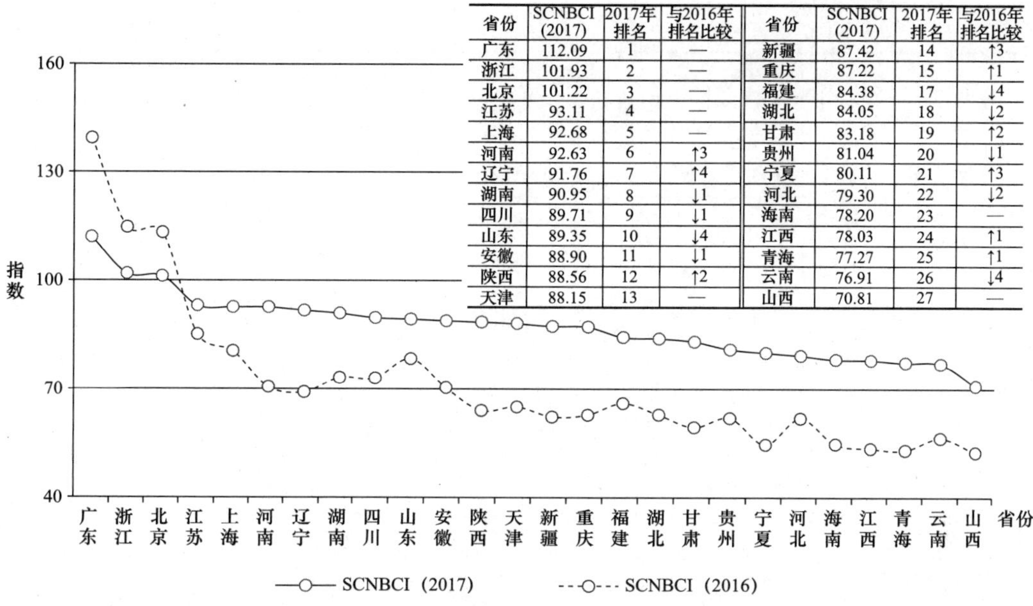
省份	SCNBCI (2017)	2017年排名	与2016年排名比较	省份	SCNBCI (2017)	2017年排名	与2016年排名比较
广东	112.09	1	—	新疆	87.42	14	↑3
浙江	101.93	2	—	重庆	87.22	15	↑1
北京	101.22	3	—	福建	84.38	17	↓4
江苏	93.11	4	—	湖北	84.05	18	↓2
上海	92.68	5	—	甘肃	83.18	19	↑2
河南	92.63	6	↑3	贵州	81.04	20	↓1
辽宁	91.76	7	↑4	宁夏	80.11	21	↑3
湖南	90.95	8	↓1	河北	79.30	22	↓2
四川	89.71	9	↓1	海南	78.20	23	—
山东	89.35	10	↓4	江西	78.03	24	↑1
安徽	88.90	11	↓1	青海	77.27	25	↑1
陕西	88.56	12	↑2	云南	76.91	26	↓4
天津	88.15	13	—	山西	70.81	27	—

图 4－4　2017 年中国省际上市中小企业景气指数

注：“与 2016 年排名比较”一栏“—”表示与 2016 年排名持平，“↑”“↓”分别表示与 2016 年排名相比升降的位数。

表 4－8　　2017 年中国省际上市中小企业景气指数及排名

省份	先行指数	一致指数	滞后指数	上市中小企业景气指数（SCNBCI）	排名
广东	122.60	105.98	111.62	112.09	1
浙江	107.78	98.62	101.46	101.93	2
北京	106.93	96.91	103.40	101.22	3
江苏	96.01	90.24	95.93	93.11	4
上海	95.28	89.99	95.47	92.68	5
河南	102.49	87.73	90.08	92.63	6
辽宁	98.55	88.11	90.72	91.76	7
湖南	98.79	85.81	92.03	90.95	8
四川	98.30	84.26	90.45	89.71	9
山东	91.43	87.42	91.07	89.35	10
安徽	94.04	85.63	89.37	88.90	11
陕西	87.55	86.92	94.18	88.56	12

续表

省份	先行指数	一致指数	滞后指数	上市中小企业景气指数（SCNBCI）	排名
天津	93. 86	84. 72	88. 15	88. 15	13
新疆	89. 28	83. 09	95. 44	87. 42	14
重庆	98. 85	81. 53	84. 00	87. 22	15
福建	93. 42	79. 02	84. 19	84. 38	16
湖北	93. 39	81. 08	77. 44	84. 05	17
甘肃	88. 53	78. 29	87. 40	83. 18	18
贵州	83. 52	77. 78	85. 47	81. 04	19
宁夏	76. 30	80. 25	85. 48	80. 11	20
河北	74. 47	83. 60	75. 83	79. 30	21
海南	80. 29	80. 69	68. 83	78. 20	22
江西	73. 72	80. 94	77. 21	78. 03	23
青海	90. 94	65. 71	85. 66	77. 27	24
云南	68. 39	78. 89	84. 74	76. 91	25
山西	78. 16	75. 47	48. 13	70. 81	26

（二）全国上市中小企业景气平均指数同比有所提升

2017 年，全国上市中小企业景气平均指数为 87. 27，比 2016 年上升了 16. 09。高于全国平均指数的有广东、浙江、北京、江苏、上海、河南、辽宁、湖南、四川、山东、安徽、陕西、天津和新疆 14 个省份，比上年有较大增加。低于全国平均指数的省份有所减少，表明全国上市中小企业景气指数总体有所提升。

（三）全国上市中小企业景气的层级分布内部波动起伏较大

处于第一层次的是排名前三位的广东、浙江和北京 3 个省份，平均指数为 105. 08。其中广东的指数遥遥领先，显示出其上市中小企业发展的绝对优势。处于第二层次的是江苏、上海、河南、辽宁和湖南 5 个省份，平均指数为 92. 23，其中辽宁和河南两个省份排名上升较大，较 2016 年分别上升了 4 个和 3 个名次，这与两个省份近年来努力提升各类融资渠道的利用效果，特别是将上市公司相应税收政策推广到新三板企业等举措有关。江苏、上海的上市中小企业保持稳定发展，排名未变，湖南排名略有下降。第三层次包括四川、山东、安徽、陕西、天津、新疆、重庆、福建、湖北、甘肃、贵州和宁夏 12 个省份，平均指数为 86.01，其中受“一带一路”概念股拉动的积极影响，新疆、陕西、甘肃和宁夏排名都有所上升，特别是新疆由上年 17 位跃至 14 位，上升幅度较大；天津、重庆排名未变，福建、山东、四川、安徽、湖北和贵州等省份的排名受西部省份排名上升影响出现不同程度的被动下降。第四层次包括河北、海南、江西、青海、云南和山西 6 个省份，平均指数为 76.75，其中江西、青海各上升 1 位，河北和云南排名有所下降，海南和山西排名未变，山西位于此次测评排名末位。

（四）四个直辖市与五个自治区内部差异明显

四个直辖市中，北京的上市中小企业景气指数数值最高（101.22），最低的是重庆（87.22）。在五个自治区中，新疆（87.42）与宁夏（80.11）的上市中小企业景气指数同比都有所提升，但广西、内蒙古、西藏三个自治区因本年度上市中小企业的财务数据缺失而未做测评。

三　2017 年七大地区上市中小企业景气指数排名分析

2017 年，中国七大地区中小板、创业板及新三板上市中小企业景气指数的计算结果如表 4－9 和图 4－5 所示。具体分析其波动趋势，具有以下特点。

表 4－9　2017 年中国七大地区上市中小企业景气指数及排名

地区	先行指数	一致指数	滞后指数	上市企业景气指数（SCNBCI）	排名	与 2016 年排名比较
华东	134.77	131.50	131.52	132.48	1	—
华南	102.02	97.19	94.96	98.19	2	—
华北	101.45	95.90	97.23	97.83	3	—
华中	89.56	80.48	79.74	83.06	4	—
西南	83.06	79.45	81.96	81.04	5	—
东北	79.63	71.46	81.34	75.89	7	—
西北	79.38	72.27	75.52	75.06	6	—

注：“与 2016 年排名比较”一栏“—”表示与 2016 年排名持平，“↑”“↓”分别表示与 2016 年排名相比升降的位数。

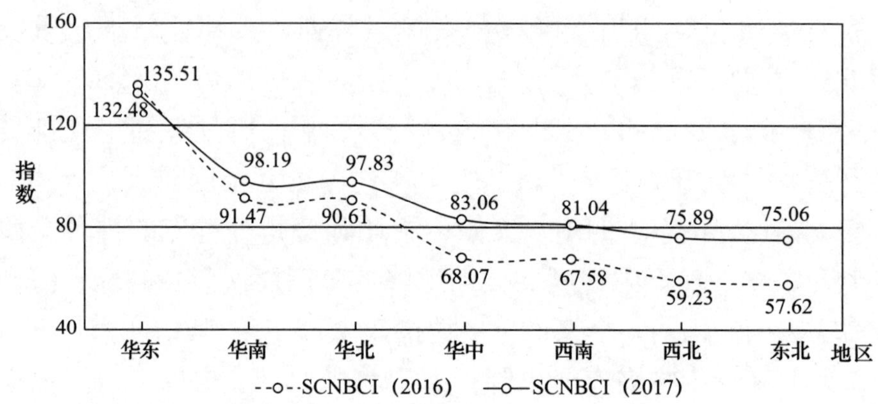

图 4－5 2017 年中国七大地区中小企业综合景气指数

（一）东西部地区指数差距略有减小但仍十分明显

最高的华东地区（132.48）与最低的东北地区（75.06）相差近 1 倍。华东地区、华南地区、华北地区因中小板、创业板及新三板上市企业数量和发展质量较高，在区域中小企业企业景气指数排名中明显靠前。东部地区省份中，广东省上市中小企业景气指数最高（112.09），中部地区省份中最高的是河南省（92.63），而西部地区省份中指数最高的是四川省（89.71）。中西部地区之间的上市中小企业景气指数相差不大。

（二）指数增幅由东南沿海向中西部和东北部地区递增

华东地区指数同比稍有回落，但仍保持在 130 以上的高水平；华南、华北地区同比有所上升，指数都维持在 90 以上；华中地区、西南地区、西北地区和东北地区 4 个地区同比增幅较大，平均上升了 20 点以上，表明这些地区的上市中小企业融资环境都有所改善，发展潜力较大。

（三）改善区域上市企业发展不平衡的过程任重而道远

尽管中西部地区上市中小企业景气指数的增幅较大，但由于上年这些地区基数较低，2017 年中国七大地区的景气指数排名与 2016 年相比没有发生变化，也表明改善中国区域上市中小企业发展不平衡的过程任重而道远。

第三节　2017 年中国中小企业比较景气指数测评

一　2017 年中国省际中小企业比较景气指数排名分析

中小企业比较景气指数反映中小企业家对当前微观层面企业经营状况的信心、宏观层面经济经营环境的判断和预期结果等进行量化加工整理得到的景气指数，是对基于统计年鉴的工业中小企业景气指数和基于上市公司数据的中小企业景气指数的必要补充。

为了获得 2017 年中小企业比较景气指数，本课题组根据最新的大数据资料获得了 31 个省份的中小企业综合发展数据；同时，面向中小企业家、创业者及中小企业研究专家等实施了中国中小企业景气问卷调查，然后根据专家权重法，合成计算得到 2017 年中国中小企业比较景气指数（见表 4 – 10 和图 4 – 6）。测评结果反映出的动态趋势与特征如下。

表 4 – 10　　2017 年中国省际中小企业比较景气指数及排名

省份	比较景气指数（CCI）	排名	与 2016 年排名比较	省份	比较景气指数（CCI）	排名	与 2016 年排名比较
浙江	106.83	1	—	江西	95.76	17	↓1
江苏	106.42	2	—	海南	93.90	18	↑2
上海	103.86	3	—	贵州	93.56	19	↓1
广东	103.43	4	↑2	陕西	93.33	20	↑3
北京	102.78	5	↓1	云南	93.27	21	↓2
天津	101.18	6	↓1	山西	93.23	22	↓1
福建	100.16	7	—	内蒙古	91.23	23	↓1
山东	99.23	8	—	甘肃	90.83	24	↑1
重庆	98.43	9	—	辽宁	90.50	25	↓1
四川	98.09	10	↑1	吉林	90.17	26	—
湖北	97.61	11	↓1	青海	89.93	27	↑1
安徽	97.42	12	—	黑龙江	89.68	28	↓1
河南	96.92	13	—	宁夏	89.43	29	—

续表

省份	比较景气指数（CCI）	排名	与2016年排名比较	省份	比较景气指数（CCI）	排名	与2016年排名比较
湖南	96.69	14	—	新疆	89.13	30	—
河北	96.64	15	—	西藏	86.86	31	—
广西	95.86	16	↑1				

注："与2016年排名比较"一栏"—"表示与2016年排名持平，"↑""↓"分别表示与2016年排名相比升降的位数。

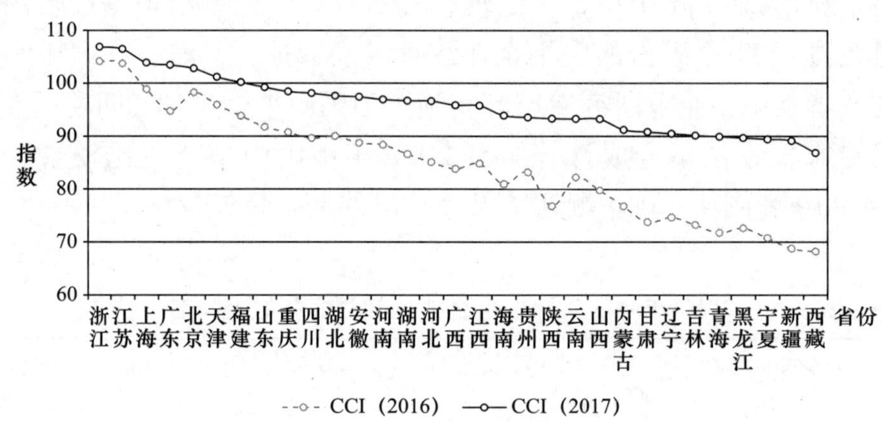

图4-6 2017年中国省际中小企业比较景气指数

（一）当前中国中小企业家的生产经营信心总体有所提升

2017年，中国省际中小企业比较景气指数较2016年总体有所提升，平均指数上升了11.28，而且省际指数差异不大，表明当前中小企业家的生产经营信心总体有所提升，对于宏观经济发展及企业经营环境的判断和预期基本面良好。

（二）东部企业家信心和预期总体高于西部和东北部省份

浙江、江苏、上海、广东、北京、天津、福建、山东等省份指数较高，甘肃、辽宁、吉林、青海、黑龙江、宁夏、新疆等省份指数较低，反映了东部地区省份的企业家信心及对于宏观经济的预期总体要高于西部地区和东北部地区省份。

（三）指数上下波动状况基本反映了不同省份当前客观现实情况

和上年相比，广东和海南的排名分别上升了两位，反映了珠三角地区的中小企业对于转型升级过程中先进制造业等发展信心有所增强；陕西、四川、甘肃和青海等的排名也有不同程度的提升，显示出中西部地区中小企业对于承接东部地区的产业转移，以及“一带一路”战略下的发展空间及潜力充满了期待；云南、山西、黑龙江等部分省份指数同比有所下降，反映了这些省份在中小企业创业创新发展方面还存在信心不足的问题。

二　2017 年中国七大地区中小企业比较景气指数排名分析

表 4－11　　2017 年中国七大地区中小企业比较景气指数及排名

地　区	比较景气指数（CCI）	排名	与 2016 年排名比较
华　东	101.32	1	—
华　南	98.04	2	↑2
华　北	97.01	3	—
华　中	96.47	4	↓2
西　南	93.57	5	—
西　北	91.64	6	↑1
东　北	89.49	7	↓1

注：“与 2016 年排名比较”一栏“—”表示与 2016 年排名持平，“↑”“↓”分别表示与 2016 年排名相比升降的位数。

2017 年，中国七大地区中小企业比较景气指数具有以下特点：

（一）东南沿海地区中小企业信心大幅回升

2017 年，华东地区排名保持第一，特别是华南地区排名大幅上升，由上年第四位回升到第二位，显示出东南沿海地区随着中小企业转型升级与提质增效的着实进展，企业家对于创新成长的信心在不断增强。

（二）中西部内陆地区中小企业信心波动较大

基于不同的区域基础设施、环境条件以及中小企业公共服务水平，中西部内陆省份中小企业家对本地区发展预期和判断差异较大。2017 年，华中地区从上年的第 2 位下滑到第 4 位，西北地区排名上升 1 位，西南地区指数排名不变，反映出中西部地区中小企业信心波动较大。

（三）东北地区中小企业期待感不足信心下滑

2017 年，东北地区比较景气指数排名同比下降一位全国垫底。分析其原因，工业中小企业提质增效业绩尚未充分显现，上市中小企业数量相对较少，企业转型升级总体面临企业家信心低迷、企业内生动力不足等问题。

第四节　2017 年中国中小企业综合景气指数测评

一　计算与评价方法

鉴于数据扩充和方法完善，课题组在评价 2007—2009 年中小企业的景气指数时，采用工业中小企业景气指数作为中小企业景气指数。在此基础上，2010 年以后加入了中小板及创业板企业景气指数和中小企业比较景气指数；2016 年中小企业景气指数基于工业中小企业、中小板、创业板及新三板上市中小企业和比较景气指数三部分指数，根据专家咨询法确定权重，最终按合成指数的计算方法进行综合测评。2017 年中小企业景气指数沿用 2016 年的测评方法。

二　2017 年中国省际中小企业综合景气指数排名分析

2017 年中国中小企业综合景气指数的计算结果及景气排名见表 4－12、图 4－7 和图 4－8。分析最新综合指数波动的趋势，主要有以下三大特征。

表 4－12　　2017 年中国省际中小企业综合景气指数及排名

省份	综合景气指数（CCSMECI）	排名	与 2016 年排名比较	省份	综合景气指数（CCSMECI）	排名	与 2016 年排名比较
江苏	129.13	1	↑2	江西	47.61	17	—
广东	129.09	2	↓1	重庆	47.20	18	↓2
浙江	125.86	3	↓1	新疆	43.16	19	↑3
山东	109.31	4	—	山西	43.10	20	↑1

续表

省份	综合景气指数（CCSMECI）	排名	与 2016 年排名比较	省份	综合景气指数（CCSMECI）	排名	与 2016 年排名比较
河南	77.07	5	—	云南	42.58	21	↓1
河北	66.31	6	↑4	贵州	42.47	22	↓3
辽宁	64.82	7	↑2	甘肃	41.00	23	—
福建	64.78	8	—	宁夏	34.98	24	↑1
安徽	64.21	9	↑2	海南	34.80	25	↓1
湖北	63.84	10	↑3	青海	33.55	26	—
上海	63.42	11	↓4	吉林	21.07	27	*
四川	61.11	12	—	广西	20.90	28	*
湖南	59.68	13	↑1	黑龙江	18.65	29	*
北京	53.63	14	↓8	内蒙古	18.61	30	*
天津	50.90	15	—	西藏	9.34	31	*
陕西	48.13	16	↑2				

注：“与 2016 年排名比较”一栏“—”表示与 2016 年排名持平，“↑”“↓”分别表示与 2016 年排名相比升降的位数，* 表示因部分财务数据缺失而未与上年进行排名比较。

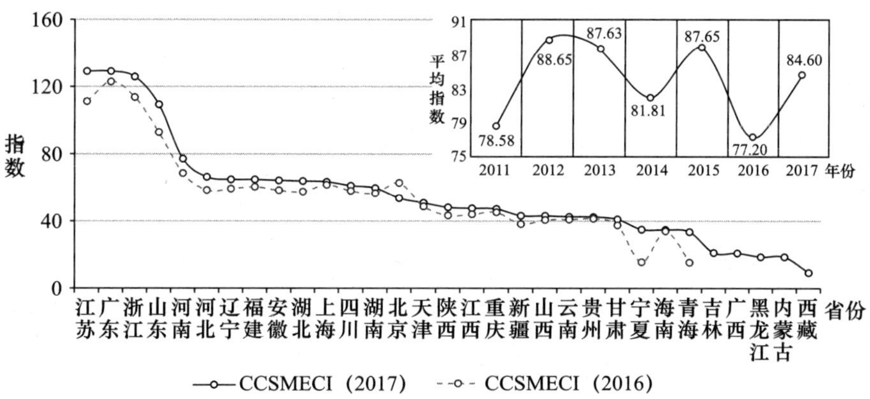

图 4－7　2017 年中国省际中小企业综合景气指数及平均指数

图 4-8 2017 年中国省际中小企业综合景气指数排名分布

（一）综合景气指数探底回升，企业生产经营基本面良好

2017 年，基于工业总产值加权计算的全国中小企业平均景气指数从 2016 年的 77.20 上升到 84.60，增长幅度近 10%，显示 2017 年中国中小企业生产经营企稳回升，发展的基本面良好。2016 年以来，虽然经济下行压力依然较大，但是，在全国深化供给侧结构性改革、各级政府减税降费降成本的政策红利下，中小企业负担明显减轻，大大激发了中小企业创业创新的热情，促进了中国中小企业转型升级与提质增效。

（二）江苏崛起首登综合景气王座，景气排名上下波动较大

2017 年，江苏、广东、浙江排全国前三名，其中江苏省以其雄厚的中小工业制造实力和综合优势赶超 6 年蝉联全国综合景气排名榜首的广东省，首度登上中国中小企业综合景气排名榜王座。广东以 0.04 的微弱指数差滑落至第 2 位，浙江省相应下降 1 位排名全国第三。江苏、广东、浙江三省都以较高的综合景气指数领跑全国中小企业的发展，集中反映了近年来以长三角和珠三角地区主要省份在振兴中小实体经济、完善各类资本市场促进上市中小企业发展，以及通过改善政策和服务环境提振中小企业家信心方面所取得的显著实效。总体来看，除山东、河南、福建、四川、天津、江西等省份之外，其他省份的中小企业综合景气指数排名都有不同

程度的上下波动。其中，河北省受雄安新区新设等积极因素影响，同比上升 4 位排名全国第六；陕西、新疆、青海、宁夏等受“一带一路”概念股等拉动，综合景气指数排名都有所上升。上海、重庆、贵州等省市的综合景气指数同比有所提升，但省际排名相应有所下降。2017 年，北京市的上市中小企业景气指数仅次于广东、浙江排名全国第三，但中小实体经济不够发达，工业中小企业景气指数仅排名全国 16 位，从而大大拖累了其综合指数排名。

（三）景气指数地区分布分层递减，省际差距进一步缩小

2017 年，中国中小企业综合景气指数的地区分布由东南沿海地区发达省份向中西部地区分层递减。第一层次为排名全国前四位的江苏、广东、浙江和山东四省份，综合指数在 100 以上；第二层次为河南、河北、辽宁、福建、安徽、湖北、上海、四川、湖南、北京、天津 11 省份，综合指数在 50—100；第三层次为陕西、江西、重庆、新疆、山西、云南、贵州、甘肃 8 省份，综合指数在 40—50；第四层次为宁夏、海南、青海等省市自治区，综合指数在 40 以下。东部省份中江苏最高（129.13），中部河南（77.07）最高，西部地区省份中综合指数最高的是四川（61.11）。四大直辖市中，上海的中小企业综合景气指数最高（63.42），重庆最低（47.20）。五个自治区的景气指数差距不大，排名都较为靠后。全国省际中小企业综合景气指数最高的江苏与最低的青海（33.55）相差近 4 倍，去上年相比，2017 年省际综合指数区域差异进一步缩小。

三　2017 年中国七大地区中小企业综合景气指数排名

测评结果显示，2017 年，中国七大地区中小企业综合景气指数排名与上年一致（见表 4 – 13、图 4 – 9 和图 4 – 10），具体可划分三大阵营来分析其特征。

表 4 – 13　　2017 年中国七大地区中小企业综合景气指数及排名

地　区	指　数	排　名	与 2016 年排名比较
华东	133.72	1	—
华南	60.27	2	—
华北	55.99	3	—
华中	54.34	4	—

续表

地 区	指 数	排 名	与 2016 年排名比较
西南	44. 33	5	—
东北	41. 10	6	—
西北	35. 83	7	—

注："与 2016 年排名比较"一栏"—"表示与 2016 年排名持平。

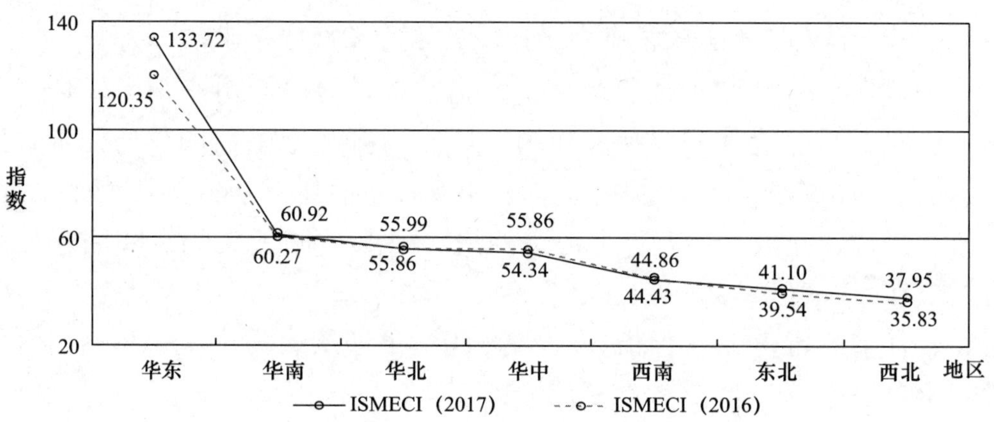

图 4－9 2017 年中国七大地区中小企业综合景气指数

图 4－10 2017 年中国七大地区中小企业综合景气指数排名分布

（一）华东地区独树一帜，景气持续向好

第一阵营为华东地区，2017 年，其综合景气指数值高达 133.72，同比提升 11%，以不容追随的绝对优势持续领先全国。华东地区的工业中小企业、上市中小企业景气指数及反映企业家信心的比较景气指数都在 100 以上，显示了其区域中小企业发展的综合优势。

（二）第二阵营指数接近，转型升级攻坚

第三阵营为华南地区、华北地区、华中地区，景气指数水准较为接近，平均远低于华东地区，但总体仍保持了较强活力。华南地区指数同比持平，华北地区、华中地区同比指数有所提升，体现了这些地区企业转型升级进入攻坚期，既面临严峻挑战，也有良好发展机遇。

（三）西部地区指数偏低，发展潜力巨大

第三阵营为西南地区、东北地区和西北地区，2017 年，景气指数总体偏低，而且同比指数都有一定下滑。但是，中国西部地区中小企业具有承接东部产业转移的广阔空间，加之当前“一带一路”战略又为中国西部地区中小企业“走出去”提供了良好的经贸环境，总体看来，西部地区中小企业的发展潜力还很大。

第五章

中国中小企业景气指数变动趋势分析（2013—2017）

本章根据2017年中国31个省份和七大地区中小企业综合景气指数排名的先后顺序，具体分析中国中小企业综合景气指数的发展趋势，考察近五年中国内地各省份和各地区中小企业的发展动态，总结中国中小企业景气指数波动的规律和特征。

第一节　中国省际中小企业景气指数变动趋势分析

一　江苏省

2017年，江苏省中小企业综合景气指数与上年相比，上升了两位，首次超越广东省，位居全国第一，远超全国平均水平。从分类指数来看，2017年江苏省的工业中小企业景气指数位居全国榜首，反映企业家信心的比较景气指数居全国第2位，反映中小企业成长性的上市中小企业景气指数排名全国第4位，主要分类指数同比都有所上升。

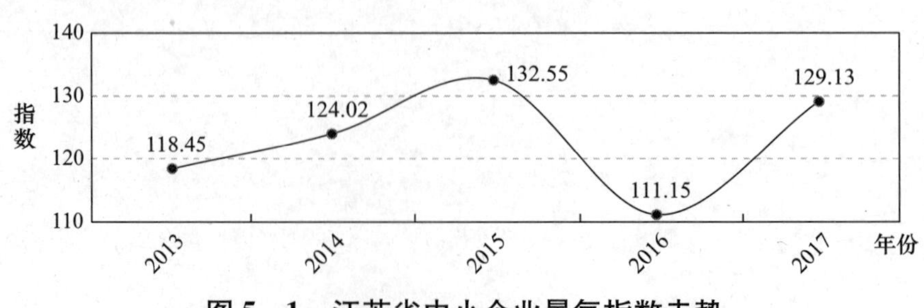

图5-1　江苏省中小企业景气指数走势

近年来，江苏省政府对中小企业发展加大财政资金支持，完善普惠性税收政策，优化资本市场，大力促进先进制造业的发展。为整合中小企业创新创业资源，吸引优秀人才到江苏创新创业，2017 年，江苏省举办“中小企业创新创业大赛暨‘创客中国’江苏省创新创业大赛”，激发了科技型中小微企业技术创新活力。受工业中小企业景气指数高位拉动，其综合指数跃居全国首位。

二　广东省

2017 年，广东省中小企业综合景气指数位居全国第二，仅次于江苏省。从分类指数来看，2017 年，广东省上市中小企业景气指数位居中国榜首，保持绝对优势。工业中小企业景气指数同比有所上升，排名仅次于江苏省，位居全国第 2 位。反映企业信心的比较景气指数上升两位，居全国第 4 位。2017 年中小企业创业创新活力增强，综合景气指数触底反弹。

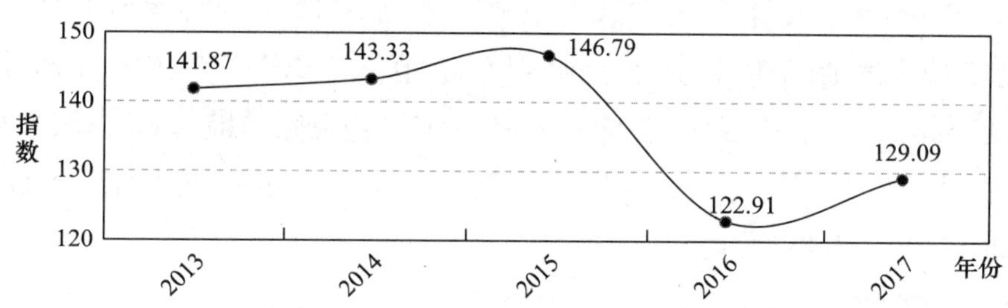

图 5－2　广东省中小企业景气指数走势

近年来，广东省积极推动全省先进制造业和优势传统产业新一轮技改，广东省财政 2015—2017 年安排 168 亿元“撬动金”，形成实体经济振兴发展的创新动力、传统企业迈向先进制造业的转型动力。同时，政府深化税制改革、加大减税力度，扩大享受企业所得税优惠的小型微利企业范围，不断为市场主体减负增力；通过优化营商环境，增强企业活力和创新动力，巩固经济稳中向好势头，促进结构升级。这些措施有力拉动了广东省中小企业景气回升，并使该省综合景气指数持续保持全国领先地位。

三　浙江省

2017 年，浙江省中小企业综合景气指数排名比上年下降 1 位，排名江苏、广东之后居全国第3位。从分类指数来看，反映企业信心的比较景气指数排名全国第一，工业中小企业景气指数和上市中小企业景气指数同比都有所回升，中小企业综合景气指数位于全国前列。

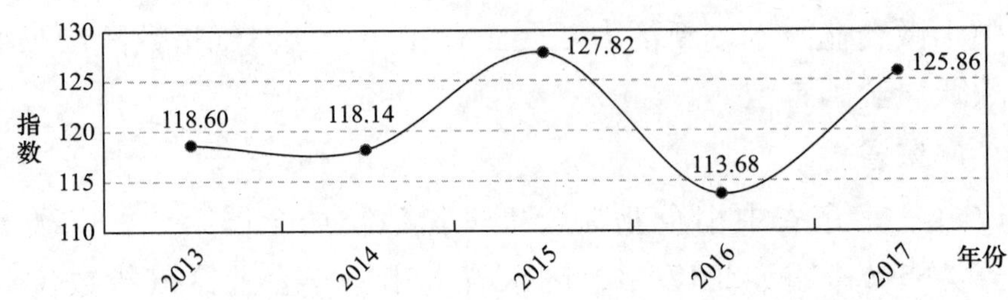

图5-3 浙江省中小企业景气指数走势

2016年以来，浙江省发布实施了《中小企业发展“十三五”规划》，支持中小企业走“专精特新”发展之路，特别鼓励中小企业积极发展电子商务、物联网、云计算、大数据、智慧物流、数字内容等新技术和新业态，致力于打造全国中小企业创业创新示范区。2017年在全面落实国家降成本政策的同时，又创造性地在全省范围内实施“最多跑一次”举措，真正为企业减负松绑，极大地激发了中小企业创业创新的热情，为企业提质增效创造了良好的环境。

四 山东省

2017年，山东省中小企业景气指数排名全国第4位，与上年持平。从分类指数上看，其工业中小企业景气指数维持全国第四的较高排名，反映企业家信心的比较景气指数保持稳定，尽管上市中小企业景气指数有所下滑，但2017年的综合景气指数同比有较大提升。

近年来，山东省大力推进“放管服”，深化供给侧结构性改革和创新驱动发展，加速新旧动能接续转换，促进中小企业实现了较快发展。截至2017年5月，全省中小企业户数接近200万户，新增中小企业累计提供了1000多万个就业岗位。新登记企业活跃度高于全国平均水平。现代服务业、新兴服务业和生产性服务业呈现快速发展态势，第三产业成为新的经济增长点。借助于移动互联、物联网、云计算、大数据等新一代信息技术的广泛应用，电子商务、智能制造、个性定制、分享经济等新产品、

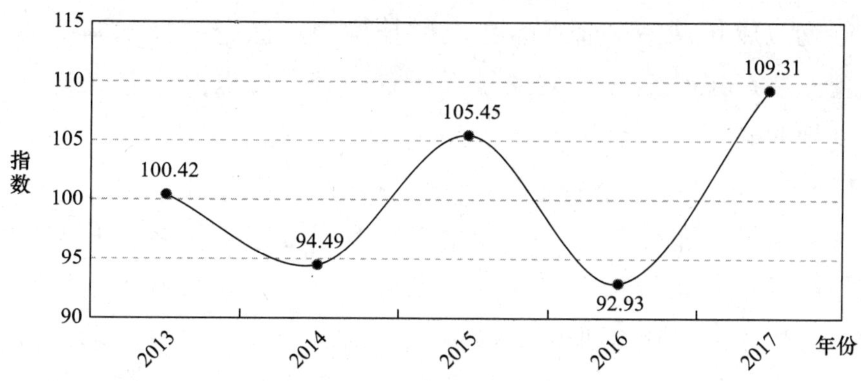

图 5－4　山东省中小企业景气指数走势

新技术、新业态、新模式方兴未艾，新经济、新动能成为山东省中小企业发展的新亮点。

五　河南省

2017 年，河南省中小企业综合景气指数同比有较大上升，全国排名第五位，与上年相同。从分类指标来看，工业中小企业景气指数保持全国第 5 位；上市中小企业景气指数排全国第 6 位，较上年上升 3 位；中小企业比较景气指数保持全国第 13 位。

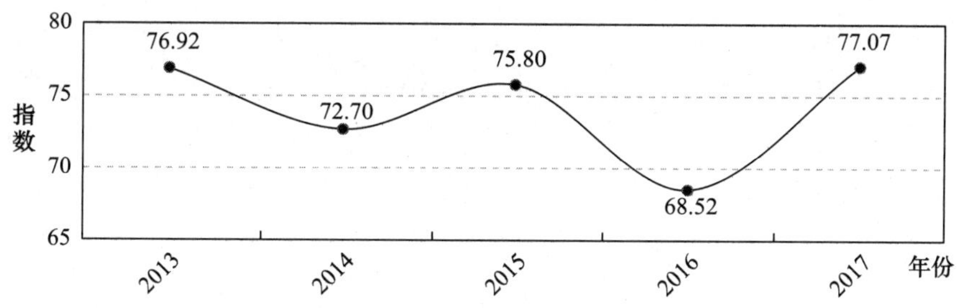

图 5－5　河南省中小企业景气指数走势

近年来，河南省通过建立优质中小企业库，集聚要素资源，给予精准服务，发挥示范引领作用，推动中小企业做大做强。同时，全省组织开展先进制造业发展专项资金项目申报，设立 100 亿元人民币中小企业发展基金，重点支持在产品、技术、渠道等方面拥有核心竞争力，并且风险可预期的初创期、成长期中小企业，激发科技型中小微企业技术创新活力，提振中小企业生产经营信心，力助景气指数回升并创近五年新高。

六　河北省

2017 年，河北省中小企业综合景气指数排名全国第 6 位，比上年上升了 4 位。从分类指数来看，工业中小企业景气指数排名上升 1 位，反映企业家信心的比较景气指数排名保持稳定，上市中小企业景气指数排名略有下滑。总体上看，近年来河北省受京津地区产业转移的拉动，特别是设立雄安新区的政策利好，其中小企业综合景气指数在经历了上年的低谷后出现了较大回升。

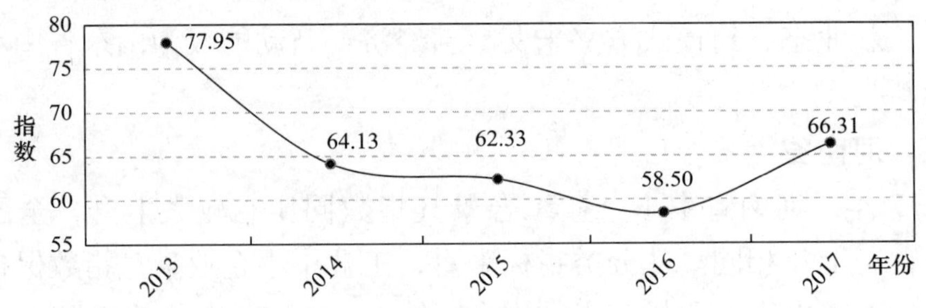

图 5－6　河北省中小企业景气指数走势

七　辽宁省

2017 年，辽宁省中小企业综合景气指数排名较上年上升两位，排名全国第 7 位。从分类指数来看，上市中小企业指数排名较上年上升 4 位，居全国第 7 位，有力地拉动其综合景气指数排名的提升。但受近年来东北地区宏观经济低迷、传统老工业转型升级困难等发展环境影响，辽宁省工业中小企业景气下滑 3 位，特别是反映企业家信心的中小企业比较景气排名全国第 29 位，从而使其综合景气指数相对低位运行，回升缓慢。

八　福建省

2017 年，福建省中小企业综合景气指数排名与上年持平，保持全国第 8 位。从分类指数来看，工业中小企业景气指数上升 1 位，居全国第 7 位；反映企业家信心的中小企业比较景气指数排名全国第 7 位，与上年相同；上市企业指数较上年下降 4 位，居全国第 16 位。总体来看，近五年

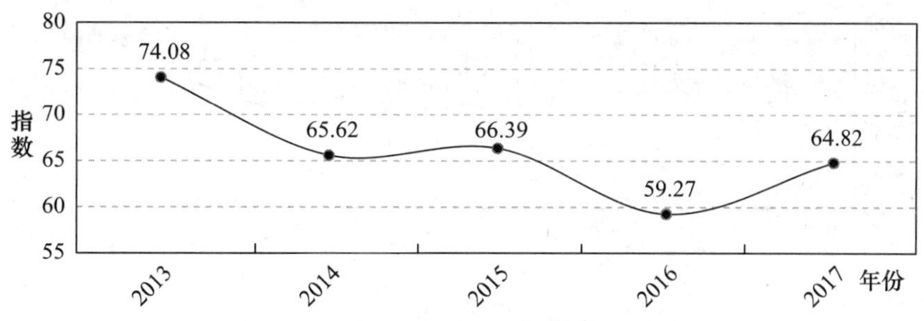

图5－7　辽宁省中小企业景气指数走势

来福建省中小企业综合景气指数呈“W”形波动，2017年再次触底缓慢回升。

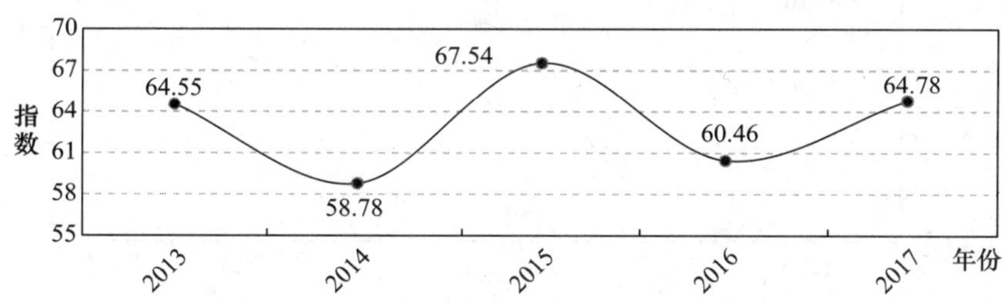

图5－8　福建省中小企业景气指数走势

九　安徽省

2017年，安徽省中小企业综合景气指数排名较上年上升2位，居全国第9位。从分类指数来看，工业中小企业景气指数和反映企业家信心的中小企业比较景气指数排名都与上年相同，分别排名第10位、第12位；上市企业景气指数排名较上年下降1位，居全国第11位。总体来看，近五年安徽省受承接东部地区产业转移等积极影响，中小企业综合景气指数呈上升趋势，2017年创历史新高，当前中小企业发展稳中向好。

十　湖北省

2017年，湖北省中小企业综合景气指数排名较上年上升3位，居全国第10位。从分类指数来看，尽管上市企业景气指数和反映中小企业信心的比较景气指数较上年都有所下降，但工业中小企业景气指数排名较上

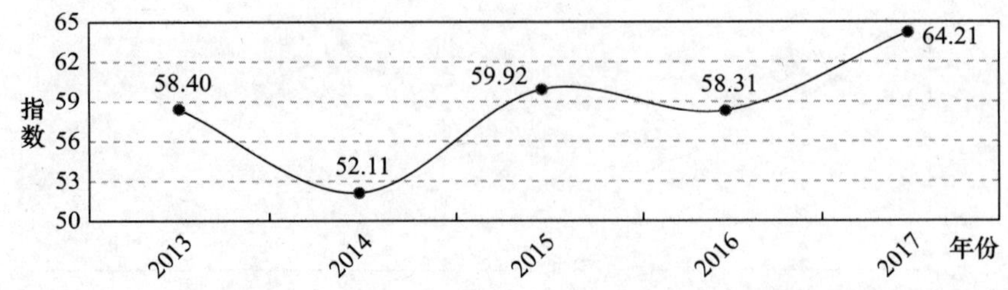

图 5－9 安徽省中小企业景气指数走势

年上升 1 位，居全国第 8 位。从总体趋势来看，近五年湖北省中小企业综合景气指数明显呈“W”形波动，2017 年触底强劲回升，创历史新高。

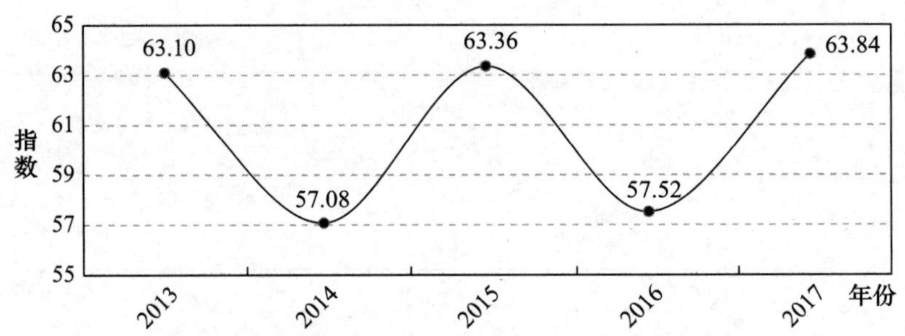

图 5－10 湖北省中小企业景气指数走势

十一 上海市

2017 年，上海市中小企业综合景气指数排名较上年下降 4 位，居全国第 11 位。从分类指数来看，工业中小企业景气指数排名较上年上升 1 位，居全国第 11 位。中小企业比较景气指数排名全国第 4 位，与上年相比排名下降 1 位，表明上海中小企业发展环境总体向好。上市企业指数排名保持全国第 5 位。总体来看，上海中小企业综合景气指数在 2016 年触底后有所反弹，但反弹幅度不大。尽管如此，上海积极发展新技术、新产业、新业态、新模式，健全扶持和保障中小微企业发展的政策法规体系，着力营造适合中小微企业发展的土壤，鼓励企业做精做深做强，培育“专精特新”中小企业，打造细分市场“隐形冠军”，为上海中小企业景气的强势反弹奠定基础。

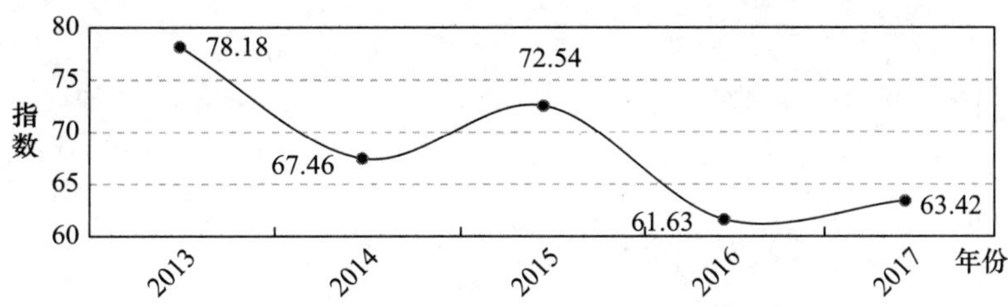

图 5－11　上海市中小企业景气指数走势

十二　四川省

2017 年，四川省中小企业综合景气指数排名居全国第 12 位，较上年名次保持不变。从分类指数来看，工业中小企业景气指数排名较上年下降 1 位，居于全国第 12 位。中小企业比较景气指数排名全国第 10 位，与上年相比排名上升 1 位。上市企业指数较上年下降 1 位，居全国第 9 位。总体来看，近五年四川省中小企业景气指数呈现“W”形波动趋势。

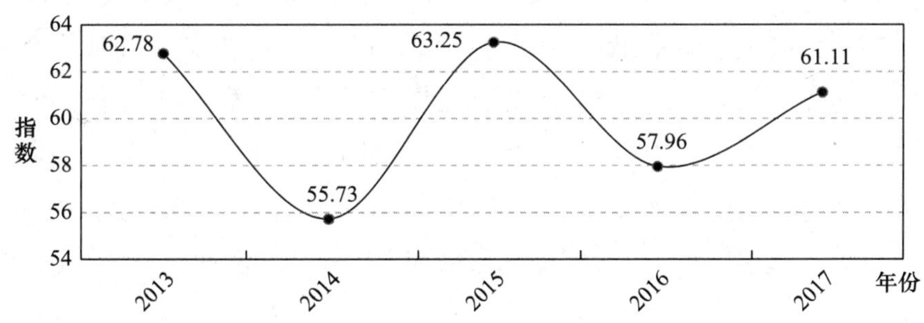

图 5－12　四川省中小企业景气指数走势

十三　湖南省

2017 年，湖南省中小企业综合景气指数排名较上年上升 1 位，居全国第 13 位。从分类指数来看，工业中小企业景气指数排名没有发生改变，居于全国第 13 位。中小企业比较景气指数排名全国第 14 位，与上年排名持平。上市中小企业景气指数较上年下降 1 位，居全国第 8 位。总体来看，湖南省中小企业综合景气指数运行较为平缓，波动幅度较小。

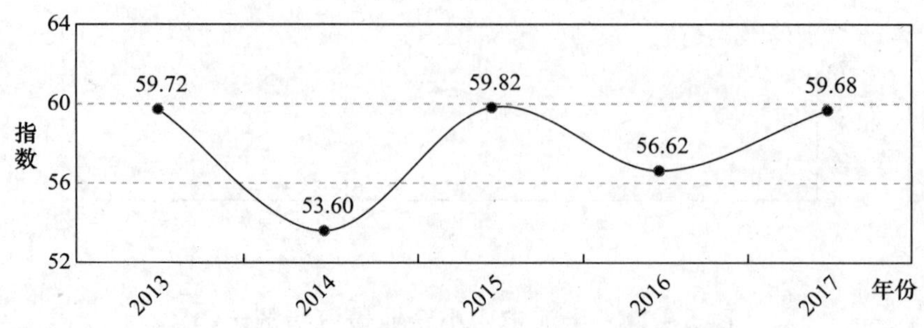

图 5－13　湖南省中小企业景气指数走势

十四　北京市

2017 年，北京市中小企业综合景气指数排名全国第 14 位，与上年相比下降了 8 位。从分类指数来看，中小企业比较景气指数排名下降 1 位，居全国第 5 位。上市中小企业景气指数和工业中小企业景气指数排名均保持不变，上市中小企业景气指数位于全国第 3 位，工业中小企业景气指数排名相对落后，位于第 16 位。受工业中小企业景气指数的影响，北京中小企业综合指数创五年新低，较上年下降 14.6%；另外，2017 年全国中小企业综合景气整体向好，这使北京在景气指数回落的情况下，全国排名跌幅较大。尽管如此，2017 年，北京大力发展政府支持的融资担保机构，推动设立中小企业融资担保基金，加快破解中小企业融资问题，加大政府面向中小企业采购力度，预计未来北京市的中小微企业综合景气指数有望实现回升。

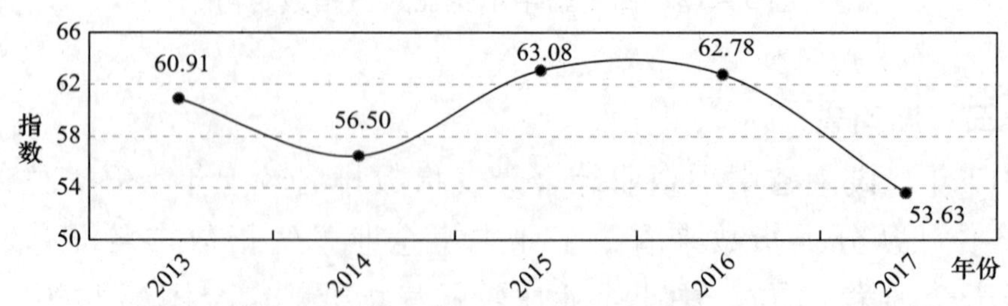

图 5－14　北京市中小企业景气指数走势

十五　天津市

2017 年，天津市中小企业综合景气指数排名居全国第 15 位，与上年相同。从分类指数来看，工业中小企业景气指数排名没有发生改变，居全国第 15 位。中小企业比较景气指数排名全国第 6 位，较上年排名下降 1 位。上市中小企业景气指数排名全国第 13 位，保持不变。但总体来看，天津市中小企业综合景气指数在经历波动后，稳步回升。

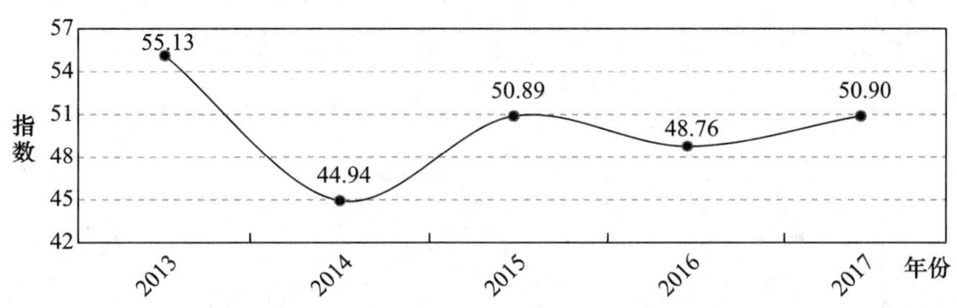

图 5－15　天津市中小企业景气指数走势

十六　陕西省

2017 年，陕西省中小企业综合景气指数排名居全国第 16 位，与上年相比上升两位。从分类指数来看，工业中小企业景气指数排名居于全国第 18 位。中小企业比较景气指数排名全国第 20 位，较上年排名上升 3 位。上市中小企业景气指数排名全国第 12 位，较上年上升两位。2017 年，陕西重点突出中小企业发展“五个一批”工程（推进“双创”催生一批、招商引资落地一批、深化改革培育一批、加强协作带动一批、强化改造提升一批），结合示范县域工业集中区建设，培育市场主体，壮大民营骨干企业。总体来看，陕西省各项分类指数排名均有所上升，中小企业综合景气指数保持上升趋势。

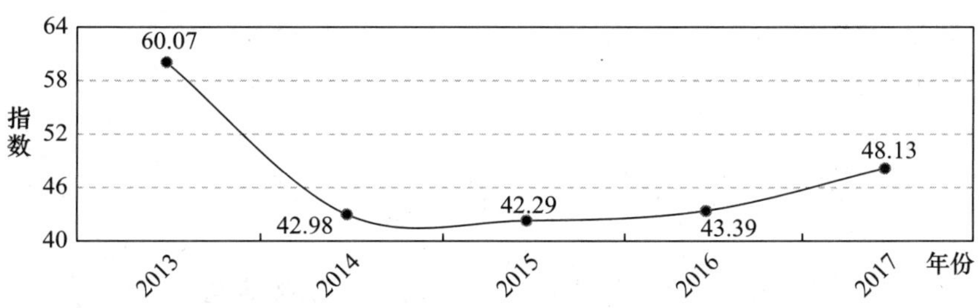

图 5－16　陕西省中小企业景气指数走势

十七 江西省

2017 年，江西省中小企业综合景气指数排名居全国第 17 位，排名较上年未发生改变。从分类指数来看，工业中小企业景气指数排名没有发生改变，居于全国第 14 位。中小企业比较景气指数排名全国第 17 位，较上年排名下降 1 位。上市中小企业景气指数排名全国第 23 位，排名上升 1 位。总体来看，近五年来，江西省中小企业综合景气指数在 40—50 平稳波动。

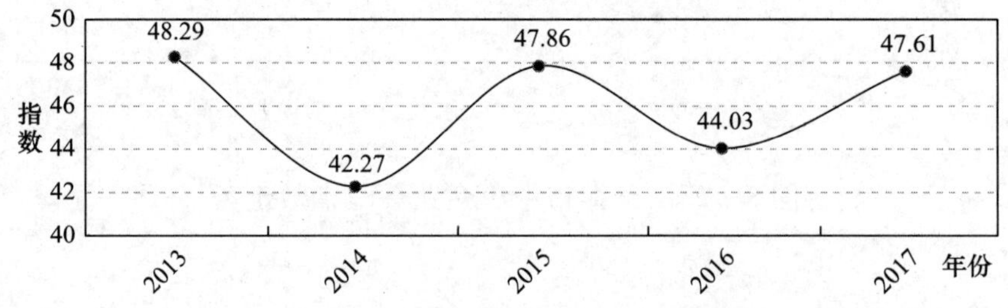

图 5－17 江西省中小企业景气指数走势

十八 重庆市

2017 年，重庆市中小企业综合景气指数排名居全国第 18 位，与上年相比下降两位。从分类指数来看，中小企业比较景气指数排名未发生改变，位居全国第九。上市中小企业景气指数排名上升 1 位，工业中小企业景气指数排名没有发生改变。总体来看，近三年重庆市中小企业综合景气指数运行较为稳定，波动幅度较小。

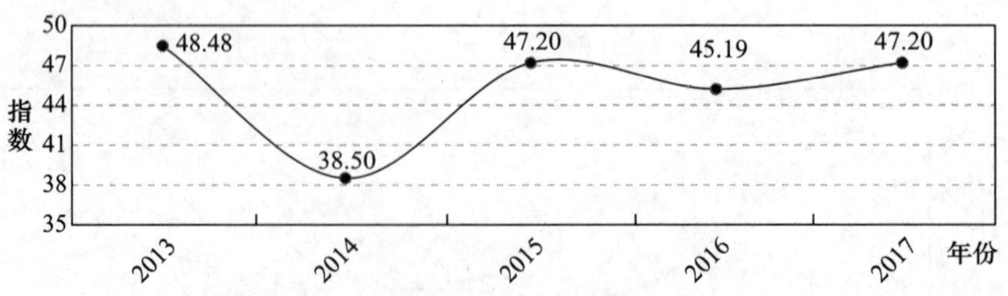

图 5－18 重庆市中小企业景气指数走势

十九　新疆维吾尔自治区

2017 年，新疆中小企业综合景气指数排名居全国第 19 位，较上年上升 3 位。从分类指数来看，反映企业家信心的中小企业比较景气指数排名未发生改变，上市中小企业景气指数排名上升 3 位，工业中小企业景气指数排名没有发生改变。近年来，在“一带一路”倡议下，新疆凭借其独特的地理位置和历史沉淀，成为丝路基金重点支持地区之一，更多新疆中小企业借助丝路基金“走出去”，促进新疆中小企业发展。这一系列措施也保证了新疆中小企业综合景气指数在全国五个自治区中排名首位。

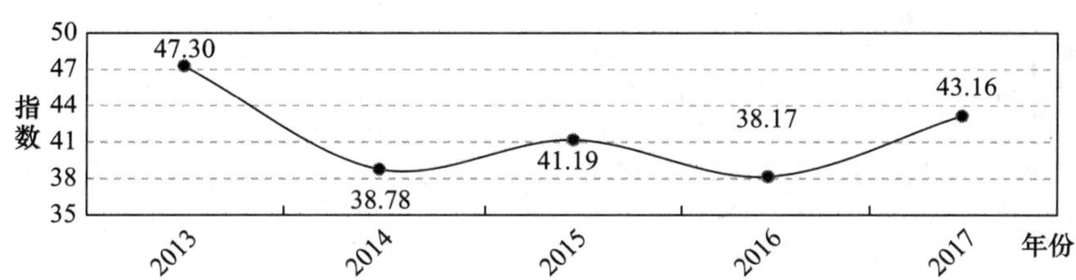

图 5－19　新疆维吾尔自治区中小企业景气指数走势

二十　山西省

2017 年，山西省中小企业综合景气指数排名居全国第 20 位，与上年相比上升 1 位。从分类指数来看，反映企业家信心的中小企业比较景气指数排名下降 1 位，上市中小企业景气指数排名和工业中小企业景气指数排名都没有发生改变。总体来看，山西省中小企业综合景气指数近三年来波动幅度不大，呈缓慢上升态势。

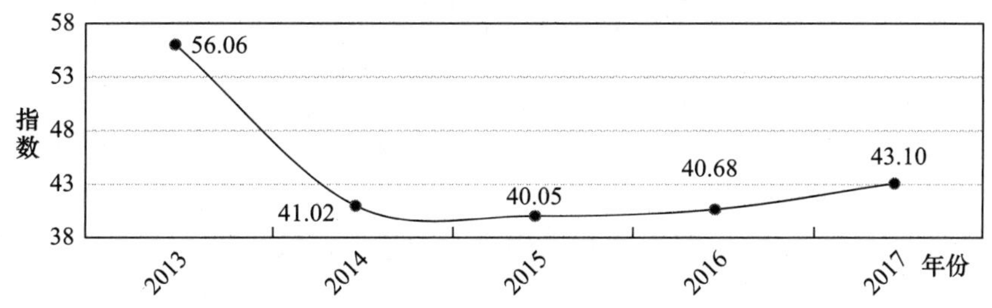

图 5－20　山西省中小企业景气指数走势

二十一　云南省

2017 年，云南省中小企业综合景气指数排名居全国第 21 位，与上年相比下降 1 位。从分类指数来看，反映企业家信心的中小企业比较景气指数排名较上年下降两位，位于全国第 21 位。上市中小企业景气指数排名下降 4 位，位于全国第 25 位。工业中小企业景气指数排名没有发生改变。总体来看，云南省中小企业综合景气指数波动上扬，虽增幅不大，但已连续四年保持上升态势。

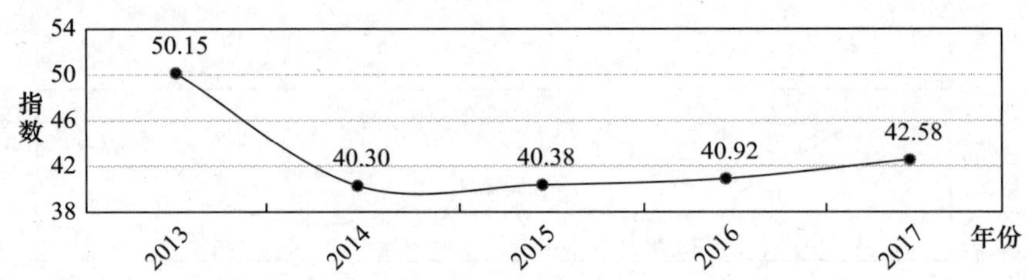

图 5－21　云南省中小企业景气指数走势

二十二　贵州省

2017 年，贵州省中小企业综合景气指数排名居全国第 22 位，与上年相比下降 3 位。从分类指数来看，中小企业比较景气指数和上市中小企业景气指数排名均下降 1 位，工业中小企业景气指数排名没有发生改变。总体来看，贵州省中小企业综合景气指数呈小幅持续上升趋势。

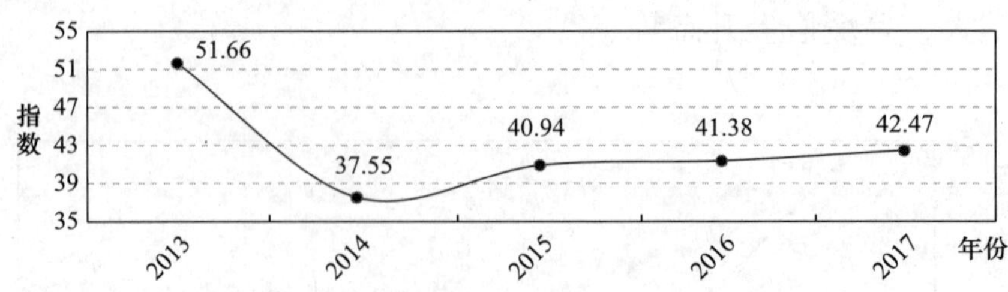

图 5－22　贵州省中小企业景气指数走势

二十三　甘肃省

2017 年，甘肃省中小企业综合景气指数排名居全国第 23 位，排名未发生改变。从分类指数来看，中小企业比较景气指数上升1位，上市中小企业景气指数排名上升两位，工业中小企业景气指数排名没有发生改变。总体来看，甘肃省中小企业综合景气指数近三年波动幅度不大，呈缓慢上升态势。

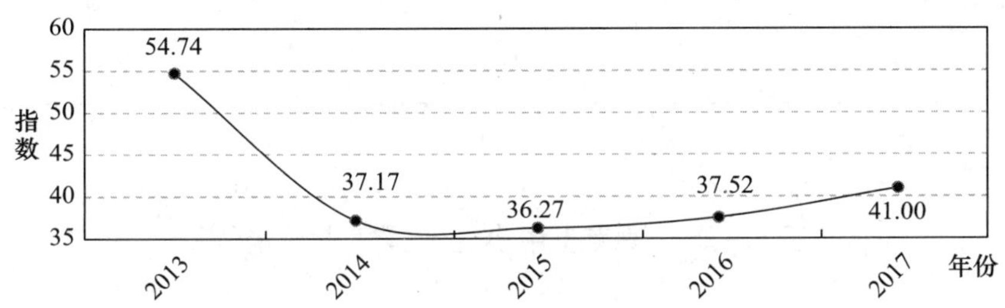

图5－23　甘肃省中小企业景气指数走势

二十四　宁夏回族自治区

2017年，宁夏回族自治区中小企业综合景气指数排名居全国第24位，与上年相比上升1位。从分类指数来看，中小企业比较景气指数和工业中小企业景气指数排名均未发生改变，上市中小企业景气指数排名上升3位。总体来看，宁夏中小企业综合景气指数在2017年有了明显的上升，达到了近五年来的历史新高。

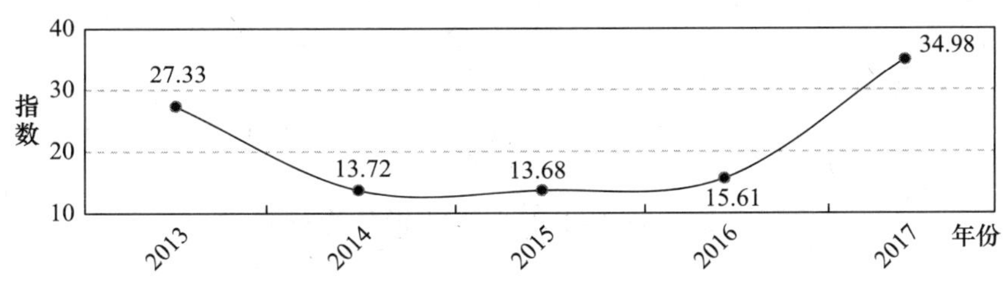

图5－24　宁夏回族自治区中小企业景气指数走势

二十五　海南省

2017年，海南省中小企业综合景气指数排名居全国第25位，与上年相比下降1位。从分类指数来看，中小企业比较景气指数上升两位，上市中小企业景气指数排名和工业中小企业景气指数排名均没有发生改变。总体来看，海南省中小企业综合景气指数仍处于低位运行状态。

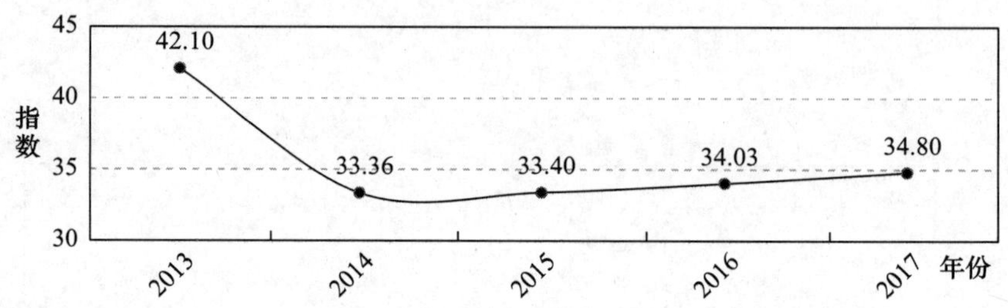

图 5－25 海南省中小企业景气指数走势

二十六 青海省

2017 年，青海省中小企业综合景气指数排名居全国第 26 位，排名未发生改变。从分类指数来看，中小企业比较景气指数和上市中小企业景气指数排名均上升 1 位，工业中小企业景气指数排名没有发生改变。总体来看，近几年青海省中小企业综合景气指数都大幅度落后于全国平均指数，发展缓慢。

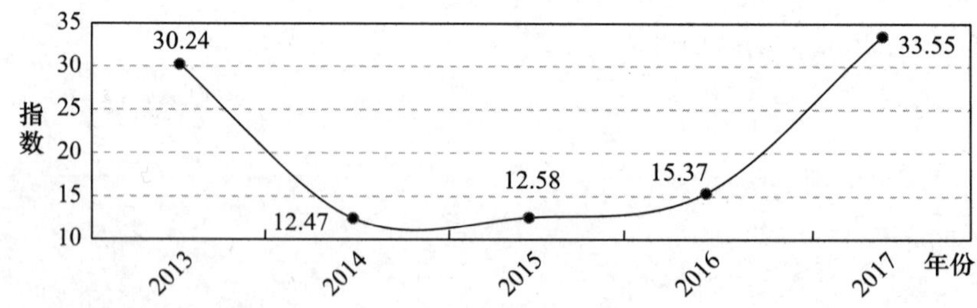

图 5－26 青海省中小企业景气指数走势

二十七 吉林省

2017 年，吉林省中小企业综合景气指数排名全国第 27 位。从分类指数来看，反映企业家信心的中小企业比较景气指数排名不变，排名第 26 位，工业中小企业景气指数排名较上年上升 1 位，排名第 19 位。因该自治区上市中小企业数据缺失，与上年不具可比性而不进行比较评价。总体来看，吉林省中小企业综合景气指数持续走低，2017 年继续探底。

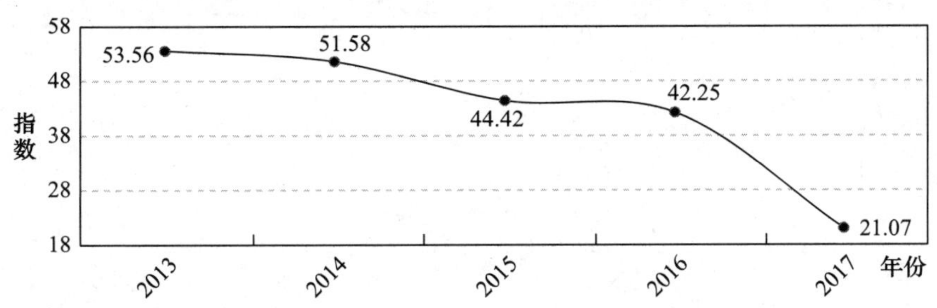

图 5 – 27　吉林省中小企业景气指数走势

二十八　广西壮族自治区

2017 年，广西壮族自治区中小企业综合景气指数排名全国第 28 位。从分类指数来看，反映企业家信心的中小企业比较景气指数排名上升 1 位。工业中小企业景气指数较上年下降两位，排名第 20 位。因该自治区上市中小企业数据缺失，与上年不具可比性而不进行比较评价。总体来看，广西中小企业综合景气指数继续下滑探底。

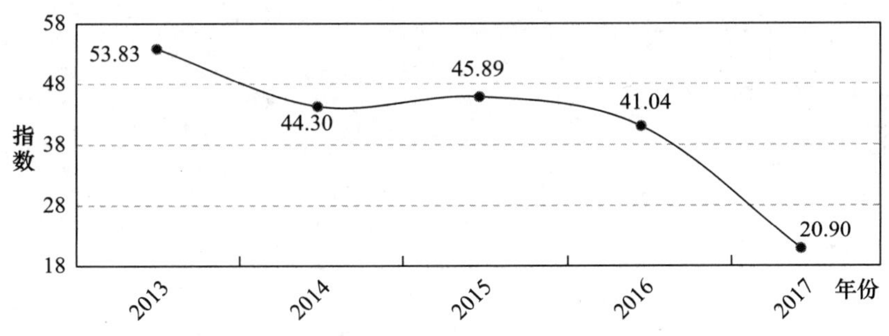

图 5 – 28　广西壮族自治区中小企业景气指数走势

二十九　黑龙江省

2017 年，黑龙江省中小企业综合景气指数排名全国第 29 位。从分类指数来看，反映企业家信心的中小企业比较景气指数排名下降 1 位。工业中小企业景气指数排名不变。因该省上市中小企业数据缺失，与上年不具可比性而不进行比较评价。总体来看，黑龙江省中小企业综合景气指数继续下滑，2017 年创历史新低。

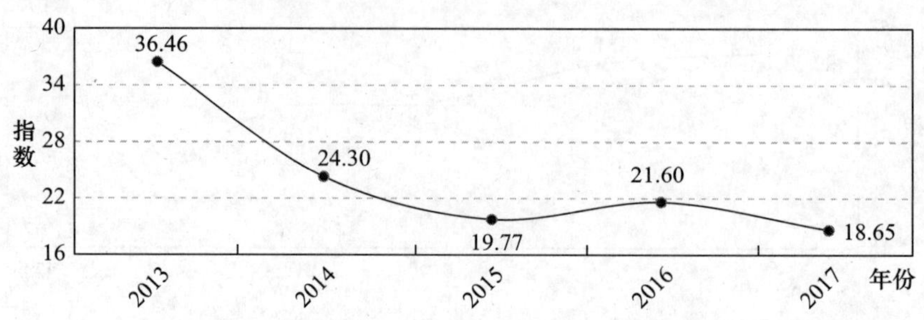

图 5－29 黑龙江省中小企业景气指数走势

三十 内蒙古自治区

2017 年，内蒙古自治区中小企业综合景气指数排名全国第 30 位。从分类指数来看，中小企业比较景气指数排名较上年下降 1 位。工业中小企业景气指数较上年排名保持不变，居全国第 23 位。因该自治区上市中小企业数据缺失，与上年不具可比性而不进行比较评价。总体来看，近五年内蒙古中小企业综合景气指数波动幅度较大。

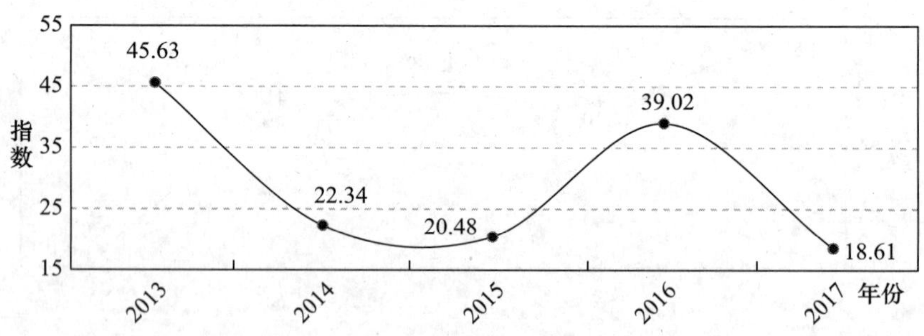

图 5－30 内蒙古自治区中小企业景气指数走势

三十一 西藏自治区

2017 年，西藏自治区中小企业综合景气指数排名全国垫底。从分类指数来看，中小企业比较景气指数和工业中小企业景气指数排名均未发生变化。因该自治区上市中小企业数据缺失，与上年不具可比性而不进行比较评价。总体来看，西藏自治区的中小企业综合景气指数位于全国 5 个自治区榜尾，且2017年的综合景气指数继续下滑探底，创历史新低。

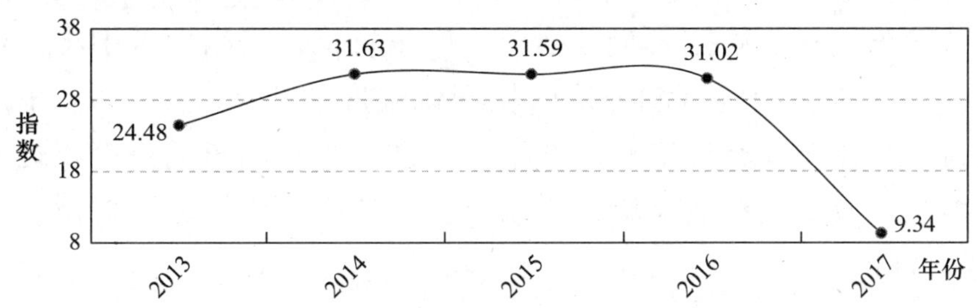

图5－31　西藏自治区中小企业景气指数走势

第二节　七大地区中小企业景气指数变动趋势分析

一　华东地区

华东地区包括上海市、江苏省、浙江省、山东省、福建省、江西省和安徽省，华东地区各省份的综合景气指数呈现明显上升趋势（见图5－32）。近五年来，该地区中小企业景气指数稳居全国七大地区首位，显示了长三角经济带中小企业的发展活力。华东地区依托主要的创新平台，凭借创新意识、人才优势和雄厚的技术积累和经济基础，在全国范围内率先转型。高端制造业、生产性服务业、民营经济和民间投资表现突出，有力地提升了经济发展质量。

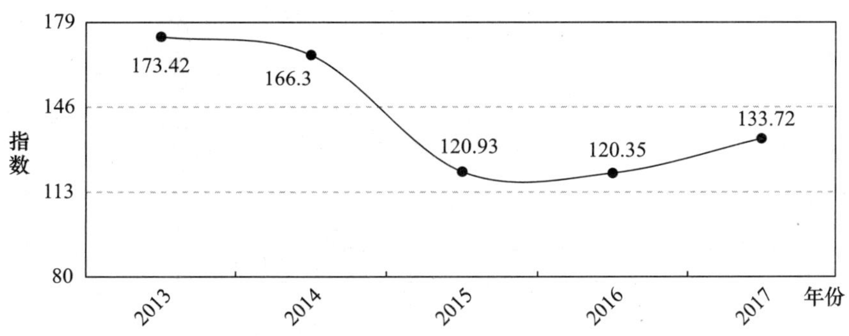

图5－32　华东地区中小企业综合景气指数走势

二　华南地区

华南地区包括广东省、海南省和广西壮族自治区，其中小企业景气指数仅次于华东地区，仍排名全国第二。广东省仍是华南地区中小企业的支柱。2017 年，珠三角经济圈经济增长变化幅度与 2016 年差异较小，经济下行压力依然存在，经济增幅保持平稳，甚至略有回落的概率比较大。华南地区中小企业景气指数涨幅均不明显，总体景气指数处于低位运行态势（见图 5－33）。

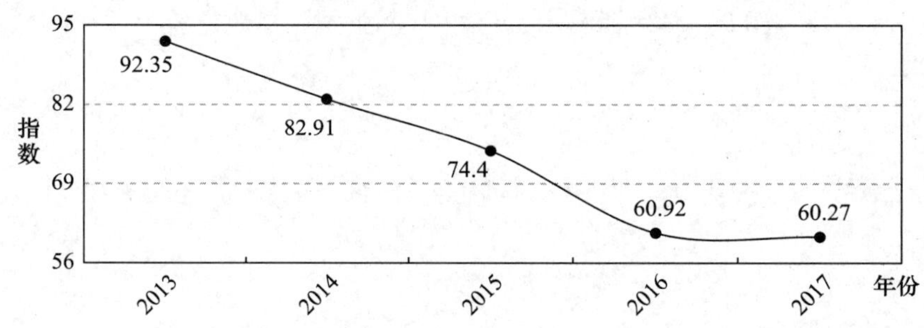

图 5－33　华南地区中小企业综合景气指数走势

三　华北地区

华北地区包括北京市、天津市、河北省和内蒙古自治区。2017 年华北地区中小企业综合景气指数在全国七大地区排名不变（见图 5－34）。总体来看，河北、天津中小企业综合景气指数上升，北京市综合景气指数下降。受产业结构调整和转型升级的压力，该地区中小企业综合景气指数略有下滑，仍处低位运行状态。

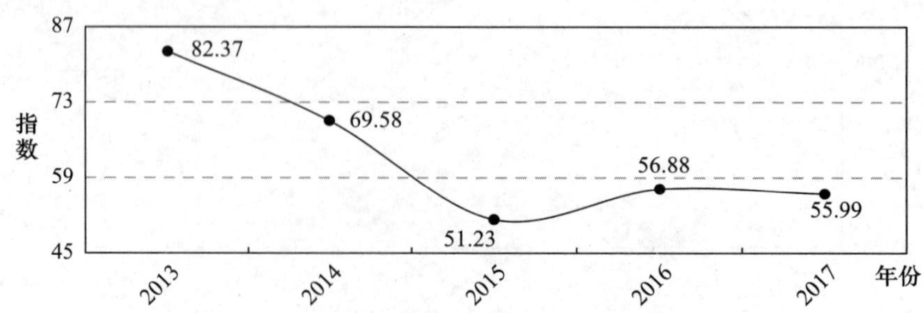

图 5－34　华北地区中小企业综合景气指数走势

四　华中地区

华中地区包括河南省、湖北省和湖南省。2017 年，该地区在全国七大地区排名保持第 4 位（见图 5－35）。在中部崛起等相关区域政策的持续支持下，华中地区的交通、通信和能源、基础设施等逐步完备，制度环境、投资环境、市场环境等已经明显改善，但中小企业仍然面临转型升级的巨大压力和挑战。华中地区总体景气指数处于低位运行态势，下滑趋势有所减缓。

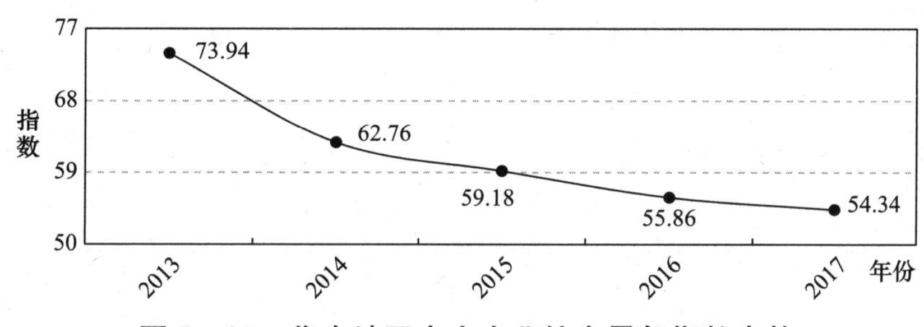

图 5－35　华中地区中小企业综合景气指数走势

五　西南地区

西南地区包括重庆市、四川省、贵州省、云南省和西藏自治区。2017 年，该地区中小企业综合景气指数在全国七大地区排名第五，与上年持平（见图 5－36）。西南地区在积极承接产业转移的同时，也在加快培育新动能，大力推进“大众创业、万众创新”，特别是以贵州大数据产业、重庆电子信息产业等为代表的新经济成为转型升级的亮点。虽然工业下行压力依然较大，但是，西南地区综合景气指数下滑趋势已经逐渐缓和。

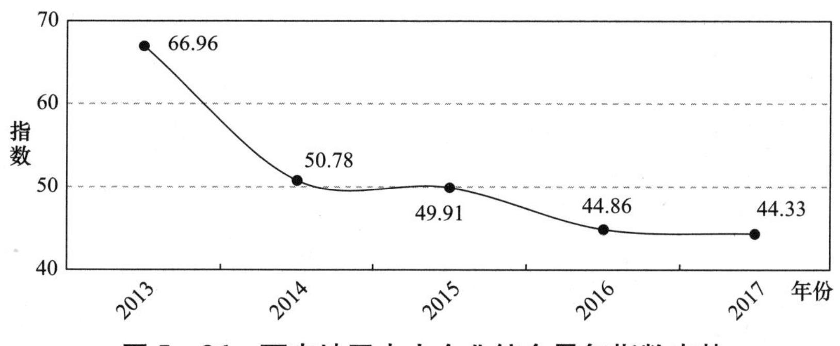

图 5－36　西南地区中小企业综合景气指数走势

六　东北地区

东北地区包括辽宁省、吉林省和黑龙江三省。2017 年，该地区中小企业综合景气指数在全国七大地区排名第六（见图 5 – 37）。东北地区受体制机制因素影响，传统工业部门面临持续较大下行压力，当地坚持深化改革、扩大开放，把发展现代服务业作为推进产业结构战略性调整和转变经济发展方式的重要抓手，第三产业对经济增长的贡献明显增强。总体来看，综合景气指数缓慢上升。

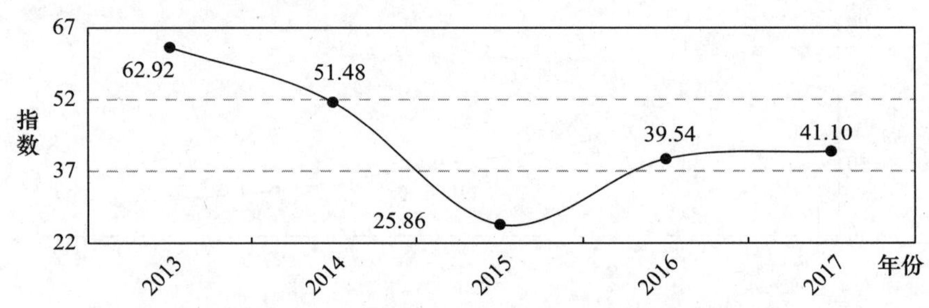

图 5 – 37　东北地区中小企业综合景气指数走势

七　西北地区

西北地区包括陕西省、甘肃省、青海省、宁夏回族自治区和新疆维吾尔自治区，是中国经济发展相对落后的地区。2017 年，西北地区中小企业综合景气指数在全国七大地区排名末位（见图 5 – 38）。在国家政策支持下，2017 年将会启动新疆天山北坡城市群规划编制工作，新疆将成为支撑西部地区加快发展的重要经济增长极。总体来看，西北地区经济下行压力持续加大，综合景气指数有所下降。

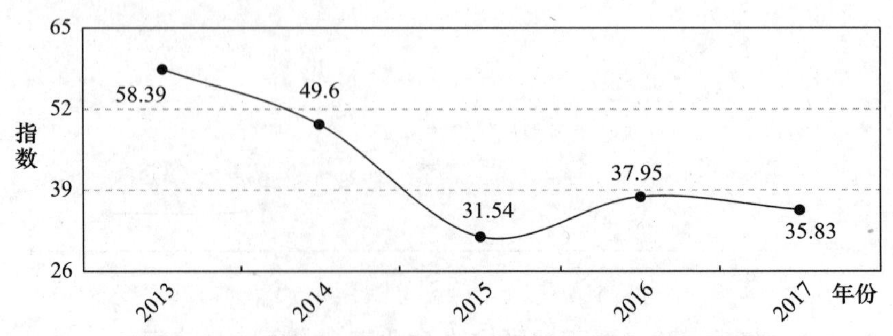

图 5 – 38　西北地区中小企业综合景气指数走势

第三节　2017 年中国中小企业景气状况综合分析

综合分析 2017 年中国中小企业景气指数的变动趋势，研究发现中国中小企业景气探底回升，创业创新活力进一步增强；减税降费降成本政策助推中小企业轻装精装上阵，中小企业在“创新链”中发挥协同作用，成长为“小巨人”和“隐形冠军”；共享经济为中小企业提供更宽广的成长空间。同时，研究表明，当前中国中小企业的发展也面临“脱实向虚”、定位低端、结构调整压力大、转型升级困难等突出问题。切实弥补短板，解决发展过程中存在的突出问题，才能持续促进中国中小企业稳健发展。

一　五大研究发现

（一）2017 年中国中小企业景气探底回升，创业创新活力进一步增强

2016 年以来，中国推进供给侧结构性改革初步取得成效，实体经济基本面回暖，中小板、创业板及新三板上市企业扩容，投融资环境有所好转，创业创新活力进一步增强，多种利好政策释放红利，使 2017 年全国中小企业景气指数探底回升。

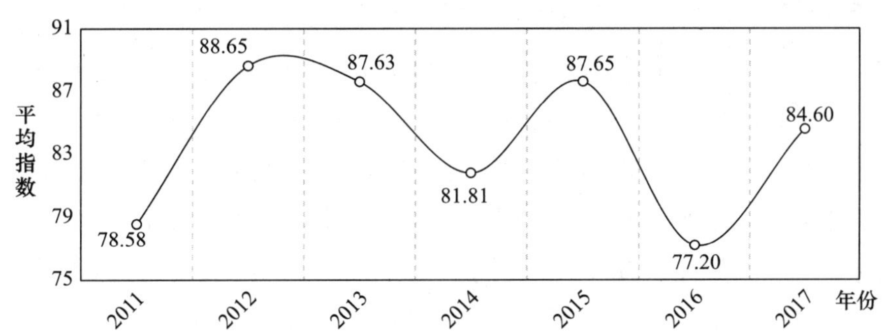

图 5－39　中国中小企业景气平均指数波动趋势

（二）中小企业减税降费降成本政策奏效，助推企业轻装精装上阵

2016 年中央经济工作会议提出“三去一降一补”政策实施一年来，

中小企业减税降费降成本取得初步成效。降低企业各项外部成本，使企业“轻装”上阵；同时通过企业自身挖潜增效，提高劳动生产率，降低内部成本，使企业“精装”上阵。一是进一步加大了减税力度。2016 年“营改增”试点在全国推广，降低了制造业增值税税率，精简归并“五险一金”，特别是工业企业税负有所减轻，成本下降。包括重点清理进出口业务、银行业务等不合理的涉企收费项目在内，全年为企业减少税负超过 5700 亿元，其中为小微企业减负超过 1000 亿元。二是实施普遍性降费政策。按照党中央、国务院关于推进收费清理改革的有关要求，财政部会同有关部门出台实施了一系列降费减负的政策措施，包括降低社保三个险种费率，下调电价，实施航道、枢纽、江海和关检四大畅通工程等，累计取消、停征、免征和减征了 496 项政府性基金收费，每年减轻企业和个人负担超过 1500 亿元。三是总体“降成本”初见成效。2016 年以来，为落实中央的大政方针，已有 20 多个省份出台了具体的降成本方案。通过层层简政放权，制度性交易成本大大下降。当前，降成本的红利已开始初步显现。根据国家统计局快报及调查数据，2016 年工业企业每百元主营业务收入中的成本为 85.76 元，同比下降 0.14 元。2017 年第一季度服务业小微企业反映成本上升的企业占全部服务业小微企业的 17.9%，同比下降 7.7 个百分点，为 2014 年四季度以来最低点。

（三）中小企业在“创新链”中发挥协同作用，成长为“小巨人”和“隐形冠军”

近年来，中小企业本身作为技术创新的重要担当者，完成了 70% 以上的发明专利，并在“创新链”的各环节与大企业一起积极发挥协同创新的作用。尤其在创意前端和商业化后端催生新型业态，在生产性服务业和消费性服务业领域成为提供个性化产品设计、个性化客户体验及增值服务的新生力量。特别是在“互联网 +”和平台经济背景下，中小企业依靠“专新特精”提高现全“创新链”效率的核心驱动器。传统行业中，很多像从事纺织、水泥、钢铁、农副产品经营等的中小企业依靠科技创新驱动助力产品的高端化，在新型面料、水泥预制品、特钢及高端有机农产品等市场实现了产品结构升级。科技型中小企业中，像青岛海丽花边公司研制的深海勘测绳索将蛟龙号的许多试验仪器送入海底；桂林星辰科技公司生产的双电机消隙系统在“神舟”飞船地面测控雷达中使用；小米科技公司专注于新一代智能手机软件开发与热点移动互联网业务运营，通过商业模式创新从一家小微企业成长为移动通信行业的领军企业。互联网及平台型企业中，像猪八戒网作为全球最大的创意交易服务平台，汇聚了300万来自各行业精英的威客，其创意板能够为企业和机构提供360度的创意需求解决方案；联东U谷入驻企业达4800余家，形成了精密机械、电子信息、生物医药、能源环保四大主导产业；大唐电信围绕云计算、大数据、“互联网+民生”等产业热点，通过互联网创业孵化平台构建新的价值与新的发展生态。最为典型的是阿里巴巴，其从最初的阿里B2B商品交易网站，到C2C淘宝、天猫，再到云服务、阿里金融，通过一路为中小企业搭建平台，成长为行业巨头。这些案例都表明，中国经济发展既需要顶天立地的大企业，也需要铺天盖地的中小企业。只有促进大中小企业有机配套和协同创新，才能增强全产业的竞争力和社会经济活力。

（四）共享经济助推中小企业成长，提供了更为宽广的空间

中小企业成长面临资源少、成本高、资金紧等核心问题。共享经济现代信息通信和网络技术，使信息、知识、智力等资源和生产资料具有可复制性、迅速扩散性、低成本搜寻性、高效率获取性，从而使交易成本变小甚至为零，实现合作剩余。共享经济盘活存量资源，共享金融、技术、人才、设备、生产能力及公共资源，力助中小企业降低经营成本，提升核心能力。2010年吉利收购沃尔沃，共享了沃尔沃的品牌、技术、人才、团队，2016年营业收入增长10%、净利润增长66%，实现了企业的稳定成长。北京摩拜科技有限公司2016年4月推出的摩拜单车（mobike）提供了互联网短途出行解决方案，仅一年多，活跃用户量环比增速超过200%，单月新增注册用户最高达2400万户，五轮融资共获资金30多亿元，共投放超过450万辆智能共享单车，居市场领先地位。此外，成立于2008年的在线房屋租赁网站Airbnb自身却没有一间酒店，利用其商业模式共享了其他房屋资源，短短几年内就超过了许多百年老店，市场估值超600亿美元。还有Uber、滴滴打车等。总之，共享经济助力中小企业低成本获取成长资源和核心能力，为中小企业识别新的创业创新机会、实现持续快速成长提供了更多机会和更大空间。

（五）“两化融合”促进中小企业信息化水平和智能制造能力进一步提高

推动中小企业信息化是促进中小企业创新转型发展的重要途径，国务院联合有关部门实施中小企业信息化推进工程，搭建支持中小企业研发设计、经营管理、市场营销等核心业务发展的信息化服务平台。目前全国中小企业信息化服务网络基本形成，集聚了一批优质的信息化服务资源，形成了支持中小企业信息化和创新发展的服务网络。移动互联网、云计算、大数据、智能制造等新一代信息化技术在中小企业中更加普及，中小企业通过应用经营管理信息化软件，逐步向商业智能转变；依托电子商务服务平台，利用大数据资源提升精准营销效果；推动互联网金融应用，缓解中小企业融资难问题。

二 五大突出问题

（一）“脱实向虚”趋势严重影响中小实体经济发展

当前，中国中小企业实体经济面临着成本高、融资难、融资贵等挑战，一方面虽然社会流动性宽裕，但部分资金宽松的企业不愿意投资实体经济，另一方面资金紧张的企业融不到资，而虚拟经济因赚“快钱”、赚“短钱”而备受资本青睐，导致企业大量资金“脱实入虚”，形成资金“流动性陷阱”，严重影响中小实体经济发展。具体影响，一是导致了实体经济投资意愿下降，投资额萎缩。金融机构追求利润的最大化，让中小企业实体经济的终端流通环节严重“失血”，进一步加大了实体经济尤其是中小企业的融资困难；二是导致了消费萎缩。当前房价仍居高不下，理财产品销售火爆，这些虚拟经济都是在透支实体经济的资本，过度透支的结果是中小企业无法维持正常生产，个体工商户只做现金交易，终端销售价格居高不下，这会严重妨碍实体经济的发展。一方面，实体经济缺乏资金，贷款难、贷款贵的现象十分普遍；另一方面，大量社会资金寻找投资出路，形成社会资本在虚拟领域空转，提高了资金的时间成本。

（二）中小企业产品定位低端，提质增效任务艰巨

从企业层面看，大多数中小企业主要处于产业链中低端，存在高耗低效、产能过剩、产品同质化等问题，产品附加值比较低，利润微薄，很容易受到外部市场环境和政策变化的冲击。中小企业产品定位低端，虽然市场相对较大，但由于缺乏核心竞争力，基础薄弱，导致产高利低、生产集

中度低、结构雷同、同质化严重，而微薄的利润很容易经受不住外部冲击，依然面临着较大的经营压力，因此提升中小企业发展质量和效益势在必行。

（三）中小企业产能过剩，结构调整压力依旧很大

中小企业进入门槛较低，但通常无力撼动高端市场。很多中小企业本身就是依靠低廉的价格和一般的质量在维持生产与经营，往往高估了市场对数量的需求，而低估了对质量的重视程度。2017 年以来，尽管全国经济形势回暖，但消费并没有出现大的增长。产能扩张的结果就加剧了供需失衡，企业产品销售更加困难，而同质化严重和寡头的存在使产能过剩大量存在，“僵尸企业”及关停倒闭的企业进一步增多。在这种背景下企业调整生产结构的压力进一步加大，更需要打破大型企业对资源、生产和市场的垄断，以供给侧结构性改革为契机，推动生产方式和主体经营全面升级。

（四）中小企业面临资金与技术“瓶颈”，转型升级任重道远

中小企业的转型升级需要技术创新，而技术创新的不确定性、复杂性和长期性决定了创新既需要充足、稳定的资金，也需要健全的激励制度和有效的市场环境，中小企业转型困难重重。一是中小企业融资难、融资贵问题依然存在。中小企业融资主要依靠的是外部渠道，中国现行的金融体系基本上为国有部门所垄断，中小企业融资渠道有限，而成本高的民间融资难以支持转型升级。二是涉企收费项目虽有削减，但企业负担仍比较重。目前，涉企收费项目数量不少，名目繁多。政府性基金、行政事业性收费、经营服务性收费等合法合规的收费项目有 200 多项，行业协会商会的收费项目也不少，企业仍未彻底“松绑”。三是知识产权保护体系不完善。目前在中国，很多中小企业几乎没有知识产权意识，盗版仿冒现象层出不穷。而技术创新的投入和风险都相当大，如果创新的利润没有有效的制度保证，巨大成本无法收回，企业就难以坚持自主创新。

（五）中小企业获得感不足不均，有待强化政策实施“最后一公里”

目前政府对于中小企业创新发展的政策支持力度前所未有，从中央到地方，各级政府出台了大量中小企业扶持政策，但这些政策在实施过程中，中小企业的实际获得感并不充分、不均衡。突出问题表现在扶持政策名目多但企业得到的实惠少。政府在税费减免、财政补贴、财政专项资金

投入和政府采购中积极支持中小企业的发展，但由于缺乏综合指导与管理，使财税政策在扶持中小企业的过程中存在实施效果欠缺的问题。比如在专项发展基金方面，不同部门先后设立了科技型中小企业技术创新基金、中小企业国际市场开拓资金、中小企业发展专项资金等，名目众多，却分散有余、支持力度不足，缺乏总体协调和规划。期待职能决策部门在减税降费降成本上拿出更有力措施，真正打掉中小实体经济振兴的“拦路虎”，给中小企业带来真真切切的减负快感。当前，加强中小企业财税扶持的系统性与可操作性，对于中国中小企业的生存与发展极为重要。为此需要强化政策落地实施的“最后一公里”，破解政策信息不对称难题，加强政策宣传，切实提高中小微企业政策的知晓度，推进中小微企业政策落实。

第六章

2017年中国主要城市中小企业景气指数测评

编制中国主要城市中小企业景气指数是区域中小企业景气指数研究的重要课题。该研究对于分析把握中国主要城市中小企业发展的现状，探索中国区域中小企业发展的新规律和新课题，都具有重要意义。

第一节　评价方法与指标体系

一　评价对象与评价方法

评价中国主要城市的中小企业景气的思路和方法与研究省际中小企业综合景气基本相同，即根据主要城市工业中小企业景气指数、上市中小企业景气指数和比较景气指数三个分类指数进行加权来计算分析。

其中，工业中小企业景气指数的评价对象是主要城市规模以上（主营业务收入达到2000万元及以上）的工业中小企业。由于考察期间中国经济处于平稳的减速发展区间内，没有出现较大起伏的循环周期变化，所以在运用合成指数计算时主要对一致指数进行计算分析，以此来表示主要城市工业中小企业景气指数。上市中小企业景气指数采用主成分分析法、扩散指数法和合成指数法的方法，其评价对象为截至2016年12月30日在深交所上市的中小板和创业板企业，以及在全国中小企业股份转让系统（NEEQ）挂牌交易的新三板企业。比较景气指数基于网络大数据和研究机构的中小企业景气监测调查数据进行综合测评。

二　样本选取与指标体系

（一）样本选取

由于中国的直辖市为省级行政单位，在中小企业数量、发展规模及发展水平上与一般的省级市和地级市没有可比性，所以，本研究报告的评价对象界定为直辖市以外的全国主要城市。

具体样本方面，首先选取了四大直辖市以外的省会城市，如杭州、福州、成都等。其次，参考中小企业具体分布情况，本章针对部分省份选取了中小企业数量多的主要城市，如江苏选取苏州代替省会城市南京，山东选取青岛代替省会城市济南，辽宁选取大连代替沈阳。由此最终确定了苏州、杭州、合肥、福州、青岛、郑州、武汉、长沙、广州、成都、贵阳、西安、乌鲁木齐、石家庄、大连、昆明 16 个主要城市。

（二）评价指标与数据收集

1. 主要城市工业中小企业景气指数评价指标

主要城市工业中小企业景气指数的评价指标主要考虑一致指标的影响，即采用工业总产值、企业单位数、资产总计、主营业务收入、利润总额、税金总额来计算工业中小企业景气指数。而先行指标和滞后指标仅作为参考。数据基于各年度《中国主要城市统计年鉴》。

2. 主要城市上市中小企业景气指数评价指标

主要城市上市中小企业景气指数的评价指标同样主要考虑一致指标的影响，选取总资产、主营业务收入、财务费用、利润总额和税金总额这五个指标进行测评，先行指标和滞后指标仅作参考。数据基于截至 2016 年 12 月底深交所上市的 1096 家上市中小企业中注册地址位于上述 16 个城市的 259 家中小板和创业板企业；新三板上市企业数据根据新三板成分指数及做市指数样本库，选取了 79 家注册地址位于上述 16 个城市的企业样本，最后对三个板块上市企业数据进行综合计算分析。

3. 主要城市中小企业比较景气指数评价指标

主要城市中小企业比较景气指数的评价指标主要选取网络大数据和中国中小企业研究院的景气调查问卷数据两类指标进行综合计算测评，用以反映相应主要城市的企业家信心及总体景气程度。

三 指数计算与测评结果

（一）计算方法

主要城市工业中小企业景气指数采用合成指数法。为了使指数波动控制在 0—200，本研究报告以 2007 年各城市的平均值作为基年数据，按前述评价指标，计算获得 16 个主要城市 2006—2016 年工业中小企业一致合成指数，然后运用最小二乘法，对 2017 年主要城市工业中小企业景气指数进行预测。上市中小企业景气指数的计算，首先，将企业数量进行无量纲化处理；其次，将合成计算的景气指数和企业数量与其相对应的权重相乘；最后，将获得的乘数相加作为反映上市中小企业景气指数的值。中小企业比较景气指数基于网络大数据得到中小企业综合发展数据和中国中小企业研究院的中小企业景气调查问卷数据，运用专家咨询法确定两个分项指标的权重，合成为比较景气指数。

主要城市中小企业综合景气指数基于上述三个分类指数合成计算。由于计算各分类指数的时间跨度不尽相同，本报告在测评计算时分为两个阶段进行数据处理。第一阶段为 2006—2009 年的中小企业景气指数，采用工业中小企业景气指数作为中小企业景气指数；第二阶段为 2010—2017 年的中小企业景气指数则综合了工业中小企业景气指数、上市中小企业景气指数和中小企业比较景气指数三个指数，然后对两个阶段进行综合计算，最终得到中国主要城市中小企业综合景气指数。

（二）计算结果

根据以上计算方法，2017 年中国主要城市中小企业综合景气指数如表 6－1 和图 6－1 所示。结果显示，2017 年，苏州、杭州和广州 3 市继续蝉联中国主要城市中小企业综合景气指数前三名。

表 6－1　　2017 年中国主要城市中小企业综合景气指数

城市	工业中小企业景气指数	上市中小企业景气指数	中小企业比较景气指数	综合景气指数
苏州	163.80	131.83	105.57	145.19
杭州	126.09	123.59	108.00	123.28
广州	97.82	104.87	107.14	101.57
青岛	82.15	60.60	102.43	75.56
成都	44.93	79.10	101.71	64.28
郑州	45.06	61.93	100.57	57.36
武汉	39.00	66.40	100.86	56.14
福州	37.52	67.11	102.86	55.89
长沙	32.15	70.44	101.00	54.35

续表

城市	工业中小企业景气指数	上市中小企业景气指数	中小企业比较景气指数	综合景气指数
大连	39. 10	54. 99	97. 29	51. 27
石家庄	39. 69	48. 32	101. 57	49. 33
合肥	24. 50	59. 72	101. 14	46. 29
乌鲁木齐	4. 41	64. 59	97. 43	37. 78
昆明	15. 13	49. 49	98. 00	37. 16
西安	14. 59	49. 02	100. 04	36. 91
贵阳	8. 99	55. 39	98. 00	36. 45

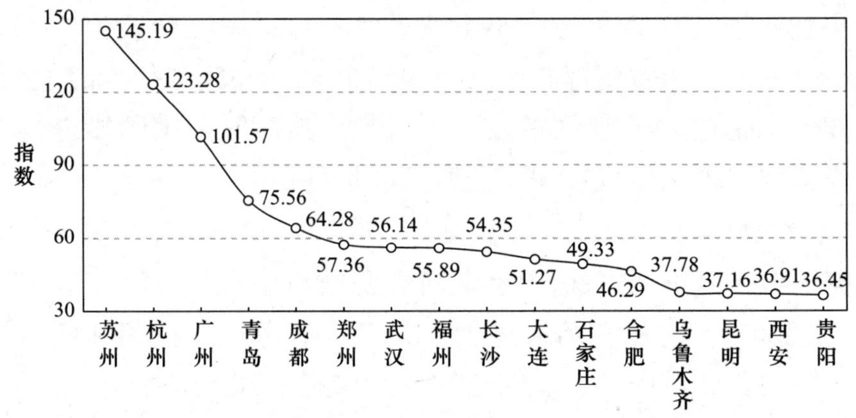

图 6－1　2017 年中国主要城市中小企业综合景气指数

（三）指数评价

分析 2017 年中国主要城市中小企业综合景气指数的波动趋势，主要有以下三个特点。

1. 城际中小企业景气指数差距有增大趋势

如图 6－1 所示，2017 年中国主要城市中小企业综合景气指数可划分为三个梯队。第一梯队包括前三位的苏州、杭州和广州，平均指数为 123. 35，较上年有进一步上升；第二梯队为青岛、成都、郑州、武汉、福州、长沙、大连、石家庄、合肥，平均指数为 56. 72，较上年有所下降；第三梯队包括乌鲁木齐、昆明、西安和贵阳，平均指数为 37. 08，较上年也有下降趋势。其中，三个梯队之间差异明显，城市之间进行比较来看，最高的苏州与最低的贵阳相差约 3.98 倍，差距相比上年有所增大。

2. 中西部城市景气指数低位运行但也呈现亮点

测评结果表明，排名前 5 位的主要城市中，东部占 4 个，排名后五位的全部为中西部城市。东部主要城市的中小企业综合景气指数总体要高于中西部城市的景气指数，表明东部城市的工业中小企业的生产经营条件、上市中小企业的投融资环境等都明显具有区域优势。另外，成都、郑州、武汉等景气指数排名稳健靠前，长沙、乌鲁木齐等城市指数排名同比有所上升，表明中西部主要城市在承接东部产业转移及“一带一路”战略下企业“走出去”发展等方面，也具有较大的景气提升空间。

3. 主要城市指数排名与省际排名分布不完全一致

观察比较城际景气排名和前述省际景气排名，第一层次都集中在华东、华南地区。与 2017 年省际排名比较，江苏省排第 1 位，苏州在城市排名中也高居第一位。此外还有青岛、福州、贵阳与山东省、福建省以及贵州省在各自的排名榜中位次相同，分别为第 4 位、第 8 位和第 16 位。但杭州、成都、武汉、长沙、昆明、乌鲁木齐等城市分别比浙江、四川、湖北、湖南、云南和新疆等 2017 年省际排名略显靠前；郑州、大连、石家庄、合肥和西安等城市相较各自的省份的省级排名较为靠后。

第二节　中国主要城市中小企业景气指数走势分析

以下通过 2013—2017 年的时序分析，来把握中国 16 个主要城市中小企业综合景气指数的变化趋势。结果显示，主要城市工业中小企业景气指数的高低对综合指数起着决定性作用，但上市中小企业景气指数和比较景气指数对于综合景气指数的修正作用也较为显著。

一　苏州市

2017 年，苏州市中小企业综合景气指数继续位居直辖市以外 16 个主要城市第 1 位。2013—2016 年，苏州中小企业景气指数稳中有升，高位运行，2017 年持续大幅提升，领跑全国主要城市（见图 6－2）。近年来，中国“中小企业互联网 +”普及工程落地苏州，有力推动了中小企业应用互联网提升创新力和生产力。同时，苏州实施“扶持中小微企业专项行动”，加快“一基地一高地”建设，强化淘汰低效低端产能工作力度，重点引导企业走“专新特精”发展道路。为了有效解决小微企业和创业早期企业融资和发展难题，苏州市成立了股权交易中心。此外，由地方金融机构参与发起的“1 + N + 3”开放式创新创业生态圈，为中小微企业尤其是科技型中小微企业提供“一站式”、多功能、覆盖全生命周期的金融服务，使新三板保持快速扩容势头。受工业中小企业、上市中小企业景气指数及企业家信心指数的高位拉动，近三年苏州市综合景气指数保持持续上升态势。

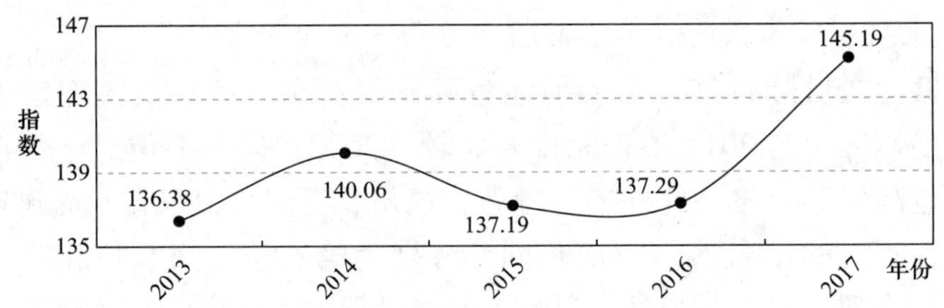

图 6 – 2 苏州市中小企业综合景气指数走势

二 杭州市

2017 年，杭州市中小企业综合景气指数排名仅次于苏州位于全国 16 个主要城市第 2 位。2013—2015 年杭州中小企业综合景气指数稳定上升，2016 年出现较大回落，2017 年得益于 G20 峰会后的外贸中小企业回暖拉动效应而触底回升（见图 6 – 3）。杭州市是阿里巴巴总部所在地，近年来，电子商务业务急速扩大，特别是生产性服务企业、科技型中小企业成长较快。杭州市中小企业服务中心搭建的投融资平台有力地缓解了企业融资难、融资贵的问题。2017 年以来，尽管中小实体经济“脱实向虚”的倾向在一定程度上拖累了企业家对发展实体经济的信心，但总体看来，全市中小企业主要运行指标持续向好，中小企业综合景气指数呈现稳中向上的良好态势。

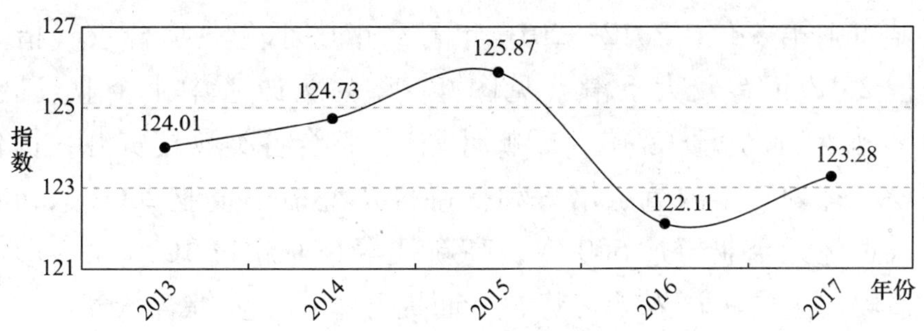

图 6 –3　杭州市中小企业综合景气指数走势

三　广州市

2017 年，广州市中小企业综合景气指数排名居全国 16 个主要城市第 3 位。总体来看，近三年广州中小企业综合景气指数下滑趋势明显（见图 6 –4）。2017 年广州工业中小企业景气指数较上市中小企业景气指数均有不同程度的下降，从而影响综合景气指数出现连续下滑。中小企业融资难仍是制约广州中小企业发展的一大“瓶颈”。目前正在探索通过“互联网 + 供应链金融”来打破“瓶颈”。此外，近年来广州市积极参与实施“粤造粤强——创新驱动、智能制造”活动。截至 2016 年，广州市制造业已涵盖国家所有 30 大类产业，其中先进制造业增加值占规模以上工业增加值比重超过 50%，为广东集聚创新元素、推广智能制造成果提供了新经验，也有利于中小企业综合景气指数的提高。

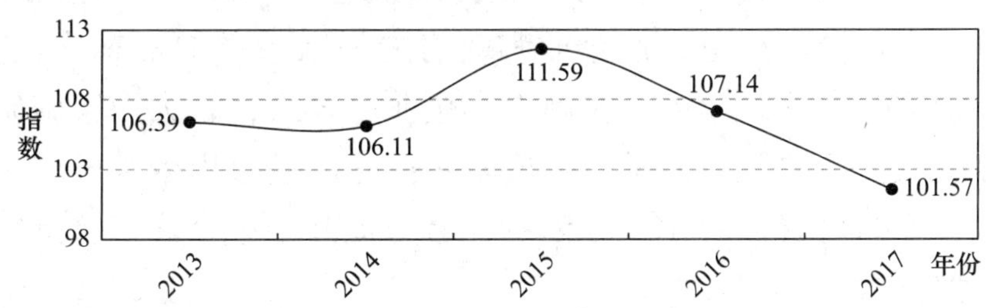

图 6 –4　广州市中小企业综合景气指数走势

四　青岛市

2017 年，青岛市中小企业综合景气指数排名与上年相同，居全国 16

个主要城市中第 4 位。2012—2016 年青岛市中小企业综合景气指数比较平稳，但 2017 年有较大下滑（见图 6－5）。为改善中小企业发展环境，2017 年以来，青岛大力实施“千帆计划”，整合各类科技资源，优化创新创业环境，计划三年内重点培育和扶持科技型中小企业 2000 家，其中年营业收入过亿元企业超过 500 家，高新技术企业超过 1000 家，形成千帆竞发、蓬勃向上的集群发展态势，从而提升中小企业综合景气。

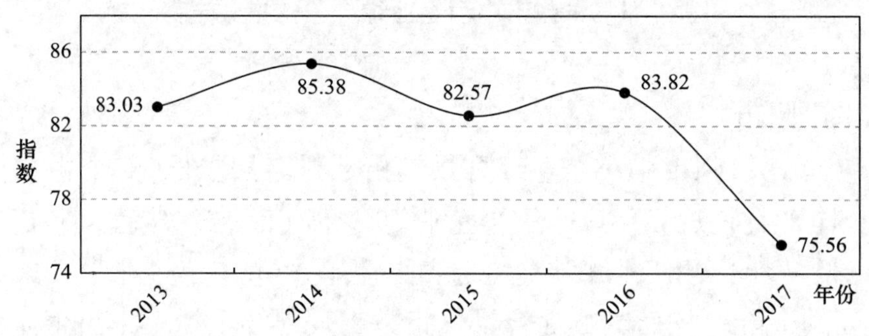

图 6－5 青岛市中小企业综合景气指数走势

五 成都市

2017 年，成都市中小企业综合景气指数排名居全国 16 个主要城市第 5 位，排名与上年一致。如图 6－6 所示，2014—2017 年成都中小企业综合景气指数持续下滑。为了形成良好的营商环境和政务服务环境，增强各项中小企业政策的实施效果，近年来成都市建设“B2G”企业服务平台，畅通政府与企业沟通渠道，使企业和政府之间联系更加常态化、制度化。在推进供给侧结构性改革中，实施中小企业成长工程，大力实施研发费用加计扣除税收优惠政策，鼓励科技成果产业化。通过出台利好中小实体经济的政策，不断完善社会化服务体系，努力提升中小企业综合景气。

六 郑州市

2017 年，郑州市中小企业综合景气指数处于全国 16 个主要城市第 6 位，排名与上年一致。如图 6－7 所示，2013—2016 年，郑州中小企业综合景气指数保持增长趋势，但 2017 年指数出现下滑。为了促进中小企业发展，2016 年以来，郑州市政府印发实施《关于扶持小微企业加快发展的意见》，重点加大金融支持力度，减轻企业负担。同时，大力推进中小

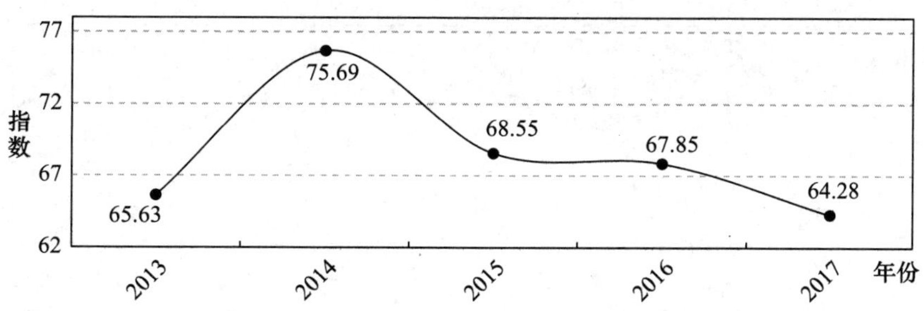

图 6－6　成都市中小企业综合景气指数走势

企业公共服务平台网络建设，帮助中小企业开拓市场，组织中小企业参加国内外大型展览展销、投资洽谈、网上展销等活动，为企业提供全方位“一站式”服务。

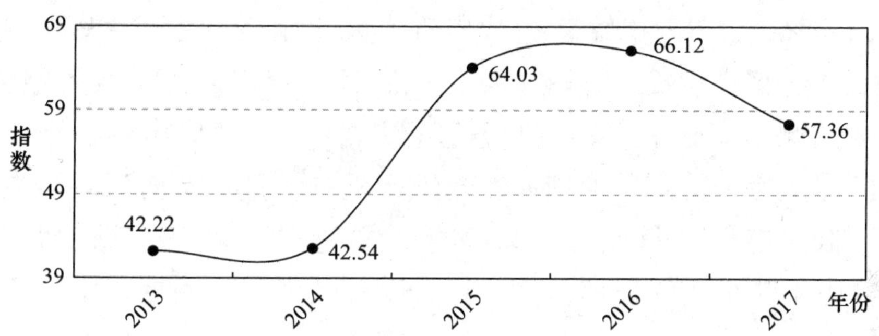

图 6－7　郑州市中小企业综合景气指数走势

七　武汉市

2017 年，武汉市中小企业综合景气指数排全国 16 个主要城市第 7 位，排名较上年提高 1 位。2013—2016 年，武汉中小企业综合景气指数保持平稳，2017 年指数出现较大下滑（见图 6－8）。近年来，针对当前突出存在的中小企业融资难、资金压力大问题，政府出台实施了《中小企业（民营经济）发展专项资金融资服务类资金管理办法》，同时出台了政府采购合同信用融资工作方案，为中小企业开辟融资“绿色通道”。为了增强企业内生成长，持续实施中小企业质量提升工程，聚力打造质量强市，这些措施都有利于提升中小企业综合景气。

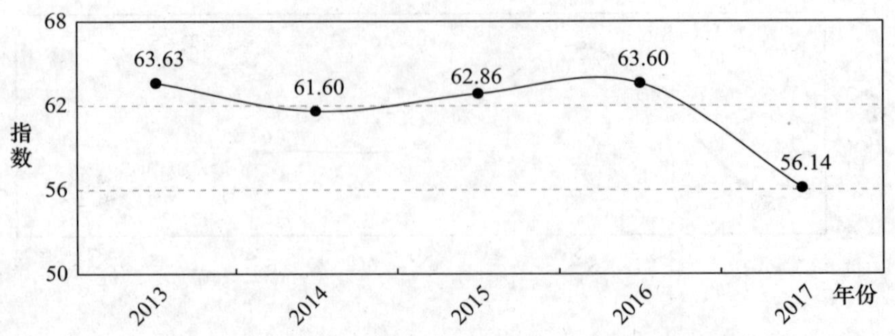

图6-8 武汉市中小企业综合景气指数走势

八 福州市

2017年，福州市中小企业综合景气指数排名居全国16个主要城市第8位，较上年下降1位。2013—2016年，福州中小企业综合景气指数保持在65以上运行，2017年综合指数出现大幅下滑（见图6-9）。近年来，福州市中小企业“融资难、融资贵”问题较为突出。为了改善融资环境，2016年，福州市实施了《转贷服务管理办法》，由政府出台引导政策，授权专业机构作为转贷服务管理人，与银行机构签订合作协议，为中小微企业提供了低息有偿转贷服务。2017年，福建省金融综合服务平台上线，通过完善中小微企业的征信体系，提升融资效率，进而促进中小企业健康持续发展。

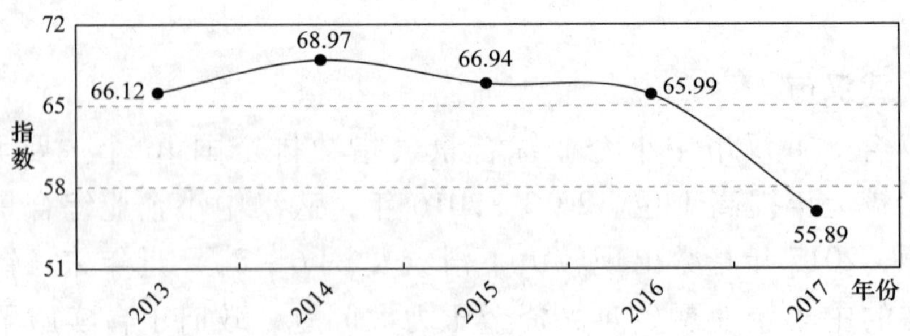

图6-9 福州市中小企业综合景气指数走势

九 长沙市

2017年，长沙市中小企业综合景气指数处于全国16个主要城市第9

位，排名较上年上升两位。如图 6－10 所示，2013—2016 年，长沙中小企业综合景气指数基本保持稳定态势。2017 年，尽管长沙工业中小企业景气指数有所回升，但其上市中小企业景气指数大幅度下降，最终拖累了其综合景气指数，从而出现较大下滑。为帮助中小企业把握资本市场发展趋势，有效对接资本市场，长沙市 2016 年以来重点针对新三板企业举办高管研修班，创新中小微企业融资渠道，提升企业高管运用新三板的战略能力。同时，深化供给侧结构性改革，认定多批“专精特新”中小企业并进行动态调整，培育了一批质量过硬、技术先进、在细分行业领先的“隐形冠军”。此外，长沙市进一步推进中小企业公共服务平台网络建设，建立市州和产业集群、县市区和重点园区三级服务平台网络体系，目的是提升中小企业发展景气。

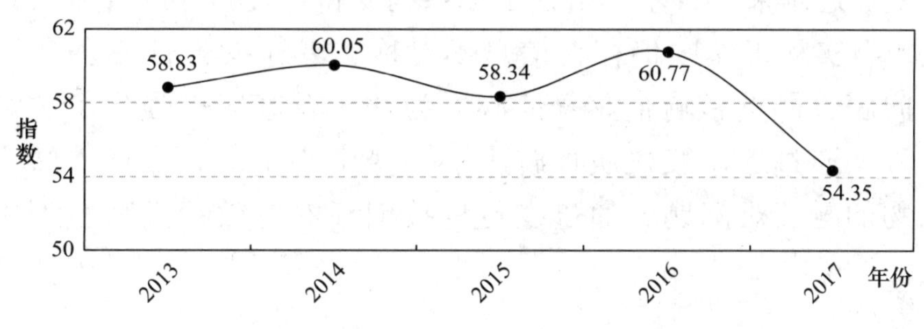

图 6－10　长沙市中小企业综合景气指数走势

十　大连市

2017 年，大连市中小企业综合景气指数排名与上年相同，居全国 16 个主要城市中第 10 位，与上年排名一致。如图 6－11 所示，2013—2016 年大连市中小企业综合景气指数呈稳定增长态势，2017 年受工业中小企业景气指数下滑影响，综合景气指数有所下降。近年来，面对传统行业中小企业产能过剩的困局，大连市积极实施中小企业技术创新、产品创新、模式创新，积极提升供给体系的质量和效益，特别在城市交通、远程医疗、智慧金融等领域，中小企业的市场占有率不断扩大。同时，通过不断深化细化与大企业配套协作，优化中小企业的发展环境。

十一　石家庄市

2017 年，石家庄市中小企业综合景气指数处于全国 16 个主要城市第

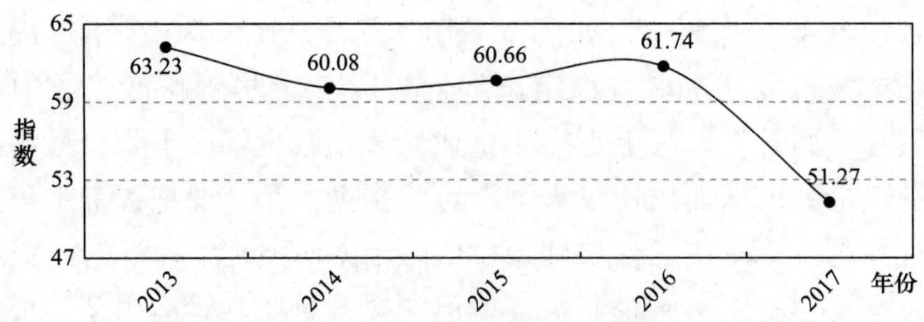

图 6－11 大连市中小企业综合景气指数走势

11 位，排名较上年下降两位。如图 6－12 所示，2013—2016 年的综合景气指数呈上升态势，2017 年工业中小企业景气指数较上年基本持平，但上市企业景气指数和企业家信心指数都有所下降，从而使其综合景气指数下跌。近年来，石家庄出台了一系列支持和促进中小企业发展的政策措施，但实际工作中仍存在信息不对称、措施操作性不强、办事不便捷等问题，严重影响企业家信心。为此，石家庄市强化了政策实施监管过程。通过运用股权质押解决了一些中小企业轻资产、缺少抵质押担保物的融资难问题，通过发行科技创新券有效帮助科技型中小企业发展。

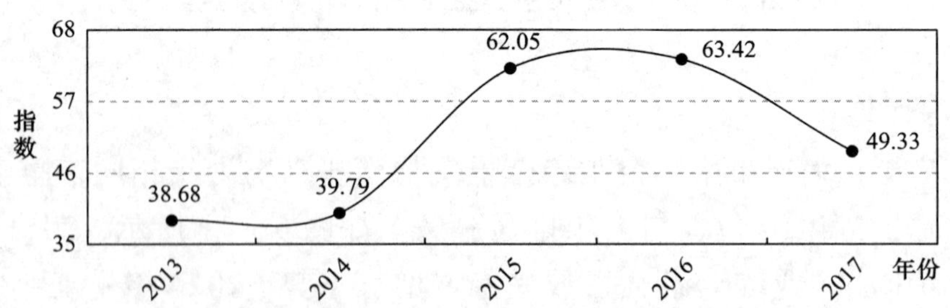

图 6－12 石家庄市中小企业综合景气指数走势

十二 合肥市

2017 年，合肥市中小企业综合景气指数继续位居全国 16 个主要城市第 12 位，与上年相同。从总体趋势看，2013—2016 年合肥市中小企业景气指数呈现稳中有升态势，2017 年有所下降（见图 6－13）。近年来，为引导中小企业不断优化结构和转型成长，合肥市大力推进“专精特新”中小企业培育工程，发挥创新在推动小微企业转型升级中的要素作用，为小微企业发展提供了良好环境和条件。

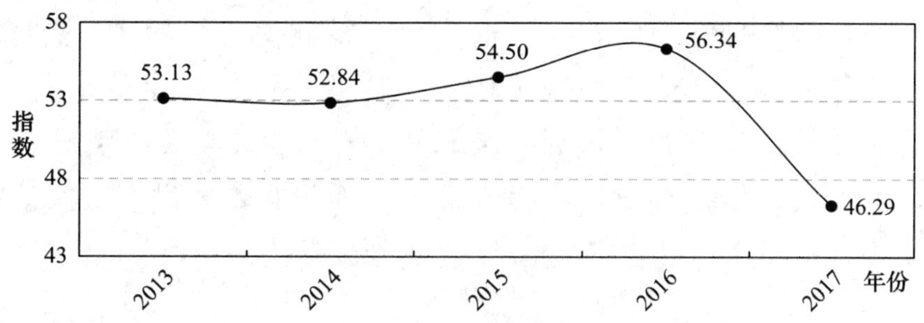

图 6 - 13　合肥市中小企业综合景气指数走势

十三　乌鲁木齐市

2017 年，乌鲁木齐市中小企业综合景气指数排名全国 16 个主要城市第 13 位，与上年相比上升 3 位。2013—2016 年，景气指数总体呈上升趋势，但 2017 年受工业景气下滑影响，综合景气指数有所回落（见图 6 - 14）。近年来，作为“一带一路”沿线重要支点城市，乌鲁木齐的宏观经济发展环境有较大改善，纺织服装、轻工食品及生物制药等行业中小企业的成长性不断提高。2017 年开始打造乌鲁木齐—昌吉中小微企业聚集区，计划到 2020 年 5 万家中小企业带动 120 万人就业，这对乌鲁木齐市综合景气指数的提升无疑具有促进作用。

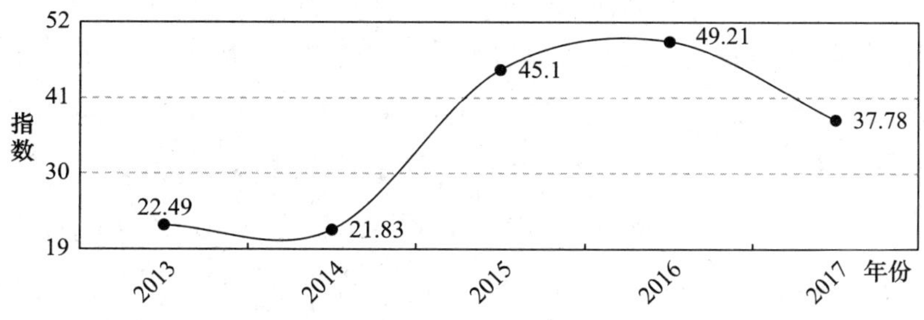

图 6 - 14　乌鲁木齐市中小企业综合景气指数走势

十四　昆明市

2017 年，昆明市中小企业综合景气指数排名全国 16 个主要城市第 14 位，与上年相比下降 1 位。2013—2016 年，昆明市中小企业综合景气指数总体来看有所上升，2017 年指数有所下降（见图 6－15）。近年来，昆明市中小企业融资难问题也较为突出。为拓展企业融资渠道，昆明市组织各类银企合作座谈会，给区内金融机构与企业提供良好交流平台。同时，为进一步畅通扶持政策的"最后一公里"，昆明市采取政府引导和市场运作相结合的方式，依托创业创新服务平台，为创业者提供多层次创业创新机会，实现社会资源优化配置，激发创业创新活力。

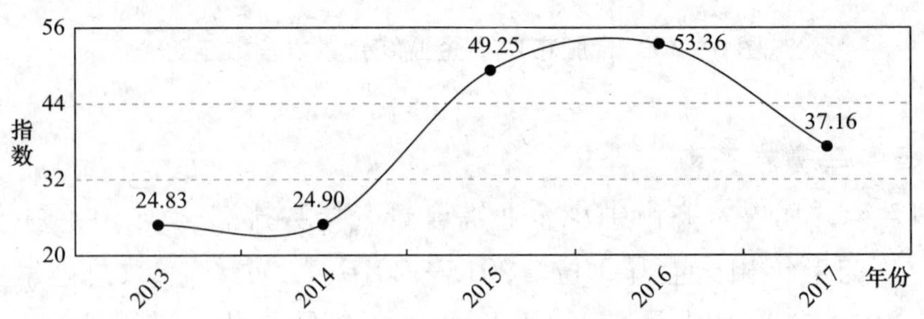

图 6－15　昆明市中小企业综合景气指数走势

十五　西安市

2017 年，西安市中小企业综合景气指数排名全国 16 个主要城市第 15 位，较 2016 年下降 1 位。近五年来景气指数波动较大，2017 年尽管反映企业家信心的比较景气指数排名靠前，但受工业中小企业和上市中小企业景气指数偏低的影响跌至五年来最低点（见图 6－16）。为了优化中小企业创业创新发展环境，2017 年西安市出台了六大举措，具体包括大力建设众创孵化载体；建成 100 家创业实训基地，依托社会力量建立西安创业大学；实施农民工返乡创业担保贷款；设立总规模 20 亿元的中小企业发展基金，设立总额为 8000 万元的小微企业助贷资金池，扩大科技创业种子投资基金，将西安市科技创业种子投资基金规模扩大至 3 亿元；对小微企业给予税收政策的支持，并继续实施稳岗补贴政策，加大失业保险基金支出就业创业工作力度；大力简化办事流程，全面推进小微企业信用体系建设等，这些措施将强力助推西安市中小企业综合发展景气的改善与提升。

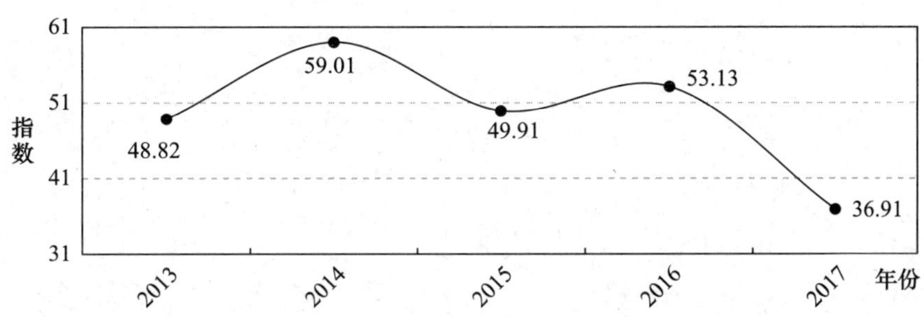

图6－16　西安市中小企业综合景气指数走势

十六　贵阳市

2017年，贵阳市中小企业综合景气指数排名同比下降1位，排名全国16个主要城市末位。2013—2016年，贵阳中小企业综合景气指数总体呈上升态势，2017年尽管上市中小企业景气指数排名靠前，但工业中小企业景气及企业家信心指数排名靠后，综合景气指数跌落较大（见图6－17）。近年来，为解决中小企业信任危机、信用忧虑问题，贵阳市大力发展大数据金融，通过数据整合，开放给各类金融服务机构使用，为中小企业提供清晰、可信的综合画像和信息；同时，贵阳市还通过建立中小企业云平台，为中小企业提供合作企业、服务机构与市场需求咨询，多方位服务中小企业。

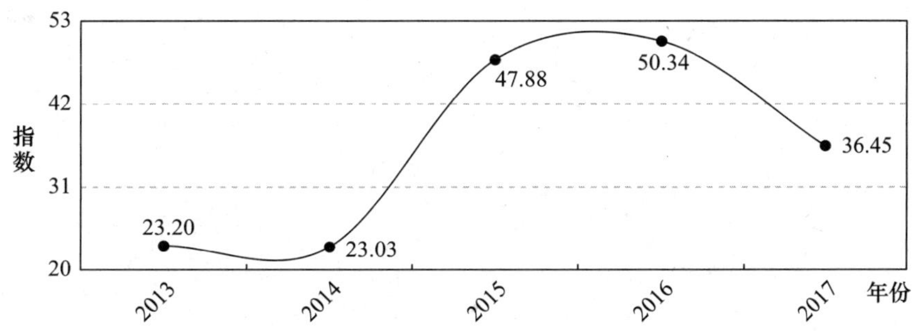

图6－17　贵阳市中小企业综合景气指数走势

第　三　篇

中国区域中小企业景气指数实证研究
——浙江小微篇

第 七 章

2017 年浙江省小微企业景气指数测评

本章是关于 2017 年浙江省小微企业景气指数测评研究。测评数据基于浙江省 11 市小微企业 2016 年最新统计数据、小微企业发展景气问卷调查数据及财务状况动态监测数据。首先，通过分别计算各市工业小微企业景气指数、小微企业经营信心指数、动态监测小微企业景气指数三个分类指数，其次，根据专家咨询权重法加权，得到 2016 年浙江省 11 市小微企业综合景气指数，并运用最小二乘法预测得到 2017 年各市的综合景气指数。最后，基于以各市小微企业工业总产值为权重的加权平均法，计算得到浙江省小微企业最新的综合景气指数。通过编制浙江省小微企业景气指数，对浙江省小微企业成长发展状况进行全面深入剖析，有助于及时把握当前浙江小微企业发展的最新动态趋势及存在的问题，有助于建立浙江小微企业健康持续发展的长效机制，为推动浙江小微企业实现创新发展提供决策参考。

第一节　浙江省小微企业景气指数编制流程及评价方法

浙江省小微企业景气指数的编制流程包括确定评价对象，构建分类指数指标体系，数据收集、选取及预处理、综合景气指数计算与评价四个步骤（见图 7－1）。

一　确定评价对象

浙江省小微企业广义上包括小型企业、微型企业、家庭作坊式企业和个体工商户。为尽可能地全面反映浙江省小微企业发展状况，本书以基于政府统计数据的规模以上工业小微企业、基于问卷调查和动态监测数据的

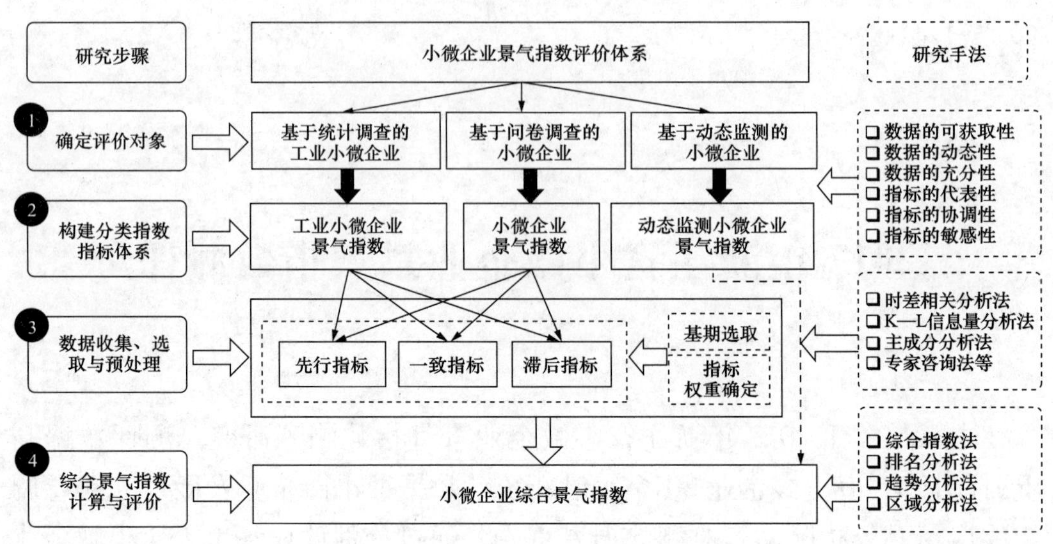

图 7-1 小微企业景气指数评价体系

小微企业作为评价分析对象。参照 2011 年 7 月工业和信息化部、国家统计局等四部门印发的《中小企业划型标准规定》所示的相关标准，本研究报告工业小微企业景气指数的评价对象是浙江省统计部门界定的从业人员 20 人及以上，且营业收入 300 万元及以上的小型工业企业；从业人员 20 人以下或营业收入 300 万元以下的微型工业企业（见图 7-2）。

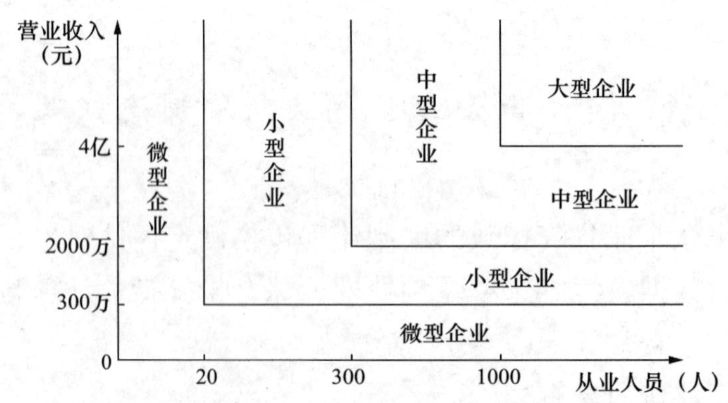

图 7-2 工业大中小微企业划型标准

资料来源：参照工信部联企业〔2011〕300 号文件绘制。

二 构建分类指数指标体系

以数据的可获取性、动态性、充分性和指标的代表性、协调性及灵敏性作为构建指数评价体系的基本原则。评价指标选取方面，遵循的基本原则是指标信息齐全和不含异常数据。同时，根据评价对象的不同特性，指标选取过程中遵循原则的侧重点也有所差异。对于宏观层面的评价对象，要对评价指标进行长期观察分析，因而指标获取数列的平滑性尤为重要；而对于微观层面的评价对象，只是对小微企业的短期评价，反映小微企业运行状态的主营业务收入、从业人员、用电量、负债合计、财务费用、利税金额及净收益等指标显得很重要。具体按前述第一步骤确定了三类评价对象之后，运用合成指数的方法计算出浙江省工业小微企业景气指数、小微企业经营信心指数和动态监测小微企业景气指数三个分类指数，然后运用合成指数法计算得到浙江省小微企业综合景气指数。

三 数据收集、选取与预处理

浙江省工业小微企业景气指数的计算，主要依据浙江省 11 市历年统计年鉴及官方最新统计调查数据。企业经营信心指数、动态监测企业的原始数据分别基于浙江省小微企业培育监测平台的发展景气问卷调查数据和小微企业财务状况监测数据。数据的预处理，一方面尽量保证数据的完整性，避免缺失年份或地区数据；另一方面关注孤立数据和极端数据的影响。由于所收集的数据规模较大，在数据整理过程中，对所收集的数据进行了无量纲化、消除季节性因素以及剔除非常规数据等统计学处理。

四 综合景气指数计算与评价

确定指标权重主要使用主成分分析法和专家咨询法。首先，将原有指标标准化。其次，计算各指标之间的相关矩阵、矩阵特征根以及特征向量。再次，将特征根从大到小排列，并分别计算出其对应的主成分，并根据主成分分析法求出先行指标（流动资产、资本、利息、存货等）、一致指标（总资产、产值、企业数量、利税、费用、用电量等）和滞后指标（所有者权益、从业员人数、固定资产、负债、应收账款等）的权重，再采用专家咨询法确定先行、一致和滞后指标组大类指标的权重。关于小微企业经营信心指数相关指标的权重，主要运用专家咨询法对问卷调查结果进行打分计算。最后，计算小微企业综合景气指数时，运用层次分析法和专家咨询法确定三个分类指数的权重，最终合成计算出小微企业综合景气指数。

五　浙江省小微企业景气指数评价研究的意义

小微企业是浙江省经济的特色、优势及活力所在，小微企业的发展状况在很大程度上反映了浙江省的总体经济发展状况。因此，通过对小微企业景气指数进行评价研究，具体分析浙江省小微企业的发展状况，客观认识当前浙江省小微企业发展所面临的问题，在此基础上，结合浙江省自身的经济基础和区位优势，寻求建立区域小微企业健康持续发展的长效机制，促进浙江省小微企业加快转型升级，为更好地促进浙江省经济创新发展提供决策参考。

浙江省小微企业综合景气指数用纯正数表示，取值范围在0—200，景气指数评价以100为临界值。100以上为较强景气、微景气区间，下方为微弱不景气、较不景气区间。

第二节　浙江省工业小微企业景气指数测评

一　评价指标选取

浙江省工业小微企业景气指数的计算是基于浙江省统计局提供的规模以上工业小微企业统计数据。根据经济的重要性和系统数据收集的可行性，如表7-1所示，课题组从获取的工业企业相关统计数据中选取了以下分别反映工业小微企业内部资源、股东状况、财务状况、生产经营效益和企业规模五方面的评价指标。

表7-1　工业小微企业景气指数评价指标

指标分类	指标项目	指标含义
内部资源	总资产	反映企业综合实力
	流动资产	体现企业短期变现能力，确保企业资金链
	固定资产	反映企业设备投资及其他固定资产的投资
股东状况	所有者权益	反映资产扣除负债后由所有者应享的剩余利益
	实收资本	反映工业小微企业所有者对企业的基本产权关系

续表

指标分类	指标项目	指标含义
财务状况	税金	体现企业支付的生产成本，影响企业收入和利润
	负债	反映企业运行的风险或发展的条件和机遇
	利息支出	反映企业负债成本
生产经营效益	主营业务收入	反映企业生产经营状况
	利润	反映企业生产能力的发挥和市场实现情况
企业规模	总产值	体现企业创造的社会财富，反映出区域小微企业的发展程度
	企业数量	反映小微企业在一个区域的聚集程度
	从业人员	反映企业吸纳社会劳动力的贡献率和企业繁荣程度

二　数据收集与预处理

课题组收集到2015年度浙江省11市规模以上小微工业企业的统计数据后，按上述所选取的评价指标进行了初步整理。由于不同指标的数据在数量级上的级差较大，为保证后续数据分析顺利进行，对所收集的年度数据分别进行了预处理，主要包括无量纲化、消除季节性因素以及剔除非常规数据等。

三　指标体系与权重确定

在计算工业小微企业景气指数时主要采用时差相关系数法。首先确定一个能敏感反映工业小微企业经济活动的重要指标作为基准指标。最能反映工业小微企业的经济状况的指标确定为工业增加值增长率。同时采用总产值作为基准指标，并考察了浙江省工业小微企业总产值与GDP、第二产业总产值和工业总产值之间的相关性，具体实证结果如表7－2所示。

表7－2　　工业小微企业景气指数基准指标

相关性	GDP	第二产业总产值	工业总产值
工业小微企业总产值	0.998**	0.998**	0.997**

注：①相关分析时间为2001—2015年。②**表示在0.01水平（双侧）上显著。

资料来源：根据浙江省及各地市统计年鉴数据整理计算。

表 7-3 工业小微企业发展指标类型时差分析结果

指标	企业单位数	资产合计	流动资产	固定资产合计
期数	0	0	Lead4	Lag3
相关系数	0.987	0.996	0.992	0.999
指标	负债合计	所有者权益	实收资本	主营业务收入
期数	Lag4	Lag4	Lead4	0
相关系数	0.995	0.995	0.920	0.999
指标	税金	利息支出	利润总额	从业人员数
期数	0	0	0	Lag4
相关系数	0.997	0.991	0.997	0.963

注：表中期数栏中 Lag 表示滞后指标，Lead 表示先行指标，0 表示一致指标。

实证结果表明，工业小微企业总产值基本和整个经济循环波动保持一致，这种相关性较好地反映了工业小微企业的发展状况。因此，综合考虑到重要性、适时性和与发展景气波动的对应性，这里选取工业小微企业总产值作为基准指标。

根据时差相关系数分析法计算出了各指标与总产值的时差相关系数和先行、滞后、一致期的期数指标，结果如表 7-3 所示。另外，还使用 K—L 信息量法、文献综述法、马场法、聚类分析法、定性分析法等，并咨询专家意见，综合考察各类先行、一致和滞后指标的选取方法，确定了浙江省工业小微企业的先行、一致和滞后指标，并根据主成分分析法求出先行指标组、一致指标组和滞后指标组小类指标的权重，然后利用全省规模以上工业小微企业数据，具体计算出了各分类项目评价指标的权重，最后采用专家咨询法确定了先行指标组、一致指标组和滞后指标组大类指标的权重，结果如表 7-4 所示。

表 7-4 工业小微企业发展评价指标权重

指标类别	指标项目	小类指标权重	大类指标权重
先行指标	流动资产合计	0.339	0.20
	实收资本	0.322	
	利息支出	0.339	

续表

指标类别	指标项目	小类指标权重	大类指标权重
一致指标	工业总产值	0.167	0.70
	企业单位数	0.166	
	资产总计	0.167	
	主营业务收入	0.167	
	利润总额	0.166	
	税金总额	0.167	
滞后指标	固定资产合计	0.250	0.10
	负债合计	0.250	
	所有者权益合计	0.250	
	全部从业人员平均人数	0.250	
合计			1.00

四　计算结果与排名

根据权重法计算获得浙江省 11 市 2015 年工业小微企业的先行、一致指数与滞后指数以及工业小微企业合成指数（见表 7－5）。进而，基于迄今积累的 2009—2015 年的系列数据，运用最小二乘法预测得到 2016 年工业小微企业指数。

表 7－5　浙江省 11 市工业小微企业景气指数

先行指数	宁波市	杭州市	温州市	嘉兴市	绍兴市	台州市	金华市	湖州市	丽水市	衢州市	舟山市
2011 年	194.39	179.13	101.72	96.98	98.46	63.68	71.92	51.69	17.75	17.94	11.47
2012 年	196.84	181.24	102.83	98.36	99.52	64.53	72.17	52.37	17.92	18.12	11.63
2013 年	197.56	183.59	102.83	98.99	100.28	64.85	72.92	52.48	17.98	18.15	11.63
2014 年	186.16	201.93	104.68	100.34	101.99	74.04	74.01	53.04	18.08	18.30	11.79
2015 年	199.64	181.40	101.93	97.35	98.66	64.25	71.63	51.71	17.81	17.99	11.51
一致指数	宁波市	杭州市	温州市	嘉兴市	绍兴市	台州市	金华市	湖州市	丽水市	衢州市	舟山市
2011 年	159.24	167.75	89.85	87.07	80.04	68.59	61.81	55.80	20.42	20.32	8.98
2012 年	159.76	169.87	90.41	87.98	80.57	69.24	62.18	56.39	20.59	20.33	9.04
2013 年	160.79	171.54	91.01	88.70	81.52	69.68	62.80	56.99	20.74	20.36	9.05

续表

一致指数	宁波市	杭州市	温州市	嘉兴市	绍兴市	台州市	金华市	湖州市	丽水市	衢州市	舟山市
2014 年	173.63	163.73	92.67	89.57	82.48	70.78	63.46	57.33	20.81	20.52	9.22
2015 年	158.92	168.49	90.63	87.52	80.25	69.33	62.17	56.16	20.48	20.08	8.98
滞后指数	宁波市	杭州市	温州市	嘉兴市	绍兴市	台州市	金华市	湖州市	丽水市	衢州市	舟山市
2011 年	199.39	164.87	103.32	104.84	88.24	72.42	72.54	51.05	21.94	17.79	10.51
2012 年	201.43	166.72	104.55	106.83	89.00	73.35	73.13	51.66	22.11	17.87	10.64
2013 年	202.12	168.53	104.58	107.27	90.16	73.73	73.84	51.97	22.22	17.97	10.69
2014 年	172.72	208.53	107.39	109.41	92.16	75.43	75.28	52.76	22.47	18.12	10.88
2015 年	200.82	166.06	103.97	106.03	88.65	73.41	73.14	51.12	21.99	17.68	10.61
工业小微企业景气指数	宁波市	杭州市	温州市	嘉兴市	绍兴市	台州市	金华市	湖州市	丽水市	衢州市	舟山市
2011 年	177.82	170.59	96.11	93.60	87.21	67.88	66.99	53.62	19.92	19.10	10.03
2012 年	179.22	172.65	96.96	94.86	87.94	68.65	67.37	54.24	20.09	19.18	10.14
2013 年	172.28	173.65	94.73	92.62	86.14	69.12	65.93	55.59	20.34	19.68	9.73
2014 年	176.05	175.85	96.54	93.71	87.35	71.90	66.75	56.01	20.43	19.83	9.90
2015 年	171.25	170.83	94.45	91.71	85.11	68.95	65.45	54.92	20.14	19.47	9.67
2016 年（E）	178.73	169.55	96.71	93.49	86.98	68.07	66.79	52.81	19.72	18.70	10.08

注：基于浙江省各年度统计数据计算而得。2016 年工业小微企业景气指数为预测值。

五 浙江省 11 市工业小微企业景气指数特点分析

如图 7－3 所示，2016 年浙江省 11 市工业小微企业景气指数有以下三个明显特点。

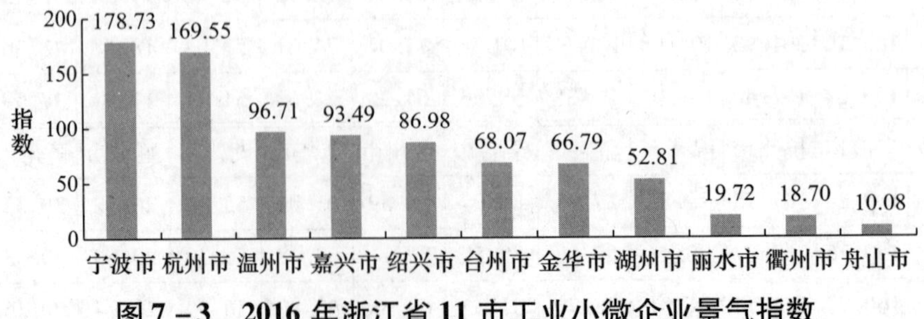

图 7－3 2016 年浙江省 11 市工业小微企业景气指数

第一，阶梯状分布的特征明显。全省工业小微企业大致可分为三个发展梯队。第一梯队由宁波和杭州组成；第二梯队包括温州、嘉兴、绍兴、台州、金华和湖州 6 市；丽水、衢州和舟山 3 市处于发展相对滞后的第三梯队。总体来看，浙江多数地市工业小微企业的景气指数接近平均水平，但总体还有待进一步提升。

第二，三大梯队之间的发展差异明显。第一梯队平均指数为 170 以上，远超第二梯队（平均为 77）和第三梯队（平均为 16）的指数水平，其中工业景气指数最高的杭州市和最低的舟山市之间相差 16 倍以上，这表明浙江省不同地市的工业小微企业发展水平悬殊很大。

第三，景气指数区间分布总体不平衡。特别是欠发达地区等由于地理条件以及发展基础处于弱势地位，其工业小微企业发展相对滞后。

六　浙江省工业小微企业景气指数走势分析

浙江省的工业小微企业大多从事技术含量较低的传统产业，总体缺乏市场竞争力，产品附加值普遍较低。这些特征也长期影响到全省工业小微企业景气指数的波动趋势。如图 7 –4 所示，近五年来浙江省工业小微企业景气指数呈“波纹状”上下波动。

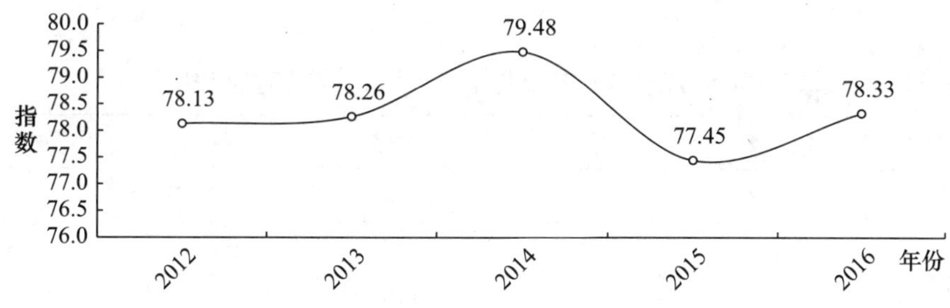

图 7 –4　2012—2016 年浙江工业小微企业景气指数走势

2012—2013 年，国家简政放权，浙江省政府对小微企业免征 17 项行政事业性收费，减税减费政策减轻了小微企业的负担，同时，工业行业产能过剩问题凸显，工业生产者出厂价格下行压力加大，致使小微企业生产经营出现困难，其间浙江工业小微企业景气指数维持平稳运行。2014 年，浙江省安排 2. 8 亿元资金用于以“机器换人”为重点的项目改造，使得小微企业工业景气指数小幅回升。2015 年，由于国内外宏观环境愈加复杂，经济下行压力不断加大，浙江工业小微企业发展面临巨大挑战；同时，浙江加大“五水共治”“三改一拆”“四换三名”组合拳的推进力度，工业小微企业发展进入转型升级阵痛期，景气指数有所下滑。

2016 年，国家“供给侧结构性改革”、《中国制造 2025》、“一带一路”等重大战略与举措全面推进，“互联网 +”“大众创业、万众创新”方兴未艾，多项国家级改革试验落地浙江，为小微企业发展提供新机遇，浙江工业小微企业景气指数有所回升。

第三节　浙江小微企业经营信心指数评测

一　浙江省 11 市小微企业经营信心指数

小微企业经营信心主要体现在小微企业家对当前微观经营状况的判断结果和对宏观经济环境的信心。小微企业经营信心指数基于浙江省小微企业发展景气问卷监测数据，运用专家咨询权数法（特尔斐法）通过打分计算得到。2016 年浙江省 11 市小微企业经营信心指数及排名如表 7 – 6 所示。

表 7 – 6　　2016 年浙江省 11 市小微企业经营信心指数及排名

地区	指数	排名	地区	指数	排名
台州市	113.80	1	衢州市	99.87	7
宁波市	110.69	2	绍兴市	98.23	8
金华市	104.94	3	舟山市	97.69	9
湖州市	104.29	4	温州市	97.32	10
丽水市	100.66	5	嘉兴市	94.85	11
杭州市	100.04	6	全省平均	102.03	

研究结果显示，2016 年浙江省 11 市中，台州、宁波和金华 3 市排名经营信心指数前三位，绍兴、舟山、温州和嘉兴排名相对靠后。

台州市小微企业经营信心指数为 113.80，排名全省首位。2016 年，台州市坚定树立裂变扩张意识，深入实施“强二兴三改一战略”，继续丰满实体经济，全市经济交出亮丽成绩，固定资产投资全省第二。同时，启动“十百千万”工程，加快综合交通、医药健康、现代家居、能源与能源再生等产业转型升级，创立省级新型工业化示范基地，推动传统产业向“专精特新”发展；积极培育电子航空、电子信息、时尚创意、新材料、海洋新兴五大新兴产业的发展新支点；打造以跨境电商产业园为核心的对外开放平台，推进头门港、大麦屿港区、海门港区为重点的舟山港建设，响应“一带一路”对外贸易发展政策。这使台州的小微企业家对未来发展更充满信心。

宁波市 2016 年的经营指数为 110. 69，排名全省第二。2016 年，跨境电商综合试验区、国家保险创新综合试验区、“《中国制造 2025》试点示范城市”等 17 个试点创新相继落地宁波，宁波市紧密结合全国首个普惠金融综合示范区建设，加大小微企业融资服务的支持力度。另外，港口经济圈纳入国家长江经济带和长三角城市群规划、国内首家航运保险公司东海航运获批开业、海上丝路航运大数据中心成立、义甬舟大通道的开发等利好，为小微企业提供了更多创业创新发展机会与空间，提振了宁波小微企业发展信心。

2016 年金华市信心指数居全省第 3 位。2016 年，义乌国际贸易综合改革试点取得重大突破，国家现代服务业综合试点绩效居全国前列，另有 40 多项国家和省部级改革试点扎实推进。同时，金华获评中国“一带一路”最具活力城市，“义新欧”班列开通线路 8 条、运送量突破 1 万标箱，促使金华成为浙江参与“一带一路”建设的“排头兵”。另外，金义综合保税区通过国家验收、全球跨境电商大会永久落户、义乌开发区升格为国家级开发区、义甬舟开放大通道加快建设等重大利好，都对金华小微企业发展产生良好的影响。

全省 11 市中，舟山、温州和嘉兴小微企业经营信心指数排名后三位。舟山的船舶制造和捕鱼业等传统行业，受义甬舟开放大通道建设和成为国家第三批自贸试验区等利好影响，在一定程度上提振了舟山小微企业的经营信心；温州小微企业经营信心指数近年来波动较大，出口贸易受阻，经济“脱实向虚”，小微企业经营信心指数出现较大回落。嘉兴传统行业小微企业在“五水共治”“三改一拆”“四换三名”的组合拳下冲击较大，企业经营信心受挫。

二 浙江省小微企业经营信心指数走势分析

近几年来，在宏观经济下行背景下，浙江省小微企业经营信心指数波动较大，2016 年，浙江省 11 市小微企业经营信心指数平均指数为 102.03，继续回落探底，但指数值保持在 100 以上，总体处于发展景气的合理区间。

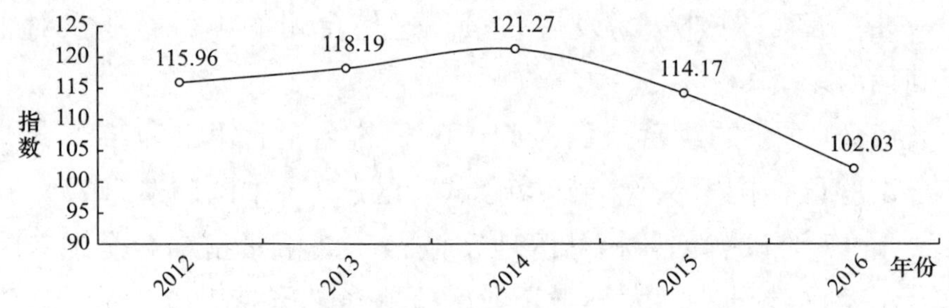

图 7－5 浙江省小微企业经营信心指数波动趋势

根据 2016 年 1—12 月针对浙江省 1 万余家小微企业实施的发展景气月度问卷调查的结果显示，对于“当前企业生产经营总体情况”，认为企业经营情况“比之前好”的占 13%，同比增加，认为“差不多”和“比之前坏”的占 87%，同比下降；对于“国内订单变化情况”，企业订单“增加”的占 12%，订单“持平”的占 67%，订单“减少”的占 21%，同比上升；有关“出口订单变化情况”问题，认为出口订单“增加”的占 6%，同比下降，订单“没有出口”的企业占 54%，订单“持平”和“减少”的占 40%；对于“融资是否困难”，认为融资尚且“容易”的企业占 6%，认为融资难度“一般”和“困难”的占 63%，“没有融资需求”的企业占 31%；对于“流动资金是否充裕”，回答“稍显不足”和“严重不足”的企业占 62%；对于“未来三个月内的投资意愿”持“观望”和“无投资意愿”的企业占 89%。另外，对“用工成本变化”“用工缺口情况”等问题，普遍反映不容乐观。调研结果表明，2016 年浙江省小微企业家对于当前经济形势的主观信心总体较低。主要原因在于 2016 年国际市场复杂多变，国内经济下行压力加大，浙江省内产业结构转型升级面临一系列困难，浙江小微企业经营信心受挫。

第四节　浙江省动态监测小微企业景气指数评测

一　浙江省 11 市小微企业动态监测小微企业景气指数

动态监测小微企业景气指数的基础数据来自浙江省小微企业培育监测平台。课题组从近 20 项监测项目中，最终选取工业总产值、产成品、财务费用、资产总计、主营业务收入、利润总额、应收账款、负债合计、从业人员平均数 9 个监测指标为评价指标，同时确定以小微工业总产值为基准指标，根据主成分分析法，确定先行、一致和滞后指标及其权重。最后，结合这些数据计算 2016 年浙江省 11 市动态监测小微企业景气指数，如图 7－6 所示。

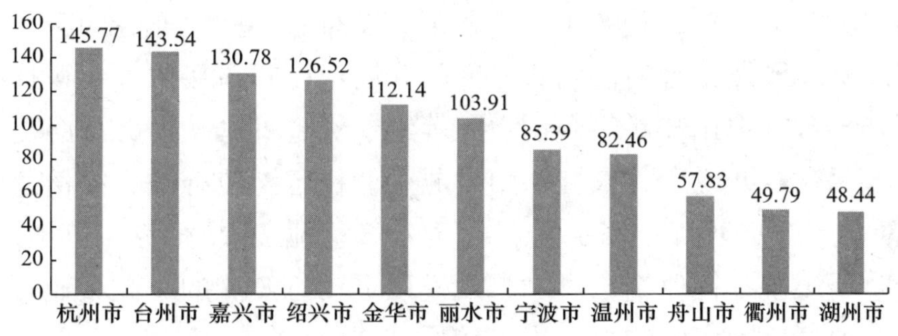

图 7－6　2016 年浙江省 11 市动态监测小微企业景气指数

2016 年浙江省 11 个市动态监测小微企业景气指数存在明显的地区差异，杭州市景气指数约为湖州市的 3 倍。从图 7－6 中可以看出，2016 年杭州市和台州市动态监测小微企业景气指数列前两位，景气指数分别为 145. 77 和 143. 54，衢州市和湖州市动态监测景气指数列后两位，景气指数分别为 49. 79 和 48. 44。

杭州市于 2015 年入围国家首批小微企业创业创新基地城市示范。随后，杭州紧密结合国家自主创新示范区和中国（杭州）跨境电子商务综合试验区建设，精心筹划，全力推进“两创示范”工作，以创新导向集成政策，以目标导向精准施策，以平台导向打造空间，以市场导向聚焦资金，推进小微企业创业创新。杭州发挥示范区、试验区的叠加优势，推进政策先行先试，以“两创示范”服务券、“十大创业品牌活动”“杭州人才新政 27 条”“支持大众创业促进就业 27 条”“双创基地”“两创示范”专项资金等重要举措为抓手，构建具有杭州特色的创新创业生态。台州市是股份合作经济发源地和小微企业最具活力的城市之一。早在 2014 年，台州市就被中国人民银行总行列入全国小微企业信用体系试验区，为浙江唯一入选地市。同年，台州市金融服务信用信息共享平台正式启动运行，为破解融资信息不对称方面做了有益尝试，小微贷款发放时间平均缩短 60%—70%；随后，台州市正式成立大陆首只小微企业信用保证基金，构建多元化的融资风险共担体系，在破解小微企业融资、担保难、化解互保链危机等方面取得初步成效。2015 年，台州市发布全国首个“小微金融指数”，着力破解小微企业发展趋势判断难问题；同年，台州市成为国家小微企业金融服务改革创新试验区；2016 年 4 月，浙江省台州市小微企业金融服务改革创新试验区实施方案正式发布，小微企业金融服务创新举措陆续展开。另外，台州市场监管部门开展定制式对接服务，科技部门对科技创新平台、孵化基地、众创空间等给予资金补助，税务部门建立全省首家国地税联合办税厅，人社部门发放企业稳定岗位补贴，经信部门发放“大众创业、万众创新”服务券，助力小微企业健康发展。湖州、衢州、舟山受企业规模及行业结构影响，规模以下动态监测的小微企业相对处于弱势发展地位，动态监测景气指数较低。

二 浙江省动态监测小微企业景气指数走势分析

由图 7 – 7 可见，近两年动态监测小微企业的景气指数总体呈下滑趋势，分析其走势特征及原因大致如图 7 – 7 所示：

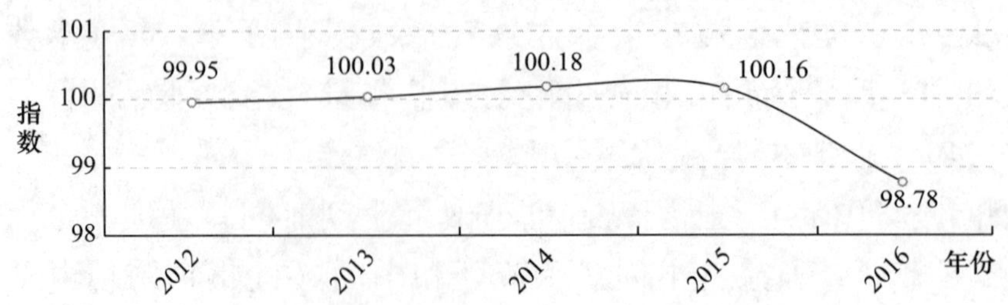

图 7 – 7 2012—2016 年浙江动态监测小微企业景气指数走势

近年来，面对经济新常态的挑战与机遇，浙江持续深入推进“小微企业三年成长计划”工作，小微企业动态监测支撑指标表现稳定。2012—2016 年全省动态监测小微企业景气指数运行稳定，维持在景气线 100 上下，有小幅波动。

2016 年正值国家“供给侧结构性改革”、《中国制造 2025》、“一带一路”等重大战略与举措全面推进的一年，“互联网 +”“大众创业、万众创新”方兴未艾，多项国家级改革试验落地浙江，为小微企业发展提供了新机遇。同时，浙江小微企业也面临着诸多挑战，首先，浙江小微企业以传统行业为主，随着“五水共治”“三改一拆”“四换三名”组合拳的推进，浙江小微企业发展进入调整震动期，景气指数略有下滑趋势。其次，浙江小微企业规模相对较小、自主创新能力不强，易受外部环境的影响。因此，在国内外经济下行压力加大、市场环境复杂多变的背景下，浙江小微企业面临诸多矛盾叠加、风险隐患增多等挑战。

第五节　浙江省小微企业综合景气指数评测

本节对工业小微企业景气指数、小微企业经营信心指数和动态监测小微企业景气指数这三种分类指数进行加权计算，求得小微企业综合景气指数，公式为：

浙江小微企业综合景气指数 = 工业小微企业景气指数 ×50% + 动态监测小微企业景气指数 ×30% + 小微企业经营信心指数 ×20%

在此基础上，为了全面反映 2012—2017 年浙江省小微企业综合发展状况，课题组结合历年浙江省 11 市小微企业景气数据，对浙江省小微企业发展的总体状况进行系统分析，运用最小二乘法预测计算，得到 2017 年的浙江省小微企业综合景气指数。

一　浙江省 11 市小微企业综合景气指数走势分析

2016 年浙江省 11 市小微企业综合景气指数总体差异较大（见表 7 - 7）。其中指数最低的舟山市（41. 93）是指数最高的杭州市（148. 51）的近 1/3。杭州市由于其自身传统的经济发展优势，同时再加上互联网产业、服务业等新兴产业的发展，使得其经济发展情况领先于其他地市，舟山市产业结构单一且主要以船舶制造和远洋渔业等传统产业为主，因此，舟山的小微企业综合景气指数排名较靠后。

表7-7　　2016年浙江省11市小微企业综合景气指数及排名

地区	景气指数	排名	地区	景气指数	排名
杭州市	148.51	1	金华市	88.02	7
宁波市	137.12	2	湖州市	61.79	8
嘉兴市	104.95	3	丽水市	61.16	9
绍兴市	101.09	4	衢州市	44.26	10
台州市	99.86	5	舟山市	41.93	11
温州市	92.56	6	全省平均	89.21	

另外，各地市之间发展层次分明。11市大致可以分为四个层级，每个层级间差别较大。第一层级为杭州市和宁波市，小微企业综合景气指数值处于130以上的“较强景气”成长区间；第二层级为嘉兴市、绍兴市、台州市、温州市和金华市，小微企业综合景气指数值处于80—110的“微景气”成长区间；第三层级包括湖州市和丽水市，景气指数值处于50—80的“微弱不景气”成长区间；第四层级包括衢州市和舟山市，小微企业综合景气指数值处于50以下的“较不景气”成长区间。四个不同的景气层级反映各个地区小微企业的发展格局，由于各地市的产业结构的差异和发展基础有所不同，这些都导致不同地市之间发展景气呈现出不同阶段特征，总体来看，浙江经济虽然有所波动但一直保持在合理区间。近年来，宏观经济下行压力加大，世界经济复苏前景仍然充满不确定性，浙江省内各地区应该要加速推动产业转型升级，优化产业结构，坚持宏观调控，为小微企业提供更好的发展环境。

（一）杭州市

2012年以来，杭州市综合景气指数持续攀升。2016年大幅上升，综合景气指数达148.51，排名浙江省首位（见图7-8）。

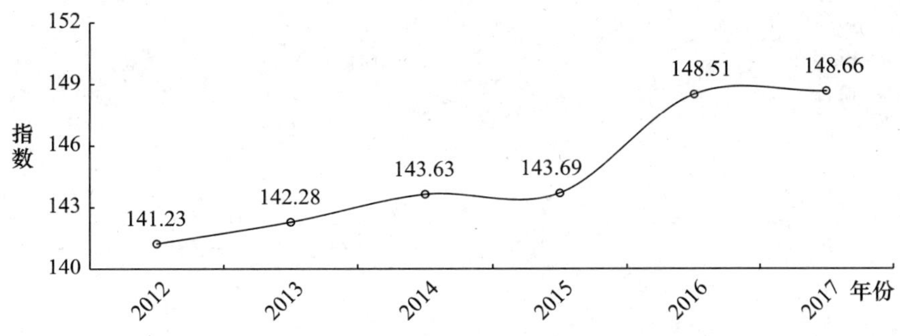

图 7－8　杭州市小微企业综合景气指数走势

杭州作为浙江省的省会，拥有着独特的资源优势。阿里巴巴、网易等大型企业的溢出效应，提高了小微企业的技术水平、知识水平和管理水平。浙江大学等一大批高校为企业提供了高质量的人才。这些都为杭州小微企业的发展打下了良好的基础。

2015 年 6 月，杭州成功入选首批国家小微企业创业创新基地城市示范，在 3 年的示范期内，中央财政每年给予 3 亿元的资金支持。以此为契机，杭州市政府先后打造"小微企业专业化服务平台""创业社交平台""科技创新公共服务平台"，为小微企业提供"服务券""活动券""创新券"。这有效地降低了小微企业创业创新成本，为小微企业创新创业注入了催化剂，构建起杭州特色的创业创新生态。此外，杭州 G20 峰会的成功召开，提升了杭州的知名度和影响力，吸引更多人才留杭来杭发展。同时，随着杭州国际化水平的提高，越来越多的企业拥有国际化的视野和格局，这为小微企业的发展带来了新的机遇。因此，2016 年小微企业综合景气指数大幅上升。随着各项政策的深入落实，2017 年杭州小微企业综合发展指数保持上升的态势。

（二）宁波市

宁波市小微企业综合发展指数在触底回升后又出现大幅下滑，2016 年景气指数为 137.12，下跌 4.47%，但仍保持较高水平，在浙江省 11 地级市中排名第 2 位（见图 7－9）。

宁波是长三角五大区域中心之一，长三角南翼经济中心，浙江省经济中心，以化工、纺织服装、机械为支柱产业。宁波具有独特的港口优势，特别是 2015 年宁波舟山港合并重组启动后，集装箱吞吐量超过香港稳居全球第 4 位。

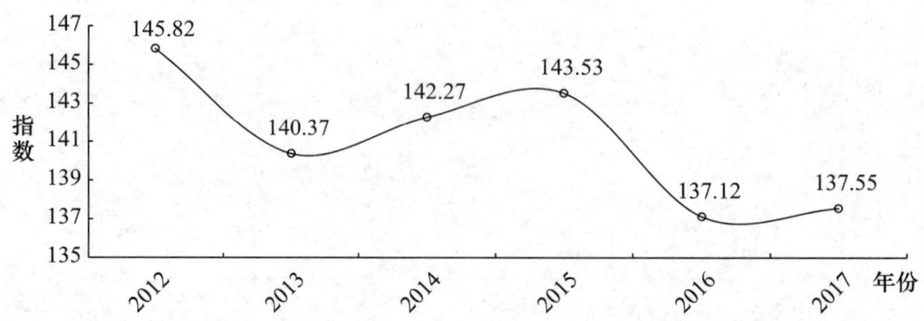

图 7－9 宁波市小微企业综合景气指数走势

作为港口城市，宁波小微企业景气状况受外贸形势影响较大。2016 年，国际市场需求持续疲软，宁波总体出口情况不容乐观。出口前 20 位的商品中，有 15 种商品出口额较 2015 年有不同程度的下降，平均下降了 7. 3%。以出口额最大的服装及衣着附件产品为例，2016 年出口总额达 76. 89 亿美元，较 2015 年下跌近 10 个百分点。2016 年 5 月宁波成功入选“国家第二批小微企业创业创新基地城市示范”。随着《宁波市人民政府办公厅关于宁波市推进小微企业创业创新基地城市示范的实施意见》《宁波市财政局关于印发宁波市小微企业创业创新服务券使用管理办法的通知》等相关配套政策的完善和实施，为宁波小微企业的健康发展营造了良好的政策环境。此外，2017 年 6 月，宁波银行的“线上税务贷”正式上线，专门为小微企业量身打造，满足小微企业的融资需求，助推宁波小微企业的发展。基于此，2017 年宁波小微企业景气指数小幅回升。

（三）嘉兴市

2012—2016 年嘉兴市小微企业综合景气指数总体呈波动上升趋势，2016 年上升到 104. 95，在浙江省地级市中排名第 3 位（见图 7－10）。

嘉兴是沪杭、苏杭交通干线中枢，地理位置优越，与上海、杭州、苏州、宁波等城市相距不到百公里，是长三角城市群、上海大都市圈重要城市、杭州都市圈副中心城市。轻纺、皮革业、丝织业等均在国内外市场上占有重要地位。

嘉兴市 2015 年年底就开始组织发放小微企业服务补贴券，用来降低小微企业成本，改善企业经营水平。此外，2016 年 6 月嘉兴市出台了《关于进一步降低企业成本优化发展环境的实施意见》，一揽子举措涉及

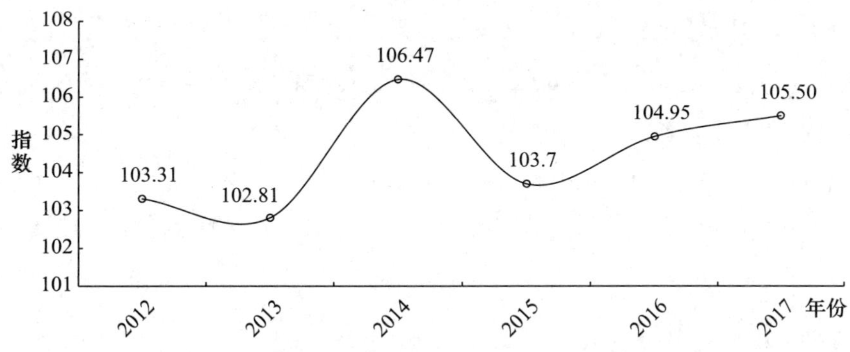

图 7－10　嘉兴市小微企业综合景气指数走势

制度性交易、企业税费、用工、财务、要素和物流六大方面，全年为企业减免税费 333 亿元。2017 年年初，嘉兴市政府出台《建设具有长三角影响力的科技企业孵化之城三年行动方案》，力图经过三年努力，打造具有嘉兴特色的以"政、产、学、研、金、介、用"七位一体为核心的孵化模式。这为嘉兴小微企业，特别是科技型小微企业提供了重大利好。4 月，浙江省政府同意嘉兴设立浙江省全面接轨上海示范区。通过把握上海打造国际经济、金融、贸易、航运中心和具有全球影响力的科技创新中心的重要机遇，全面深化与上海全方位、多层次、宽领域的交流与合作，嘉兴市将取得长足发展。预测近几年嘉兴小微企业景气指数仍会持续上升。

（四）绍兴市

除 2012 年外，绍兴市小微企业综合景气指数一直保持在 100 上，处于波动上升阶段（见图 7－11）。

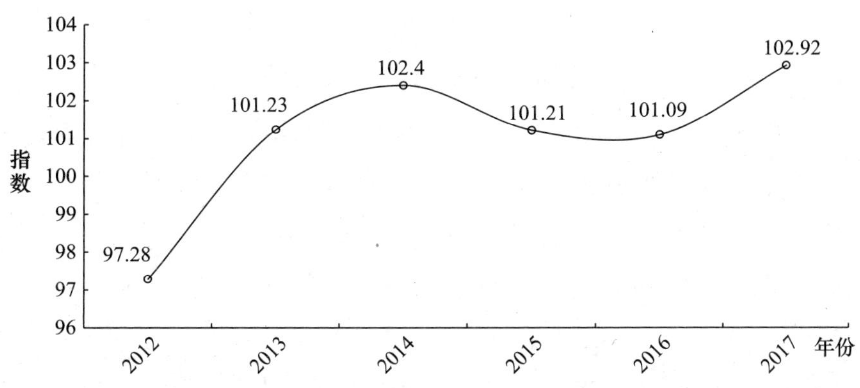

图 7－11　绍兴市小微企业综合景气指数走势

通过改革开放30多年的快速发展，绍兴形成以轻纺工业为主体，酿造为特色，纺织、机械、食品三大工业为支柱的工业体系，其中纺织产业产值占全省纺织工业总产值的1/3。

受外需不振的影响，2016年绍兴出口形势严峻。以出口额最大的纺织纱线、织物及制品为例，绍兴市1—11月出口总额达745.32亿元，同比下降4.05%。此外，2016年年初，绍兴市政府印发《加快印染产业提升促进生态环境优化工作方案》，提出紧紧围绕打造现代产业集群目标，两年内促进印染产业实现质的提升。以柯桥区为例，2016年关停印染企业64家，81家企业被整合集聚或兼并重组；方案提升效果显著，柯桥印染业前三季度产值同比下降3.8%，但利润却增长13.2%，年底柯桥区印染产业转型升级也成功列入省级试点。与此同时，4月绍兴政府制定出台《关于进一步降低企业成本推进实体经济健康发展的若干意见》，俗称"绍兴减负25条"，仅半年就为企业减负45.63亿元。通过抓环保倒逼小微企业转型升级，通过降低成本来帮助小微企业转型升级，绍兴政府打了一套漂亮的"组合拳"。"十三五"期间，绍兴市将大力发展信息经济、先进装备、生命健康等战略性新兴产业，同时全面提升高端纺织、绿色化工材料、金属制造等传统优势产业，这为小微企业的发展指明了方向。2017年绍兴出口出现回暖，1—4月纺织服装出口325.8亿元，同比增长8%，绍兴小微企业综合景气指数保持上升势头。

（五）台州市

台州市小微企业综合景气指数上升势头稳健，2016年台州市小微企业综合景气指数为99.86，排名浙江省第5位，2017年景气指数保持上升态势（见图7-12）。

台州是小微企业发展较快的城市之一，产业聚集程度高，已形成汽摩及配件、缝制设备、医药化工、家用电器、塑料磨具等主导行业，各产业集群间关联性较强，形成互相支持、互相促进的局面；同时台州产品的出口也保持了较高的增长率，在全球价值链中有较强竞争力。作为国家级小微金融改革试点，台州着力创新小微企业融资担保机制，成立市级信保基金运行中心，这些因素使得小微企业综合景气指数稳健。2016年4月，台州正式加入中德城市联盟，探索《中国制造2025》与"德国工业4.0"有机对接，通过联盟平台向德方发布台州引资项目，推动产业深度合作，

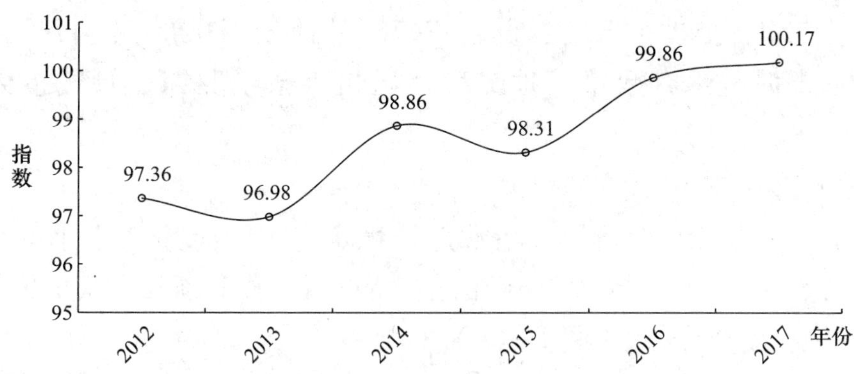

图 7－12　台州市小微企业综合景气指数走势

使小微企业综合景气指数保持上升态势。

（六）温州市

温州小微企业景气指数一直处于较稳定状态。2016 年温州市小微企业综合景气指数大幅下滑，回落到 92. 56，排名全省第 6 位，2017 年小微企业景气指数有所上升（见图 7－13）。

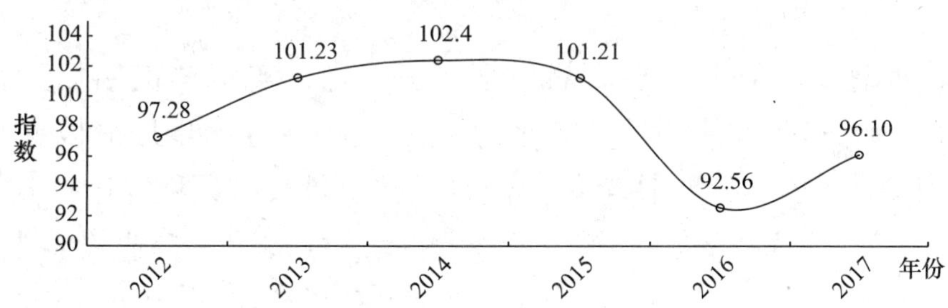

图 7－13　温州市小微企业综合景气指数走势

温州小微企业主要以纺织服装服饰业、皮革制品业、塑料制品业、化学原料和化学制品业为主，集群优势特征明显，规模庞大，市场网络发达，龙头企业带动性较强，所以温州市小微企业综合景气指数向好。

2016 年，受本地房地产市场过热影响，制造业资金外流，实体经济出现“产业空心化”和“脱实向虚”现象，同时企业发展模式老旧，债务压力依然沉重，使 2016 年小微企业综合景气指数大幅度下滑。2017 年，温州狠抓实体振兴，创建省“千人计划”产业园，实施“瓯越工匠”

三年行动计划，推进小微园建设新三年行动计划，开展“十百千”助企服务活动，促进惠企政策落地见效，温州小微企业综合景气指数有所回升。

（七）金华市

金华市小微企业综合景气指数总体稳定，2016 年金华市小微企业综合景气指数为88.02，与2015 年相比有所下滑，排名浙江省第7 位，2017 年景气指数有所回升（见图7 –14）。

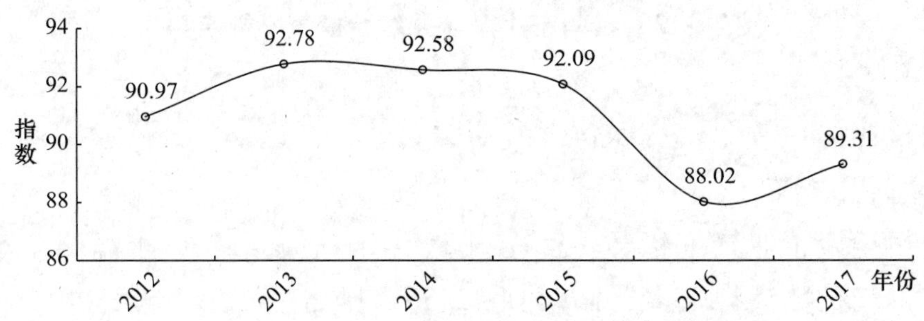

图7 –14 金华市小微企业综合景气指数走势

金华拥有全球最大的小商品市场——义乌，实施“前店后厂，贸工联动”的发展模式，使制造业企业蓬勃发展，并且逐步形成以义乌为中心的小商品产业集群，促使金华小微企业综合景气指数稳定运行。

2016 年，传统市场经营模式压力增大，纺织业、专业设备制造业、橡胶和塑料制品业等几个行业产销率一直呈负增长状态，同时金华市出口增速一直在低位，低于全省水平 1. 7 个百分点，导致 2016 年小微企业综合景气指数下滑。2017 年，金华市聚力推动“义新欧”“义甬舟”“金满俄”等国际物流运输大通道和金华、上海、宁波、舟山口岸间的集装箱海铁联运通道建设，不断拓展国际货代业务；义乌打造国际贸易平台、创新设计平台、城市功能平台、陆港平台和产业发展平台五大平台，支撑义甬舟项目 100 多个，使小微企业综合景气指数有所回升。

（八）湖州市

湖州小微企业综合景气指数运行稳定，2016 年湖州市小微企业综合景气指数为 61. 79，与 2015 年相比跌幅较大，排名浙江省第 8 位，2017

年景气指数有所回升。

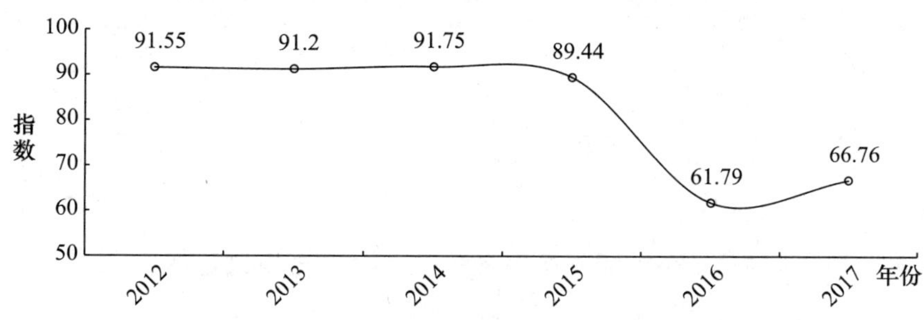

图 7－15　湖州市小微企业综合景气指数走势

湖州市产业特色明显，南浔实木地板、安吉椅业、长兴蓄电池等规模总量不断扩张，产业集聚化趋势明显，同时有专业的市场作为依托，湖州市小微企业综合景气指数运行较为稳定。

2016 年，湖州小微企业普遍面临成本高、订单不足等问题，小微企业区域发展不平衡，行业增加值两极分化趋势明显，使 2016 年小微企业综合景气指数大幅度下滑。2017 年，湖州市深化体制创新，不断提高南太湖产业集聚区等各类产业平台的集聚化、差异化和特色化；全面建设湖州科技城，加快推进莫干山国家级高新区建设；深度融入"一带一路"国家战略，加快湖州铁公水综合物流园建设，发展河海联运，使 2017 年小微企业综合景气指数有所回升。

（九）丽水市

丽水市小微企业整体综合景气指数偏低，2016 年丽水小微企业综合景气指数为 61. 16，与 2015 年相比略有下滑，排名浙江省第 9 位，2017 年景气指数略有回升（见图 7－16）。

丽水市具有特色的产业集群，如木玩、青瓷、宝剑、石雕等，区域性明显，但是产品缺乏创新性、技术含量较低、同质化问题以及快速模仿现象严重，导致丽水市小微综合景气指数整体偏低且一直处于下滑趋势。2016—2017 年，丽水市面对转型升级的压力，缙云、遂昌等重点区域经济增长乏力，新旧动能转换不畅问题比较突出，在此基础上丽水打造对接多层次资本市场的"丽水板块"，推进产业技术创新，深入实施科技型小

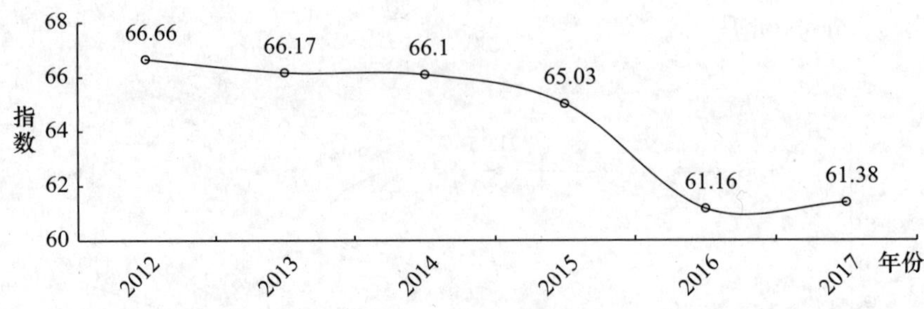

图 7－16　丽水市小微企业综合景气指数走势

微企业双倍增计划，使小微企业综合景气指数基本持平。

（十）衢州市

衢州小微企业综合景气指数整体较低，2016 年衢州小微企业综合景气指数为 44.26，与 2015 年相比下滑幅度较大，排名浙江省第 10 位，2017 年景气指数有所回升（见图 7－17）。

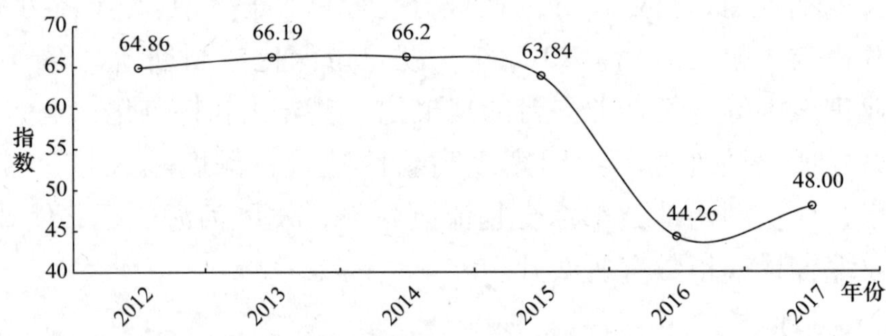

图 7－17　衢州市小微企业综合景气指数走势

衢州是浙江省主要的建材、化工、装备制造、特种纸等产业基地，其工业经济偏向重工业，对资源有较大的依赖性，且能耗较高，行业结构相对单薄。小微企业发展空间不足，产业集聚度不高，抵御市场风险的能力低，导致衢州市小微企业综合景气指数偏低。

2016 年，衢州市主要受电气机械和器材制造业出口下降的影响，规模以上工业出口交货值同比下降 0.7%；同年 6 月，衢州市当月产值为 0 的企业有 57 家，且基本处于停产或半停产状态，全年因破产和达不到标准退库的企业有 104 家，致使 2016 年衢州小微企业景气指数大幅下滑。2017 年，衢州市推进“互联网 +”“金融 +”“科技 +”，促进提高传统产业核心竞争力，主动融入“杭州都市圈”，加速衢杭同城化、一体化进程，同时依托城镇集聚发展，加快建设特色小镇，2017 年衢州市小微企业综合景气指数呈上升态势。

（十一）舟山市

舟山小微企业综合景气指数长期处于低位运行，2016 年舟山小微企业综合景气指数为 41.93，与 2015 年相比回落幅度较大，排名第 11 位，2017 年景气指数略有回升（见图 7－18）。

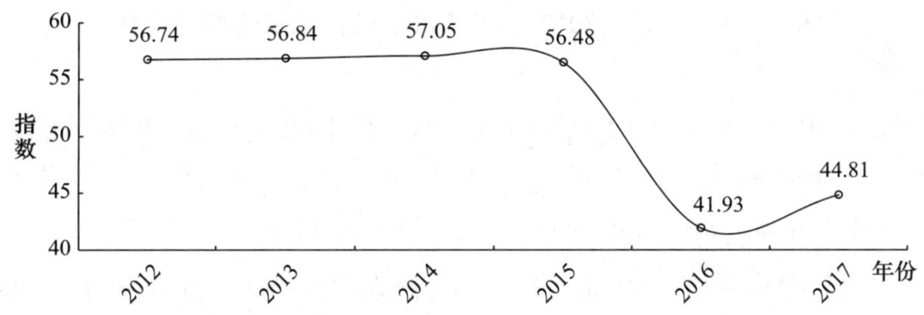

图 7－18　舟山市小微企业综合景气指数走势

舟山小微企业主要集中在水产品加工业、船舶制造业和化学制品制造业。近年来，水产品国际贸易逐步市场化，全球航运市场低迷，舟山小微企业发展景气维持低位运行，亟须转型升级。2016 年国内外宏观环境持续低迷，舟山单一的行业结构极易受外界环境的影响。水产品加工业小微企业高消耗、高浪费的加工生产方式无法适应新的市场需求；船舶制造业小微企业在经历产能过剩、融资困难等情况后，2016 年开始出现破产潮；作为临港主导产业的化学制品制造业，其小微企业产品附加值低，生产不规范，一直是重点整治对象。因此，2016 年舟山小微企业综合景气大幅回落。2017 年，随着义甬舟开放大通道的加快建设，自由贸易试验区的挂牌，舟山市结合舟山江海联运中心等国家战略建设，积极融入“一带一路”和长江经济带，2017 年舟山市小微企业综合景气指数呈现回升态势。

二 浙江省小微企业综合景气指数走势分析

课题组结合历年小微企业综合景气数据，运用最小二乘法预测计算，得到2012—2017年浙江省小微企业综合景气指数（见图7－19）。

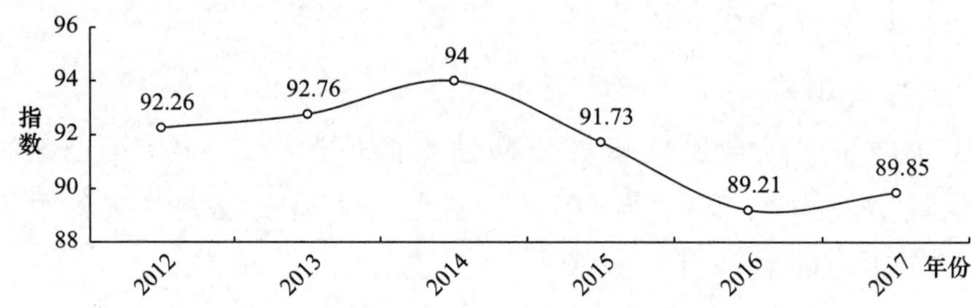

图7－19 2012—2017年浙江省小微企业综合景气指数

从图7－19可知，2012—2014年浙江省小微企业综合景气指数小幅度上升，2014年浙江省综合景气指数达94，2014—2016年景气指数持续回落，2017年稍有回暖，小微企业综合景气指数为89.85。

浙江省小微企业是小微企业大省，高度重视小微企业发展。2012年浙江省推进国务院出台的《关于进一步支持小微企业健康发展意见》，"十二五"规划以来，浙江省致力于规范担保，解决融资难，孵化创业园区，全力招商引资。2013年浙江省全面推进"小升规"工作，鼓励和引导小微企业走"专精特新"之路。随着中国经济发展放缓，浙江省提倡小微企业"新常态"，助力小微企业优势发展。2014—2016年，小微企业转型升级进入新阶段，供给侧结构性改革、去杠杆、降成本、补短板等举措推动小微企业快速发展，但由于宏观经济下行，小微企业"小、弱"等特点使其面临转型升级的痛点，浙江省2014—2016年小微企业综合景气指数连续下滑。2017年浙江省推动重大开放举措落地，深入实施国家"一带一路"、长江经济带等重大战略，深入实施创新驱动发展战略，坚持供给侧结构性改革主线，坚决打好"拆治归"转型升级组合拳，为小微企业的发展带来新动力。

三 浙江省小微企业综合景气指数研究的最新发现

（一）浙江小微企业景气触底回升

近年来，浙江小微企业综合景气指数总体平稳运行。2014—2016年，随着经济下行的加大，浙江省小微企业综合景气指数持续回落。2016—2017 年，浙江省深化供给侧结构性改革，结合实施国家“一带一路”、长江经济带等重大战略建设，推进“拆治归”转型升级组合拳，淘汰落后产能，优化产业结构，全面启动义甬舟开放大通道规划建设，义乌国际贸易综合改革，中国（杭州、宁波）跨境电子商务综合试验区建设等，为小微企业发展提供优势，小微企业综合景气指数触底回升。

（二）“拆治归”转型升级“组合拳”的阵痛与倒逼

近年来，浙江打出了一套以治水为突破口，以“三改一拆”“五水共治”、浙商回归、“四换三名”“四边三化”“一打三整治”、创新驱动、市场主体升级、小微企业三年成长计划、七大万亿产业培育为主要内容的转型升级系列组合拳，进入新常态调整。截至 2016 年，浙江省累计投入整治资金 745 亿元，六大重污染高耗能行业的 5740 家企业纳入整治范围，关停 2163 家，搬迁入园或整治提升 3577 家，完成率 100%。其中，2017 年 1 月，绍兴市 336 家印染企业面临整治，76 家关停，牵动 300 多家企业的生死，3 万多名员工的生计，引发纺织业上下游产业的震荡。“拆治归”转型升级组合拳将浙江小微企业发展带入阵痛期，企业家信心、区域产业优势根基问题受到考验。浙江省经济增速逐年放缓，以换取产业转型调整时间，以治水拆违、整治环境等为手段，倒逼小微企业产业转型，达到“腾笼换鸟”、优化结构的目的。2016 年浙江省关停整治提升特色小行业企业 3 万多家、养殖场 5 万多个，城乡环境得到很大改观。据浙江省发改委统计，2016 年浙商回归项目到位资金约 3450 亿元，增长 12.5%，其中新引进总投资 10 亿元以上项目 90 个、15 亿元以上项目 62 个、30 亿元以上项目 21 个，“浙商回归”带来了人才和科技回归，为传统小微企业转型升级注入了持续动力。

（三）金融服务创新助推浙江小微企业健康发展

2013 年以来，浙江省互联网金融进入了快速发展轨道，蚂蚁小微金融、微贷金融、温商贷互联网金融等一批有全国影响力的互联网金融公司不断涌现，浙江网商银行、温州民商银行、东海航运保险、杭州银行消费公司等一批金融机构应运而生，玉皇山南基金小镇、南湖基金小镇等一批特色小镇发展迅速，使浙江省发展绿色金融、小微金融、普惠金融、互联网金融走在了全国前列，杭州成为全国互联网金融三大中心之一。浙江省互联网金融的快速发展促进本省小微企业融资模式的多样性，以开放、民主、包容的形态成为有效化解小微企业融资困难的新途径，是小微企业金融未来的发展趋势。

浙江省政府积极推进各市新金融服务体系创新建设。2015 年 6 月，绍兴市银监会与市经信委联合推出“小微企业金融服务公共平台”。2015 年 12 月，台州市建设浙江省小微企业金融服务改革创新试验区。“健全小微金融组织体系，提高小微金融服务水平；整合部门信用信息，构建金融服务信用信息共享平台；建立小微企业信用保证基金，创新小微企业融资担保机制；推动企业对接多层次资本市场，拓展小微企业融资渠道；从深化海峡两岸小微金融合作交流，探索小微金融发展新模式；组建浙江（台州）小微金融研究院入手，探索小微金融可持续发展；从推进小微企业信用体系建设入手，着力优化地方金融生态环境。”台州市小微企业金融服务改革试点经验值得全省乃至全国推广。

（四）“一带一路”为浙江小微企业提供广阔的发展空间

“一带一路”为浙江提供了“大进大出”的大平台，同时带来大规模的双向贸易投资，是浙江突破经济转型难题，拓展经济发展空间的重要途径。在参与“一带一路”建设中，浙江拥有战略交汇、天下浙商、第一大港、货畅四海、电子商务、平台集成、体制先发和文化底蕴八大比较优势。2016 年，“义新欧”和“甬新欧”两条丝路专线，宁波—舟山港与世界上 200 多个国家和地区的 600 多个港口的 235 条航线，凝聚江海联运、海铁联运网络优势推进浙江小微企业参与“一带一路”建设。另外，浙江在乌兹别克斯坦、泰国、越南、俄罗斯、塞尔维亚建立 5 个产业园，加大对“一带一路”沿线国家的投资。2017 年，浙江将牢固树立开放强省导向，把产业国际合作项目作为重中之重，加快义甬舟大通道建设，谋划建设一批境外经贸合作区和宁波梅山等“一带一路”综合试验区，同时发挥跨境电商优势，打造“网上丝绸之路”，全面推进海港、陆港、空港、信息港“四港”联动，与各方主动对接，携手扎实推进“一带一路”建设。

第八章

2017 年浙江省小微企业行业景气指数

浙江省小微企业行业景气指数测评有助于及时了解和把握浙江省小微企业主要行业发展的最新现状和发展趋势。浙江小微企业行业景气指数测评数据主要来源于浙江省小微企业培育监测分行业数据以及小微企业发展景气问卷调查分行业数据。

第一节　行业景气指数评价指标体系

浙江省小微企业分行业监测指标主要包括工业总产值、出口交货值、用电量、营业收入、营业成本等 16 个项目。为了使监测数据能够得到充分的利用，运用峰谷对应法对 16 个项目进行时差分析，在确定各指标的时间性质后，再从同一类型指标中剔除相关性较强的指标，从而最终确定了 10 个监测指标，并根据指标特性确定了先行指标、一致指标和滞后指标及其权重，具体如表 8 - 1 所示。

表 8 - 1　　浙江省小微企业行业景气评价指标

指标类别	行业景气监测指标	小类指标权重	大类指标权重
先行指标	固定资产投资额	0.484	0.30
	财务费用	0.516	
一致指标	工业总产值	0.203	0.50
	用电量	0.191	
	营业收入	0.203	
	利润总额	0.203	
	应交税费	0.200	

续表

指标类别	行业景气监测指标	小类指标权重	大类指标权重
滞后指标	负债总计	0.339	0.20
	应收账款	0.339	
	从业人员	0.322	
合计			1.00

第二节 主要行业景气指数计算

一 数据收集与样本选取

浙江省小微企业数量众多，行业分布广泛。浙江省小微企业行业景气指数测评数据基于浙江省小微企业培育监测平台的财务数据及问卷调查数据。在收集和处理监测数据时，首先参考国家工信部、国家统计局以及各类以行业、产业为研究对象的行业监测调查指标，比对浙江省小微企业培育监测平台监测数据中的行业类别及企业数量，将各细分行业归类为纺织产业、原材料工业、装备制造业、轻工业和其他行业五大类行业。其次，按大类将各月报表中的行业企业明细进行汇总整理，统计各细分行业的月度监测企业样本数量，最终选取了12个月中监测企业数最多的行业作为本章研究的行业样本（见表8－2）。

二 数据整理与预处理

根据表8－2的数据，选择浙江省小微企业培育与监测平台监测企业数量最多的通用设备制造业（1068家）、橡胶和塑料制品业（961家）、金属制品业（834家）以及纺织业（846家）四大行业作为研究行业景气指数的测评对象。

在整理四大主要行业监测数据时，先将四个行业每月的数据筛选出来，再按行业归并，得到每个行业连续24个月的源数据。然后将源数据按照每月上报企业占最大企业数的比例进行放大，得到一致化的数据，并且将四个行业每月的16个指标数据汇总成季度数据，进行景气指数的计

表 8－2　　2016 年浙江省小微企业分行业月均监测企业数量

行业大类	行业细分	企业数量	行业大类	行业细分	企业数量
纺织产业	纺织业*	846	轻工业	农副食品加工业	167
	纺织服装、服饰业	557		食品制造业	86
	化学纤维制造业	41		酒、饮料和精制茶制造业	55
原材料工业	石油加工、炼焦和核燃料加工业	8		皮革、毛皮、羽毛及其制品和制鞋业	402
	化学原料和化学制品制造业	358		家具制造业	259
	非金属矿物制品业	211		造纸和纸制品业	296
	黑色金属冶炼和压延加工业	156		文教、工美、体育和娱乐用品制造业	356
	有色金属冶炼和压延加工业	155		橡胶和塑料制品业*	961
装备制造业	通用设备制造业*	1068		金属制品业*	835
	专用设备制造业	409	其他	木材加工和木竹藤棕草制品业	307
	汽车制造业	400		印刷和记录媒介复制业	185
	铁路、船舶、航空航天和其他运输设备制造业	108		医药制造业	121
	电气机械和器材制造业	533		其他制造业	1419
	计算机、通信和其他电子设备制造业	222		废弃资源综合利用业	25
	仪器仪表制造业	92		金属制品、机械和设备修理业	51

注：* 表示 2016 年度浙江小微企业培育与监测平台月均监测企业数量较多的行业。

算。在数据处理过程中，针对异常指标，如指标值异常大，运算得到的季度数据出现负值等情况，按统计学方法进行预处理。同时，确认企业数据是否存在误报，对误报数据多的企业样本做剔除处理。

三　行业景气指数计算方法

本章采用合成指数的方法，分以下三步计算浙江省小微企业行业景气指数。

首先，运用峰谷对应法确定备选的16指标与参与指标的峰谷对应情况，选用工业总产值作为参照指标，运用Excel软件绘出折线图，观察各指标上升和下降的变化趋势，与参照指标的变化趋势做比较，将指标进行归类，最终筛选了10个指标，具体如表8-1所示。然后，运用层次分析法计算得到每个指标的权重，用于合成指数的计算。

其次，运用合成指数方法计算每个行业的先行指数、一致指数、滞后指数，并按照3∶5∶2的权重合成计算出浙江省小微企业行业景气指数。将小微企业行业景气指数与企业家信心指数按照4∶6的权重进行合成计算，得到小微企业主要行业景气指数。

最后，运用2012—2016年浙江省5年小微企业主要行业景气指数的数据，通过回归分析得到2017年景气指数的预测值。

四 行业景气指数计算结果与总体特征

根据以上方法，计算得到2012—2016年浙江省小微企业四大主要行业景气指数以及2017年的预测值（见表8-3）。

表8-3 2012—2016年浙江省小微企业四大主要行业景气指数及2017年预测值

主要行业	2012年	2013年	2014年	2015年	2016年	2017年（E）
纺织业	114.62	114.25	108.91	112.88	115.65	113.47
金属制品业	134.56	130.86	121.37	124.96	108.53	106.67
橡胶和塑料制品业	128.96	128.71	141.73	132.27	85.27	98.24
通用设备制造业	137.55	127.55	114.54	123.8	99.37	96.53

注：2017年景气指数值为预测值。

从表8-3可以看出，浙江省四大主要行业2016年景气指数总体大幅下降。纺织业2016年景气指数有所回升，同比上升2.45%，但其他三大主要行业景气指数均大幅度下降。其中橡胶和塑料制品业景气指数跌破100点，同比下降35.53%，下降幅度为历年最大。此外，通用设备制造业景气指数同比下降19.74%，金属制品业景气指数下滑了13.15%。

第三节　浙江省主要行业景气指数波动趋势分析

一　纺织业

纺织业一直是浙江省制造业的一大传统支柱产业，其下游产业主要是纺织服装、服饰业，纺织品的原料主要有棉花、羊绒、羊毛等。图 8 - 1 显示，浙江省纺织业在 2012—2013 年发展情况较为平稳，2014 年出现小幅下滑，2015—2016 年景气指数稳中有升，2017 年有小幅下降。

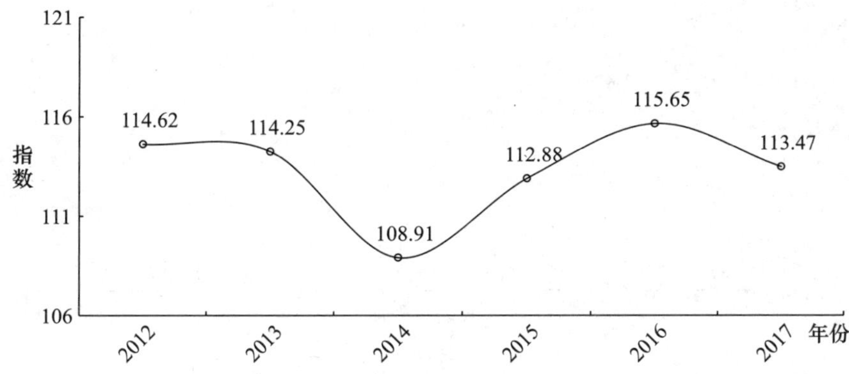

图 8 - 1　浙江省纺织业景气指数波动趋势

随着世界经济的逐渐复苏，纺织行业整体市场逐渐回暖，产品出口呈现回稳上升趋势。据杭州海关数据显示，浙江省纺织纱线、织物及制品 2016 年总出口额达 2293.87 亿元人民币，同比上升 1.75%。G20 杭州峰会上，达利丝巾、“国色天香”真丝手包等丝织品的惊艳亮相，有力地提升了浙江纺织业在国际市场的知名度，提振了纺织企业的信心。随着“一带一路”战略的实施，浙江纺织企业布局“一带一路”沿线国家和地区的海外市场，寻求产业链条在全球范围内的有效整合。2016 年年初，浙江省政府印发《〈中国制造 2025〉浙江行动纲要》中明确指出，要大力发展时尚轻纺业，建成国内领先的时尚纺织服装基地，这为浙江纺织业指明了发展方向。

2016 年年底，中国工业和信息化部批准了 74 项纺织行业标准，标准将于 2017 年 4 月 1 日实施。更为严格的标准，对浙江纺织企业提出了更高的要求，2017 年浙江省小微企业纺织业景气指数有小幅下降。

二 金属制品业

金属制品行业包括结构性金属制品制造、金属工具制造、集装箱及金属包装容器制造、不锈钢及类似日用金属制品制造等。浙江省是金属制品生产大省，是国内最大五金产品制造基地和产品集散中心。如图 8 – 2 所示，除 2015 年有所回升外，2012—2017 年浙江省金属制品业的景气指数呈现逐年下降的态势。

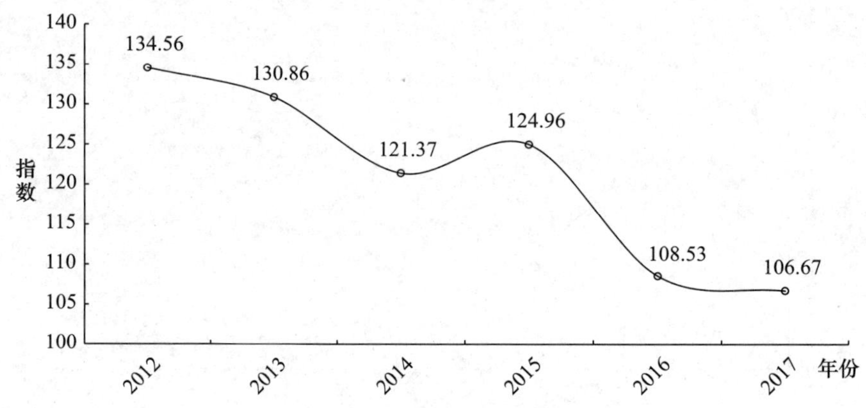

图 8 – 2 浙江省金属制品业景气指数波动趋势

近年来，金属制品业出现国内市场“供大于求”现象，整体行业市场饱和、产能过剩，产品出厂价格持续走低。浙江省统计局数据显示，2016 年金属制品业产品出厂价格下降 1.4%。与此同时，外需不足，出口仍显低迷。以五金制品为例，中国海关数据显示，2016 年全国五金行业出口额较 2015 年下降 13.35%。此外，金属制品业企业采用电镀、熔炼和喷漆等工艺时，产生的废气废液中含有氰化物以及重金属铬等有毒有害物质，一直是环境整治的重点。

2016 年年底，浙江省人民政府办公厅印发了《浙江省劣 V 类水剿灭行动方案》，明确指出要在 2017 年年底消除劣 V 类水质断面。2017 年浙江省小微企业金属制品业景气指数仍有小幅下降。

三　橡胶和塑料制品业

橡胶和塑料制品业可分为橡胶制品业和塑料制品业。其中，橡胶制品业是指以天然及合成橡胶为原料生产各种橡胶制品的活动，还包括利用废橡胶再生橡胶制品的活动；塑料制品业是指以合成树脂为主要原料，加工成型各种制品的活动。图 8－3 显示，浙江省橡胶和塑料制品业景气指数在 2014—2016 年逐年降低，且在 2016 年呈断崖式下降，2017 年触底回升。

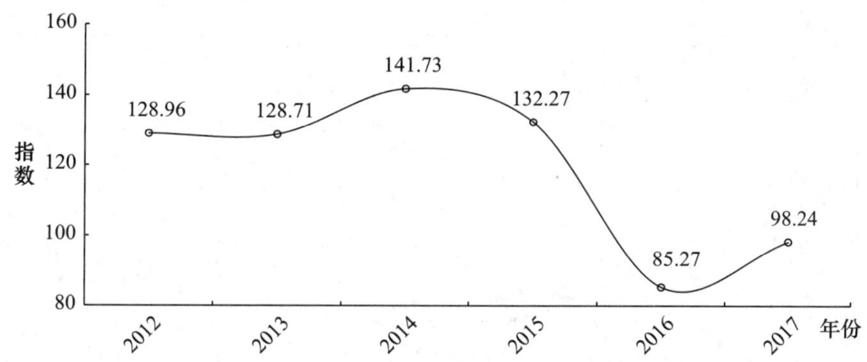

图 8－3　浙江省橡胶和塑料制品业景气指数波动趋势

2016 年浙江省小微企业橡胶和塑料制品业景气指数呈断崖式下降。根据生意社价格监测，橡塑大宗商品价格年均涨幅为 43.49%，原材料价格大幅上升。另外，行业市场竞争激烈，产品价格持续降低，据浙江省统计局数据，2016 年橡胶和塑料制品业产品出厂价格下降 2.7%。原材料价格的上涨以及产品价格的下降使橡胶和塑料制品行业企业利润空间大幅下降。此外，橡胶和塑料制品业企业生产时会产生挥发性有机污染物（VOCs），2016 年浙江省开征 VOCs 排污费，这进一步提高了企业的生产成本。小微企业因为规模小、抗风险能力低、盈利能力较弱，受此影响更大。产品同质化、产能过剩等原因也进一步影响该行业景气指数快速回落。

2017 年浙江省政府印发了《浙江省全面改造提升传统制造业行动计划（2017—2020）》，每年安排 18 亿元资金实施振兴实体经济（传统产业改造）财政专项激励政策。橡胶和塑料制品业作为重点改造提升行业，获得政府的大力支持，2017 年浙江省小微企业橡胶和塑料制品行业景气状况有所好转。

四 通用设备制造业

通用设备制造业广义上是指使用于一个以上行业的设备制造，它是装备制造业的基础性产业，为工业行业提供基础设备和基础零件，行业产品应用领域广泛。图 8－4 显示，浙江省通用设备制造业景气指数除 2015 年有所回升外，整体呈下降趋势。2016 年大幅下跌，2017 年下滑趋势减缓。

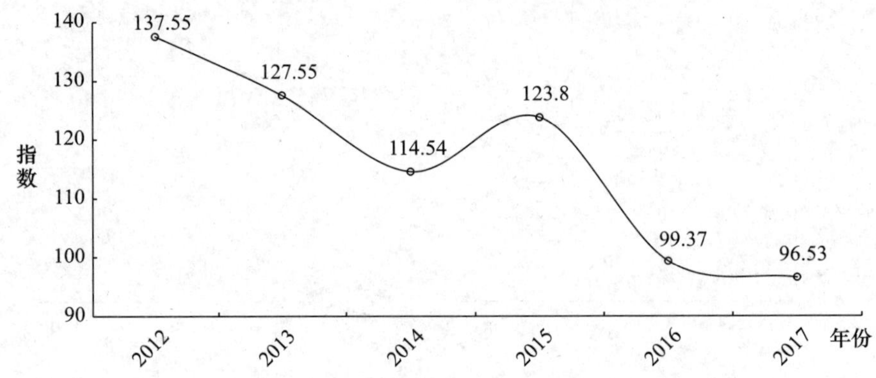

图 8－4 浙江省通用设备制造业景气指数波动趋势

浙江省通用设备行业以小微企业为主，产成品以齿轮、轴承、紧固件等中低端产品为主，产品附加值较低，行业景气受原材料价格的影响较大。2016 年国内钢铁价格大幅上涨，主要品种较年初价格涨幅超 50%。而浙江省统计局数据显示，2016 年通用设备制造业产品出厂价格下降 1. 8%。原材料价格的上涨，以及产品出厂价格的不断下降，大大压缩了企业的利润空间。另外，2016 年中国通用设备制造业出口交货值达 4861. 1 亿元，同比下降 1. 48%。受整体大环境影响，浙江省通用设备制造业出口形势严峻。产品同质化高、产能严重过剩、市场无序竞争也进一步影响了浙江通用设备制造业的景气情况。

随着去产能的逐步深入，国内钢铁价格持续走高，2017 年浙江省小微企业通用设备制造业的景气指数继续回落。

第四节　浙江省主要行业景气指数综合分析

一　浙江省主要行业景气指数波动的总体特征

上节通过运用浙江省小微企业最新监测数据，计算得到了浙江省纺织业、金属制品业、橡胶和塑料制品业和通用设备制造业四大主要行业的景气指数。如图 8－5 所示，由于橡胶和塑料制品业、金属制品业和通用设备制造业不景气，2016 年浙江省小微企业平均景气指数大幅下滑，同比下降 17.23%，创历史新低，但仍处于 100 景气线以上。2017 年浙江省小微企业整体景气指数触底上升。

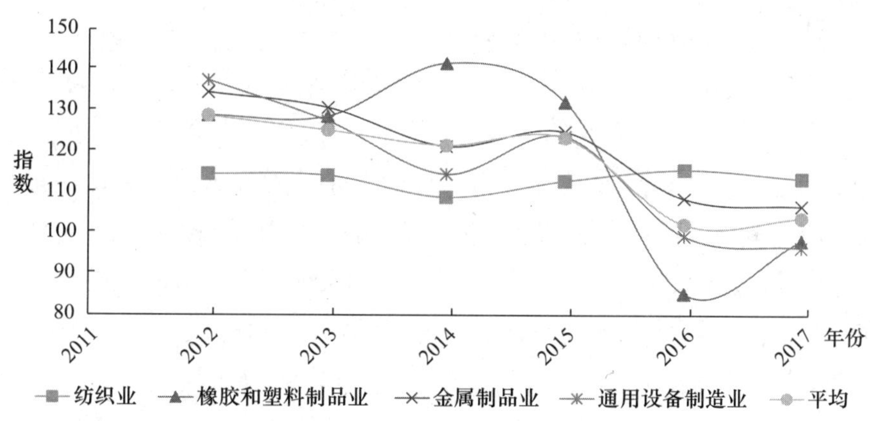

图 8－5　浙江省小微企业四大主要行业景气指数比较

二　浙江省主要行业景气指数波动的原因与对策

受宏观经济环境的影响，2016 年浙江省四大主要行业景气指数平均值较 2015 年大幅下降。其主要原因有：（1）国际市场的萎缩，使得浙江省制造业出口持续低迷。如金属制品业、通用设备制造业出口交货值都有不同程度的下降。（2）浙江省制造业以劳动密集型业为主，受原材料价格以及劳动力价格影响较大。原材料价格的持续上涨，小微企业“用工难、用工贵、融资难”问题依然突出，企业经营成本仍然很高。（3）更为严格的环境保护政策使企业成本大幅上升。

2017年浙江省四大主要行业景气指数平均值较2016年有所上升，其主要原因有以下几点：（1）杭州G20峰会的成功举办以及“义甬舟”开放大通道建设项目的启动，极大地提振了浙江小微企业的经营信心。（2）“小微企业三年成长计划”取得成效。针对政策、空间、平台、资金、政务等制约小微企业成长的五大共性问题，浙江省政府出台多项措施，为小微企业成长提供精准帮扶。（3）浙江省通过处置“僵尸企业”，淘汰改造落后产能，整治脏乱差小作坊，“去产能”初显成效，产能过剩、供求不平衡等问题得到缓解。（4）2017年开始，浙江省设立振兴实体经济（传统产业改造）财政专项激励资金，财政每年安排18亿元用于促进传统产业改造提升，极大地调动地方促进实体经济特别是传统产业改造提升的积极性。

基于上述分析，下面从企业层面和政府层面两个方面对进一步促进小微企业行业发展提出相关政策建议。

（1）企业层面。企业应该积极主动了解政府相关政策，把握行业发展新情况，运用利好政策来降低运营成本。如纺织业应响应政府号召，加大新产品研发力度，不断提升产品档次，向时尚纺织业转型。充分活用“互联网+”，推进以互联网为核心的信息技术与企业经营深度融合，向着“专精特新”的方向发展。在加快“机器换人”步伐的同时，也要牢固树立“以人为本”的观点，坚持“人才强企”的战略，重视人才培养，提升管理能力。

（2）政府层面。政府应坚持去产能、去杠杆，防止“僵尸企业”复燃。同时，政府应更加深入地了解小微企业存在的问题，把握小微企业发展痛点和难点，建立健全相关政策和制度，并努力确保政策措施落实到位。不断推进“大众创业、万众创新”战略和小微企业“三年成长计划”，推动小微企业由“低小散”向“高精优”迈进。应充分发挥浙江在电商尤其是跨境电商的独特发展优势，引领全国打造一条“网上丝绸之路”，推动形成“一带一路”线上线下协同共进新格局。

第 四 篇

2017 年中国中小企业发展热点专题研究

第九章

区域中小企业景气提升路径专题研究

第一节　区域创新能力与中小企业景气的作用机理

中小企业是支撑区域发展的核心力量，在促进经济增长、增加就业机会、优化产业结构、活跃区域市场、提高科技创新与社会和谐稳定等方面发挥了不可替代的作用。尤其是随着经济朝全球化和信息化方向发展，规模经济的重要性不断降低，中小企业对国民经济的贡献程度不断增加（OECD，2011）。当前中国中小企业总量超过 8000 万家，对于国民经济发展呈现出“56789”的贡献格局，即提供了 50% 以上的税收，60% 以上的 GDP，近 70% 的进出口贸易额，80% 左右的城镇就业岗位，占中国企业总数的 90% 以上。此外，目前中国大约 65% 的发明专利、75% 以上的企业创新以及 80% 以上的新产品开发均来自中小企业，中小企业已成为推动中国科技创新和进步的主力军。近年来，随着国家持续推进“大众创业、万众创新”政策，中小企业发展前景更加明确，国家对中小企业的财政扶持、税收减免、融资支持等政策逐渐落实，中国中小企业的发展机遇历史空前。

中小企业也是区域创新系统核心层的关键要素（徐东等，2007），是创造区域创新能力的主体，中小企业景气为区域创新能力的提升贡献了重要力量。反过来，区域创新能力反映了一个区域科技研发大环境的好坏，其科技研发投入和创新产出带来的知识和技术外溢效应能作用于区域创新主体（王明鹏，2015），促进各创新主体自身技术创新水平的提升，尤其是对于中小企业来说，其规模小，灵活度高，更容易获取和利用区域创新能力带来的知识和技术的外溢效应减少自身进行技术创新所需的费用和降低技术创新带来的风险。且技术创新是持续保持和提高中小企业发展的原动力，唯有不断地攻克技术难关，提高产品的技术含量，才能突破广大中小企业长期处于产业链及价值链低端的"瓶颈"，真正使我国中小企业的发展更上一个"台阶"，更好地适应我国现阶段经济增长质量提升而发展速度减缓的"新常态"发展模式。此外，有研究显示，区域创新能力越来越成为影响我国工业中小企业省区分布格局的关键要素（宋周莺等，2013），因此，区域创新能力对中小企业景气的促进作用可见一斑。

此外，根据中国科技发展战略研究小组主编的《中国区域创新能力评价报告（2015）》显示，我国区域创新综合能力排名靠前的省（市、区）分别为江苏、广东、北京、上海、浙江等地，且历年排名变动不大。同时，本报告显示，区域中小企业景气指数综合排名靠前的省（市、区）依次为江苏、广东、浙江、山东、河南等地。对比两份国内权威报告的信息不难发现，各省创新能力和中小企业景气指数排名大体趋同，部分区域也有明显差异，北京、天津、重庆和上海作为创新能力排名靠前的区域，其中小企业景气指数排名均在 10 位以外。造成这一现象的原因可能在于各区域的经济结构有所差异。改革开放前后，南北经济格局出现了显著差异，区域创新能力也有了翻天覆地的变化。由于我国长期实施大力发展重工业的战略，使重工业主要集中在东北部及山西等资源密集型地区，以上海为代表的华东地区由于有较好的工业基础，也成为国家重点投资建设的中心。北京、西安等大城市由于人文历史悠久、经济发达等因素则成为科技中心。而早期的福建、浙江、广东等南方沿海地区，由于处于政治敏感地带中国台湾地区附近，国家对这些地区的投资相当谨慎，使该地区的国有大型企业寥寥无几，从而造成了南方部分沿海地区工业基础薄弱的科学技术落后的尴尬局面。

一 区域创新能力与中小企业景气的关系

以往文献对区域创新能力与中小企业景气的关系未进行明确的界定，但仍可从有关中小企业成长和发展影响因素的研究中发现关于区域创新能力与中小企业景气关系的研究。

国外学者基于技术和知识的溢出效应将区域创新能力与企业经营联系起来。贾菲（Jaffe，1986）在关于技术和研发溢出效应的实证研究中发现，在一些研发投入比较集中的地方周边，如以大学为中心的科技集中区域，创办企业的成功率就会高出其他地区。在贾菲的研究基础上，又有其他学者对知识溢出与企业创办之间的关系进行了进一步的研究。Audretsch（1996）发现一所大学的研发投入比例越高，其技术溢出就会越明显，而这种效应的长期积累就会形成一种围绕着大学的科技型企业集群，将其称为技术密集产业带。美国 BJK 协会实证研究了县域研发投入与其企业新生率之间的相关性，得出了两者呈显著正相关的结论。国内学者何云等（2000）也持类似观点，即研发密集度高的地区往往会产生明显的技术扩散效应，可以大幅降低企业尤其是高新技术企业的研发成本及风险，大幅提升其收入和利润水平，从而促进企业经营绩效的提高。

国内学者对区域创新能力与中小企业景气关系的研究还比较模糊，但可以从研究影响中小企业成长与发展的文献中略窥一二。马云飞（2005）认为，区域环境中科学技术的发展水平和发展速度、科技人员的数量、经济及社会化服务水平是影响高科技中小企业成长的重要因素。区域科技发达程度的高低直接影响到高技术中小企业人才和技术成果引进的难易程度。因此，区域科技发达程度的高低决定了该地区中小企业尤其是高新技术中小企业技术开发能力的强弱。此外，由于区域科技发展速度决定了技术市场的竞争程度及需求量，从而对区域内高新技术中小企业更新和发展其技术创新能力的原动力产生影响。陈思静（2009）在我国中小企业成长性影响因素的研究中认为，区域环境是影响中小企业成长的重要外部环境因素，各区域由于经济、科技发展水平等环境方面的差异，给其中小企业的发展带来了不同程度的影响。其中，在经济和科技发展水平较高的东部沿海地区，其中小企业的发展水平普遍高于其他区域。王明鹏（2015）认为，技术因素是中小企业成长和发展的重要决定因素，技术因素又可分为技术创新和研发投入两类，区域内技术创新的成果及研发投入带来的知识外溢效应为大量就业者和待业者提供了创业的内容和方向，提高了企业新生率，且由于这些企业创始者能够较便捷地获得大量的高新技术，有效地赋予其企业核心竞争优势，加之中小企业规模小、灵活性强的特点使之更容易获取知识外溢的好处。

部分学者从区域创新系统的角度阐述了区域创新能力与中小企业景气的关系。陈玉川（2009）基于区域创新系统由核心层和支撑层构成且企业作为区域创新系统核心层中心要素的观点对江苏省 13 个地市的核心层的创新能力进行了分析，结果表明，这些区域的企业的创新战略及决策能力与创新人员、创新资金投入的区域分布性趋同。朱晓霞（2010）也对区域中小企业的分布与其创新系统的绩效之间的相关性进行了研究，指出区域创新系统的创新绩效与中小企业有紧密关联，与大型企业相比，区域创新系统的绩效与其中小企业经营水平的关系更为直观。韩晓明等（2010）认为，区域创新系统中的创新环境与区域中小企业发展之间具有互为作用力的动态联系，各区域政府应高度重视中小企业创新主体的地位，优化区域创新环境，促进区域中小企业的发展。

也有学者从区域经济发展、区域创新能力与中小企业省域分布的角度间接地探讨区域创新能力与中小企业景气的关系。王晖（2012）对浙江省 11 地市区域创新与经济发展关系的实证研究发现，区域创新与其经济发展之间具有单向因果作用关系，即区域创新水平的提高对区域经济的发展水平具有促进作用。刘定平（2004）在区域经济发达水平与中小企业发展的关系研究中发现两者的关系较为显著，即中小企业发展水平对该区域经济的发达程度具有 63.7% 的解释力，也反映两者具有相互作用关系。因此，可知区域创新能力可通过提高区域经济发展水平对中小企业景气产生正向影响。宋周莺等（2013）在中国工业中小企业省区分布及其影响因素的研究中指出，创新因素正向影响工业中小企业省区分布，其中，R&D 人员数量对工业中小企业省域分布的影响力正在逐步增加，且两者的相关系数呈逐年加大的趋势，自 2007 年之后，R&D 人员数量已发展为影响工业中小企业省域分布的第一要素，表明区域创新能力带来的知识和技术外溢和扩散正超越区域经济发展水平带给中小企业发展的促进作用。

综观以上文献，这些研究或分析区域创新投入带来的知识共享和技术外溢效应对企业新生率的影响，或指出区域环境中科技发展水平及速度、科技研发基础对企业从事科技活动及经营绩效的影响，或基于区域创新系统的内涵，指出区域创新系统绩效、创新环境与中小企业发展的关系，或基于区域创新、区域经济发展和区域中小企业发展三者的关系，间接地体现出区域创新能力与中小企业景气的关系。整体而言，区域创新能力对中小企业的发展具有促进作用。

二　区域经济结构的调节作用

区域经济结构对区域创新能力与中小企业景气关系的调节作用，主要通过产业结构、企业结构、所有制结构来实现，以往文献也多从区域经济结构的这三个维度来对其调节作用进行研究。

关于产业结构对创新能力与中小企业景气关系的影响研究的观点比较统一，《中国区域创新能力报告》课题组（2014）认为，当前阶段工业企业仍是拉动区域创新能力的主要动力，而中小工业企业又占据了工业企业总量的绝大部分。王鹏等（2011）认为，第一产业比重越高越不利于创新产出的提高，而第二（工业、制造业）、第三产业（服务业）比重越高则越能促进区域创新能力的提高，尤其第二产业是区域创新能力的主要推动产业。可推知，区域创新能力主要与第二、第三产业的比重有关，因此，第三产业（服务业）的比重会对区域创新能力与工业中小企业景气的关系产生影响。中卢俊（2015）认为，产业结构对区域创新能力的影响存在地区差异。在东部地区产业结构的优化能正向促进区域创新能力的提高，而在西部地区第二产业比重的提高仍是增强区域创新能力的核心。

关于企业结构对创新能力与中小企业景气关系的影响研究的观点也比较统一。从熊彼特（1999）和钱德勒（1999）有关企业规模结构与产业发展两者关联的观点来看，大企业的发展质量和在产业中的比重变化，对提高产业的技术水平和绩效具有直接的促进作用。王鹏飞（2008）认为，我国规模以上大型工业企业数量比重虽然只占1%左右，但其资产总额、净资产、销售收入和利润占比却高达60%以上，且我国近50%的研发资源集中在大企业中。大型工业企业在提高国家创新力及产业竞争力中历来扮演着不可或缺的重要角色，且作为区域经济及科技发展的重要保障，大型企业在发展区域创新能力，扩大知识及技术的共享及溢出效应上也发挥了重要支撑作用。此外，根据工业统计年鉴的数据可知，大型企业在创新投入（科研经费、科研人员）以及创新产出（新产品产值、专利数量）上显著高于中小企业，在各区域工业企业的创新产出中，大企业的贡献率普遍在70%以上。因此，工业大型企业的数量占比对区域创新能力与中小企业景气关系具有较大的调节作用。

关于所有制结构对创新能力与中小企业景气关系的影响研究，主要存在以下两种不同的观点：

一种观点强调，国有企业在创新能力上具有优势。吴延兵（2006）通过运用行业数据进行了实证分析发现国有产权并未对企业研发投入产生束缚，反而给创新资源的提供带来优势。解维敏（2009）通过对我国上市公司的研发费用内部支出数据进行对比分析，指出国有企业相比民营企业在企业研发费用支出上略高。

另一种观点认为，相比国有企业，民营企业更利于创新能力的提高。Argiles R. Ortega（2005）在对 2001 年西班牙制造业的样本分析中指出，所有权高度集中对创新产出的提高有抑制作用。周黎安（2005）运用各省统计数据进行的实证研究发现，非国有企业的企业规模与其创新能力具有正向相关关系，并强调非国有企业经营水平的提高是我国区域创新能力提升的关键。且在规模经济显著的产业中，国有企业的企业规模变化对技术进步的贡献力明显弱于民营企业。此外，在资本、技术密集型的新兴战略性产业中，产业的经营及创新绩效对其所有制结构的变化显得格外敏感。李春涛（2010）认为，国有企业在创新资源投入和产出水平上较民营企业具有较大优势，但国有产权不利于激励机制对企业和员工创新发挥促进作用。孙早等（2011）在研究产业所有制结构变化对产业绩效的影响中指出，规模以上工业国有企业比重的提高不利于产业绩效的提升，即两者之间具有负相关关系，而规模以上民营工业企业比重的提高对整个产业，尤其是高资本密集的战略性产业绩效的提升具有显著的正向促进作用。戴静等（2013）以 2001—2010 年中国各地区工业部门的数据为依据，实证检验了国有经济与区域创新之间的关系，发现国有经济比重的提高对区域创新产出能力的提升有负向影响。

在区域创新能力方面，部分学者对区域创新系统进行了研究，国内外学者也多围绕区域创新系统、区域创新网络、创新主体对创新知识等创新要素的投入和利用、区域创新环境的支持能力和创新商业化产出能力来阐述区域创新能力的内涵。根据创新能力的内涵，国内外学者对创新能力维度的划分不一，但大都体现了“创新投入—创新环境支撑—创新产出”这条主线，因此本章将区域创新能力划分为三个维度，即区域创新投入能力、区域创新支撑能力和区域创新产出能力。关于区域创新能力的影响因素，国外学者多从国家创新系统的角度探讨。国内学者对我国区域创新能力的影响因素及地区差异进行了多角度的阐述，包括企业层面、产业层面及区域整体科技及经济环境等方面。有关区域经济结构的研究比较少，但对其内涵和维度划分较为统一。关于区域产业结构，学者多从产业结构的优化着手，也有学者研究了产业结构与区域创新能力的关系，认为第一产业对区域创新能力的提高有抑制作用，而第二、第三产业比重的提高会促进区域创新能力的提升。还有学者认为，产业结构对区域创新能力的影响存在差异。此外，学者还研究了企业规模结构及所有制结构对区域创新能力的影响。

因此，针对目前理论界研究现状，本章以全国31个省份为区域研究对象，引入区域经济结构作为调节变量，探讨区域创新能力与中小企业景气的关系，以期从改善区域创新基础投入、环境支撑及创新产出效率的角度为提高区域中小企业景气提供理论参考，并从改善区域经济结构方面来考量，缩小区域中小企业景气的差异。

第二节　模型建构与研究假设

一　概念模型

从中小企业景气的内涵可知，中小企业景气是中小企业经营状况的体现，而企业经营状况的影响因素又主要分为企业内部资源因素和企业外部环境因素（马云飞，2005；陈思静，2009等），其中从内部因素来看，技术创新能力是影响企业经营绩效和发展水平的重要因素（马云飞，2005；陈思静，2009等），从外部影响因素来看，区域环境中的科技发展水平和速度、区域经济发展水平会对企业的经营绩效产生较大影响。区域创新能力对企业景气（经营状况）的影响机制体现在：区域创新带来的知识和技术溢出效应影响中小企业的创办和核心竞争力的提升，从而影响企业的景气（经营状况）。区域经济结构对区域创新能力与中小企业景气的调节作用机制在于区域经济结构，尤其是产业结构是造成区域经济差异的重要原因（卢俊，2015），区域经济发展水平又与中小企业的发展息息相关（袁成英，2011），且区域创新能力又与区域发展具有单向促进作用（王晖，2012），因此，区域经济结构对区域创新能力与中小企业的景气关系可能存在调节作用。

综上所述，本章构建概念模型如图9－1所示。模型中的具体逻辑关系和研究假设的推导将在下文中进行详细阐述。

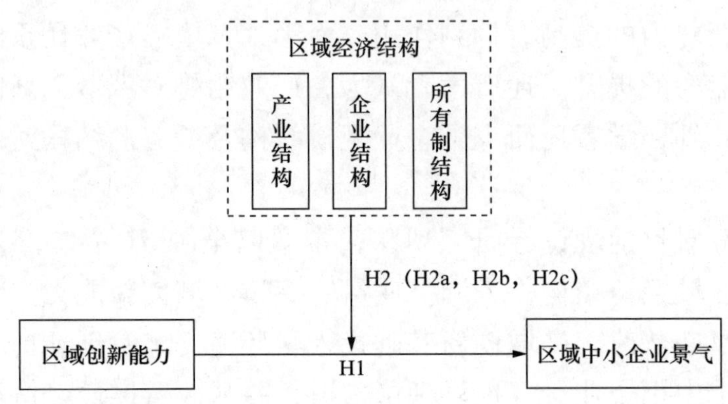

图9－1 概念模型

二 研究假设

（一）区域创新能力与中小企业景气

具体来说，区域创新能力对中小企业景气的影响可从其三个维度进行讨论。根据对以往文献的研究和梳理，认为区域创新能力主要可划分为三个维度：（1）区域创新投入能力，即区域创新系统中的主体，主要包括企业、高校及科研机构对科研人员、科研经费等创新资源的投入能力；（2）区域创新支撑能力，即区域环境对创新主体创新活动的支持和服务能力，如高校、技术工程研究中心等创新服务机构数量以及各区域吸引外资（FDI）、提供技术交易等服务的创新支撑能力；（3）区域创新产出能力，即区域创新主体通过利用自身的资源及从环境中获取的各种创新资源和条件，将创新思想和知识转化为新产品和新技术的能力，具体表现为论文、专利等知识产出，GDP产出及高新技术产出。区域创新能力的三个维度对区域中小企业景气的影响机制主要体现在：

（1）区域创新的科研投入及科技成果的产出带来的知识和技术外溢效应能促进中小企业的成长和发展，继而影响区域中小企业的景气状况。区域研发投入密集度高的地区往往会产生明显的技术扩散效应，且一个地区创新的成果及研发投入能产生知识外溢效应（王明鹏，2015）；能为大量就业者和待业者提供了创业的内容和方向，使创业者们有较强的获取高新技术的能力，进而为所创办的企业带来核心竞争优势，加之中小企业规模小、灵活性强的特点使之更容易获取知识外溢的好处，既有利于中小企业的创办，提高中小企业的新生率（Jaffe，1986；Audretsch，1996），也有利于提高中小企业核心竞争力。此外，创新成果及研发投入带来的知识外溢和技术扩散效应还可以大幅提高中小企业尤其是高新技术中小企业的利润率以及降低企业研发成本和研发风险，大幅提高企业技术创新绩效，从而促进中小企业景气（经营状况）的改善。

（2）区域创新支撑体系通过其核心要素［高等学校数量、技术市场成交额及外商直接投资额（FDI）等］影响中小企业的技术进步，进而影响中小企业的景气（经营状况）。区域创新环境支撑体系中高等学校等创新载体的数量通过影响企业获取知识外溢的便利程度可促进企业新生率的提升（王明鹏，2015），且一个地区技术转移与扩散的便利程度对企业获取技术外溢效应也会产生影响（刘素坤，2009），区域创新支撑体系中技术交易市场的成交额是区域技术转移和扩散情况的总体和直观评价，对中小企业对技术的获取具有正向影响。此外，FDI是促进中国企业技术进步的有效途径（M. Blomstrom，1999），且FDI对区域创新能力具有显著积极效应（侯润秀，2006），因此，本章将其作为区域创新支撑能力的构成，对区域中小企业技术创新具有促进作用，而技术创新作为企业发展的源泉、动力及目的（王凯，2002）是影响企业经营绩效的重要途径（杨娟，2014），因此，可推知区域创新支撑能力对中小企业的景气（经营状况）具有正向影响。

因此，基于上述逻辑推理，考虑到区域创新能力对中小企业知识获取等科技研发活动的积极影响，进而对中小企业景气（经营状况）产生的促进作用，本章提出假设H1。

假设H1：区域创新能力对区域中小企业景气具有正向促进作用。

（二）区域经济结构对区域创新能力与中小企业景气关系的调节作用

本章界定的区域范围是我国31个省份，我国各省份所处的地理位置不同，分布在东部地区、中部地区、西部地区三大地带，由于三大地带存在资源禀赋、政策等发展条件的不同，各区域创新能力对中小企业景气的影响可能存在差异。其中，区域经济结构是造成区域经济差异（谢健，

2003），从而使各区域创新能力与中小企业景气关系表现不一的主要原因。区域经济结构的本质在于一个区域内各部门、各产业的经济体之间内在的经济及制度关联和数量及比例关系。主要包括产业结构（第三产业的比重）、企业结构（大型企业占比）和所有制结构（国有企业占比）。区域经济结构通过影响区域的经济发展的水平和速度，从而对区域内的活动主体的能力和景气状况产生影响，且区域经济结构的差异也会造成区域创新能力与中小企业景气关系的不同。

通过与《中国区域创新能力报告》各区域创新能力的排名进行比较发现，大部分省份的创新能力与中小企业景气的排名不相上下，如江苏、广东、浙江、山东等东部地区创新能力与中小企业景气排名均居全国前列，湖南、湖北、河北、四川等中部地区创新能力和中小企业景气水平均居全国中等水平，广西、贵州、青海、西藏、宁夏等西部地区创新能力和中小企业景气都较弱。虽然我国区域创新能力和中小企业景气的排名具有一定的同步性，但部分省份也表现出了较大差异，如创新能力排名前三的北京市其中小企业景气指数排名却在 10 名以外，天津、重庆、陕西、黑龙江等地区的区域创新能力排名较其中小企业景气指数排名拉开了较大幅度，说明这些省份的较强势的区域创新能力未能带动其中小企业景气水平的提高。究其原因，与其经济结构，尤其是产业结构（第二产业的比重）、企业结构（大企业占比）和所有制结构（国有企业占比）有密切联系。

本章结合以往文献将区域经济结构分为区域产业结构、区域企业结构、区域所有制结构三个维度，因此区域经济结构对区域创新能力与中小企业景气关系的调节作用可具体体现在这三个维度上。

首先，区域产业结构是指三大产业的总产值比重结构，具体从第三产业（服务业）的总产值比重对其进行考量。除第二产业（工业、制造业）外，第一产业和第三产业也是区域经济结构的重要组成部分，但第一产业比重的提高不利于对区域创新能力的提升，第三产业比重的提升对区域创新具有促进作用（王鹏、赵捷，2011）。因此，第三产业的发展对区域创新能力的贡献也不容小觑，其中第三产业中的高新技术产业更是带动区域创新能力提升的重要因素。由于目前工业仍是中小企业的集聚地，工业企业也是拉动区域创新能力的主要力量，本章以工业中小企业景气作为研究对象。区域创新能力与工业中小企业景气的关系必定还要受到区域第三产业，尤其是第三产业的企业的发展水平的影响。换言之，区域产业结构（第三产业总产值比重）可反映各个区域除工业、服务业外这一主体的发展水平及差异，并能影响一个地区工业企业尤其是工业中小企业的规模，使得在工业欠发达的地区其区域创新能力和中小企业景气的相关性可能会不明显。

其次，区域企业结构是指大型、中型及小型企业的数量比重，本章主要考量各区域大型企业数量的占比。根据《中国统计年鉴》（2010—2013 年）的数据可知，大型企业和中小企业在数量上差距悬殊，且区域差异较大，因此导致在创新投入（科研经费、科研人员等）以及创新产出（专利、高新技术产值等）上两者的差距也不一致。具体来看，在科研经费投入上，北京、江苏、天津等地其大型企业的投入略低或持平于中小企业，在浙江、西藏等地区其大型企业的投入水平显著低于中小企业，而在其他省份，大型企业的科研经费投入占 60%—90%，高于中小企业。在创新知识产出——专利申请的数量上来看，大型企业普遍低于中小企业的产出水平，大型企业专利申请量的占比平均在 40% 以下。而在新产品产出上，大型企业又表现得比中小企业出色，除浙江、新疆、西藏等省份外，其他省份的大型企业的新产品产值比重普遍在 60% 以上，且大部分在 70%—95%。由此可见，大型企业的数量占比会影响区域创新投入能力和创新产出能力，从而影响区域创新能力与中小企业景气的关系。

最后，区域所有制结构包括国有和非国有两种所有制类型。区域所有制结构对区域创新能力和中小企业景气关系的影响机制和企业结构类似，对区域创新投入能力和产出能力产生影响，从而作用于两者关系。一方面，国有企业资金实力雄厚，国有企业在研发支出上略高于民营企业（解维敏，2009），即国有企业在创新投入和产出上具有优势（李春涛，2010）。另一方面，国有产权降低了激励对创新的促进作用，国有经济对区域创新能力的提高有抑制作用；相反，私营经济总体上对区域创新能力的提升有促进作用（卢俊，2015）。中小企业属于民营经济范畴，而国有企业作为区域创新能力的主体，必定会对区域创新能力和中小企业的关系产生影响。因此，国有固定投资占比作为国有经济的衡量指标会对区域创新能力和中小企业景气关系产生调节作用。

归纳以上分析，本章提出以下假设：

假设 H2：区域经济结构对区域创新能力与中小企业景气关系具有负向调节作用。

假设 H2a：区域产业结构对区域创新能力与中小企业景气关系具有负向调节作用。

假设 H2b：区域企业结构对区域创新能力与中小企业景气关系具有负向调节作用。

假设 H2c：区域所有制结构对区域创新能力与中小企业景气关系具有负向调节作用。

第三节　实证检验与结果讨论

一　变量选择与测度

（一）解释变量的测度

本章研究内容中主要设计的解释变量是区域创新能力，其测量维度包括区域创新投入能力、区域创新支撑能力和区域创新产出能力三个维度。本章主要参考中国科技发展战略研究小组（2009）、褚立波（2010）的研究，选取区域创新投入能力、区域创新环境支持能力以及区域创新产出能力三个维度的评价指标来对解释变量进行测量，具体测量指标如表 9－1 所示。

表 9－1　　　　区域创新能力测量指标

测量指标	指标维度	指标条目
区域创新力	区域创新投入能力	R&D 经费（亿元）
		R&D 经费支出占 GDP 比重（%）
		研究开发人员数（万人）
		研发人员占从业人员比重（%）

续表

测量指标	指标维度	指标条目
区域创新力	区域创新支撑能力	外商投资额（亿美元）
		技术合同总成交额（亿元）
		高等学校数（所）
		国家工程技术研究中心数（家）
	区域创新产出能力	发表科技论文数（国内/百篇）
		发明专利授权量（百项）
		高新技术产业产值（亿元）
		新技术产业产值占工业总产值的比重（%）

同时，本章将参考任胜刚等（2007）基于因子分析法的原理对区域创新能力进行测量。因子分析的基本原理是通过降维的思想，综合主要因子来反映原始指标数据的信息，且满足了指标之间的独立性原则。基于因子分析法进行区域创新能力得分的计算，即是通过因子分析将原始的区域创新能力的多个指标数据合成主要的几个因子，然后以分析得出的各主因子的方差贡献率为指标权重进行加权平均，从而计算出各区域的综合得分。因子分析的计算步骤主要分为以下几点：

第一步：判断所选择的原始指标数据是否满足因子分析的一般要求。通常把是否通过 KMO 检验和 Bartlett 球形检验来确定原始数据是否达到因子分析的要求。即满足 KMO 值大于 0.7，Bartlett 球形检验的显著性小于 0.05 这一条件。

第二步：进入因子分析过程，构建因子变量，求因子系数矩阵 R。

第三步：由因子系数矩阵 R 求出各主因子得分，具体计算公式如下：

$$\begin{cases} F_1 = a_{11}X_1 + a_{21}X_2 + \cdots + a_{p1}X_p \\ F_2 = a_{12}X_1 + a_{22}X_2 + \cdots + a_{p2}X_p \\ F_p = a_{1p}X_1 + a_{2p}X_2 + \cdots + a_{pp}X_p \end{cases}$$

第四步：将分析得出的各主因子的方差贡献率作为指标权重，利用软件进行综合加权平均计算，求出各区域创新能力的综合得分 F，并依次排序。区域创新能力综合得分的计算公式为：

$$F = (W_1F_1 + W_2F_2 + \cdots + W_iF_i) / \sum W_i$$

其中，W_i 为各主因子的方差贡献率，$\sum W_i$ 为累计方差贡献率。

（二）被解释变量的测度

中小企业景气是一个与经济周期波动息息相关的概念，需要用能从全期反映企业经营状况的指标来进行测量。具体来说，中小企业景气是用其景气指数来测度的，中小企业景气指数是中小企业景气的数值化体现。本章研究内容中主要设计的研究对象是规模以上工业中小企业，因此，我们选取前文计算的中国省际工业中小企业景气指数。

（三）调节变量的测度

本章将区域经济结构作为调节变量，探讨其对区域创新能力与中小企业景气关系的调节作用。具体来说，本章把区域经济结构分为区域产业结构、区域企业结构、区域所有制结构三个维度来对区域经济结构进行测量。

关于区域产业结构的测量，张平（2007）基于三次产业分类法，按第一产业、第二产业及第三产业的划分来把握区域产业结构，具体从三大产业的总产值比重结构来衡量区域产业结构。考虑到目前工业企业仍是拉动区域创新能力的主要力量（《中国区域创新能力报告》课题组，2014），且工业中小企业是我国中小企业的主力军，本章选取规模以上工业中小企业作为区域中小企业景气研究的对象，因此，一个区域的工业（第二产业）的发达程度会影响区域创新能力与工业中小企业景气的关系。考虑到第一产业对区域创新的贡献不大，甚至第一产业比重的提高还会不利于创新的产出，但第三产业对区域经济及区域创新的作用不容忽视，第三产业比重的提高也能促进区域创新（王鹏等，2011），尤其是第三产业中的高科技服务业对区域创新的产出能力的贡献不容小觑，因此，本章认为，第三产业的比重会对区域创新能力与（工业）中小企业景气关系造成影响，故选取第三产业（服务业）总产值的比重作为测度区域产业结构的指标，可以较好地反映区域经济结构中产业结构对区域创新能力和区域中小企业景气关系的影响。

关于区域企业结构的测量，吴伟军（2009）主要按大型企业、中型企业、小型企业的数量和比重来反映企业结构。根据工业统计年鉴的数据可知，大型工业企业在创新投入（科研经费、科研人员）以及创新产出

（新产品产值、专利数量）上显著高于中小工业企业，在各区域工业企业的创新绩效中，大型工业企业的贡献率普遍在70%以上。因此，可推知区域企业结构中大型工业企业的数量占比对区域创新能力和中小企业景气关系具有较大的影响，故选取大型工业企业数量占比作为区域企业结构的测量指标。

关于区域所有制结构的测量，根据卢俊（2015）的研究，分国有和非国有两种所有制类型，从所有制结构"量"（国有和非国有经济占比）的角度来分析，在所有制结构"量"的测度指标选择上，本章借鉴刘瑞明（2011）的研究方法，利用国有固定投资占比（地区国有经济固定资产投资额/地区经济固定资产投资额）对国有经济占比进行测度。本章区域经济结构的测量指标如表9－2所示。

表9－2　　　　区域经济结构测量指标

测量指标	指标维度	指标条目
区域经济结构	区域产业结构	第三产业总产值比重（%）
	区域企业结构	大型企业数量比重（%）
	区域所有制结构	国有国定投资比重（%）

（四）控制变量的测度

本章选取企业规模、企业技术创新水平及区域经济水平作为控制变量，以控制解释变量以外的因素对区域中小企业景气的影响。

（1）企业规模。区域企业规模越大，越有利于形成规模效应和集群经济，带动和促进区域企业景气的提升。因此，将企业规模作为控制变量，用各区域的规模以上工业中小企业的资产总值来测度。

（2）企业技术创新水平。各区域的企业技术创新水平的高低对企业景气具有一定的影响作用，即技术创新能从降低成本和提高异质性两个方面使企业建立起竞争优势，从而提高获利能力。因此，将企业技术创新水平纳入控制变量的范畴，以各区域规模以上工业中小企业新产品产值来衡量。

（3）区域经济水平。企业作为区域经济的细胞，其景气度必然受区域经济环境的影响，因此将区域经济水平作为影响中小企业景气的控制变量，具体从各区域 GDP 增长速度来测量。

二 数据获取与预处理

本章对区域创新能力、区域中小企业景气及区域经济结构的测量是以我国 31 个省（市、区）为大样本，其中区域中小企业景气的测量又是以我国 31 个省（市、区）规模以上工业中小企业为样本。根据上述样本选取及前文构建的区域创新能力、区域中小企业景气、区域经济结构三个主要变量及控制变量的测量指标体系，变量测量指标的具体数据均是从国家、相关机构及各级政府部门发布的统计数据中直接获取。具体来说，区域创新能力测量数据的来源主要包括《中国统计年鉴》《中国科技统计年鉴》、各省统计局网站公布的《统计公告》、科技厅发布的《国家工程技术研究中心年度报告》、中国科技发展战略研究小组主编的《中国区域创新能力报告》；区域经济结构测量数据的来源主要是《中国统计年鉴》；企业规模、企业技术创新水平及区域经济水平的测量数据来源主要包括《中国统计年鉴》《中国工业统计年鉴》《工业企业科技活动统计年鉴》。

本章的数据均来自国家、相关机构及各级政府部门发布的 2010—2013 年相关的统计数据。由于本章测量指标涉及的数据面比较广，某些地区或某年份的数据不完全具备，且不同类型的指标的数据有较大的数量级差异，为了使后续数据分析能顺利实现本章研究目标，有必要对数据进行预处理。首先，从多处收集数据，克服某地区或某年份数据的缺失，保证指标体系数据的完整性；其次，由于我国区域经济、科技及教育发展水平存在较大差异，因此，在处理数据时应剔除数据样本中孤立数据和极端数值的影响；最后，统一各个指标之间的计量单位和数量级，可通过对原始数据进行无量纲化处理来实现，从而使其符合指标间具有综合性的原则，满足对所获得的数据进行综合分析的条件。本章采用功效值法对指标进行无量纲化处理。功效值法的原理在于预先设定一个满意值和一个不允许值，将满意值（一般取最大值）设为上限，将不允许值（一般取最小值）设为下限，从而求出各指标对满意值的接近程度，以此获得各指标相应的评价分数（李荣平等，2005）。无量纲化处理的计算公式为：

$$d_{ij} = \frac{x_{ij} - x_{j\min}}{x_{j\max} - x_{j\min}} \times 100$$

其中，d_{ij}是第 i 个地区第 j 个指标的评价分数；x_{ij}是第 i 个地区第 j 个指标的原始数位；x_{jmax} 是第 j 个指标的最大值；x_{jmin} 是第 j 个指标的最小值。

按照功效值法的无量纲化公式将本章采集到的 30 个指标 2010—2013 年的原始数据进行无量纲化处理，得到各指标各年份的标准化数据，以供下文具体实证分析使用。

三　实证研究思路与模型设计

首先，对区域创新能力进行实证测量，基于前文设计和选取的区域创新能力评价的指标和方法，即采用因子分析的测度方法对区域创新能力的评价指标进行因子分析，提取主成分因子，并计算各区域创新能力的综合得分，以区域创新能力作为本章解释变量的数据值。前文计算的中国省际工业中小企业景气指数作为本章的被解释变量的数据值。

其次，对区域创新能力和中小企业景气关系进行实证检验与分析。包括描述性统计分析、相关性分析和回归分析。其中，回归分析是实证环节的重点，包括检验区域创新能力与中小企业景气的关系及区域创新结构对两者关系的调节作用，构建如下模型：

$$y = \beta_0 + \beta_1 innov + \beta_2 cyjg + \beta_3 qyjg + \beta_4 szy + \beta_5 size + \beta_6 tec + \beta_7 rgdp + \varepsilon$$

其中，y 是被解释变量，代表区域中小企业景气（景气指数 *jqzs*）；*innov* 是自变量，代表区域创新能力；*cyjg*、*qyjg*、*syz* 是调节变量，分别代表调节变量区域经济结构三个维度的子变量，即区域产业结构（第三产业总产值比重）、区域企业结构（大型企业数量比重）及区域所有制结构（国有固定投资比重）；*size*、*tec*、*rgdp* 是控制变量，分别代表企业规模（资产总额）、企业技术创新水平（新产品产值）及区域经济发展水平（GDP 增长率）；β_0 是常数项，ε 表示随机扰动项。

对上文设计的模型所涉及的变量的含义、标识及数据来源进行了归纳整理，具体如表 9－3 所示。

表 9－3　　　　模型变量的含义、标识及数据来源

变量类型	变量名称	变量界定	原始数据来源
因变量	区域中小企业景气（jqzs）	以区域规模以上工业中小企业景气指数来测度	《中国工业统计年鉴》

续表

变量类型	变量名称	变量界定	原始数据来源
自变量	区域创新能力（innov）	以区域创新投入、产出和支撑能力来测度	《中国统计年鉴》《中国科技统计年鉴》《统计公告》《中国区域创新能力报告》《国家工程技术研究中心年度报告》
调节变量	区域产业结构（cyjg）	以第三产业总产值比重测度	《中国统计年鉴》
	区域企业结构（qyjg）	以规模以上大型工业企业数量比重测度	《中国工业统计年鉴》
	区域所有制结构（syz）	以国有固定投资比重测度	《中国统计年鉴》
控制变量	企业规模（size）	以规模以上工业中小企业资产总值测度	《中国工业统计年鉴》
	企业技术创新水平（tec）	以规模以上工业中小企业新产品产值计算	《工业企业科技活动统计年鉴》
	区域经济发展水平（rgdp）	以区域 GDP 增长速度测度	《中国统计年鉴》

注：因变量区域中小企业景气及自变量区域创新能力的最终实证分析数据来源于基于其测量指标的原始数据经计算后的测量值。

四　数据处理与实证分析

（1）主要变量测度

根据上文对区域创新能力测量方法的选取和设计，接下来将利用因子分析法对区域创新能力进行实证测量。

首先，根据表 9－4 可知，2010—2013 年反映区域创新能力的数据的

表 9－4　　　　KOM 和 Bartlett 球形检验

取样足够度的 Kaiser－Meyer－Olkin 度量		0.790
Bartlett 球形检验	近似卡方	1785.895
	自由度	66
	显著性	0.000

KMO 检验大于 0.7，Bartlett 球形检验的显著性都近似为零，说明该数据适合做因子分析。

借助 SPSS 软件对各区域创新能力的原始数据做因子分析（见表 9－5）。

表 9－5　　　　解释的总方差

主成分	特征值	方差贡献率	累计方差贡献率
1	6.805	35.529	35.529
2	1.333	30.465	65.994
3	1.053	10.597	76.591

由表 9－5 显示了特征值分布及累计百分比的结果，按照因子特征值大于 1 的标准，提取因子所解释的方差累计贡献率大于 65% 的原则，提取主要因子。我们可以看到，满足要求的有三个因子，这三个因子能替代原来区域创新能力的 12 个指标，且获得了这三个主因子的方差贡献率及其累计方差贡献率。

通过旋转成分矩阵可得出以上三个主成分所具体包含的因子（见表 9－6）。

表 9－6　　　　旋转成分矩阵

主成分		1	2	3
1	R&D 经费支出占 GDP 比重（%）	0.870	0.326	0.209
	技术合同总成交额（亿元）	0.917	0.128	0.077
	国家工程技术研究中心数（家）	0.835	0.405	－0.008
	高新技术产业产值（亿元）	0.757	0.245	0.246
2	R&D 经费（亿元）	0.564	0.779	0.108
	研究开发人员数（万人）	0.380	0.884	0.044
	高等学校数（所）	－0.029	0.771	0.260
	发表科技论文数（国内）（百篇）	0.434	0.522	0.113
	发明专利授权量（百项）	0.659	0.690	0.034
	高新技术产业产值占工业总产值比重（%）	0.432	0.677	0.022

续表

主成分		1	2	3
3	研发人员占从业人员比重（%）	0.349	-0.077	0.751
	外商投资额（亿美元）	-0.043	0.338	0.708

注：提取方法：主成分；旋转法：具有 Kaiser 标准化的正交旋转法，旋转在 7 次迭代后收敛。

从表 9-6 可知，主成分 1 包括 R&D 经费支出占 GDP 比重、技术合同总成交额、国家工程技术研究中心数、高新技术产业产值；主成分 2 包括 R&D 经费、研究开发人员数、高等学校数、发表科技论文数（国内）、发明专利授权量、高新技术产业产值占工业总产值比重；主成分 3 包括研发人员占从业人员比重、外商投资额。三个主因子都包含区域创新投入、支撑及产出三个维度的评价指标，其中主因子 1 是测量区域创新能力最主要的因子（方差贡献率为 35.529%）。

利用 SPSS 软件，生成各省（市、区）在上述三个主因子上的得分，然后以各主因子的方差贡献率为权重进行加权平均计算，从而获得各区域创新能力的综合因子得分，并按综合得分结果进行省份排名，具体结果如表 9-7 所示。区域中小企业景气测量的研究样本为规模以上工业中小企业，本章直接选取报告前文计算的中国省际工业中小企业景气指数。

表 9-7 因子分析法下 2010—2013 年区域创新能力综合得分及排名

地区	2013 年		2012 年		2011 年		2010 年	
	得分	排名	得分	排名	得分	排名	得分	排名
北京	2.24	1	2.09	1	1.82	1	1.64	1
江苏	1.57	2	1.42	2	1.00	2	0.91	2
广东	1.44	3	1.37	3	0.99	3	0.90	3
浙江	1.16	4	0.54	6	0.37	6	0.30	6
上海	1.00	5	0.95	4	0.73	4	0.69	4
山东	0.8	6	0.65	5	0.47	5	0.40	5
辽宁	0.51	7	0.10	10	0.31	7	0.28	7
天津	0.50	8	0.39	7	0.18	8	0.11	8
陕西	0.33	9	0.22	8	0.13	9	0.09	9

续表

地区	2013年		2012年		2011年		2010年	
	得分	排名	得分	排名	得分	排名	得分	排名
湖北	0.24	10	0.14	9	0.02	10	0	10
四川	0.13	11	0.04	11	-0.07	11	-0.04	11
福建	0.03	12	-0.01	12	-0.14	12	-0.13	13
河南	0.03	13	-0.05	13	-0.15	13	-0.17	14
安徽	0.01	14	-0.10	15	-0.22	15	-0.20	15
湖南	0.01	15	-0.06	14	-0.17	14	-0.10	12
重庆	-0.07	16	-0.11	16	-0.22	16	-0.24	17
河北	-0.18	17	-0.27	18	-0.29	18	-0.30	18
黑龙江	-0.22	18	-0.24	17	-0.27	17	-0.24	16
江西	-0.24	19	-0.30	20	-0.37	20	-0.32	19
吉林	-0.26	20	-0.30	19	-0.37	19	-0.36	20
内蒙古	-0.32	21	-0.34	21	-0.41	22	-0.58	29
山西	-0.32	22	-0.36	22	-0.40	21	-0.42	21
广西	-0.39	23	-0.42	23	-0.45	23	-0.45	22
甘肃	-0.45	24	-0.48	24	-0.51	24	-0.52	24
云南	-0.46	25	-0.49	25	-0.53	25	-0.52	25
新疆	-0.49	26	-0.52	26	-0.56	28	-0.57	27
贵州	-0.50	27	-0.53	27	-0.56	26	-0.50	23
宁夏	-0.53	28	-0.54	28	-0.56	27	-0.59	30
海南	-0.56	29	-0.56	29	-0.58	29	-0.58	28
青海	-0.57	30	-0.58	30	-0.59	30	-0.61	31
西藏	-0.67	31	-0.69	31	-0.66	31	-0.53	26

注：综合得分为负数表明其低于平均水平。

表9-8　　2010—2013年中国省际工业中小企业景气指数及排名

地区	2013年		2012年		2011年		2010年	
	指数	排名	指数	排名	指数	排名	指数	排名
广东	150.99	1	148.66	1	145.79	1	146.31	1

续表

地区	2013 年		2012 年		2011 年		2010 年	
	指数	排名	指数	排名	指数	排名	指数	排名
江苏	140. 78	2	131. 57	2	130. 10	2	129. 28	2
浙江	124. 86	3	119. 19	3	117. 60	3	117. 11	3
山东	96. 53	4	86. 15	4	84. 76	4	84. 23	4
河南	65. 31	5	62. 97	5	62. 74	5	61. 63	5
上海	55. 43	6	51. 43	6	51. 05	6	50. 50	6
河北	55. 26	7	55. 94	7	55. 51	7	54. 82	7
辽宁	54. 82	8	40. 61	8	40. 22	8	40. 19	8
福建	42. 94	9	39. 33	10	38. 88	10	38. 52	10
湖北	41. 83	10	57. 33	9	56. 05	9	56. 45	9
四川	38. 28	11	35. 74	11	35. 09	11	35. 27	11
湖南	32. 26	12	25. 55	12	25. 57	12	25. 06	12
安徽	30. 53	13	28. 68	16	28. 62	16	28. 12	16
天津	27. 76	14	28. 53	13	27. 99	13	28. 03	13
北京	25. 78	15	18. 13	14	18. 04	15	17. 77	14
山西	25. 68	16	24. 05	15	23. 98	14	23. 75	15
广西	23. 8	17	27. 42	17	27. 12	17	27. 03	17
陕西	22. 06	18	27. 59	18	26. 32	18	27. 50	18
云南	20. 32	19	22. 74	19	22. 72	19	22. 40	19
吉林	19. 71	21	16. 00	20	15. 87	20	15. 76	20
黑龙江	17. 43	22	21. 70	22	21. 21	22	21. 47	22
重庆	17	23	17. 56	24	17. 49	24	17. 42	23
内蒙古	16. 38	24	16. 12	23	15. 95	23	15. 73	24
新疆	14. 4	25	13. 04	25	13. 00	25	12. 82	24
甘肃	13. 82	26	15. 56	26	15. 49	26	15. 42	26
贵州	12. 79	27	13. 82	27	14. 81	27	14. 73	27
海南	4. 93	28	4. 25	28	4. 18	28	4. 21	28
宁夏	4. 13	29	5. 42	29	5. 31	29	5. 40	29
青海	2. 47	30	2. 63	30	2. 63	30	2. 61	30
西藏	1. 55	31	2. 03	31	2. 04	31	2. 03	31

（二）描述性统计分析

在进行区域创新能力与中小企业景气关系及区域经济结构对二者关系的影响的实证检验之前，需对本章所涉及的解释变量、被解释变量、调节变量及控制变量进行综合的描述性统计分析。通过对区域创新能力、区域中小企业景气、区域经济结构等主要变量进行描述性统计，分析各变量均值、标准差、极值及其分布的情况，可较好地了解样本的整体情况。具体见表 9 –9 所示。

表 9 –9　　描述性统计分析

变量	样本	均值	标准差	最小值	最大值
jqzs	124	38. 11	36. 82	1. 550	151. 0
innov	124	0. 000161	0. 627	–0. 690	2. 240
cyjg	124	40. 99	9. 041	28. 62	76. 85
qyjg	124	2. 769	1. 506	0. 350	8. 160
syz	124	30. 62	12. 01	11. 45	73. 37
size	124	12268	11669	186. 5	51391
tec	124	1008	1578	1. 100	9438
rgdp	124	10. 03	3. 027	2. 380	16. 40

注：各变量含义及数据来源在表 9 –3 中已作具体介绍，故省略。

（三）相关性分析

在利用实证模型对主要变量进行回归分析之前，还需对各个变量间的相关关系进行初步考察。相关性分析是只对各变量之间的相关性进行研究，由此可以初步判断变量之间是否存在相关关系。本章对区域创新能力、中小企业景气及区域经济结构等变量间的相关关系分析结果如表 9 –10 所示。

表9－10 **相关性分析**

	jqzs	innov	cyjg	qyjg	syz	size	tec	rgdp
jqzs	1							
innov	0.0930	1						
cyjg	0.0820	0.486***	1					
qyjg	－0.218**	0.224**	0.0460	1				
syz	－0.543***	0.0610	0.110	0.197**	1			
size	0.104	0.680***	－0.0240	0.247***	－0.0170	1		
tec	0.0520	0.682***	0.0720	0.164*	－0.0530	0.858***	1	
rgdp	－0.0370	－0.271***	－0.155*	0.388***	－0.217**	－0.229**	－0.166*	1

注：*表示在1%的水平上显著，**表示在0.5%的水平上显著，***表示在0.1%的水平上显著。

从表9－10可以看出，区域创新能力与区域中小企业景气存在正向相关关系，但关系程度不显著。调节变量中，区域产业结构（第三产业总产值比重）与中小企业景气存在正向相关关系，在0.1%的水平上与区域创新能力正相关；区域企业结构（大型企业数量比重）在0.5%的水平上与区域中小企业景气负相关，在0.5%的水平上与区域创新能力正相关；区域所有制结构（国有固定投资比重）在0.1%的水平上与区域中小企业景气负相关，与区域创新能力正相关，但不显著。控制变量中，企业规模、企业技术创新水平均与区域中小企业景气正相关，而区域经济发展水平与中小企业景气负相关。

基于上述分析可知各变量间存在一定的相关性，但并不能说明变量之间存在因果关系，需要用回归分析进一步验证解释变量（区域创新能力）与被解释变量（区域中小企业景气）之间是否存在显著的因果关系，以及调节变量（区域经济结构）是否能显著调节两者之间的关系。

（四）回归分析

根据本章有关实证研究思路与模型设计中所确定的回归模型：

$$y=\beta_0+\beta_1 innov+\beta_2 cyjg+\beta_3 qyjg+\beta_4 szy+\beta_5 size+\beta_6 tec+\beta_7 rgdp+\varepsilon$$

本章的回归分析为分层逐步推进，对前文提出的研究假设进行一一验证，具体分析过程将在下文作详细阐述，其结果如表9－11所示。

表 9－11　　回归分析结果

模型	(1)	(2)	(3)	(4)	(5)	(6)	(7)
innov	4.31** (2.27)	－2.18 (－1.26)	10.49*** (3.91)	8.48*** (4.01)	39.05*** (4.44)	11.28* (1.87)	－0.25 (－0.04)
size	0.0006*** (3.83)	0.0009*** (4.41)	0.001*** (3.22)	0.0006*** (2.84)	0.0004* (1.82)	0.001*** (3.26)	0.0006*** (2.76)
tec	－0.004*** (－3.17)	－0.004*** (－2.75)	－0.007*** (－2.70)	－0.006*** (－3.73)	－0.005*** (－3.72)	－0.007*** (－2.75)	－0.006*** (－3.51)
rgdp	0.007 (0.01)	0.09 (0.12)	2.4** (2.44)	－1.53** (－2.01)	－0.04 (－0.06)	2.37** (2.53)	－1.58** (－1.98)
cyjg		0.49*** (6.85)			0.563*** (8.72)		
qyjg			－9.25*** (－3.06)			－9.20*** (－3.25)	
syz				－1.81*** (－22.48)			－1.87*** (－18.31)
innov_ cyjg					－0.66*** (－5.68)		
innov_ qyjg						－0.24 (－0.20)	
innov_ syz							0.30** (2.25)
_ cons	34.33*** (5.22)	10.36 (0.99)	32.31*** (5.56)	107.5*** (11.51)	16.69* (1.84)	32.35*** (5.67)	109.9*** (10.74)
N	124	124	124	124	124	124	124
Wald 检验	289.13 (0.00)	181.98 (0.00)	30.87 (0.00)	945.21 (0.00)	1485.27 (0.00)	46.79 (0.00)	1300.56 (0.00)
异方差检验(LR)	324.41 (0.00)	355.92 (0.00)	318.79 (0.00)	6.486 (0.00)	359.03 (0.00)	319.26 (0.00)	275.20 (0.00)
序列相关检验	6.321 (0.02)	5.655 (0.02)	6.250 (0.02)	250.37 (0.00)	5.047 (0.03)	4.370 (0.05)	5.556 (0.03)

注：变量括号中为 t 值；Wald 统计量、异方差、序列相关性检验括号中为 p 值；***、**和*分别表示在 0.1%、0.5% 和 1% 的水平上显著。

为了得到表9-11的回归分析结果，在上述模型中，首先，为了检验区域创新能力与区域中小企业景气的关系，并控制企业规模、企业技术创新水平及区域经济发展水平对区域中小企业景气的影响，我们放入解释变量、控制变量和被解释变量进行回归，得到模型（1）；其次，考察加入三个调节变量后区域创新能力与中小企业景气关系的变化，因此在模型（1）的基础上，分别加入调节变量三个维度的子变量进行回归，得到模型（2）、模型（3）、模型（4）；最后，为检验区域经济结构对区域创新能力与中小企业景气关系的调节作用，在模型（2）、模型（3）、模型（4）的基础上分别引入解释变量区域创新能力和调节变量区域经济结构的三个子变量的交互项，得到模型（5）、模型（6）、模型（7）。此外，由于采用OLS估计方法常常会因为异方差、序列自相关等问题而使模型估计结果有偏，因此，本章首先检验模型是否存在这些问题，如表9-11所示，通过对7个模型进行检验，结果表明，地区异方差、序列相关非常明显（异方差p值均小于0.01，序列相关检验的p值均小于0.05，然后本章采用广义最小二乘法（GLS）进行修正以消除序列相关、异方差等问题。

由表9-11可知，模型（1）的结果显示，区域创新能力与中小企业景气的回归系数为4.31**，t值为2.27，表明区域创新能力对区域中小企业景气具有较显著的正向促进作用，即区域创新能力每提升1个百分点，将促进区域中小企业景气指数上升4.31个百分点，主效应得到验证，假设H1成立。

对比模型（1）和模型（2）、模型（3）、模型（4）的结果可知，加入区域产业结构（第三产业总产值比重）、区域企业结构（大型企业数量比重）及区域所有制结构（国有固定投资比重）后，区域创新能力的回归系数有了较大变化，其中模型（2）中区域创新能力的回归系数为-2.18，但负相关性不显著；模型（3）和模型（4）的区域创新能力的回归系数分别为10.49***和8.48***，加强了与中小企业景气的正相关性，表明区域创新能力在引入调节变量后仍与中小企业景气有显著的正向相关性，进一步支持了假设H1的结论。

通过模型（5）、模型（6）、模型（7）的结果可反映区域经济结构对区域创新能力和中小企业景气关系的调节作用。具体来看，引入区域创新能力和区域经济结构三个维度的子变量的交互项后，区域创新能力的回归系数有了明显变化，模型（5）中区域创新能力与区域产业结构交互项的回归系数为 -0. 66***，即区域产业结构对区域创新能力和中小企业景气的关系具有负向调节作用，且在0. 1%的水平上显著，意味着各省份第三产业总产值比重越高，第三产业越发达，则第二产业（尤其是工业）的发达程度则受到抑制，对区域创新能力与中小企业（尤其是工业中小企业）的关系有消极影响，说明目前工业中小企业仍是带动区域创新能力的主力军，假设 H2a 成立；模型（6）中区域创新能力与区域企业结构交互项的回归系数为 -0. 24，即区域企业结构对区域创新能力和中小企业景气关系的负向调节效应不显著，意味着各省份大型企业数量的比重高低与否，对区域创新能力和中小企业的景气关系影响不大，说明相较大型企业而言，中小企业是一个区域创新能力的主要贡献力量，大型企业数量的比重对区域创新能力与中小企业景气关系的影响并不显著，因此，假设 H2b 不成立；模型（7）中区域创新能力与区域所有制结构交互项的回归系数为0. 30**，即区域所有制结构对区域创新能力和中小企业景气的关系具有正向促进作用，意味着一个地区国有固定投资比重越大，区域创新能力对中小企业景气的促进作用越强，这与原假设相符，因此假设 H2c 成立。最后，综合模型（5）、模型（6）、模型（7）的结论，可知区域经济结构三个维度的子变量对区域创新能力和中小企业景气具有不同的调节作用，且总体不为负向，假设 H2 不成立。

（五）结果分析

上述实证分析对本章研究假设的检验结果如表 9 -12 所示。

表 9 -12　　实证验证结果总结

研究假设	检验结果
H1：区域创新能力对区域中小企业景气具有正向促进作用	成立
H2：区域经济结构对区域创新能力与中小企业景气关系具有负向调节作用	不成立
H2a：区域产业结构对区域创新能力与中小企业景气关系具有负向调节作用	成立
H2b：区域企业结构对区域创新能力与中小企业景气关系具有负向调节作用	不成立
H2c：区域所有制结构对区域创新能力与中小企业景气关系具有负向调节作用	不成立

假设 H1 区域创新能力对区域中小企业景气具有正向促进作用得到了实证检验的支持。目前在中国，技术创新是中小企业取得长期竞争力的不二法宝。区域创新能力，具体来说区域科技投入和产出能力带来的知识和技术外溢和扩散效应能大幅提高中小企业尤其是高新技术中小企业的利润率以及降低企业研发成本和研发风险，从而促进中小企业的成长和发展（王明鹏，2015），提高中小企业的景气度，加之中小企业规模小、灵活性强的特点使之更容易获取知识外溢的好处（Jaffe，1986；Audretsch，1996 等）；此外，区域创新支撑能力对中小企业获取和利用区域创新投入和产出带来的知识和技术的扩散和外溢效应产生影响。区域创新环境支撑体系中高等学校等创新载体的数量、技术交易市场的成交额及 FDI 等通过影响企业获取知识外溢的便利程度可促进企业新生率及技术创新能力的提升（王明鹏，2015；刘素坤，2009 等），而企业技术创新能力又是提高企业经济绩效的重要因素，因此区域创新能力通过产生知识和技术的外溢和影响其扩散程度，对中小企业获取这一知识和技术外溢的能力产生影响，降低企业研发的费用和风险，提高企业的技术创新水平，从而改善企业的景气（经营状况）。

实证结果表明，假设区域经济结构对区域创新能力与中小企业景气关系具有负向调节作用，但其三个维度的调节效果不一，因此，假设 H2 未通过检验。区域经济结构通过影响区域的工业、中小企业及非国有制经济的发展水平和速度，对区域创新能力作用于中小企业景气的促进效应产生影响，具体的调节效应分析如下：

假设 H2a 区域产业结构对区域创新能力与中小企业景气关系具有负向调节作用通过了实证检验。区域产业结构通过反映第三产业总产值比重的高低，侧面反映出各区域第二产业，尤其是工业的总产值比重，进而反映了各区域工业的发达程度，由于当前工业中小企业占据了中小企业的半壁江山，也是拉动区域创新能力的主要力量，各区域工业的发达程度会影响区域创新能力与工业中小企业景气的关系，第三产业总产值比重越高，即工业发达度越受影响，因此区域创新能力对工业中小企业景气的促进作用越不明显。区域创新能力和中小企业景气的实证测量的省际排名也说明了这一点，例如，区域创新能力的综合得分及排名显示，北京创新能力从 2010—2013 年蝉联首位，然而其工业中小企业景气指数排名却一直在 10

名以外徘徊，究其原因，与北京是政治和科技中心及其科技企业云集而工业较稀疏的产业结构密不可分。此外，江苏、广东、辽宁是工业最发达的地区，其区域创新能力与中小企业景气指数排名分别为第 2 名、第 3 名、第 7 名和第 1 名、第 2 名、第 8 名，表明了在这些工业发达的区域，区域创新能力与中小企业景气的正相关性越强。因此，区域产业结构（第三产业总产值比重）对区域创新能力与中小企业景气关系具有负向调节作用。

假设 H2b 区域企业结构对区域创新能力与中小企业景气关系具有负向调节作用没有通过显著性检验，假设不成立。之所以区域产业结构，即大型企业数量比重对区域创新能力与中小企业景气关系的调节作用不显著，原因可能在于目前中小企业已占据了我国全部企业的 99% 以上，且中小企业比大型企业规模小、灵活度高，便于利用区域创新能力带来的知识和技术的溢出和扩散效应来进行自身的科技研发和产品创新，全国 75% 以上的企业创新和 80% 以上的新产品开发都来自中小企业，因此大型企业数量比重的高低对区域创新能力和中小企业景气的促进作用的影响并不明显。

假设 H2c 区域所有制结构对区域创新能力与中小企业景气关系具有负向调节作用与实证检验相反，即区域所有制结构（国有固定投资比重）能正向调节区域创新能力对中小企业景气的促进作用。之所以国有固定投资比重能正向调节区域创新能力与中小企业景气的关系，原因可能在于国有企业资金实力雄厚，国有企业在研发支出上略高于民营企业（解维敏，2009），即国有企业在创新投入和产出上具有优势（李春涛，2010），国有固定投资比重越高，越有利于带动区域研发投入和创新产出能力的提升，从而扩大区域创新能力带给中小企业的知识和技术的扩散和外溢效应，使中小企业能够更为便利地获取自身研发所需的技术和知识，降低研发费用和风险，从而提高企业创新产出水平，改善企业景气（经营状况）。

综上所述，区域创新能力对中小企业景气具有正向促进作用，区域创新能力的提升能改善区域中小企业景气状况。区域经济结构对区域创新能力和中小企业景气关系具有调节作用，具体表现在：区域产业结构，即第三产业总产值比重负向调节于区域创新能力对中小企业景气的促进作用；

区域企业结构（大型企业数量比重）对区域创新能力和中小企业景气的关系的影响不显著；区域所有制结构，即国有固定投资比重正向调节区域创新能力对中小企业景气的促进作用。

（六）进一步讨论

通过对区域创新能力与中小企业景气关系及区域经济结构对二者关系的影响的理论和实证分析，本章主要形成了以下结论：

其一，区域创新能力对区域中小企业景气具有显著的正向促进作用。实证分析结果表明区域创新能力每提升 1 个百分点，将促进区域中小企业景气指数上升 4.31 个百分点，且在 5% 的水平上显著。即区域创新能力的提高将会促进区域中小企业景气的提升，加大对区域创新的投入力度、改善区域创新环境，促进创新成果的转化和产出能力，从而扩大区域创新投入及产出带来的知识和技术的溢出和扩散效应带给中小企业发展的益处，减少中小企业科技创新的成本及风险，增强其由科技创新带来的核心竞争力，最终会体现为提高区域中小企业景气。

我国 31 个省份区域创新能力与中小企业景气实证测量的综合得分及排名结果也显示：区域创新能力排名靠前的省份多集中在东部沿海地区，其经济和科学技术水平发达，其中小企业景气的排名也同样居于全国前列。例如，江苏、广东、浙江、上海、山东、辽宁、福建等地区，其区域创新能力与中小企业景气的排名基本趋同且名列前茅；区域创新能力居中的省份大体集中在我国中部地区，其经济和科学教育发展水平处于全国中游水平，故其中小企业景气的排名也大体相同。例如，吉林、安徽、江西、湖南、湖北等地，其区域创新能力与中小企业景气排名大体一致且居于全国中间位置；区域创新能力较弱的区域大体以我国西部地区为主，西部地区经济和科学发展水平欠佳，因此其中小企业景气排名也落后于其他地区。例如，内蒙古、贵州、西藏、甘肃、青海、宁夏、新疆等地，其区域创新能力与中小企业景气排名大体趋同且均居全国末位。由此可见，我国区域创新能力与中小企业景气的省际排名大体一致，且都呈现出东强西弱的格局。改革开放后，东部地区的经济水平较中西部地区有了翻天覆地的变化，其科学技术及技术创新能力也随之大大提升，促进了中小企业的腾飞。而中西部地区由于经济、教育和科技发展水平欠发达，创新知识及技术的溢出和扩散效应较不明显，束缚其中小企业的发展。因此，整体而言，从我国省际区域创新能力及中小企业景气排名情况来看，区域创新能力的提高对其中小企业景气的提升具有促进作用。

其二，区域经济结构对区域创新能力与中小企业景气的关系具有调节作用，但其三个维度的调节效应不一。本章以区域经济结构三个维度的子变量作为调节变量，通过比较区域创新能力回归系数的变化，以及分析区域创新能力和区域经济结构三个维度子变量的交互项的显著性水平及回归系数，探究区域经济结构对区域创新能力与中小企业景气关系的调节作用。其中，在区域产业机构维度，引入交互项后，区域创新能力的回归系数显著性水平提高，系数值显著变大，但交互项系数显著为负，说明区域产业结构对区域创新能力和中小企业景气关系有显著的负向调节作用；在区域企业结构维度，引入交互项后，区域创新能力的回归系数值增大，但显著性下降，交互项的系数为负向但不显著，表明区域企业结构对区域创新能力与中小企业景气的关系的调节作用不显著；在区域所有制维度，引入交互项后，区域创新能力的回归系数有了较大变化，交互项系数显著为正，表明区域所有制结构对区域创新能力与中小企业景气的关系具有显著的正向调节作用。

换言之，区域产业结构这一维度通过反映各区域第三产业总产值比重，间接反映了其工业发达程度，由于目前我国中小企业仍以工业中小企业为主，因此，区域第三产业总产值比重越高，其工业产业及工业中小企业的发达程度越受到影响，故而区域创新能力对工业中小企业的促进作用也就越不明显。此外，根据我国 31 个省份的区域创新能力与中小企业景气实证测量的综合得分及排名结果，也可反映出区域产业结构对区域创新能力与中小企业景气关系的影响。虽然我国省际区域创新能力与中小企业景气排名大体趋同，但部分省份的区域创新能力与中小企业景气排名仍大相径庭。例如，北京、天津、陕西、河南、河北、广西、云南等地区，其区域创新能力与中小企业景气排名的差异显著，其中区域产业结构的影响是导致这一差异的重要因素。北京作为我国首都城市，是我国的政治、经济及科技文化中心，其区域创新能力排名居全国首位，但由于产业结构的影响，北京工业产业布局较少，科技型等服务产业的企业云集，因此，北京强势的区域创新能力带来的知识和技术的外溢效应对工业中小企业发展的促进作用受到产业结构的影响，使其工业中小企业景气排名长期在 15

名徘徊。由此可反映出区域产业结构对区域创新能力与中小企业景气关系存在显著的负向调节作用。区域企业结构反映了各区域大型企业的数量占比，体现了各区域大型企业的发达程度，也就是说一个区域大型企业数量比重越高，代表其中小企业数量比重越低。中小企业较之大型企业，其规模小、灵活度高，更利于获得区域创新能力带来的知识和技术的溢出及扩散效应，对提高区域创新系统创新绩效有更显著的贡献，因此，大型企业数量比重对区域创新能力对中小企业景气的促进作用没有显著的影响。区域所有制结构反映了各区域国有固定投资比重，由于国有企业在创新资源方面具有优势，加大对国有企业的投入，提高其研发支出能力，可进一步发挥其创新能力优势，进而带动区域创新能力的提升，扩大知识和技术的溢出效应，使中小企业受益增加，最终体现为区域创新能力对中小企业景气的促进作用带来积极影响。因此，本章认为，区域经济结构通过影响区域产业结构及所有制结构，对区域创新能力与中小企业景气的关系具有调节作用。

第四节 提升区域中小企业景气的对策与建议

近年来，随着国家推进“大众创业、万众创新”政策，中小企业发展前景更加明确，国家对中小企业的财政扶持、税收减免、融资支持等政策逐渐落实，中国中小企业发展机遇可谓历史空前之大。虽然我国中小企业整体上已取得上述辉煌成就，但各区域中小企业景气差异两极分化现象也一直存在，大部分中西部地区中小企业景气仍落后于全国平均水平，如何进一步提高和均衡各省中小企业景气是提升我国中小企业发展质量的关键所在。

基于本章的理论和实证结果得出的结论，区域创新能力能显著地促进中小企业景气的提升，区域创新研发投入、产出及创新支撑能力所带来的知识和技术的外溢及扩散效应，加之中小企业本身规模小、灵活度高的特点，使其充分利用了区域创新能力带来的这一效应，减少其研发成本及风险，扩宽其知识和技术的获取渠道，从而有利于中小企业进行技术创新，提高企业核心竞争力，从而改善企业景气（经营状况）。因此，政府部门可考虑从提升区域创新能力的角度出发，加大对区域的研发投入、改善创新环境，如加强高校科研经费投入，鼓励专利产出，积极吸引外商投资、增设省级乃至全国水平的技术研究中心及重点实验室，扩大区域创新知识和技术的外溢和扩散效应，给中小企业创造更好的创新环境，提高中小企业技术创新能力，促进中小企业转型升级，从而提高区域中小企业景气。

此外，鉴于研究结果表明区域经济结构对区域创新能力和中小企业景气的关系具有调节作用，其中区域产业结构（第三产业总产值比重）负向调节两者关系，而区域所有制结构（国有固定投资比重）则对区域创新能力和中小企业景气关系有积极影响，因此，可以从优化区域经济结构的角度出发来加强区域创新能力对中小企业景气的促进作用。对于优化区域产业结构已有了大量文献理论参考，本章不再赘述。值得一提的是，国有固定投资比例对区域创新能力和中小企业景气具有正向促进作用，表明相对于中小企业国有企业更为强劲的研发投入能力能产生和扩大区域创新能力带来的知识和技术的外溢效应，颇有为中小企业提供和营造更好的创新环境之势。因此，可继续鼓励国有企业进行研发资金的投入，进一步提升区域创新能力，从而提高区域创新能力对中小企业景气的促进作用。

第十章

供给侧结构性改革背景下中小企业创业创新发展研究

第一节　中小企业创业创新的战略意义

中国经济发展进入新常态下，供给侧结构性改革通过政策红利，实现劳动力、土地、资本、创新等要素的最优配置，以解决供需结构性失衡，实现经济增长质量并举。在“创新、共享、绿色、开放、协调”五大发展理念的引导下，传统产业通过创新驱动实现转型升级，互联网与电子商务加速制造业和服务业的融合，中小企业在全“创新链”中发挥积极作用，尤其在创意前端和商业化后端催生新型业态，在生产性服务业和消费性服务业领域成为提供公共产品、公共服务的新力量和经济发展的新源泉，并极大丰富市场供给、缩短创新周期、激发市场竞争活力。供给侧结构性改革为中小企业融入创新链创造新的创业与成长机会，供给侧结构性改革推动的中小企业创新实践也为实现创新链功能提供了基础涵养源。

一　供给侧结构性改革为中小企业创业创新提供了新机会

供给侧结构性改革是在适度扩大总需求的同时，通过改革推进结构调整，矫正要素配置的扭曲，扩大有效供给，改善供给质量，更好地满足广大人民群众的需要。促进供给侧结构性改革，需要以满足服务消费、信息消费、绿色消费、品质消费、农村消费等新消费需求为导向，通过加强创新性知识供给、技术供给和产品供给，在创新全过程实现价值增值。中小企业作为创新链中的重要主体，在供给侧结构性改革的推动下，通过把技术创新、组织创新和管理创新与中小企业创业创新联结起来，推进中小企业从价值链中低端的单一制造向价值链两端的创意开发和服务增值不断延展，为中小企业融入创新链创造新业态、新模式和新机会。

供给侧结构性改革的基点是提高企业的供给质量和效率。供给侧结构性改革促进传统产业转型升级，通过技术改造，资产重组，使传统产业中的中小企业重新焕发活力。供给侧结构性改革加快行政性垄断行业改革和放宽准入，使各类要素能够便利地进出市场，自由地创造价值，自主地实现价值，形成经济持续增长的不竭动力，激发中小企业的创业创新活力。供给侧结构性改革通过支持和培育新兴产业重新释放市场新空间，引入新的投资者，鼓励和加强竞争，为中小企业创造更大的市场空间。

供给侧结构性改革的本质是创造新需求。培育和发展新型产业，逐步替代传统产业的衰减，培育中小企业创业创新的新兴力量，最终是在创造需求，实现创新链向价值链高端的演进和发展。比如，减产能、兼并重组实际上是调整供给结构，把不需要的供给减下去，同时创造市场需求。服务业的发展，也是通过供给侧的改革来创造出新的需求。加快城乡之间土地、资金、人员等要素的流动和优化配置，释放更多的中小企业创业创新活力。供给侧结构性改革通过简政放权、降低融资成本、各类税费、社保成本、交易费用等将对中小企业产生更大的影响，激发企业家精神、创造新产品和新服务、创造新就业，从而快速推进供给侧结构性改革成效。

在宏观层面，供给侧结构性改革可以推进中小企业相关政策及立法的改革力度，政府着力创新行政管理体制和宏观管理方式，打造中小企业主体能够充分释放财富、创造潜力的良好环境，并使各类政策工具的运用，有利于存量资源的不断优化重组，提高中小企业的市场竞争力。

二　供给侧结构性改革为中小企业创造了新需求

中小企业灵活的机制优势可以加速创新链的运转，是供给侧结构性改革最具活力的市场创新主体。中小企业凭借扁平化管理方式和强大的团队凝聚力，推出独具匠心的产品和服务，用功能更强大、口碑更美誉的新产品、新服务来带动消费，同时实现自身的发展。只有敢于创新、勇于尝试的中小企业才能捕捉到供给侧结构性改革的风口。例如，智能手机的市场，苹果、三星曾经赚取了110%的利润，而其他企业则亏损了10%。在这样的背景下，雷军拉着一个十多人的技术团队成立了小米公司。虽然第一个手机系统版本发布时，只有100人使用，但小米鼓励用户参与手机设计，也就是把消费者拉到了供给侧，这家企业用5年的时间成长为国内手机市场份额第一的大企业。

中小企业是吸纳就业的海绵，是科技创新的源泉，也是创造税收的涵养源，中小企业集聚、集约、集群、创新发展是经济腾飞的基础。目前，中国的私人财富已经达到 18 万亿美元，仅次于美国的 42 万亿美元，居世界第二位（排在第三位的日本是 8 万多亿美元）。供给侧结构性改革四大关键点之一就是发展资本市场。伴随股权交易市场改革和互联网金融的兴起，一大批中小金融机构以其草根性、地缘性和社区嵌入性，以更低的信息获取成本和独特的风控系统（如“电表、水表、报关表”三表核实凭证）服务广大中小企业创新创业。

供给侧结构性改革战略下，推动中小企业不断创新实现转型升级，逐步增强中小企业在创新链中的作用。中小企业在需求拉动下，优化内部流程和技术革新，不断优化供给能力和供给体系创新，积极应对人力资本上涨趋势、降低企业运营成本，通过深耕产品和技术思维，聚焦优势领域，促进行业资源与区域资源的整合，不断激活生产要素，提高全要素生产力，将企业的发展方向锁定“新兴领域、创新领域，创造新的经济增长点”，成为供给侧结构性改革创造新需求的重要涵养源。

三　供给侧结构性改革为中小企业实现协同创新带来了新机遇

供给侧结构性改革不是片面地强调“去产能、去库存、去杠杆”，而是通过建立大中小企业合作平台，提高“流转速度”或“流转效率”来切实提升产能效率。一是建立多维度、多层次的信息共享体系：构建行业供应链信息化平台，提高企业和行业上下游的信息协同效率，实现行业纵深；通过企业与相关监管机构、金融机构、各级部门之间的互联互通，减少无效多余的信息传递环节；实现信息增值（如高校、科研机构、协会、咨询机构、软件企业的联合研发与合作等）。二是围绕实物流，通过运用物联网、大数据等先进技术，建立可视、可感知、可调节的智能物流网络系统，提前预判和动态调整，将运输运力进行合理的分配和引导，提高物流流通的效率和效用。三是围绕资金流，引导资金流向实体产业，推动供应链金融，促进价值链的增值循环速度：通过“互联网 + 金融”，鼓励金融机构提供在线金融平台、在线交易、在线结算等高效便捷的金融服务；同时，着重解决中小企业融资难题，在风险可控的范围内，充分调动社会资本，缩短中小企业融资流程，提高融资效率，提高资金的运转速度。

大中小企业供应链合作的每一个环节都可能衍生出一条创新链，例如组织创新、协同创新、管理创新、制度创新等，最终形成创新驱动发展的终极动力。在资源共享时代的供给侧结构性改革，必须保证优质资源共享的最大化和最优化。在农业和制造业中按照服务业尤其是金融服务产业资源，用资本的力量来优化供给，用金融的力量来升级换代落后产能，用服务的思维打通企业之间相互的隔膜，互联互通，行业结盟，实现集体突围。

第二节　中小企业创业创新的发展现状

一　近几年来中小企业创业创新的成就

近几年来，随着供给侧结构性改革的不断推进，在“大众创业、万众创新”“互联网＋”、《中国制造2025》的背景下，中国中小企业作为创新资源的主体作用进一步得到提高，创业活力不断激发，企业创业创新效率显著提高。

（一）两化融合及“互联网＋”推动中小企业创新成果转化效率进一步提高

目前，中国已进入全面建成小康社会、加快推进现代化建设的关键时期，巨大的国内市场需求，工业化、信息化、城镇化、农业现代化同步推进，新的改革红利持续释放，结构调整深入推进等，这些都会使大中小企业跨界协同网络更加牢固，为中小企业创新发展提供了广阔空间。近年来，工业和信息化部实施“中小企业两化融合能力提升行动”及“互联网＋小微企业行动计划”，推动信息化服务商运用互联网、移动互联网、云计算、大数据等信息技术，搭建支持中小企业研发设计、经营管理、市场营销等核心业务发展的信息化服务平台。目前，已在全国建立了5900多个分支服务机构，配备了近10万名专业服务人员，通过信息化服务平台，凝聚了超过60万家软件开发商和专业合作伙伴。当前，中国65%的国内发明专利由中小企业获得，80%的新产品由中小企业创造，特别是科技型中小企业、互联网企业及中小电商企业的快速成长，促使中国中小企业承载技术和信息资源的主体作用快步提升。

(二)“双创”推动中小企业创业创新不断涌现和持续升温

“大众创业、万众创新”为中国中小企业发展提供了前所未有的利好环境，2015 年国务院印发的《关于发展众创空间推进大众创新创业的指导意见》及《关于大力推进大众创业万众创新若干政策措施的意见》等，工业和信息化部等通过支持 30 个省（市、区）和 5 个计划单列市搭建互联互通、资源共享的平台网络，正在打造一批高质量工业云服务平台，积极推动云计算、大数据、物联网与现代制造业结合，促进电子商务、文化创意、互联网金融等产业融合发展，加速发展智能装备和智能产品，支持“草根”创新和小微企业发展。目前，中国中小企业创新创业的积极性被极大调动起来，创客中国大赛活动等营造了浓厚的创新创业文化氛围，一批熟悉市场、竞争意识和创新能力强的经营管理人才脱颖而出，大量留学生携带科技成果回国创业。中小企业在创新链中承载组织资源的主体作用快速提升，经济全球化和外包业务高速增长为企业带来了更多跨界合作机会，越来越多的企业结成了跨界协同网络。中小企业的竞争力在于弹性而专精，可以随时因市场需要改变产品内容。依靠企业网络提供的上下游供应链，中小企业只需要专精于某一项技术，其他的产品和技术都由供应商提供模块化的零配件供应，因而可以将有限的资本与技术，投入产品的生产、销售流程的部分环节进行创业创新。

(三) 智能制造推动中小企业创业创新跨界协同网络更加牢固

通过实施《中国制造 2025》，以工业互联网和自主可控的软硬件产品为支撑，发展智能装备，推动智能制造，引导支持中小企业参与产业链，打造创新链，推动生产制造过程的智能化和网络化，提高产品质量和协作配套能力。传统产业中小企业面对劳动力成本和环境成本的压力，向智能制造、绿色制造转型。中小企业用“互联网 + 传统制造业”开展个性化定制和柔性化生产，取得良好的经济效益。“智能工厂”使客户的个性化定制需求得以满足，同时发掘出创造价值的新方法和商业模式，给初创公司和小型微型企业带来发展机会，并带动提升下游服务收益。此外，新兴产业的智能生产更注重工人的设计管理能力和数字化专业技能，通过采取优化组织流程、以终身学习延长技能工人职业生命、最佳实践示范项目等措施，增强企业的创新能力。在装备制造业发达的辽宁沈阳，当地中小企业根据市场需求开发出可以扛起上百吨重物的移动机器人和自行端盘子上菜的服务机器人。

（四）新兴产业的发展促使中小企业创业倍增和创新加速

随着新兴产业的发展，中小企业的商业模式创新及组织创新不断加快。一方面，“互联网+”推动互联网在新兴产业中小制造业深化应用。随着“两化”深度融合，即信息化与工业化在更大范围、更细行业、更广领域、更高层次、更深应用、更多智能方面实现彼此交融，催生出工业电子产业、工业软件产业、工业信息化服务业等众多新业态，尤其是先进制造业与生产服务业的“两业”融合推动着中小企业创业创新不断提速。新兴产业中小企业需要重新配置产品或推出新的定价模型，这是一种利用客户体验、选择和喜好进行创新的商业模式。中小企业从重资产向轻资产转型（轻资产产业包含新一代信息技术、互联网技术、高端生产服务业等），实现向高端化、高效率、高附加值的转变，通过在高端环节获得更高产业附加价值，推动更高生产效率，进一步深耕“个性化”。另一方面，通过专业化分工和价值链分工，重新定义企业在价值链中的角色和组织边界。近年来，部分加工类企业向价值链的前端如研发、设计，以及价值链后端如渠道、服务等延伸，也是组织创新的主要形式。物联网为新兴产业中小企业产业能力提升提供了新思路。具体表现为数据获取简单化、促进生产过程和管理的自动化，这可以弥补中小企业自身缺点。受限于资金和技术限制的中小企业，依托物联网发展提升自身的管理水平和技术层次，促进管理过程透明化、降低沟通交易成本。

二　供给侧结构性改革背景下中小企业创业创新的现状调研

为了进一步了解供给侧结构性改革背景下中小企业创业创新的现状及问题，2015年，本课题组围绕“发挥中小企业在创新链中作用”实施了专题问卷调查。调查主要集中在北京市、黑龙江省、浙江省、广东省、重庆市、青海省6个省份，通过访谈和发放问卷的方式下发问卷3200份，回收有效问卷2787家，调查对象涉及互联网、电子、纺织、食品、机械、建筑、文化等行业领域，具体结果分析如下：

（一）在供给侧结构性改革背景下影响中小企业创业创新的关键因素

供给侧结构性改革的基点是提高企业的供给质量和效率，它能使中小企业更好地实现技术创新，通过对实现技术创新过程中关键因素的研究发现，本次调查的企业中有1525家企业认为，“对市场和用户需求的准确把握”是最关键的要素，占 25.99%，这需要企业在实现技术创新时进行充分的市场调研，把握市场动态，了解用户需求，从而更好地实现技术创新；其次是“高层领导的重视程度”“具有明确的技术创新战略”“研发人员的激励问题”和“企业文化因素”，分别占 19.43%、14.34%、11.74%和 11.15%。认为“组织结构因素”和“外部政策环境问题”是企业技术创新成功最关键要素的企业最少，分别仅占 0.07%和 5.54%（见表 10－1）。

表 10－1　影响中小企业创业创新的关键要素

关键要素	样本数量（家）	占比（%）
高层领导的重视程度	1140	19.43
企业文化因素	654	11.15
组织结构因素	4	0.07
研发人员的激励问题	689	11.74
对市场和用户需求的准确把握	1525	25.99
具有明确的技术创新战略	841	14.34
外部政策环境问题	325	5.54
创新成本	630	10.74
其他	59	1.00

资料来源：本课题组专题调研数据。

（二）供给侧结构性改革背景下中小企业创业创新的需求调研

供给侧结构性改革背景下，企业通过产品结构升级、价值链升级、精益管理、智能制造，涌现出一批具有技术创新和转型升级能力的成长性企业。本次调查的企业中，大部分企业的研发部门主要承担的任务有“产品开发”“工艺开发”“制造生产”和“创新理念”，其中，“产品开发”约占 1/4。而中小企业实现技术创新的主要方式为“自行开发”，高达四成以上，而与国外相关机构合作的方式占比较少，可见实现技术创新主要靠自行开发以及国内的相关资源。中小企业创造提供 65%的国内发明专利和 80%的新产品，中小企业在创新成果转化效率的提升方面做出了巨大贡献。这主要得益于“星火计划”和“火炬计划”的长期实施，科技型中小企业创新基金的支持以及科研创新成果转化机制体制的不断优化。在专利成果转化中遇到的主要问题是“该项技术尚不成熟”和“成果转化所需资金和人员存在问题”。

1. 供给侧结构性改革背景下中小企业研发作用的发挥

作为企业技术创造的核心部门，研发部门在一个公司中至关重要，本次调查的企业中，大部分企业的研发部门主要承担的任务有“产品开发”“工艺开发”“制造生产”和“创新理念”，分别占24.13%、16.22%、11.78%和10.55%。而有些企业中的研发部门则主要承担“基础研究”“应用研究”“试验与评估”“市场运营”和“顾客服务”等任务，分别占8.27%、8.16%、8.71%、7.46%和4.72%（见表10－2）。

表10－2　目前中小企业研发部门承担的主要任务

主要任务	样本数量（家）	占比（%）
创新理念	816	10.55
基础研究	640	8.27
应用研究	631	8.16
试验与评估	673	8.71
产品开发	1866	24.13
工艺开发	1254	16.22
制造生产	911	11.78
市场运营	577	7.46
顾客服务	365	4.72

资料来源：本课题组专题调研数据。

2. 供给侧结构性改革背景下中小企业实现创新的主要方式

课题组调查的2787家企业中，实现技术创新的主要方式为“自主研发”，占45.30%，即共有1263家企业采取此作为公司实现技术创新的最主要方式；其次是公司各自的“其他”方式，占23.96%；采取“与国内高校或科研院所合作开发”方式、“与国内其他企业合作开发”方式、

“国内引进”方式等的企业占比较为平均，分别为7.84%、9.94%和7.23%；而采取“国外引进”方式、“与国外企业合作开发”方式、“从国内研究机构购买”方式和“与国外高校或科研院所合作开发”方式等的企业则相对较少，分别占2.41%、1.56%、1.31%和0.45%，这表明大部分企业主要靠自行开发来实现技术创新，而较少的利用外部资源（见表10－3）。

表10－3 中小企业实现创新的主要方式

主要方式	样本数量（家）	占比（%）
自主研发	1263	45.30
与国内高校或科研院所合作开发	218	7.84
与国内其他企业合作开发	277	9.94
国内引进	202	7.23
国外引进	67	2.41
与国外企业合作开发	43	1.56
从国内研究机构购买	36	1.31
与国外高校或科研院所合作开发	13	0.45
其他	668	23.96

资料来源：本课题组专题调研数据。

3. 供给侧结构性改革背景下企业专利成果转化的现状

本次调查的2787家企业中，有1057家企业认为专利成果转化中遇到的最主要问题是“该项技术尚不成熟”，占28.44%；有864家企业认为遇到的问题主要是“成果转化所需资金和人员存在问题”，占23.24%；选择“专利成果存在法律纠纷”“与投资方或生产企业的条件谈不拢”“联系不到投资方或生产企业”和“不符合国家产业政策”等问题的企业数相对较少，分别仅占4.75%、8.96%、9.72%和7.98%，表明技术发明本身和资金人员是影响专利成果转化是否成功的关键（见表10－4）。

表 10－4　　　　　公司专利成果转化中遇到的问题

主要问题	样本数量（家）	占比（%）
专利成果存在法律纠纷	176	4.75
与投资方或生产企业的条件谈不拢	333	8.96
联系不到投资方或生产企业	361	9.72
不符合国家产业政策	297	7.98
该项技术尚不成熟	1057	28.44
成果转化所需资金和人员存在问题	864	23.24
其他	629	16.91

资料来源：本课题组专题调研数据。

三　供给侧结构性改革背景下中小企业创业创新的主要问题

（一）中小企业自身能力的固有劣势

1. 创新经验有限

中小企业不具备与大企业相抗衡的产品开发与技术创新能力。当代市场经济最显著的特征就是企业要迎合市场需求的变化，就要不断进行创新，创新是企业生存下去的唯一手段。大企业资金力量雄厚，人才济济，其产品开发能力与技术创新能力在整体水平上要比中小企业强。中小企业技术基础薄弱，势单力薄，技术水平低下，投入能力有限，大多没有设立技术开发机构。中小企业的人力资源普遍知识结构不合理，为了节约人力成本，人员少且素质低，技术人员通常身兼多职，致使技术人员在研发的专业程度和精力投入上难以达到大企业技术人员的水平。管理层创新意识差，存在着某种封闭性，对于特定的技术和产品有一定的依赖性，缺乏必需的科研设施和急需的科技人才。此外，中小企业还缺乏足够的收集、整理、分析信息的能力。信息的匮乏制约中小企业创新发展。与大企业相比，中小企业创新资金不足，阻碍其创新发展。一方面，中小企业由于自身实力及信用水平低，无论直接融资还是间接融资都会遇到各种障碍；另一方面，国家对于中小企业支持力度不够。

如果中小企业在产品市场领域不避重就轻，避强趋弱，而是正面出击的话就很可能伤痕累累。中小企业在市场竞争中求得生存与发展，则必须学会在缝隙中求得机会，做好市场补缺者的角色，应精心服务于市场的某个细小部分，集中力量于某个特定的目标市场，或严格针对一个市场，或重点经营一个产品和服务，创造产品和服务优势。

2. 管理经验不足

自主创新、模仿创新与合作创新是三种不同的技术创新战略。长期以来，中国中小企业技术创新战略一直以技术引进、消化吸收战略为主，由于引入的大部分都是国内技术，加之对于技术引入后的吸收不注重，使中国中小企业技术创新一直在低水平的状态下发展。中小企业在新生、成长、成熟和衰退各个时期，都受到政治、经济、行业环境和企业所处的地理环境等因素的限制，因此，在它的不同阶段，所选择的技术创新战略也是有所不同的。因此，中小企业必须结合自身技术创新的优势和劣势，根据市场需求环境的变化，遵循战略定位原则，扬长避短，选择合适的技术创新战略。随着市场和经营环境成熟度的提高，创新的趋势已由单项创新发展到综合创新，个体创新发展到群体创新。从理论上讲，创新涉及企业的三个子系统，即技术系统、管理系统和文化系统。这三个系统在创新过程中是相互联系、相互影响的。

基于这种状况，创新管理就显得尤为重要。不少企业在发展过程中忽视了一个基本事实，那就是创新过程是一个复杂的管理过程，几乎涉及设计、研发、制造、营销、管理、战略等企业价值链的所有环节。创新活动的成功与失败很大程度上取决于管理方式和管理效率的好坏。很多的创新失败都是由非技术因素造成的，其原因主要在于创新过程中的组织和管理不善。由此可见，创新管理是企业管理的重要组成部分，中国中小企业的创新管理水平不高直接导致了其创新能力不足。

3. 员工技能不够

缺少科技创新人才且创新积极性不高。在科技飞速发展的今天，具有开拓精神的技术人才已经成为企业创新最重要、最稀缺的资源。中小企业本身缺乏创新性人才，且囿于企业条件所限，还没有建立起鼓励创新的整体机制，导致企业人才创新积极性不高。

中小企业缺少吸引优秀技术人才的条件，在企业性质、企业文化、科研条件、工作环境、个人发展前景等方面，多数中小企业都不具备优势。加之缺乏技术入股、收益分享等有效激励手段，使这些企业吸收不到真正有创新能力的人才。另外，企业也更愿意接受“技工”而非研究性人员，由于人才资源有限，有些企业只能依靠“星期天工程师”，这类专家薪酬较高，许多中小企业不舍得花钱，中小企业的科技人员大都长期依靠自我摸索和实践。任何创新都是建立在对现有技术的深刻理解基础之上的，没有技术上的积累，创新只能是空谈，这也是直接导致中小企业原创型技术创新极少的根本原因之一。

多数中小企业现有生产技术是非自主研发获得的，大多源于购买的设备，或引进专门人才。对眼前利益的过分关注使中小企业更愿意引进设备生产成熟产品而忽视技术转化。设备的核心技术一般无从掌握，而人才如没有良好的科研环境、缺少优秀的团队，也往往孤掌难鸣，创新更无从谈起；企业只是使用技术，而不是掌握技术。很多企业的做法是现有技术落后了就换设备购买新工艺，或者再引入带技术捆绑的一两个人才，周而复始，始终无法进行研发能力的积累和储备。

通常，企业技术装备水平越先进，产生高水平创新成果的可能性就越大。但是中小企业资金规模有限，难以承受引进先进设备的成本。装备水平不高阻碍了中小企业创新能力的提升。据统计，中国中小企业技术装备达到 20 世纪 90 年代国际水平的只占 14%，达到国内先进水平的也只占 30%，两者之和还不到全部中小企业数量的一半。

与引进的技术装备相比，更重要的是引进技术的吸收。中小企业对于消化吸收投入的不足直接影响了引进技术的效用，限制了企业的二次创新能力。中小企业由于缺少自主知识产权的技术，大量企业往往依赖于同一个“技术源”，这就很难形成自己的专业技术特色，同时导致整体产业层次不高，以及企业间的同质化竞争，价格战频频发生。这也是大多数国内中小企业成长缓慢的重要原因。

（二）创新要素流动与配给不平衡

1. 技术创新应用开发脱离市场需求

由于中小企业自身能力有限，缺乏足够的能力与资源进行市场调研，无法切实地认识市场需求情况。在中国“大众创业、万众创新”的新时期，政府行为推动并支持中小企业创新，也导致部分中小企业脱离市场需求，漠视竞争环境盲目技术创新。

2. 技术创新的中试力量薄弱

首先，中国科研单位，由于缺乏能够开展中试的人力、物力、财力、中试基地建设长期缺乏相应的启动资金，从而无法承担中试的责任。中小企业的技术创新在技术的商业价值没有得到证实之前，碍于风险性，往往不将资金投入中试。政府在技术创新资金扶持方面，存在着重科研、轻中试的现象，中试环节资金投入支持比例远低于科研项目扶持。

其次，中试设备元件缺乏。中试是在实验室小试的基础上，对小试成果进行适度放大的实验，需要在近似于产业化生产的环境中，对初步成果进行批量生产，从而发现问题，改善不足。批量生产往往需要生产原料、设备元件的供应与支持。然而，中国目前对于设备元件进行培植的工业相对较少，这就限制了中试环节的推进，造成了科技成果转化困难。另外，中试基地建设薄弱、中试基地归属、产后利益如何分配、风险如何承担等相关问题也十分显著。

3. 重大技术创新商品化缺乏吸引力

企业是创新活动的主体，但提供技术的科研机构也必须大力配合。根据调查，中国企业和科研机构对重大关键技术商品化的积极性都不高。从企业方面看，重大关键技术商品化存在技术不成熟、市场需求不确定、与科研机构合作不顺畅等方面的风险。从科研机构看，搞技术商品化远不如申请新的课题，后者经费有保障，而且还能产生新的学术成果。此外，中国国有技术资产的管理制度也不利于重大关键技术的商品化。当前制度的出发点是防止国有资产流失，而不是促进技术转化，如技术资产的处置需要主管部门、财政部门层层审批，程序多、周期长，短则 4—6 月，长则 1 年。技术资产不同于物质资产，只有应用才能产生价值，没有应用做基础何谈国有资产流失，技术得不到应用才是国有资产最大的损失。

（三）新产品推广应用的困难

首先，缺乏市场认可度。品牌影响力限制。顾客在缺乏相关信息、不了解产品的情况下是不会选择该产品的，新产品的推广首先需要解决顾客对新产品的认知问题，塑造品牌需要很大的资金投入，而中小企业由于资金有限，在这方面的投入就很少，无品牌影响力的中小企业在新产品推广中将会面临更大的困难。

其次，缺乏配套的技术标准和监管标准。新产品的设计、评审、试制、鉴定验收、批产等各阶段都需要有一定的技术标准和监管标准，标准化审查人员应由专业技术人员和标准化管理人员担任。要评价新产品、新技术的性能、采用标准、技术水平、生产工艺条件；考核新产品投产、使用所需条件是否具备，安全、卫生、环保等是否符合要求；预测分析市场前景、经济效益和社会效益。中小企业一方面缺少生产工艺等配套的技术标准和监管标准；另一方面也缺少相关监管、审核的技术人员和管理人员。

第三节 促进中小企业创业创新的对策建议

为帮助中小企业强化创新创业能力，切实推进供给侧结构性改革，促进科技与中小企业深度融合，应在中小企业创业创新能力培育、优化创新要素配给，支持创新成果的推广应用等方面加强制度保障。

一 强化中小企业创新能力培育

（一）进一步加强中小企业创新能力培训

必须高度强调政府和社会中介组织的作用。在借鉴其他国家成功经验的基础上，在中国建立中小企业支持服务机构，直接服务于众多的中小企业，研究中小企业发展中遇到的突出难题，开展中小企业发展的有关课题研究，根据中小企业的培训需求，开展培训活动和编制培训计划，通过行政规章制度规范中小企业的培训活动；通过设立中小企业培训发展基金，直接培训中小企业人员或资助中小企业开展培训活动。

社会中介组织可以根据当前中小企业发展的状况，开展有偿咨询服务，对中小企业技术和管理人员进行有针对性的培训，同时政府也可以鼓励社会中介组织成立中小企业发展研究组织，通过相关政策鼓励和扶持社会中介组织为中小企业提供咨询或培训服务。政府应规范和引导有关中介组织健康有序发展，形成规范的中小企业外部培训市场。只有这样才能保证中小企业的培训活动质量以及效果，同时也能促进培训市场的正常发育。

科技中介组织为科技与经济的结合提供必要的支撑，促进了中国中小企业自主创新体系运行效率的提高。当前，要大力推进科技中介组织的服务模式创新，完善社会化服务体系，运用移动互联网等信息化服务手段，帮助中小企业的创新发展。强化科技中介组织从业人员的素质培训，加强科技中介服务人才队伍的梯队建设。形成支持中小企业自主创新的制度化、模块化的服务模式，为中小企业的创新发展提供优质服务。

（二）大力发展中小企业创新服务体系

完善科技中介服务体系，强化其市场化运作模式。建立适应市场需求的科技中介服务机构管理机制，为中小企业的创新发展提供全方位的咨询服务，满足当前中小企业创新发展的多元化需求。

要继续大力推进小企业创业基地、公共服务平台等的建设，加强对中小企业的创新服务，抓好中小企业人才培养，支持鼓励中小企业人才“走出去”和引进来等。在推进小企业创业基地建设方面，研究制定国家小型微型企业创业示范基地建设管理办法，重点是引导各地以建设国家小型微型企业创业示范基地为抓手，充分利用闲置厂房、各类工业园区以及孵化基地等现有资源加快培育和支持小企业创业基地建设，切实缓解创业场地难、创业成本高等问题。文件下发后，各地要认真抓好落实，着力提升小型微型企业创业基地建设质量和水平，为创业创新提供载体。要抓住“一带一路”建设的历史机遇，充分利用各类交流合作平台，组织并支持更多本地中小企业参会参展，不断拓展国内外市场，支持中小企业产品和服务“走出去”，把国外的技术和资源“引进来”，促进中小企业产品创新和转型升级。

二 优化中小企业高端创新创业要素供给

（一）推动高端技术创新要素供给

利用科技力量，建立网络化服务模式。充分运用移动互联网等信息化服务手段，整合中国科技资源，利用大专院校、科研院所等科研力量，为中小企业建立起专业化的网络服务平台，为中小企业获取社会资源提供服务。

加大产业共性技术供给，重点是要解决供给主体缺位问题。当前，要立足中小企业特性，着力构建以政府为主导的多层次产业共性技术研发供给体系。一方面，产业共性技术作为具有“准公共产品”特性的通用技术，由政府主导供给不仅能够弥补市场供给的失灵，还能够通过该技术产生的外部效益带动产业升级实现技术赶超，这也是技术赶超型发展中国家的普遍做法。另一方面，由于中国处于经济转型的特殊时期，中小企业融资难、技术研发基础薄弱，但技术需求急迫，只有政府主导产业共性技术研发供给，才能减轻制度上的无人供给，弥补中小企业自行研发的不足。

（二）促进中小企业高端创新人才供给

建立和完善人才支撑体系，首先，要使民营中小企业与其他类型企业在人才落户、职称评定、社会保障、家庭就业、子女入学入托等方面享受平等待遇。确保民营中小企业的专业技术人员可按规定参加专业技术职务任职资格的考试、评审和职业资格的考试、注册等；允许民营中小企业根据实际需要，自主设置专业技术岗位，实行岗位聘用。其次，健全相关法规建设。包括完善《劳动法》《劳动合同法》，规范社会保障制度，建立社会信用体系等，给予社会人才有力的法律保障。最后，发展职业技术教育，改善区域人才结构。教育应当多层次化，政府在大力发展高等教育的同时，也要加大职业技术教育的发展力度，重视对应用型人才的培养，使社会供给的人才质量符合民营中小企业的要求，提高区域人才结构的合理性。

（三）完善中小企业创新创业金融要素供给

针对中小企业的创新需求，集中建立和发展与中小企业发展相配套的社会服务协作体系，包括资产评估、技术评估、产权交易、融资服务、法律服务等。同时，对中小企业的服务需求进行深入调查，以实现中介机构所提供的服务与中小企业的实际需求有效对接。江苏提出加强服务体系建设，提高为中小企业服务的能力和水平。培育100家省级中小企业社会化服务示范机构，为中小企业创立与发展提供服务。加大银企合作力度，向金融机构推荐信誉良好、产品适销对路、发展前景好的企业和项目，缓解企业流动资金紧缺矛盾，重点保障“四有”（有市场、有效益、有产能、有担保）企业的流动资金合理需求。加大中小企业信用担保体系建设力度，规范和加快担保机构发展。鼓励和支持担保机构拓展担保领域，提高放大倍数，提升担保质量。积极指导省级再担保机构规范发展。推动小额贷款公司的建立和发展，引导其增加对中小企业的贷款支持。健全中小企业信用担保的激励和风险补偿办法，发挥小企业贷款风险补偿资金的引导作用，扩大风险补偿的贷款业务范围。

（四）加快中小企业创新创业服务平台供给

地方政府在创建技术创新服务体系的过程中发挥了极其重要的作用。政府在设计区域创新服务平台的组织结构和管理体制时，要立足实际，因地制宜，围绕区域和地方经济与社会发展的实际需求，根据区域经济和科技发展的特色和优势，有针对性地建立创新服务平台。应合理选择政府介入的程度，大力推动体制创新和机制创新，一方面使服务平台能独立运作；另一方面坚持对平台运行的监督，实现社会效益最大化与管理运作效率最大化的最佳结合。对于“专业镇”创新服务平台目前一般采取由政府首先投入建立的模式，但是这并不意味着一定要由政府专门成立一个部门来运转这个机构，平台最终必须独自面对市场。通过研发产品和提供服务获得回报以维持生存和发展，走自我长期生存与发展之路是创新服务平台发展的必由之路。

（五）加强中小企业众创孵化平台和机制供给

首先，孵化器发展需要各级政府的支持。在科技企业孵化器的发展史中，无论在发达国家还是发展中国家，各级政府都扮演了一个积极的角色。各国中央和地方政府通过直接投资、给予补贴等方式，支持孵化器的建立和发展。但解决企业孵化器外部性问题的政府干预必须要适度，尤其不能动摇市场机制对资源配置的决定性作用。其次，必须按照市场化原则运作孵化器。虽然世界各国政府都采取不同形式支持本国孵化器的发展，但政府不直接参与孵化器的运营是一个通则。

三　促进中小企业创新创业成果的推广应用

（一）构建中小企业新产品推广和应用机制

首先，加大政府投入力度。政府要根据财力的增长情况，继续增加投入。通过无偿资助、贷款贴息、补助或引导资金、保费补贴和创业风险投资等方式，加大对中小企业创新成果产业化的支持，加快中小企业创新成果的推广应用，提高中小企业创新成果产业化水平。

其次，加快发展创业风险投资。鼓励按照市场机制设立创业风险投资基金，引导社会资金流向创业风险投资领域，扶持承担中小企业创新成果产业化任务企业的设立与发展。发展改革和财政等部门要积极培育、发展创业风险投资，对高技术产业领域处于种子期、起步期的重点创新成果产业化项目予以支持。

最后，加大信贷支持力度。商业银行要根据国家产业政策和信贷政策，结合自身特点和业务需要，按照信贷原则，加大对中小企业创新成果产业化项目的信贷支持力度。加强担保机构等融资支撑平台建设，为中小企业创新成果产业化项目融资提供服务。

（二）加快推进中小企业制造标准引领工程

创新成果产业化程度和市场覆盖面很大程度上取决于标准，这客观上要求必须加强标准化与中小企业创新合作。各政府部门应建立健全工作对接机制，完善中小企业创新成果转化为标准的政策措施，以便更好地发挥标准化在促进中小企业创新成果转化应用中的作用。同时，应进一步做好创新成果推广的监管工作。

划清政府与市场参与标准制定的边界，建立以市场为主导的标准化工作管理模式和运行机制，破除与标准化不相适应的行业壁垒、部门分割、制度障碍和政策碎片化，加快建立统一协调、运行高效的标准化管理体制。支持企业参与研制和采用先进技术标准，鼓励社会组织、行业协会、产业联盟等参与标准国际化活动，特别是支持广大龙头骨干企业主动变革、创新技术、力攻标准。

第十一章

共享经济与中小企业成长专题研究

据国家信息中心与中国互联网协会联合发布的《中国分享经济发展报告（2017）》显示，2016年共享经济融资规模约1710亿元，同比增长130%，其中，交通出行、生活服务、知识技能领域共享经济的融资规模分别为700亿元、325亿元、200亿元，同比分别增长124%、110%、173%；未来几年中国共享经济仍将保持年均40%左右的高速增长，到2020年共享经济交易规模占GDP比重将达到10%以上。共享经济改变着人们的消费意识、冲击着传统商业业态、酝酿着社会经济发展的新趋势，作为金字塔最庞大的中小微企业在这轮变革的浪潮中必然大有作为。本章将在讨论共享经济的内涵、特征和类型的基础上，阐述中小企业典型"共享"发展模式众创空间，最后讨论其面临的机遇和挑战。

第一节　共享经济的内涵、特征和类型

一　共享经济的内涵

1978年，美国学者马鲁斯·费尔森和乔·L. 斯佩思（Marus Felson and Joe L. Spaeth）于《美国行为科学家》杂志提出"协同消费"（Collaborative Consumption）的概念。1986年，美国麻省理工学院经济学教授马丁·劳伦斯·威茨曼（Martin Lawrence Weitzman）在1986年出版的 *Share Economy* 一书中提出了一种采用分享制度以代替工资制度的主张。2010年3月，*The Economist* 以"崛起中的共享经济"为标题，强调通过网络沟通与协调，让供需双方得以互取所需，成为崛起中的创新服务模式。至今，共享经济的定义在理论界和实践领域均没有得到充分的统一，人们对于其

存在诸多疑问，如它主导的商业领域是哪些，什么样的资源可以交易共享？它的实施界限和范围是什么？它对于社会意味着什么，是不是存在“伪命题”？

随着互联网技术的飞速发展，共享经济逐渐有了部分共同认知，即人与人之间能够便利地借用或租用他人拥有的闲置资源；共享经济主张闲置即浪费，分享产生价值，同时它强调的是使用权，而非所有权（刘奕、夏杰，2016）。共享经济已经在各个领域的活动和组织中得到不同程度的发展。它建立在“社会经济生态系统，关于人与物的资产共享”的理念基础上。它涉及不同的人员和组织，并实现创新共享、生产共享、分配共享、贸易共享、消费共享以及服务共享（赵斯惠，2015）。

共享经济本身是一种消费方式的变革，交易成本、协同消费、多边平台等经济学理论方面提供了与时俱进的实践解释（见表 11－1）。

表 11－1　　共享经济的经济学理论与实践

理论视角	理论阐释	实践案例
交易成本理论	共享经济的价值在于拥有某项资源（资产或技能）的消费者与需要这种资源的消费者，对于某一时间内可以接受的交易成本创建的一个匹配；网络信息技术消除了信息不对称，对于资源供需信息以及使用评价一览无余，利用非正式执行机制和互惠机制解决了执行成本问题	Airbnb 对于住宿、供需双方，Uber 对于交通服务的提供方和购买方而言，数字化平台的存在帮助降低了交易成本，包括搜寻成本、联系成本和签约成本等；私人住宿市场、私人用车市场和中介市场形成了对原来市场的互补或者替代
协同消费理论	协同消费涉及捐助、转售、交易、借贷、租赁、赠予和交换等广泛内容，并通过协调资源的获取和分配来收取费用及其他形式的报酬，交换和消费行为建立在个人与个人的关系上而非已有的市场主体上，无须发生所有权的转移，共享经济因而消弭了人与人之间同物质和财产等相关联的等级和界限；在个体消费者和小的服务提供商之间实现了财富的重新分配，而不再依赖“中间人”	Airbnb 和 Uber 整合私人住宿和私家车的闲置情况，通过互联网平台拟合供需双方，并收取一定远低于传统中介的费用，使住宿和交通出行满足了资源双方的消费和补偿意愿

续表

理论视角	理论阐释	实践案例
多边平台理论	共享经济平台公司作为服务提供方和使用者之间直接交易的组织者，形成了最初的双边市场，帮助其更有效地使用从前未被充分利用的资源、增加市场竞争，同时为消费者提供更多的选择；随着第三方支付机构、广告商等其他利益相关者的加入，而逐渐形成多边市场平台	Viewswagon 就在 Uber 和 Lyft 平台上搭建了自己基于 GPS 位置信息的商业模式，如通过司机座位后背的屏幕投放广告等；Uber 为司机提供的热点地图；而城市管理部门在对专业和非专业服务的规制和收费上则应一视同仁

资料来源：根据刘奕、夏杰（2016）的研究整理。

二 共享经济的特点

共享经济的根本是消费观念的改变，核心是从所有权满足转向使用权满足，从物权、网络、成本和时间角度来看具备如下特点。

（一）物权

所有权的剩余价值。拥有某种物品或者服务多余的使用价值可以通过他人共享实现剩余价值再造，这是物质基础。即有剩余才可分享。

使用权的便捷消费。用于共享的物品或者服务对于他人来说具有比通过中介市场更加便捷的使用效用，尤其是达到“想用就用”的程度，是共享经济吸引客户群的关键因素。

所有权和使用权分离。拥有所有权者利用“共享”实现剩余价值获益，获取“共享”物品或服务的人消费使用权。

（二）网络

去中心的点对点信息交互。借助互联网第三方信息平台，实现网状点对点共享，平台的价值随着共享者的加入和共享的增多呈指数级增长。

平等与自愿。共享者之间是完全平等、自愿撮合与成交，不存在第三方影响力，不存在甲方、乙方，他们是一种合作者的关系，是利益共赢者，而非买者与卖者的对立关系。

基于技术的信任。大数据平台利用押金、支付方式、透明机制等制约，使得使用权交易变得便捷和安全。

（三）成本

交易成本极小的渠道。随着互联网技术的发达，让交易或共享的成本与传统方式相比极小，因为对于消费者而言，使用是最终的目的，而购买只是手段，共享经济产生是因为它利用了这个世界的“闲置资源、闲置时间”模式，决定了它的生产要素机会成本较低，所要求的回报率也相对较低。

建立与解除共享关系成本低。无论是你加入平台完成共享，或者你离开平台，都很简单，不像解除一种公司雇佣合同，或者交易合同一样程序复杂。决定建立或者解除共享关系的关键影响因素是体验与参与感。

（四）时间

碎片化。互联网以其最为便捷的链接与计算让更广泛、更细微的共享成为可能，让各种资源的组合可以通过碎片化的时间即时实现。

三 共享经济的类型

通过对文献和实践案例的整理，对于共享经济的类型主要有两种分类方法：一种是从行业内容的角度分类；另一种是从行为对象上进行分类。从行业内容来看，共享经济的类型可区分为物品、服务、交通、空间及资金五大类（见表11－2）；按行为对象可分为C2B、C2C、B2B、B2C四类，具体见图11－1。

表11－2 共享经济行业内容分类

分类	内容	代表案例
物品	二手物品	Craigslist、Kijiji、闲鱼
	租借品	RENT THE RUNWAY、Pleygo、Rocksbox
	定做产品	Etsy、Quirky、The Grommet
服务	专业服务	Elance、Crowdspring、Freelancer
	生活服务	Task Rabbit、河狸家、58到家、Eatwith、Medicast
	知识/教育	猪八戒、Udemy、Lynda
交通	共享服务	Uber、Lyer、滴滴、Hail
	租借交通工具	Zipcar、Car2Go、神州租车
空间	办公空间	Liquid space、Share Desk、Wework
	住宿	Airbnb、One fine stay
资金	放款	Lending Club、Zopa、Green Note
	集资	Circle UP、Kickstarter、京东众筹

资料来源：课题组根据相关文献综合整理。

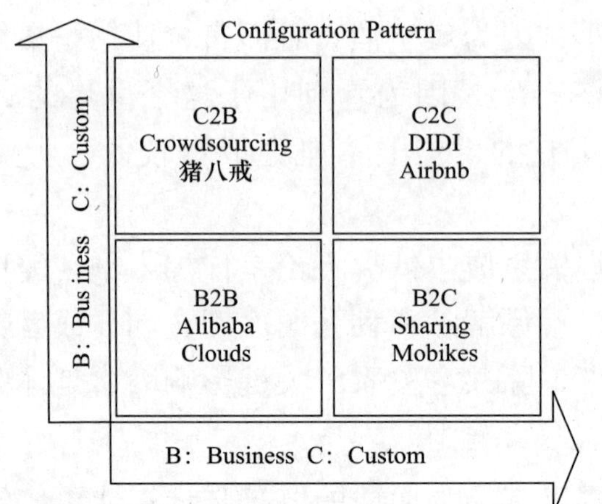

图11－1 共享经济行为对象分类

资料来源:参考柳卸林2017年5月13日在“第14届中国技术管理年会”上的主题报告资料。

第二节 共享经济典型模式——众创空间

一 国外众创空间发展经验

国际上,众创空间起源于欧美流行的创客空间。作为一种新型的创新创业平台,自出现以来展现出了强大的生命力,分布在世界100多个国家和地区,并涌现出许多典型模式(见表11－3)。

表11－3 国外典型众创空间运营模式

国家	名称	运营模式
韩国	京畿创造经济革新中心	京畿道政府和韩国最大的电信公司KT公司共同出资建立一个发展基金,用来给符合条件的新生企业进行投资。中央政府不参加基金的建设,主要负责整体推动中心的构建和运营。当入驻企业中有不错的想法时,KT公司可以利用大企业的优势对其进行支持。比如对它进行投资,与之进行共同开发,或者帮助新生企业与其他企业建立合作关系等。京畿道政府主要制定相关政策扶持中小企业

续表

国家	名称	运营模式
美国	WeWork	主要是通过在一些租金较为便宜的地区租用楼面，并进行二次设计，将楼面设计为风格时尚、可定制且社交功能较齐全的办公空间，之后以远高于同业的价格租给各种创业者（公司或个人）。在日常运营中，除为各类创业者提供办公空间（办公室、会议室、娱乐设施、生活设施）之外，还为创业者提供各种跟创业关系密切的隐性服务，如定期举办社交活动，促进创业者之间、创业者与投资人之间的交流等
英国	Makespace	Makespace 被同时注册为一个社区机构和一家非营利担保有限责任公司。作为社区机构，它负责举办活动，选择适用的改装套件，维护空间日常运作等。作为公司，Makespace 负责确保工作场所和基础设施的供应和可用性，处理租赁和保险相关的法律问题，涉及安全系统、健康和财务等。公司可根据健康和安全原则否定社区的决策。Makespace 的工作人员，不论其隶属社区还是公司，均为志愿者。Makespace 的设备维护费来自其收取的会费
德国	Chaos Computer Club	以揭露重大的技术安全漏洞而闻名于世，范围从芯片到 PIN，再到智能手机等。Chaos Computer Club 有自己的信仰，创客们更多的是为了纯粹的乐趣，俱乐部的集会更像是一种朝圣。不过，“黑客空间”并不仅仅破解电脑，在理想状态下会嵌入到生活之中，成为人类日常生活并行的另一套“系统”。目前，除了“黑客”外，一些记者、学者等自由工作者也加入其中。它是一个开放的实验室平台，里面有激光切割机、3D 打印机等基础设备，创客们聚集在这里，分享思想、技术，最终，把好的创意转化为新产品

资料来源：课题组综合整理。

国外各类众创空间发展各有特色，也有共同的经验值得借鉴。

第一，崇尚“包容”和“共享”。国外大部分的众创空间进入门槛很低，对于背景、学历、技能等没有要求，且大部分只要交少量的“会费”就可以享受超值的办公空间和软件服务。在“创业沙龙”之类的创客交流活动中，创业者们可以集思广益，形成“社群创业”氛围。

第二，项目覆盖范围广。一方面，众创空间提供设备工具，“共享”可以平摊高额设备工具费用，为中小微企业创业降低成本并分享使用教程。另一方面，项目融资和产业化推介服务提高了产品市场化的速度。

第三，多方合力支持。国外众创空间既包括营利公司又包括非营利机构，资本来源广泛，政府和社会关注度高。如美国的“创客大会”要求教育部和其他 5 个政府部门、150 多所高等院校和 130 家图书馆以及重量级企业共建众创空间（郝君超、张瑜，2016）。

二 中国众创空间发展现状

根据 2017 年 1 月召开的中国全国科技工作会议公开的数据，2016 年中国众创空间数量达 4200 家，表明中国众创空间进入发展“快车道”。

（一）发展模式

根据组建方式、创业服务内容和运营模式等方面的不同，可以将中国现有众创空间分为专业服务型、培训辅导型、媒体延伸型、投资促进型、联合办公型和综合生态型六类（见表 11－4）。

表 11－4 中国众创空间运营模式

类型	运营模式	典型案例
专业服务型	定期举办想法或项目发布、展示、路演等创业活动，为初创企业提供社交网络、专业技术服务平台、产业链资源支持等	北京创客空间、上海新车间、深圳柴火空间
培训辅导型	利用大学的教育资源和校友资源，以理论结合实际的培训体系为依托，作为大学创新创业的实践平台	清华 X－Lab、北大创业孵化营、亚杰汇
媒体延伸型	由面向创业企业的媒体创办、利用媒体的宣传优势为企业提供包括宣传、信息、投资等各种资源在内的、线上线下相结合的创业服务	36 氪、创业家、创业邦
投资促进型	以资本为核心和纽带，聚集天使投资人、投资机构，依托其平台吸引汇集优质的创业项目，为创业企业提供融资服务	车库咖啡、Bingo 咖啡、天使汇
联合办公型	由地产商开发的联合办公空间，通过附加服务、引进天使投资和一定的政策优惠吸引租客	SOHO 3Q、优客工场
综合生态型	提供包括金融、培训辅导、招聘、运营、政策申请、法律顾问乃至住宿等一系列综合性服务	创业公社、科技寺、融创空间

资料来源：参考郝君超、张瑜（2016）等文献整理。

（二）区域分布

中国众创空间发展与区域经济发展水平和科教资源分布紧密相关，呈现出以“北上广深”等一线城市为龙头，以“宁杭苏汉蓉”等城市为重点，以科技、产业基础较好的城市为基础的阶梯式分布。从空间密度看，上海市众创空间分布密度最高，北京市密度位居全国第二位，江苏、山东、浙江、广东、福建等沿海经济发达省市众创空间面积密度也位居前列。其中，长三角、京津冀和珠三角地区成为中国众创空间建设的主要区域。长三角地区作为全国经济最发达的地区之一，依托其大量科技资源与雄厚经济基础、发达的商品经济以及成熟的金融体系，投融资服务成为长三角众创空间的服务优势。京津冀地区得益于其大量优质的教育资源与区位优势，创业培训服务已成为京津冀众创空间的发展特色。珠三角地区众创空间则非常重视入驻团队的知识获取与项目辅导，帮助其获取创业知识，沙龙活动已成为珠三角地区众创空间服务的亮点。

（三）存在问题

2016 年下半年以来创投环境趋冷，众创孵化空间地库、孔雀机构、MadSpace 先后倒闭，而上海、杭州以及二、三线城市部分众创空间也陆续停止营业，众创空间自身运营的问题逐渐暴露。一是营利模式不清晰，即以政府资助和工位租金为主，大多仍处于入不敷出阶段，在政策扶持期尚可勉强维持生存，一旦失去补贴可能就难以为继；二是对产业促进不明显，目前众创空间入驻中小企业主要聚焦行业是互联网、教育、医疗、智能硬件、金融、文化创意等领域，行业分布非常分散，和战略性新兴产业对接深度不够，缺乏对传统产业转型升级有实际助力的实践布局；三是标准化、创业服务能力以及公共服务政策落地实效有待提高。

三　政策展望

2015 年国务院印发了《关于发展众创空间推进　大众创新创业的指导意见》及《关于大力推进“大众创业、万众创新”若干政策措施的意见》，此后全国各地都制定实施了关于扶持众创空间发展的政策措施。今后，针对众创公共服务“洼地”，要进一步明确支持鼓励社会力量参与投资建设或管理运营，完善服务体系建设，优化创业创新环境。

第一，鼓励行业领军企业发展服务型众创空间，引导和支持有条件的行业领军企业将内部资源平台化，面向企业内部和外部创业者提供资金、技术和服务支撑，同时进一步完善中小企业产业链配套发展机制，建立基于产业链的协同发展计划，实现大、中、小企业的共生发展。

第二，推进产城融合，引导地方政府规划部分以创新创业为主的区域，集聚发展孵化、信息、知识产权等创新创业服务业，营造良好市场化服务环境，吸引优秀科技创新项目、优质创业团队入驻，打造区域经济发展的特色引擎。

第三，创新孵化器运营机制，针对创新创业团队在融资、辅导、宣传、技术等方面的迫切需求，引入专业团队予以对接，探索专业的新型孵化器建设。

第四，利用互联网平台，建设虚拟众创空间，打破地理空间条件限制，促进众筹、众包等服务发展，有效地降低创业人口集聚，提供人均创业产出效率，扩大众创空间辐射范围。

第三节 共享经济下中小企业面临的机遇和挑战

一 共享经济下中国中小企业面临的机遇

中小企业在生存发展中面临资源少、成本高、资金紧等核心问题。共享经济因为资源配置时撮合的优势极大地降低发展成本、提升质量水平、识别新一轮创业创新机会。

（一）降低发展成本

1. 降低经营成本

“共享”办公空间、办公软件、配套服务等经营性服务，减少固定资产和各类共性岗位人员需求（如前台、客服、法律、部分行政等），对于中小企业实施“轻资产”运营，尤其是创新型中小企业的发展降低前期资金占用、减少管理成本。

2. 降低创新成本

中小企业在研发生产过程中出现新问题，可以通过“共性技术”和设计开发人员集合“共享”的平台及时匹配行业资深产品、技术和市场现状，如及时对接行业设计师、工程师、法务、媒体等专业人士，低成本高效解决实际需求。平台负责协商监管双方在方案交付标准、方案协议验收等多方面的沟通。

3. 降低营销成本

由于互联网具有非常广泛的连接性，极大地方便了组织供给资源，形成在云端强大的“弹性地供给网络”。需求增加，刺激供给更多；而需求减弱时，供给就会自动变少。共享经济的供给呈现出了十分明显的“云化经济”的特征，为中小企业按需生产和销售提供了可能。如基于云集、全球时刻的销售“共享”平台，通过“病毒式”复制店主为产品进行分销，有可能降低中小企业传统“过关斩将”式的渠道营销成本。

4. 拓宽融资渠道

以基于互联网的P2P和众筹模式为主要载体的“共享金融”。当下中小企业“融资贵”是因为“融资难”，当“共享金融”使金融资源配置效率大幅度提升后，同样的金融资源就可以发挥出更大的效用，不断降低金融资源的稀缺性，不仅使融资变得容易，也可以降低融资成本。比如大数据的运用，使个人征信和小企业征信得以完善，风险计量更加精确，在对风险合理定价的前提下，加速了小额贷款的发放，也使贷款区别定价成为现实，使真正好的中小企业能以合理价格迅速得到资金。

（二）提升质量水平

1. 增强精准供给

在共享经济模式中，中小企业盈利能力的强弱将不再依赖出售产品的数量，而与单位产品的使用次数呈正相关；在这一逻辑下，企业产品的设计和制造就会更多地考虑耐用性、无缝升级换代以及便于再次利用，对于质量水平提出了更高的要求。同时，目前可以看到投入到共享经济的产品都是可以实现标准化的，如自行车、汽车、充电宝等，这些成熟产品的功能和用户需求很明确，“共享”能够非常清晰地解决用户的痛点，实现精准供给。

2. 促进服务增值

随着共享经济的发展，中小企业的经营模式也将从生产制造向下游的增值服务延伸，其收入将主要来源于售后增值服务。未来经济结构中的服务比重将加快提升，并且制造与服务融合的趋势将日益凸显。中小企业以“专、精、特、新”柔性定制服务，融入“共享”的个性社区，实现长尾效益增值。

3. 实现转型升级

过去企业的技术创新、产品创新，是基于市场战略行为。多元化的互联网时代更加注重价值创新，提升企业资源的配置及成本的控制；共享经济的协同消耗、敏捷生产可以帮助到中小微企业向创新发展模式转变；共享经济中小微企业可以形成数据化的协同营销和更多的跨界合作；新一轮企业组织变革也打破了劳动者对商业组织的依附，直接向最终用户提供服务或产品的理念促进中小企业组织转型。

（三）识别中小企业新一轮创业机会

共享经济的兴起，除了同时创造经济与社会价值，其低进入障碍与高创新服务的特性，更有利于新创事业与中小企业开拓商机，进而可促使创新创业的产生。

一方面，从产业角度来说，现代农业的发展在“分享”中调整供需关系，能使人人拥有私家田园和农产品特供渠道；制造业的产能也可以通过“分享”进行合理分配；设计衣食住行等生活性服务业，通过“分享”传播时尚、健康、社交的现代生活理念和方式，尤其是分享教育、分享医疗、分享养老等关键性民生领域通过“共享”得到资源的优化配置。

另一方面，从互联网技术手段和新兴业态来说，越来越多的网络黏性和用户需求对于技术更新迭代、客户体验以及安全提出了更高的要求，科技型创新小微企业只要开发出核心技术，就很有可能吸引到大量风投配套商业模式实现发展壮大。

二　共享经济下中小企业面临的挑战

（一）中小企业利用“共享”的困惑

1. 安全性问题

第一，供需双方责任不清，存在法律空白。供需双方通过平台磋商进行时时对接，但是由于松散性的网络链接方式，使供、需、平台三方无法很好地形成约束机制。比如，中小企业的产品售后服务，通过平台使用社会闲置维修人员，企业和社会维修人员之间没有直接的雇佣关系，责任和义务也无法有效规制。

第二，交易的第三方平台存在安全保障义务。一方面，由于对交易平台的准入门槛约束不足，导致交易平台难以承担监管义务，无法用现有的《消费者权益保护法》来加以制约；另一方面，当共享平台出现因经营困难、公司破产或违法导致的财产被查封、扣押、冻结，或者出现经营者个人犯罪危及公司财产安全以及共享平台账户被入侵等情况时，闲置资源的提供方应得报酬以及需求方预存平台公司的资金都难以从共享平台按期获得支付或返还。

第三，供需双方的隐私与信息安全存在隐患。一旦信息泄露，可能对于中小微企业的后续发展带来影响，且平台主导下可能产生的强制交易、强制搭售、价格同盟等违法行为，使得供需双方利益受损。

2. 付费习惯问题

大部分中小微企业资源有限，对于当下的资金流比较看重，“能省则省”成本为先的情况下，一些线上开拓性付费意愿仍需时间培养。

3. 客户拓展模式问题

大部分中小微企业客户拓展仍以线下地推为主。尤其在中国这个人情社会，因“关系”而延伸的“生意圈”似乎更加可靠。因此，以网络联结为基础的客户拓展模式对于传统中小企业来说不具备吸引力。

（二）中小企业参与共享经济的陷阱

1. 技术问题

由于互联网技术更迭迅速，中小企业涉足“共享”经济领域首先必须对技术有比较超前的认识。基于“信任”的“共享”对区块链技术的延展提出极高的要求。区块链（Blockchain）是指通过去中心化和去信任的方式集体维护一个可靠数据库的技术方案。区块链技术通过共同维护、不可篡改的特性，在无须中介插足的情况下，实现交易、许可、证明……同时，由大数据和区块链相结合的信任体系，是一个高度公开、透明、共享的网络，每个人每天产生的社交、交易数据，在区块链上会形成一幅个人的“信用画像”，一旦有人违反了信用，他在这个社会将无法立足。但是，区块链存在一些弊端，比如说交易的延迟性和剧增的内耗，一旦数据大量读取和冗余势必会造成安全问题。中小企业通过开发系列共享 App 必然会面临技术开发和数据承载的后续问题。

2. 平台盈利模式的困惑

当前，共享平台呈现“先拼密度、拼规模，抢占线下网点，入驻各大城市商圈”的模式，即在热点概念下“烧钱”吸引客户数据，培养客户黏性进而开发新的盈利模式。但是，“烧钱”结束后，下一步的盈利模式究竟如何开发，成为资本疯狂背后的隐忧。如大部分私厨共享平台的主要盈利模式包括抽取佣金（但目前仍在补贴阶段），提供直供或代买食材等增值服务，围绕社区做一些综合服务等。但无论是哪种模式，前期为进行推广而投入大量资金，资金用完之后却无法找到合适的盈利模式。因此，有的私厨共享平台即使获得了成百上千万的风投，也不得不暂停业务，重新调整方向。

3. 为共享而共享

在资本的诱导下，创业者为共享而共享。例如，某些“共享”平台所提供的本质上只是在线服务，组织资源的方式仍依靠固定资产和 B2C 模式，但其却将自己包装成了新共享经济。这样的模式会使企业陷入怪圈——当它的资产越重、规模越大时，反而边际效应越差。因为资产购置成本是固定的，并不具备“共享资源”弹性的特点。企业也无法保证每一项固定资产实时都是理想模型下的良性工作状态，固定成本的服务密度也必然会有极其稀疏的时间段。供给与需求的增长并不是线性同步的关系，这样很容易陷入供应链中的“牛鞭效应”。

三 政策建议

由于共享经济是因科技、服务发展所产生的创新商业模式，有些甚至是以一种微型跨国企业的面貌出现，形成一种“小巨人大品牌”现象。目前，共享经济发展范围已涉及跨领域、跨部门，但缺乏有效的监管和规制，甚至亟待全球协同治理。

中小企业是共享经济发展的基石，要以全局眼光、开放视野和政策前瞻为导向，对发挥中小企业在共享经济中的作用做出政策引导。

（一）加强“共享平台”监管和规制

创新监管理念，坚持底线思维，研究制定共享模式创新所带来的准入门槛、劳工社保、税收监管、信息安全等法律法规和基本服务标准。以共享技能的创意设计平台为例，平台开具营业税的税基是平台上发包方与接包方交易的交易额，而不是平台企业抽取的佣金，个体劳动者适用的税率也不同于存在劳动合同的劳动者，应该分别规定。鼓励通过市场机制解决共享中的风险问题。要以地方法规的形式切入，在《民法》、《商法》、《合同法》等有关法律条款中增加对共享经济提供方的资质、P2P 交易模式带来的共享物品征税、基本质量以及行为规范等作出相应规定。同时，加强强制性安全标准与推荐性产品标准或服务标准与共享经济模式下各类产品服务的对接。为中小企业加入共享经济吃下“定心丸”。

（二）深化社会征信体系建设

探索实现较为真实有效的以人民银行征信中心为代表的金融征信及各类行政管理征信与平台企业实现有效对接的路径和措施。要督促现有企业通过第三方信用评价服务与政府共享信用记录信息。大力培育第三方信用服务企业，通过采集互联网中散落的用户点评及共享服务评价的记录，用于提供专业的交易信用评级服务。推进共享经济行业自律。按照国际惯例，共享经济平台应自觉对发生的所有交易、支付行为和通信互动进行监控，并依靠客户反馈和举报对服务提供者可能发生的错误行为进行预防和纠正。为中小企业有序参与共享经济浪潮提供大数据支持。

（三）扶持中小企业公共服务平台

通过服务中小企业，激发“共享”意识。大力发展生产性服务业的契机，充分调动行业协会（商会）、高等院校、科研机构等组织的积极性，鼓励各类专业服务机构的培训发展面向中小企业的服务机构。完善公共服务平台的创新支撑能力，充分利用“互联网+”加快中小企业公共服务平台网络建设，形成虚拟服务系统与实体服务资源的协同服务。增强公共服务平台的创业服务功能、创新服务功能、融资服务功能、管理咨询服务功能、信息服务功能、人才培养功能、市场开拓服务功能。健全服务机制，加强服务机构之间的联系与合作，建立服务协同机制，实现服务资源共享、服务手段集成、服务功能互补。建立监督和评价机制，推动服务机构的规范发展，提高服务质量，提升服务机构从业人员能力。优化服务布局，兼顾企业共性需求和个性需求，打造国家以满足区域共性需求为重点、地方以服务区域特色经济为重点的服务格局。以中小企业公共服务为主导，引导、带动信息、融资、担保、技术、人才培训、市场开拓、管理咨询、对外合作等专业服务，促进服务领域和对中小企业服务的覆盖面不断扩大，服务质量不断提升。同时进一步综合运用政府购买服务、无偿资助、业务奖励等方式，支持中小企业公共服务平台和服务机构建设，并发挥政务服务网及各级政务服务平台的作用，为初创企业提供法律、知识产权、财务、咨询、检验检测认证和技术转移等服务。

第十二章

中国中小企业知识产权专题研究

第一节　中国中小企业知识产权战略实施进展及作用

在《国家中长期科学和技术发展规划纲要》（2006—2020）关于建设创新型强国的战略指引下，国务院相继推出一系列与知识产权相关的政策措施来推动创新。2008 年 6 月 5 日，国务院发布《国家知识产权战略纲要》（国发〔2008〕18 号）。2015 年 12 月 22 日，为深入实施创新驱动发展和国家知识产权战略，国务院发布《关于新形势下加快知识产权强国建设的若干意见》（国发〔2015〕71 号）。2016 年，作为“十三五”规划的开局之年，为加快知识产权强国建设，国务院首次将知识产权工作列入国家重点专项规划，印发了《“十三五”国家知识产权保护和运用规划》（国发〔2016〕86 号）。在这一系列知识产权战略实施过程中，中小企业，尤其是科技型中小企业的创新及知识产权贡献突出。

一　专利申请与实施运用

（一）中小企业创新及其专利申请增速迅猛

专利是发明创造者或其权利人对特定的发明创造在一定期限内依法享有的独占实施权，具备排他性、时间性和地域性特征。专利是技术创新的重要承载。专利制度对激励技术创新、配置创新资源、促进技术市场化起到重要作用。

近年来，在市场竞争和知识产权战略政策实施的双重推动下，国内企业专利申请量逐年稳步增长。2006—2015 年的十年间，企业专利申请总量和发明专利申请保持着 27% 的年均增长率，企业年专利申请占当年全国专利申请的比例始终保持在80%左右（见表12－1）。由于中小企业占中国企业总数的99.7%，因此，其中绝大多数的专利申请是由中小企业贡献的。从2016年的统计数据来看，约65%的发明专利，75%以上的企业技术创新和80%以上的新产品开发都来自中小企业。中小企业为推动中国的经济和科技进步发挥了巨大作用，是中国经济发展过程中的重要支撑力量。

表12－1　　中国国内企业年度专利申请数量及占比　　单位：件、%

年份	历年累计	年专利总体	发明专利	实用新型专利	外观设计专利
2015	8332085 （82.5）	1565751 （82.3）	582512 （75.1）	730865 （85.1）	252374 （94.1）
2014	6766334 （82.6）	1306466 （83.1）	484747 （74.8）	565757 （86.5）	255962 （94.4）
2013	5459868 （82.5）	1310058 （84.2）	426544 （74.7）	551056 （87.0）	332458 （94.8）
2012	4149810 （82.0）	1097220 （84.8）	316414 （73.9）	450002 （87.9）	330804 （93.8）
2011	3052580 （81.0）	799435 （83.1）	231551 （71.4）	336298 （86.8）	231586 （92.4）
2010	2254575 （80.3）	540000 （82.0）	154581 （69.1）	212081 （87.5）	173338 （90.1）
2009	1715930 （79.6）	394299 （81.6）	118257 （68.7）	147618 （87.1）	128424 （90.8）
2008	1321531 （79.2）	295510 （81.1）	95619 （68.1）	91374 （85.3）	108517 （92.9）
2007	1026021 （78.7）	223472 （80.9）	73893 （68.6）	63371 （84.8）	86208 （92.0）
2006	802549 （78.0）	166874 （82.0）	56455 （69.3）	50350 （85.7）	60069 （94.9）

注：括号内数字为比重。

资料来源：根据《国家知识产权局专利统计年报》（2007—2015）数据整理。

（二）中小企业专利实施与利用效果显著

根据2016年6月国家知识产权局发布的《2015年中国专利调查数据报告》中小型企业在专利实施利用方面有着不俗的表现。其中，中型企业专利实施率最高、中小型企业专利产业化（专利生产出产品并投放市场）的比例略高于大型和微型企业、小微型企业的专利许可比例显著高于大型企业、微型企业的发明专利转让率最高。

（1）中型企业专利实施率最高。微型企业三类专利的实施率在50%上下2%的范围内波动，均低于其他类型企业相应专利类型的实施率（见表12－2）。

表12－2　不同规模企业的各类专利实施率　单位：%

专利类型	大型企业	中型企业	小型企业	微型企业	总体
发明专利	68.3	69.9	66.8	51.3	67.5
实用新型专利	66.3	72.5	68.5	52.4	68.2
外观设计专利	74.7	76.3	66.2	50.9	70.3
总　计	68.9	73.0	67.6	51.8	68.6

资料来源：根据《2015年中国专利调查数据报告》整理。

（2）中小企业专利产业化的比例略高于大型和微型企业。微型企业拥有生产出产品并投放市场的三种专利占自身全部有效专利的比例要明显低于大中小三种规模的企业，总体只有35.9%，显著低于大型企业的50.6%、中型企业的57.4%和小型企业的52.3%（见表12－3）。

表12－3　不同规模企业专利产业化比率比较　单位：%

专利类型	大型企业	中型企业	小型企业	微型企业	总体
发明专利	50.4	53.4	50.8	33.1	50.4
实用新型专利	45.9	55.9	52.4	36.3	50.8
外观设计专利	60.8	63.3	52.9	36.9	56.9
总　计	50.6	57.4	52.3	35.9	52.3

资料来源：根据《2015年中国专利调查数据报告》整理。

（3）小微型企业的专利许可比例显著高于大型企业。调查显示，规模越小的企业，在2014年专利许可他人使用的比例越高，微型企业的许可使用比例为11.6%，显著高于大型企业的7.3%。尤其是微型企业的外观设计专利许可他人使用的比例达到了13.1%（见表12－4）。

表12－4　　不同规模企业专利许可率比较　　单位：%

专利类型	大型企业	中型企业	小型企业	微型企业	总体
发明专利	10.1	7.7	9.9	12.6	9.6
实用新型专利	6.2	10.8	11.5	10.7	9.7
外观设计专利	8.0	10.6	12.0	13.1	10.7
总　计	7.3	10.2	11.3	11.6	9.9

资料来源：根据《2015年中国专利调查数据报告》整理。

（4）规模越小的企业专利转让的比例越高，微型企业的发明专利转让率最高，接近10%（见表12－5）。

表12－5　　不同规模企业专利转让率比较　　单位：%

专利类别	大型企业	中型企业	小型企业	微型企业	总体
发明专利	6.0	6.8	7.2	9.9	6.7
实用新型专利	4.3	6.3	6.0	6.4	5.6
外观设计专利	4.6	6.6	6.0	5.5	5.8
总　计	4.7	6.5	6.2	6.8	5.9

资料来源：根据《2015年中国专利调查数据报告》整理。

二　商标注册与品牌建设

（一）企业商标注册申请热情高涨

商标是用来区别一个经营者的商品或服务和其他经营者的商品或服务的显著性标记。根据中国现行《商标法》及其配套规定，除了法人和其他组织，有资格提交商标注册申请的主体仅限于个体工商户、个人合伙、农村承包经营户等从事经营活动的自然人。由于市场竞争的需要，提交商标注册申请的主体主要还是法人和其他组织，其中又以企业法人为主。

商标注册统计数据显示，国内申请人商标注册申请热情高涨，中国已经连续十五年位居全球商标注册申请量第一位，年注册申请增长率一直保持在 28% 左右，成为名副其实的商标大国（见表 12 -6）。其中，2006—2015 年国内申请人的中国商标申请核准注册情况详见图 12 -1，国内申请人的马德里国际商标核准注册情况详见图 12 -2。2016 年，中国商标注册申请量达 369.1 万件，同比增长 28.35%。其中，国内申请 352.68 万件，占年度注册申请总量的 95.54%。值得关注的是，2010 年和 2015 年国内申请人的商标注册经历了两个显著的增长点，增长率分别为 31.52% 和 149%。

表 12 -6　　国内申请人商标注册申请及商标核准注册情况　　单位：件

年份	国内申请人的商标注册申请			国内申请人的商标核准注册		
	国内商标	马德里国际商标	合计	国内商标	马德里国际商标	合计
2006	669276	40203	709479	228814	21573	250387
2007	604952	43282	648234	215161	29158	244319
2008	590525	46890	637415	342498	29101	371599
2009	741763	36748	778511	737228	31944	769172
2010	973460	30889	1004349	1211428	29299	1240727
2011	1273827	47127	1320954	926330	30294	956624
2012	1502540	48586	1551126	919951	26290	946241
2013	1733361	53008	1786369	909541	27687	937228
2014	2139973	52101	2192074	1242840	45870	1288710
2015	2699156	60205	5458517	2077037	49552	2126589
合计	16542649	612348	17154997	10866578	493011	11359589

注：以上各类数据的申请量不包含受理量。

资料来源：根据《2015 年中国商标战略年度发展报告》整理。

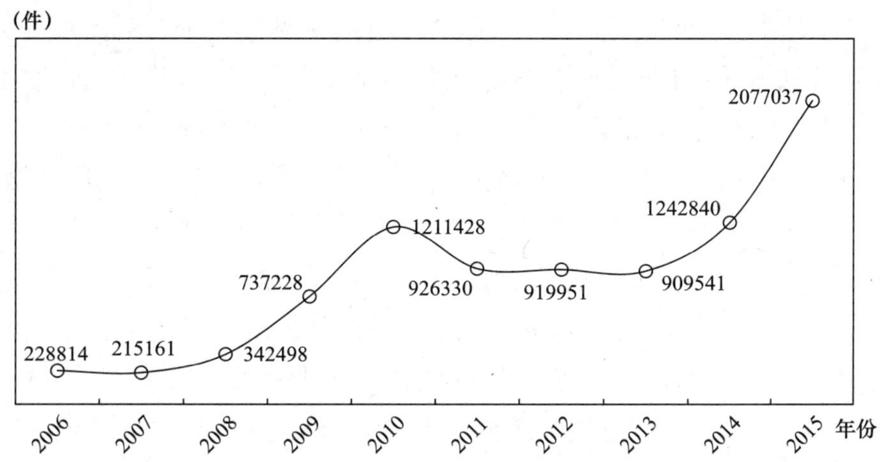

图 12－1　国内专利申请人的中国商标申请核准注册

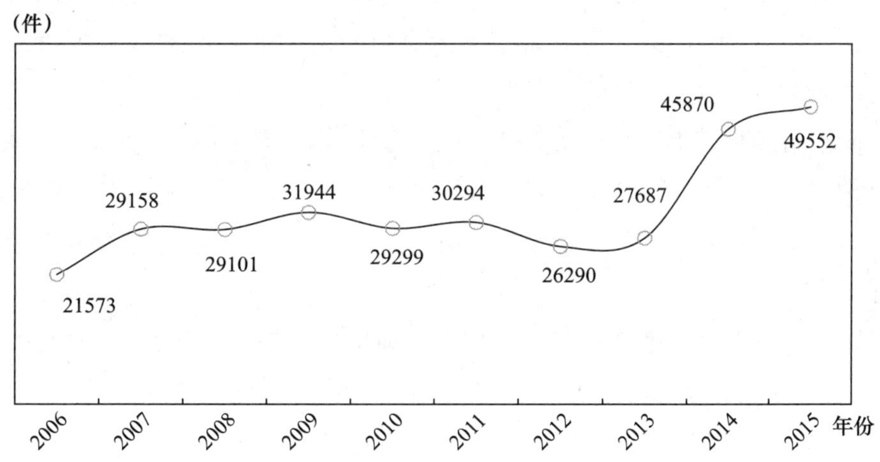

图 12－2　国内专利申请人的马德里国际商标申请核准注册

（二）企业的品牌建设有待加强

自 2008 年中国实施知识产权战略以来，中国的商标品牌建设取得了跨越式发展，突出表现为：（1）中国已经成为商标大国。（2）商标注册的国际化程度在不断提高。2015 年通过马德里国际商标注册体系，中国国内申请人到国外申请注册商标 2321 件，在马德里联盟中排名第六位。（3）商标品牌的资本化运作能力不断增强。

但是，不得不承认的是，中国离商标品牌强国还有很大的差距：（1）中国企业平均的商标拥有量比较低。到 2015 年年底，平均每万户市场主体的有效商标拥有量仅为 1335 件，远低于美国的 3000 多件，也低于韩国的 2000 多件。（2）国际知名的商标品牌比较少，国内品牌的国际竞争力不强。发达国家申请人到海外申请注册商标占 35%—75%，中国企业到其他国家申请注册的只有不到 5%。（3）商标注册申请的行业分布有待优化，服务业商标注册申请所占份额有待提升。

就中小企业商标管理和品牌建设而言，主要存在以下两个问题：

1. 内部缺乏商标管理部门，外部品牌营销有待加强

作为一种重要的知识产权，商标已超越了仅仅用来区别商品和服务来源的初始功能，成为企业的一项重要战略性资源。如何拥有有价值的商标以及如何通过商标的使用来提升企业竞争力以获得更大的竞争优势，成为越来越多企业在经营中面临的重要课题。对企业而言，商标不仅可以提高企业的竞争力，还可以作为企业获利或阻止竞争的主要手段，甚至在某种程度上成为企业创造利润的关键。

然而，相较于知识产权战略推动下的商标申请量激增，中小企业在商标管理和品牌建设上的“短板”依旧存在。一方面，企业内部缺乏商标事务管理在内的知识产权专门管理部门；另一方面，企业外部品牌筹划与营销有待加强。

2016 年，中国申请人提交马德里商标国际注册申请量 3200 件，排名首次进入前四位，增速达 68.6%。截至 2016 年年底，马德里商标累计有效注册量已达 22270 件，越来越多的中国品牌通过马德里体系“走出去”，在世界舞台上筹谋发展。

2. 部分中小企业陷入品牌“怪圈”

值得关注的是，2014 年中国小型企业产值呈现出大幅度下降趋势，商标品牌被认为是导致该轮产值下滑的“罪魁祸首”。享有“上海家具之乡”美誉的奉贤区奉城镇头桥地区、“中国藤铁工艺之乡”安溪县等在 20 世纪 90 年代发展初期均聚集着大量的小型企业，经历了近 20 年的磨合发展，部分企业被大型企业或从小型企业发展起来的中型企业所占据市场，多数的小型企业因不堪负增长经营而退出产业舞台。这些区域聚集的小型企业有着共性的发展路径，即缺乏商标保护和品牌意识，发展初期因为被

收购、贴标生产国际品牌商品而利润丰厚，陷入小富即安的品牌“怪圈”；发展中期收购商大举压价，微薄的利润迫使不堪负荷的企业最终退出市场。

中国尽管已经成为商标大国，但是具有全球影响力的中国品牌数量仍相对较少，商标品牌引领经济发展的作用还未得到充分发挥。中国亟须将商标战略深化和发展为商标品牌战略，力求理顺政府、企业和市场的关系，着力构建企业自主、市场主导、政府推动、行业促进和社会参与的商标品牌战略格局，推动更多的中小企业布局商标品牌。

第二节　中国推动中小企业知识产权发展的政策措施

一　中小企业知识产权战略推进工程

2009 年 12 月 31 日，为贯彻落实《国家中长期科学和技术发展规划纲要》《国家知识产权战略纲要》，落实国家 12 部委《关于支持中小企业技术创新的若干政策》，应对国际金融危机影响，提升中小企业知识产权创造、运用、保护和管理能力，加快培育拥有自主知识产权、知名品牌和较强竞争力的中小企业，促进中小企业转变发展方式，实现创新发展，国家知识产权局、工业和信息化部联合印发了《关于实施中小企业知识产权战略推进工程的通知》（国知发管字〔2009〕238 号），确定由两部门联合组织实施中小企业知识产权战略推进工程。要求各单位按照《中小企业知识产权战略推进工程实施方案》要求，结合本地区实际，将工程作为落实《国务院关于进一步促进中小企业发展的若干意见》（国发〔2009〕36 号），促进中小企业技术进步和结构调整的重要工作，认真组织实施。中小企业知识产权战略推进工程的系列政策及举措详见表 12 – 7。

《中小企业知识产权战略推进工程实施方案》明确了推动国家知识产权战略在企业层面的落实，全面推进中小企业知识产权能力提升，加强和完善中小企业知识产权公共服务体系建设，引导和促进中小企业开发和实施具有自主知识产权的创新技术，促进中小企业形成具有自主知识产权优势的核心竞争力，加快中小企业转变发展方式，实现创新发展。

表12－7 中小企业知识产权战略推进工程的政策及举措

时间	政策制定发布部门	政策文件	主要任务及措施
2009年12月31日	国家知识产权局、工业和信息化部	关于实施中小企业知识产权战略推进工程的通知、中小企业知识产权战略推进工程实施方案	培育国家示范性知识产权优势中小企业集聚区；开展知识产权宣传和推广，着力提高中小企业知识产权意识及创新文化；开展中小企业知识产权培训；培育自主知识产权优势中小企业；建立中小企业知识产权服务支撑体系；建立和完善中小企业集聚区知识产权保护机制
2010年8月26日	国家知识产权局、工业和信息化部	关于确定“中小企业知识产权战略推进工程首批实施单位”的通知	确定北京市等32个城市作为中小企业知识产权战略推进工程首批实施单位；落实相关配套支持措施，认真组织实施；制订工作计划；建立工作报告机制
2016年12月22日	国家知识产权局、工业和信息化部	关于全面组织实施中小企业知识产权战略推进工程的指导意见	实施专利导航，支撑中小企业创新发展；建立激励机制，激发中小企业知识产权创造活力；坚持多措并举，提升中小企业知识产权运营能力；加强中小企业知识产权保护力度；提升中小企业知识产权管理水平；深化对外交流，开展中小企业知识产权跨境合作

数据来源：课题组根据国家知识产权局、工业和信息化部等官网资料整理。

《中小企业知识产权战略推进工程实施方案》的总体目标是，以城市中小企业集聚区为主要实施对象，用五年左右的时间，在全国范围内，培育形成百个具有自主知识产权优势的中小企业集聚区，建立百家中小企业知识产权辅导服务机构，培训万名中小企业知识产权工作者和经营管理人员，培育形成万家具有自主知识产权优势的中小企业；为广大中小企业提供各类知识产权公共服务，形成切实有效的中小企业知识产权综合服务援助等机制；发挥中小企业集聚区示范项目的辐射、带动作用，使中小企业整体知识产权意识明显提高，创造、运用、保护和管理知识产权的能力明显增强，拥有自主知识产权的中小企业数量大幅增长，中小企业的抗风险能力、自主知识产权核心竞争力明显提升；通过工程总体实施，推动发展形成一具有批自主知识产权优势的中小企业聚集区。

2010 年 8 月 26 日，国家知识产权局与工业和信息化部印发了《关于确定“中小企业知识产权战略推进工程首批实施单位”的通知》，把北京市等 32 个城市作为中小企业知识产权战略推进工程首批实施单位。

2014 年，国家知识产权局与工业和信息化部对中小企业知识产权战略推进工程实施城市的工作进行了验收总结和绩效评估。结果表明，这项工作取得了积极成效，中小企业的知识产权创造能力和创新能力显著增强，全国 32 个首批实施城市的中小企业集聚区专利结构不断优化，发明专利授权量持续增长，创新活力不断迸发。具体表现为：（1）中小企业的创新能力得到增强。（2）中小企业的知识产权意识有所提高。（3）培育了一批具有知识产权优势的中小企业。集聚区内中小企业的软件著作权、国家驰名商标、省级著名商标、国外专利申请和授权的年均增长较快，参与制定行业标准、国家标准、国际标准的数量显著上升。（4）知识产权专业服务体系初步建立。（5）知识产权推进政策取得一定成效。一些企业享受到研发经费按 150% 税前扣除政策，部分中小企业得到过各级财政资金的支持；有的还获得过社会资金的支持。

2016 年 12 月 22 日，为深入贯彻《国务院关于新形势下加快知识产权强国建设的若干意见》（国发〔2015〕71 号）、《国务院关于扶持小型微型企业健康发展的意见》（国发〔2014〕52 号），落实国家实施创新驱动发展战略和知识产权战略的部署，加快形成适应经济发展新常态的知识产权体制机制和发展方式，提高中小企业知识产权创造、运用、保护和管理能力，国家知识产权局、工业和信息化部联合制定《关于全面组织实施中小企业知识产权战略推进工程的指导意见》。

二　专项资金扶持具有自主知识产权的科技型中小企业

国内外的企业发展实践表明，科技型中小企业是实现技术创新、加快科技成果转化的有效载体。无论是在数量上还是在质量上，科技型中小企业都是国家经济发展新的重要增长点和源泉。为此，国务院于 1999 年批准设立科技型中小企业技术创新基金（以下简称创新基金），扶持和引导具有自主知识产权、符合国家战略产业政策的科技型中小企业的技术创新活动，促进科技成果的转化，培育具有特色的科技型中小企业，加快高新技术产业化进程。

创新基金由科技部主管、财政部监管，通过无偿资助、贷款贴息和资本金投入三种方式，支持科技型中小企业创新创业，资助种子期、初创期企业的技术创新项目、资助中小企业公共技术服务机构的补助资金项目和引导社会资本投向早期科技型中小企业的创业投资引导基金项目。创新基金紧紧围绕加快培育战略性新兴产业，强化企业技术创新主体地位，以全面提升科技型中小企业技术创新能力为目标，充分发挥财政资金的引导作用，引导社会资金和其他创新资源支持科技型中小企业发展，取得了很好的成效。2008—2014 年创新基金对科技型中小企业的专项资金扶持情况详见表 12 -8。

表 12 -8　科技型中小企业创新基金的年度资金额度及立项数

年份	2008	2009	2010	2011	2012	2013	2014
资金额度（亿元）	14.62	34.84	39.47	43.9	48.04	43.21	34.58
立项数（项）	2470	5855	5532	6534	7423	6425	3715

资料来源：根据《科技型中小企业创新基金年度报告》（2008—2014）整理。

与此同时，为鼓励和支持本地科技型中小企业开展技术创新活动，提升自主创新能力，各省（市、区）纷纷出台了符合本地产业发展布局需要的科技型中小企业技术创新基金管理办法。

三　推行知识产权质押融资

（一）逐级逐步推进中小企业知识产权质押融资

科技型中小企业是现代高科技企业成长的摇篮，是促进经济发展、推动科技进步的创新主体。但是这类企业却常常面临着“融资难、融资贵”的问题。兼具“科技”与“中小”特征，以无形资产见长的科技型中小企业面临资金困境时往往很难在传统的融资环境中进行有效融资，获得商业银行的资金支持。针对科技型中小企业的特殊情况，将知识产权质押融资引入金融信贷领域，对提高知识产权利用率，鼓励指导科技型中小企业进行自主知识产权的研发和创新，加速推动中国科技经济发展具有重要意义。

2008 年，为了进一步推广和实施知识产权质押融资，国家知识产权局先后在全国 29 个地区开展知识产权质押融资试点、投融资服务试点及创建国家知识产权投融资综合试验区。各级地方政府也纷纷出台地方政策，从提供资助担保、贷款贴息、风险补偿以及考核评价等多个方面来积极推动中小企业知识产权质押融资工作的开展。

2010 年 8 月 12 日，财政部、工业和信息化部、银行业监督管理委员会、国家知识产权局、国家工商行政管理总局、国家版权局六部门联合印发了《关于加强知识产权质押融资与评估管理，支持中小企业发展的通知》（财企〔2010〕199 号）。该《通知》着力缓解中小企业创新发展的资金难题，要求相关部门指导和支持商业银行等金融机构开展多种模式的知识产权质押融资业务，扩大中小企业知识产权质押融资规模，提出了推动知识产权质押融资的五大机制，即建立促进知识产权质押融资的协同推进机制、创新知识产权质押融资的服务机制、建立完善知识产权质押融资风险管理机制、完善知识产权质押融资评估管理体系、建立有利于知识产权流转的管理机制。

2012 年 4 月，国务院发布《关于加强战略性新兴产业知识产权工作若干意见的通知》（国办发〔2012〕28 号），再次完善知识产权融资发展的环境。为切实推进，国家知识产权局在全国确定了三批共 16 个城市或地区的知识产权融资试点单位。

为加快完善服务机制，2015 年 3 月 30 日国家知识产权局出台了《关于进一步推动知识产权金融服务工作的意见》（国知发管字〔2015〕21 号），全面加强知识产权质押融资工作的政策和业务指导，探索完善知识产权价值评估分析、质押融资风险管理以及质物处置等工作。在各级政府、银行、企业及担保机构等各方共同努力下，知识产权质押融资工作呈现出常态化、规模化发展态势。

（二）中小企业主导的知识产权质押贷款增长迅猛

经过将近十年的探索与努力，全国已经初步形成了以北京、上海、广东、四川、武汉等地市为代表的知识产权质押融资模式。根据地方政府在知识产权质押业务中所扮演角色和发挥作用的不同，这些质押融资模式大致可分为以下四种：（1）政府政策鼓励下的市场化模式——北京模式；（2）政府出资分担风险模式——上海浦东模式；（3）政府补贴融资成本模式——广东南海模式；（4）政府行政命令模式——四川内江模式。

与此同时，知识产权质押融资试点工作的开展取得了一定成效。从

2008 年知识产权质押融资业务开展伊始，仅以专利权为例，中国中小企业的专利权质押融资工作已经持续七年保持了高速度的增长比例，质押贷款总额平均年增长为 80.8%。“十二五”时期，中国专利权质押融资总额达 1533 亿元，年均增长 58%，惠及企业 5000 余家。2011—2016 年全国知识产权质押融资知识产权类别、数量及贷款额度详见表 12－9 知识产权质押贷款情况汇总（2011—2016）。其中，2015 年全国专利、商标、版权质押融资总额达 931.7 亿元，2016 年这一数值攀升至 1119.66 亿元。2016 年，全国共办理专利质权登记申请 2605 项，质押贷款金额 436 亿元；办理商标质权登记申请 1410 件，质押贷款金额 649.9 亿元；办理著作权质权登记 327 件，质押贷款金额 33.76 亿元。2014 年，中国专利权质押贷款金额高达 489 亿元，较上年增长 92.5%，惠及 1850 家中小微企业。这些质押贷款都为中小企业及时输送了“血液”，帮助了不少企业顺利渡过经济危机、企业转型等一些特殊时期。知识产权质押融资对于拓宽中小企业融资渠道、促进创新成果转化与运用发挥了积极作用。

表 12－9　　知识产权质押贷款情况汇总（2011—2016）

类别		2011	2012	2013	2014	2015	2016
专利权	贷款金额（亿元）	89	141	254	489	560	436
	质押专利数量（项）	—	—	—	—	—	2605
商标权	贷款金额（亿元）	133	214.6	401.8	519	300	649.9
	质押商标数量（项）	496	—	720	733	970	1410
著作权	贷款金额（亿元）	2	27.51	31.73	26.25	—	33.76
	质押著作权数量（件）	654	—	—	—	—	327
合计	贷款金额（亿元）	144	383.11	670	1107	931.7	1119.66

注：部分数据因当年信息未予披露而空缺。

资料来源：根据国家知识产权局《中国知识产权保护状况》（2011—2016 年）资料整理。

四　优化中小企业知识产权管理

（一）支持中小企业开展知识产权管理贯标及体系认证

2013 年 3 月 1 日颁布实施的《企业知识产权管理规范》，为建立企业知识产权工作的规范体系，指导企业进一步强化知识产权创造、运用、管理和保护，增强自主创新能力，实现对知识产权的科学管理和战略运用，提高国际、国内市场竞争能力提供了重要支撑。

2013 年 6 月，工业和信息化部以《企业知识产权管理规范》作为重要依据之一，编制发布了《工业企业知识产权管理与评估指南》（征求意见稿）。

1. 系列政策引导支持中小企业知识产权管理贯标

2013 年 7 月，工业和信息化部又出台了《关于促进中小企业“专精特新”发展的指导意见》，旨在促进中小企业走专业化、精细化、特色化、新颖化发展之路。该意见明确提出，要鼓励和支持中小企业贯彻实施《企业知识产权管理规范》国家标准，建立专利运用协同体系，提高创造知识产权、保护研发成果、运用专利技术、促进转化实施的能力。

2013 年 10 月，工业和信息化部分别针对工业企业和中小企业发文，指导和支持企业开展知识产权工作，促进企业增强创新能力和核心竞争力。其中，《企业知识产权管理规范》作为国家标准被视为相关工作的重要编制依据和重点实施任务。

2015 年 6 月 30 日，为全面推行《企业知识产权管理规范》（国家标准 GB/T29490—2013），指导企业通过策划、实施、检查、改进四个环节持续改进知识产权管理体系，规范生产经营全流程，进一步提高知识产权管理水平，提升企业核心竞争力，有效支撑创新驱动发展战略，国家知识产权局等八部委印发《关于全面推行〈企业知识产权管理规范〉国家标准的指导意见》，明确优化企业知识产权管理体系、建立咨询服务体系、加强认证体系建设等系列重点任务。提出了发挥中小企业知识产权集聚区功能，建立专利工作交流机制。通过政府购买服务等方式，依托中小企业知识产权辅导服务机构，加强对中小企业的培训、辅导和服务等具体举措。

2. 财政奖补知识产权管理标准体系认证

从中央到地方，各级知识产权主管部门的财政预算均专设“知识产权战略”预算，部分用于知识产权管理标准体系认证的财政补奖。

以浙江省为例，浙江省义乌市在 2015 年 9 月出台的《关于实施科技创新五大工程　全面提高转型发展质效的若干意见》（义委发〔2015〕27 号）中规定，对《企业知识产权管理规范》贯标企业，给予 10 万元奖励；获评省级、国家级贯标优秀企业的，分别奖励20万元、50万元。同时，文件规定，对首次认定为省级、国家级专利或知识产权示范企业的，分别奖励30万元、60万元。

江苏省出台的系列地方政策均涉及企业知识产权管理体系认证的财政奖补。包括2011年出台的《知识产权创造与运用（企业管理标准化示范创建）专项资金使用管理办法》（苏财规〔2011〕21号）；2016年江苏省知识产权局、江苏省质量技术监督局、江苏省财政厅联合印发《关于开展2016年度江苏省企业知识产权管理标准化工作的通知》（苏知发〔2016〕29号）。

（二）推行中小企业知识产权托管

2011年，为加大对中小企业集聚区知识产权工作的指导力度，推动知识产权服务，国家知识产权局与工业和信息化部共同制定了《中小企业集聚区知识产权托管工作指南》，引导、推动和帮助各类企业与优秀知识产权服务机构开展紧密合作，促进为中小企业提供信息分析、专利申请文件撰写、专利申请流程服务、制度建设、专利运营、权利维护、战略规划、品牌宣传和建设、人才培训等内容的专业服务。

2015年，国家知识产权局等八部委印发的《关于全面推行〈企业知识产权管理规范〉国家标准的指导意见》，在“重点任务”部分提出了支持小微企业实行知识产权委托管理，实施中小企业知识产权托管工程。在进一步完善提升中小企业知识产权服务能力的基础上，实现知识产权信息资源有效共享，继而有效利用社会资源服务小微企业，支持开展知识产权托管工作。探索建立行业性组织、知识产权服务机构、中小企业共同参与的知识产权托管工作体系。制定工作指引和业务规范，引导和支持知识产权服务机构为中小微企业提供知识产权委托管理服务；推动中小微企业充分利用社会资源，与知识产权服务机构对接，实现专业化管理，提升知识产权管理水平。

此外，为激发小微企业［系指《中小企业划型标准规定》（工信部联企业〔2011〕300号）中的小型、微型企业］创造活力，全力支持小微企业创业创新发展，国家知识产权局于2014年10月8日印发了《关于知识产权支持小微企业发展的若干意见》（国知发管字〔2014〕57号）。该意见从扶持小微企业创新发展、完善小微企业知识产权社会化服务、提高小微企业知识产权运用能力、优化小微企业知识产权发展环境五个方面提出了指导意见。要求各省（区、市）知识产权局结合本地区发展实际，研究制定具体落实措施，帮助小微企业解决现实难题。并且，要求从2015年开始，各省（区、市）知识产权局要将本地区上一年度小微企业知识产权工作的情况、成效、问题、下一步打算及政策建议于每年1月底前专题上报国家知识产权局。

第三节　中国中小企业知识产权发展趋势

面对“低水平的高增长、普惠政策未普惠”等中小企业知识产权发展现状，未来中小企业知识产权政策的着力点应立足于企业内外兼修。结合中国中小企业发展的实际情况，外部政策环境支持和企业自身知识产权意识和能力的提升同等重要。新一轮科技革命和产业变革与中国加快转变经济发展方式形成历史性交会，创新驱动发展战略、制造强国战略等国家重大战略的实施均将知识产权作为重点任务内容。在这种新形势下，不断完善知识产权金融服务生态、企业知识产权战略由被动防御变为主动进攻、参与知识产权国际规则制定，提升国际话语权将成为中小企业知识产权的重要发展趋势。

一　完善知识产权金融服务生态

知识产权的运用，不仅体现在培育优势企业上，也体现在为中小企业提升竞争能力，解决其资金短缺难题等方面。“十三五”规划期间，中小企业融资仍将面临诸多挑战。国家知识产权局2016年8月决定在广州市等72个地区和单位开展专利质押融资、专利保险试点示范工作。可见，知识产权投融资已成为国家创新发展的重要推动力。

中小企业融资一直都是一个世界性的难题。自2010年以来，中小企业融资也一直都是二十国集团（G20）的重要议题之一。2016年7月23日在成都举行的第三次G20财长和央行行长会议，宣布成立全球基础设施互联互通联盟，核准了《G20/OECD基础设施和中小企业融资工具多元化政策指南文件》，支持有效落实《G20/OECD中小企业融资高级原则》。与此同时，2016年杭州G20峰会上提交讨论的三个关于普惠金融的重要文件中，《G20 中小企业融资行动计划落实框架》备受关注。变革金融业，完善知识产权金融服务生态成为中国，以及 G20 国家的关注点。

通过知识产权金融服务生态的完善，抑制知识产权金融服务中存在的评估难、风险控制难、处置难等“痼疾”。不仅要从担保、贷款贴息、风险补偿以及考核评价等环节不断完善知识产权融资模式，更重要的是，从知识产权金融服务的生态链着手，建立完善风险管理、评估管理、知识产权流转管理等子系统。

（一）完善知识产权金融配套制度

相对于传统融资途径而言，知识产权其自身特性使得知识产权质押融资面临着：估值难、风险控制难、资产处置难等特点和难点。在风险控制方面，已有的知识产权质押贷款实践中出现了贴息、风险补偿和风险奖励三种典型的风险补偿方式。如表 12－10 所示，三种风险补偿方式均存在自身的局限性。因此，完善知识产权金融服务生态，就要完善知识产权金融服务所需的配套制度，包括规范的知识产权价值评估体系、统一的知识产权质押登记、科学合理的风险补偿机制等。

表 12－10　知识产权质押实践中三种典型的风险补偿方式比较

风险补偿方式	具体做法	效果评价
贴息（补企业）	银行给中小企业发放一笔贷款，政府将对银行支付 1%—2% 的额外利息	贷款决定权在银行；政府被动服务，政策效果不佳
风险补偿（补银行）	银行给中小企业发放贷款形成了不良贷款，政府科技部门要承担不良贷款的 20%—40%，以减轻银行的风险	政策力度大，持续发展和市场化运作是关键
风险奖励（补担保）	担保公司为中小企业进行担保，政府给担保公司 1% 的风险奖励	只对担保公司进行奖励，效果不好，应将奖励范围扩大到其他相关中介机构

资料来源：参考张婷、卢颖（2016）等研究文献整理。

（二）引进多元化的融资渠道和模式

当前，中国中小制造企业面临着共性的“三难”问题，即转型难、创新难、融资难。尽管当前中国知识产权质押融资势头良好，但不容忽视的是，知识产权融资供需市场依旧严重失衡，当前的知识产权融资业务与庞大的知识产权拥有量并不成比例，与创新型强国的知识产权金融服务生态环境相比，还有很大的距离。

要盘活知识产权，解决中小微企业融资难题，需要进一步完善知识产权金融服务生态，包括中介服务和知识产权交易市场，引进多元化的融资模式和渠道，探索新的风险分担机制。

“十三五”规划期间，甚至更长的一段时间内，完善投贷联动的质押融资机制，充分发挥知识产权质押融资风险补偿基金和灵活多样的信贷产品的作用，着力解决中小企业创新创业中的知识产权融资需求仍旧是中小企业发展的重要趋势。完善知识产权信用担保机制，推动发展质押融资新模式。依法合规促进“互联网金融＋知识产权”融合发展。

在各级银监部门的推动下，股债联动、投贷联动等多种模式框架逐步展开试点搭建。以股贷联动模式为例，中关村中技知识产权服务集团根据中关村科技园区内处于初创成长期的大量轻资产科技型中小微企业的特点，试行的“评—保—贷—投—易”五位一体的股债联动服务模式为中国知识产权金融服务改革进行了有益的探索。该模式特点在于项目评估与股债结合联动，以知识产权评估为先导，结合担保、保险、基金和合作交易，形成一个多元化、平台化的投融资服务体系，为中小微科技企业，特别是轻资产的企业提供了能够获得兼顾直接融合和间接融资的组合性金融产品。经过两年多的探索实践，该模式已经为270多家中小微企业提供了融资服务，融资金融达到几十亿元。

此外，还可进一步创新金融产品和服务方式，推动银行业、金融机构扩大知识产权与股权、应收账款等联动质押贷款业务类型和规模。

未来，借助这些新兴金融服务产品的引导与推动，带动更多的民间资本和市场要素加入完善知识产权主导的金融服务生态圈，这既是中国知识产权金融创新的趋势与挑战，也是创新型国家建设的重要途径。

（三）借力“互联网＋”量化管理控制风险

还可以将“互联网＋”融入知识产权金融服务中，利用大数据等新兴技术手段提前介入，管理量化从而抑制风险，为中小企业融资难、融资贵寻求可行的解决途径。量化风险管理的优点在于：（1）通过风险的量化与预警，让决策走在传统风险评估机制的前面；（2）实现了最大限度的信息对称；（3）大幅度提升了效率、准确度和管理透明度。

二　知识产权战略由被动防御变为主动进攻

创新与知识产权制度之间有着天然的联系。全球创新竞争的新形势下，知识产权保护和运用已经不再是被动防御之举，而成为关系技术和产业变革发展的黄金要素。

近年推进的“大众创业、万众创新”，是激发全社会创新潜能和创业活力的有效途径。推进“大众创业、万众创新”，是发展的动力之源，也是强国之策，对于推进经济结构调整，打造发展新引擎，增强发展新动力走创新驱动发展道路具有重要意义。而“大众创业、万众创新”的主力军则是中小微企业。

“双创”战略下，势必会产生大量的知识产权。然而，中小微企业自身知识产权意识的淡薄、知识产权保护及运用能力的不足都给“双创”战略的可持续性带来了一定的隐患。

对于“双创”主力军的中小企业而言，知识产权管理将由过去的被动防御逐步变为主动进攻。对内，企业需要密切关注对数字经济下新业态、新商业模式的保护，尽早介入创业创新的知识产权规划与保护；对外，则加快建立知识产权海外维权援助中心、维权网络平台。

三　参与知识产权国际规则制定，提升国际话语权

2017 年 5 月，国家工商行政管理总局下发了《关于深入实施商标品牌战略，推进中国品牌建设的意见》（工商标字〔2017〕81 号），明确了“十三五”期间实施商标品牌战略的主要目标和任务是推动中国从商标大国向商标强国转变，推动中国产品向中国品牌转变。支持企业运用商标品牌参与国际竞争。引导企业在实施“走出去”战略中“商标先行”，通过马德里商标国际注册等途径，加强商标海外布局规划，拓展商标海外布局渠道。主要内容包括：

（1）主动参与商标领域国际规则制定，积极参与双边、多边自贸区商标领域规则谈判；加强与世界知识产权组织合作，深化同主要国家、“一带一路”沿线国家和地区的商标主管部门合作，探索建立商标案件协同处理机制。

（2）主动参与构建更加公平合理的商标领域国际规则体系。参与商标领域国际规则制定，提高中国商标领域的制度性话语权和影响力。积极参与多边、双边自贸区商标领域规则谈判，为中国品牌“走出去”构建更加公平的国际营商环境，拓展商标品牌国际营销渠道。

此外，中小企业还可致力于标准技术研发，通过专利技术标准化获得国际、国内标准的话语权，继而获取知识产权许可收益。

第十三章

中国中小企业降成本专题研究

第一节　中国推动中小企业降成本的政策措施

一　降成本政策出台的背景

当前中国经济正逐步进入经济发展新常态，推进供给侧结构性改革，是以习近平同志为核心的党中央适应和引领经济发展新常态的重大创新，是中国经济发展进入新常态的必然选择，是经济发展新常态下中国宏观经济管理必须确立的战略思路。“两会”期间，习近平同志强调，2017 年是实施“十三五”规划的重要一年，是供给侧结构性改革的深化之年，有不少问题需要深入研究、妥善应对、合力攻坚。实体经济是中国在国际经济竞争中赢得主动的根基。而中小企业作为实体经济的主力军及保障民生、创新驱动的企业群体，在促进经济增长、推动创新、增加税收、吸纳就业、改善民生等方面具有不可替代的作用。对于中小型企业来说，经营成本则是其最为关注的问题之一。

2015 年 12 月，中央经济会议在京举行，把“降成本”列为 2016 年经济工作五大任务之一，并做出具体部署，打出了降低制度性交易成本、企业税费负担、企业财务成本、物流成本、电力价格、社会保险费等在内的一整套“组合拳”，“降成本”作为供给侧结构性改革的重要内容和国民经济转型发展的内在需要，不仅要求政府加大作为，更需要企业实现自身的转型升级“降成本”不仅在“降”，也要让企业获得足够的支持，“降成本”既要省真金白银，也要省时间、省精力。“降成本”不仅需要政府层面的改革创新，如降低企业制度性交易成本、减轻税费负担、降低资金成本，减少行政审批，改革财税、金融体制等；还需要企业自身“主动出击”，加强技术创新、内部管理创新等。要开展降低实体经济企业成本行动，打出“组合拳”。要降低制度性交易成本，转变政府职能、简政放权，进一步清理规范中介服务。要降低企业税费负担，进一步正税清费，清理各种不合理收费，营造公平的税负环境，研究降低制造业增值税税率。要降低社会保险费，研究精简归并“五险一金”。要降低企业财务成本，金融部门要创造利率正常化的政策环境，为实体经济让利。要降低电力价格，推进电价市场化改革，完善煤电价格联动机制。要降低物流成本，推进流通体制改革。2016 年以“三去一降一补”五大任务为抓手，推动供给侧结构性改革取得初步成效，“营改增”试点全面推开，全年减税超 5000 亿元。除了税收外，企业生产经营过程的其他成本，在一些地方加速降低。部分行业供求关系、政府和企业理念行为发生积极变化。虽然取得了一定成绩，但也要清醒地看到，作为一个时期内经济工作的一条主线，深化供给侧结构性改革任务依然繁重艰巨。

二　降成本的政策举措

（一）中央出台的政策举措

2015 年 11 月，中共中央发布《关于制定国民经济和社会发展第十三个五年规划的建议》提出“优化企业发展环境，开展降低实体经济企业成本行动，优化运营模式，增强盈利能力。限制政府对企业经营决策的干预，减少行政审批事项。清理和规范涉企行政事业性收费，减轻企业负担，完善公平竞争、促进企业健康发展的政策和制度”。2015 年 12 月，中央经济工作会议确定了 2016 年五大经济任务。会议明确，在降低企业经营成本方面，要打出“组合拳”：通过降低制度交易成本、税费成本、用工成本、融资成本、生产要素成本、物流成本，营造健康公平高效的企业发展环境。李克强总理在 2016 年《政府工作报告》中提出了清理规范政府性基金、削减停征乃至取消行政事业性收费、减少涉企经营性收费、降低“五险一金”有关缴费比例四个方面的降成本举措。“降成本”方面，要在减税、降费、降低要素成本上加大工作力度。要降低各类交易成本特别是制度性交易成本，减少审批环节，降低各类中介评估费用，降低企业用能成本，降低物流成本，提高劳动力市场灵活性。

2016 年 8 月国务院印发《降低实体经济企业成本工作方案》，对今后一个时期开展降低实体经济企业成本工作作出全面部署。方案从八个方面提出了降低实体经济企业成本的具体措施：

（1）合理降低企业税费负担，包括全面推开“营改增”试点，落实好研发费用加计扣除政策，免征18项行政事业性收费，取消减免一批政府性基金等。

（2）有效地降低企业融资成本，包括保持流动性合理充裕，提高直接融资比重，降低贷款中间环节费用，扩大长期低成本资金规模，加大不良资产处置力度，稳妥推进民营银行设立等。

（3）着力降低制度性交易成本，包括深化“放管服”改革，提高政府公共服务能力和水平，大幅压减各类行政审批前置中介服务事项，组织实施公平竞争审查制度，逐步实行全国统一的市场准入负面清单制度等。

（4）合理降低企业人工成本，包括阶段性降低企业职工基本养老保险单位缴费比例，阶段性降低失业保险费率，规范和阶段性适当降低住房公积金缴存比例等。

（5）进一步降低企业用能、用地成本，包括加快推进能源领域改革，积极开展电力直接交易，实施输配电价改革试点，完善土地供应制度等。

（6）较大幅度降低企业物流成本，包括大力发展运输新业态，合理确定公路运输收费标准，规范公路收费管理，规范机场、铁路、港口码头经营性收费项目等。

（7）提高企业资金周转效率，包括对科技创新创业企业开展投贷联动试点，鼓励企业通过资产证券化、金融租赁方式盘活存量资源，清理规范工程建设领域保证金等。

（8）鼓励和引导企业内部挖潜，开展技术、管理和营销模式创新，推广应用先进技术，加强目标成本管理等。2017年4月，国务院推出进一步减税措施，多措并举降成本。

表13-1　国家关于企业“降成本”政策举措汇总

时间	政策指定/发布部门	主要措施
2015年10月23日	国务院	《关于开展全国清理规范涉企收费减轻企业负担专项督查的通知》指出，2015年四季度在全国范围内完成清理规范涉企收费减轻企业负担的专项督察

续表

时间	政策指定/发布部门	主要措施
2015 年 12 月	中央经济工作会议	把“降成本”列为 2016 年经济工作五大任务之一，并做出具体部署，打出了降低制度性交易成本、企业税费负担、企业财务成本、物流成本、电力价格、社会保险费等在内的一整套“组合拳”
2016 年 1 月 13 日	国务院常务会议	提出再取消纳税人申报方式核准、地方企业发行企业债券的部门预审等 150 多项审批事项，再取消 10 余项束缚创业创新的部门行政许可，再清理规范 192 项中介服务事项等多举措，为进一步“降本增效”奠定基调
2016 年 3 月 5 日	国务院	李克强总理在《政府工作报告》中提出了清理规范政府性基金、削减停征乃至取消行政事业性收费、减少涉企经营性收费、降低“五险一金”有关缴费比例四个方面的降成本举措
2016 年 4 月 14 日	国务院常务会议	决定阶段性降低企业社保缴费费率和住房公积金缴存比例，为市场主体减负、增加职工现金收入
2016 年 4 月 20 日	财政部	下发《关于扩大 18 项行政事业性收费免征范围的通知》，将 18 项行政事业性收费免征范围从小微企业扩大到所有企业和个人、阶段性降低社会保险费率，并于 5 月启动全面“营改增”试点
2016 年 5 月 10 日	财务部	发布《关于全面推进资源税改革通知》，从 7 月 1 日开始实行全面资源税改革
2016 年 8 月 22 日	国务院	印发《降低实体经济企业成本工作方案》，提出将从税费负担、融资成本、制度性交易成本、人工成本等八个方面，着实降低实体企业成本负担
2016 年 9 月	国家发改委	国家发改委发布《物流业降本增效专项行动方案（2016—2018 年）》。该方案从五个方面提出了 21 项具体措施，部署降低企业物流成本、提高社会物流效率工作，大力推进物流业转型升级和创新发展
2017 年 4 月 10 日	工业和信息化部	印发《关于做好 2017 年减轻企业负担工作的通知》
2017 年 4 月 13 日	国务院	国务院批准《国家发展改革委关于 2017 年深化经济体制改革重点工作意见的通知》，多措并举降成本
2017 年 4 月 19 日	国务院常务会议	决定推出进一步减税措施，持续推动实体经济降成本增后劲。包括继续推进“营改增”，简化增值税税率结构；扩大享受企业所得税优惠的小型微利企业范围；提高科技型中小企业研发费用税前加计扣除比例等

资料来源：课题组根据 http：//www. miit. gov. cn/资料整理。

（二）地方出台的政策举措

中央的“降成本”决心为地方“减负”行动提供了方向。国家层面的政策频出，各地方政府也积极响应，结合自身实际，从降低企业税费负担、用能、融资、物流、外贸、制度性交易等方面成本出发，出台了一系列旨在进一步减轻企业负担，优化发展环境的政策措施。“降成本”是推进供给侧结构性改革的重要任务，是应对经济下行压力、缓解实体经济困难的有效举措。为有效给企业减压，刺激实体经济发展，地方政府近期密集发声降成本。各地政府降成本直击要害，措施主要集中在降低税费成本、降低人工成本、降低资源要素价格、减少物流成本、减少融资成本五个方面。据统计，2016年以来已有逾28个省级政府出台降成本政策。

表13-2　　地方关于企业“降成本”政策举措汇总

时间	政策指定/发布部门	主要措施
2016年2月26日	江苏省政府	关于降低实体经济企业成本的意见
2016年2月27日	内蒙古自治区人民政府	关于财税金融协同支持实体经济发展增强企业流动性的意见
2016年2月28日	广东省人民政府	广东省供给侧结构性改革降成本行动计划
2016年3月	宁夏银监局	切实做好支持企业发展降低企业融资成本的工作的通知
2016年4月11日	浙江省人民政府办公厅	关于进一步降低企业承办优化发展环境的若干意见
2016年4月13日	湖北省政府办公厅	湖北省推进供给侧结构性改革五大任务总体方案及相关专项行动方案的通知
2016年4月15日	山东省人民政府	关于减轻企业税费负担降低财务支出成本的意见

续表

时间	政策指定/发布部门	主要措施
2016 年 4 月 22 日	湖北省政府	《湖北省推进供给侧结构性改革五大任务总体方案》《湖北省房地产去库存专项行动方案》《湖北省降低企业成本专项行动方案》等 5 个专项行动方案
2016 年 6 月 1 日	河南省政府常务会议	聚焦"降成本"。会议通过了《河南省推进供给侧结构性改革降低实体经济企业成本专项行动方案（送审稿）》
2016 年 6 月 2 日	江西省委省政府	《关于降低企业成本优化发展环境的若干意见》，切实、有效及合理降低企业成本
2016 年 6 月 29 日	江西省国税局	《关于降低企业成本优化发展环境的实施意见》，推动降低企业融资成本，切实降低企业办税成本
2016 年 6 月 13 日	安徽省政府	关于降成本减轻实体经济企业负担的实施意见
2016 年 9 月	陕西省政府	降低实体经济企业成本行动计划
2016 年 11 月 4 日	江西省人民政府	关于进一步降低企业成本优化发展环境的若干政策措施
2016 年 11 月 8 日	辽宁省人民政府	辽宁省降低实体经济企业成本工作实施方案
2016 年 12 月 13 日	山西省人民政府	山西省降低实体经济企业成本实施方案
2017 年 1 月 5 日	吉林省人民政府	《吉林省人民政府关于降低实体经济企业成本的实施意见》，出台 47 条意见降低实体经济企业成本

资料来源：课题组根据 http：//www. miit. gov. cn/资料整理。

三　降成本政策实施成效

作为"三去一降一补"五大任务的重要一环，降成本有两个重要的着力点：一是通过一系列强有力的政策，降低企业的各项外部成本，让企业"轻装"上阵；二是企业自身通过进一步挖潜增效，提高劳动生产率，降低内部成本，让企业"精装"上阵。

1. “营改增”试点全面推展，有效减轻企业税负

2016 年以来，政府降低了制造业增值税税率，精简归并“五险一金”。“营改增”也使得工业企业税负有所减轻，成本下降。国家统计局的调查显示，2016 年上半年，小微企业获得银行贷款的平均年利息及费用率约为 6.17%，是 2012 年开展问卷调查以来的最低点。

2016 年以“三去一降一补”五大任务为抓手，推动供给侧结构性改革取得初步成效，“营改增”试点全面推开，全年为企业减少税负大约 5000 亿元，涉企收费清理方面特别是进出口环节、银行卡刷卡的收费定价机制等，大概减少了 560 亿元，总计减税降费达 5500 亿元。另外，利息负担方面，2016 年 1—11 月利息减少 787 亿元。

除了税收外，企业生产经营过程的其他成本，在一些地方加速降低。部分行业供求关系、政府和企业理念行为发生积极变化。

2. 降费政策调整多方跟进，企业降能成效明显

用能降费方面，2016 年企业成本减少了 2000 亿元。国家发改委为深化价格机制，降低实体经济成本，2016 年两次降低电价，企业电费支出减负近 470 亿元。此外，中国物流成本一直居高不下的状态在 2016 年有所改观。通过航道疏通、枢纽互通、江海连通、关检直通四大畅通工程，以及公路甩挂运输、无车承运人等措施，使整个物流成本降低了 350 亿元左右。而通过简政放权，制度性交易成本也大大下降。

3. 降成本政策密集出台，降成本政策红利显现

党中央、国务院非常重视企业降低税费、降成本的工作，先后推出了很多降税清费的政策，2016 年 5 月全面推行了“营改增”，降低企业的税费负担，还推出了降低社保成本的措施。总体来讲，企业成本还是呈下降的趋势，国家统计局 2016 年 12 月 27 日发布的 2016 年工业企业利润数据显示，企业降成本成效继续显现，1—11 月，工业企业每百元主营业务收入中的成本为 85.76 元，同比下降 0.14 元。从 2017 年一季度调查结果显示，降成本取得新进展。反映经营成本上升的企业占全部服务业小微企业的 17.9%，比重较上季度下降了 7.7 个百分点，为 2014 年四季度以来的最低点，降低成本效果显著。在全面推开“营改增”、规范涉企收费等政策红利的影响下，服务业企业税费负担进一步降低。1—2 月，规模以上服务业企业每百元营业收入税负由上年同期的 3.78 元减少为 3.65 元。

1—2 月，规模以上工业企业每百元主营业务收入中的成本为 84. 91 元，同比减少 0. 28 元；每百元主营业务收入中的三项费用合计为 7. 7 元，减少 0. 46 元。3 月末，中国商品房待售面积同比下降 6. 4%，降幅比上年末扩大 3. 2 个百分点。

总体来看，最近几年国家推行了一系列减税降费政策，包括“营改增”，减轻企业的税费负担，做了很多降成本的工作，尽管降成本的举措正在逐步取得成效，但要真正帮助实体经济解决成本压力较大的问题，并非一朝一夕之功。企业的成本总体来讲还是比较高的，企业面临着一些压力，特别是现在整体需求还不是特别强劲的情况下，企业的负担还不轻。所以，下一步，仍要继续转变政府职能、简政放权，降低制度性交易成本和企业税费负担，切实为实体经济让利。“降成本”的难点在于全社会要形成主要依靠企业来发展经济的共识，要认识到企业是经济真正的主体，企业不发展，经济也不发展，而企业的发展在很大程度上还是依靠降成本来增加盈利空间的，扩大生存空间。当前，中央和地方都已经制定了一系列帮助实体经济降成本的举措，关键要把这些政策举措通过具体的方案和政策落到实处，使其达到预期效果。

第二节　中国中小企业“营改增”的实施与发展

一　“营改增”政策内容

营业税改增值税是指以前缴纳营业税的应税项目改成缴纳增值税，增值税只对产品或者服务的增值部分纳税，减少了重复纳税的环节，是党中央、国务院，根据经济社会发展新形势，从深化改革的总体部署出发做出的重要决策，目的是加快财税体制改革，进一步减轻企业赋税，调动各方积极性，促进服务业尤其是科技等高端服务业的发展，促进产业和消费升级、培育新动能、深化供给侧结构性改革。

营业税改征增值税后，值税税率扩充为四档，在原有 17% 和 13% 两档税率的基础上，增 6% 和 11% 两档。“营改增”试点主要涉及几方面内容：一是主要产业方面，本次“营改增”主要选择交通运输与部分现代服务业两大行业作为改革试点。二是税率方面，在现有一档基本税率

17%、一档优惠税率 13% 的基础上，增加了 11% 和 6% 两档税率，交通运输业适用 11% 税率，部分现代服务业中的研发和技术服务、信息技术服务、文化创意服务、物流辅助服务、鉴证咨询服务适用 6% 税率，对出口劳务实行零税率。三是计税方式，规定交通运输业、建筑业、邮政运输业、部分现代服务业、文化体育业、销售不动产和转让无形资产，原则上适用增值税一般计税方法。金融保险业和生活性服务业，原则上适用简易计税方法。四是税收收入归属，试点期间保持现行财政体制基本稳定，原归属试点地区的营业税收入，改征增值税后收入仍归属试点地区，税款分别入库。“营改增”税率变化及内容详见表 13－3 和表 13－4。

表 13－3 “营改增”税率变化

<table>
<tr><th>税目 1</th><th>税目 2</th><th>“营改增”后税率（增值税率）</th><th>“营改增”前税率（营业税率）</th></tr>
<tr><td rowspan="4">交通运输业</td><td>陆地运输服务业</td><td rowspan="4">11%</td><td rowspan="4">3%</td></tr>
<tr><td>水路运输服务业</td></tr>
<tr><td>航空运输服务业</td></tr>
<tr><td>铁路运输</td></tr>
<tr><td rowspan="6">部分现代服务业</td><td>研发技术和服务</td><td rowspan="4">6%</td><td rowspan="3">5%</td></tr>
<tr><td>信息技术服务</td></tr>
<tr><td>文化创意服务</td></tr>
<tr><td>物流辅助服务</td><td>3%</td></tr>
<tr><td>有形动产租赁服务</td><td>17%</td><td>5%</td></tr>
<tr><td>鉴证咨询服务</td><td>6%</td><td>5%</td></tr>
<tr><td>邮政通信业</td><td>邮政业</td><td>11%</td><td></td></tr>
</table>

资料来源：课题组根据 http：//www. chinatax. gov. cn 资料整理。

表 13－4 “营改增”政策内容

时间	主要内容
2012 年 1 月 1 日	“营改增”在上海的“1＋6”行业率先试点，其中“1”为陆路、水路、航空、管道运输在内的交通运输业，“6”包括研发、信息技术、文化创意、物流辅助、有形动产租赁、鉴证咨询等部分现代服务业

续表

时间	主要内容
2012 年 7 月 24 日	财政部发布《营业税改征增值税试点有关企业会计处理规定》，主要目的是配合营业税改征增值税试点工作的顺利进行
2012 年 8 月 2 日	国家财政部官网挂出《关于在北京等 8 省市开展交通运输业和部分现代服务业营业税改征增值税试点的通知》
2012 年 8 月 9 日	财政部、国家税务总局联合发布《关于营业税改征增值税试点中文化事业建设费征收有关问题的通知》，主要目的是促进文化事业发展，加强实施营业税改征增值税，试点地区文化事业建设费的征收管理，确保“营改增”试点工作有序开展
2012 年 9 月 1 日	“营改增”在北京市实施
2012 年 10 月 1 日	“营改增”在福建省、广东省实施
2012 年 12 月 1 日	“营改增”在天津市、浙江省、湖北省实施
2013 年 7 月 10 日	国家税务总局发布《国家税务总局关于在全国开展营业税改征增值税试点有关征收管理问题的公告》（国家税务总局公告〔2013〕第 39 号）。主要目的是保障营业税改征增值税改革试点的顺利实施
2013 年 8 月 1 日	交通运输业和部分现代服务业“营改增”试点在全国范围内推开。同时，广播影视作品的制作、播映、发行等，也开始纳入试点
2014 年 1 月 1 日	铁路运输和邮政服务业纳入“营改增”试点，至此交通运输业已全部纳入营改增范围
2016 年 3 月 5 日	李克强总理在《政府工作报告》中明确提出 2016 年全面实施“营改增”
2016 年 3 月 18 日	国务院总理李克强主持召开国务院常务会议，部署全面推开营改增试点，进一步减轻企业税负
2016 年 3 月 24 日	财政部、国家税务总局向社会公布了《营业税改征增值税试点实施办法》、《营业税改征增值税试点有关事项的规定》《营业税改征增值税试点过渡政策的规定》和《跨境应税行为适用增值税零税率和免税政策的规定》，至此，“营改增”全面推开，所有的实施细则及配套文件全部“亮相”
2016 年 4 月 1 日	李克强指出，保证“营改增”顺利推进，一方面要保证企业税负只减不增，另一方面也要防止虚假发票搅乱征收秩序

续表

时间	主要内容
2016 年 4 月 30 日	国务院发布了《全面推开"营改增"试点后调整中央与地方增值税收入划分过渡方案》，明确以 2014 年为基数核定中央返还和地方上缴基数，所有行业企业缴纳的增值税均纳入中央和地方共享范围，中央分享增值税的 50%，地方按税收缴纳地分享增值税的 50%，过渡期暂定 2—3 年
2016 年 5 月 1 日	营业税改征增值税试点全面推开
2016 年 6 月 1 日	全面推开"营改增"试点后，北京市西城区国税局迎来首家申报纳税企业，首个纳税申报期顺利开启

资料来源：课题组根据 http：//www. mof. gov. cn/index. htm、http：//www. chinatax. gov. cn 资料整理。

二 "营改增"政策实施

（一）实施阶段

根据规划，国家按照"三步走"战略逐步实现"营改增"。第一步：选择部分行业在部分地区进行试点；第二步：在试点的基础上，选择部分行业在全国范围内进行试点；第三步：将所有行业在全国范围内推行"营改增"，全面实现"营改增"的整体目标。而交通运输业作为最先进行"营改增"试点的行业，当前已分步骤实现了"营改增"。

1. 前期准备阶段

2009 年 1 月 1 日至 2012 年 1 月 1 日。继 2009 年中国的增值税制度由生产型增值税转变为消费型增值税之后，2011 年 11 月 16 日财政部和国家税务总局发布了《营业税改征增值税试点方案》（财税〔2011〕110 号），同时印发了《财政部国家税务总局关于在上海市开展交通运输业和部分现代服务业营业税改征增值税试点的通知》（财税〔2011〕111 号）、《交通运输业和部分现代服务业营业税改征增值税试点过渡政策的规定》和《交通运输业和部分现代服务业营业税改征增值税试点有关事项的规定》，确定从 2012 年 1 月 1 日起首先在上海市试点交通运输业和部分现代服务业实行增值税改征增值税改革，拉开"营改增"的序幕。

2. 扩围阶段

2012 年 1 月 1 日至 2013 年 8 月 1 日。在取得试点地区“营改增”的相关运行经验后，2012 年 9 月 1 日起，“营改增”方案在北京开始试行，2012 年 10 月 1 日江苏、安徽纳入试点范围，2012 年 11 月 1 日起天津、浙江、湖北纳入试点范围。交通运输业“营改增”的试点地区增加到 8 个省份。

3. 推向全国阶段

2013 年 5 月 1 日至今。随着财税〔2103〕37 号文的发布，以及 2013 年 8 月 1 日交通运输业和部分现代服务业“营改增”在全国的推行，实现了由部分行业、部分地区向部分行业、全国范围铺开。随着财政部、国家税务总局财税〔2013〕106 号文件的出台，2014 年 1 月 1 日起，铁路运输服务纳入增值税征收范围。至此，交通运输行业全部纳入增值税的征收范围。

（二）“营改增”试点

2012 年 1 月 1 日首轮试点选择交通运输业及 6 个部分现代服务业，即“6+1”模式。试点实施办法明确了对交通运输业和部分现代服务业征收增值税的基本规定，包括纳税人、应税服务、税率、应纳税额、纳税时间和地点等各项税制要素。试点有关事项对试点实施办法进行补充，主要是明确试点地区与非试点地区、试点纳税人与非试点纳税人、试点行业与非试点行业、适用税种的协调和政策衔接问题。试点过渡政策明确试点纳税人改征增值税后，原营业税优惠政策的过渡办法和解决个别行业税负可能增加的政策措施。以下主要介绍上海、北京、广东、浙江四个试点的政策实施。

1. 上海市“营改增”政策实施

上海地区颁布《关于上海市开展交通运输业和部分现代服务业营业税改征增值税试点有关问题的说明》，同时颁布相关过渡政策保持现行营业税优惠政策的连续性，包括不同地区之间的税制衔接，不同纳税人之间的税制衔接，不同业务之间的税制衔接。新增两档按照试点行业营业税实际税负测算，陆路运输、水路运输、航空运输等交通运输业转换的增值税税率水平基本在 11%—15%，研发和技术服务、信息技术、文化创意、物流辅助、鉴证咨询服务等现代服务业基本在 6%—10%。为使试点行业总体税负不增加，改革试点选择了 11% 和 6% 两档低税率，分别适用于交通运输业和部分现代服务业。

据统计，上海市在 2012 年开启“营改增”试点当年减税 135.6 亿元；2013 年“营改增”试点减税额增加到 251.1 亿元，同比增长 85.18%；2014 年“营改增”试点在部分行业扩围后减税额进一步增加到 354 亿元，增长 40.98%；2015 年“营改增”试点减税额为 386.7 亿元，增长 9.84%；2016 年 4 大行业全面实施“营改增”后，减税额度大幅增加，达 839.9 亿元，增长 117.22%。“目前，覆盖全市 73.7 万户纳税人的增值税管理体系基本建成，“营改增”在打通产业链条、促进产业升级、规范行业管理等方面的外溢效应持续显现。自全面推开“营改增”以来，改革红利持续释放，减税降负效应非常明显，实现了整体只减不增的预期目标。

2. 北京市“营改增”政策实施

北京于 2012 年 9 月 1 日启动“营改增”试点，成为继上海之后第二个正式进行“营改增”的城市。主要政策实施如表 13－5 所示。

表 13－5　北京市“营改增”政策

时间	主要政策
2011 年 11 月 16 日	财政部国家税务总局《关于印发〈营业税改征增值税试点方案〉的通知》（财税〔2011〕110 号），财政部国家税务总局发布《关于在上海市开展交通运输业和部分现代服务业营业税改征增值税试点的通知》（财税〔2011〕111 号）
2011 年 12 月 15 日	国家税务总局发布《关于启用货物运输业增值税专用发票的公告》（国家税务总局公告 2011 年第 74 号）
2011 年 12 月 29 日	财政部国家税务总局发布《关于应税服务适用增值税零税率和免税政策的通知》（财税〔2011〕131 号）
2012 年 1 月 1 日	国家税务总局发布《关于营业税改征增值税试点有关税收征收管理问题的公告》（国家税务总局公告 2011 年第 77 号）
2012 年 4 月 5 日	国家税务总局发布《关于发布〈营业税改征增值税试点地区适用增值税零税率应税服务免抵退税管理办法（暂行）〉的公告》（国家税务总局公告 2012 年第 13 号）
2012 年 7 月 23 日	财政部国家税务总局发布《关于在北京等 8 个省市开展交通运输业和部分现代服务业营业税改征增值税试点的通知》（财税〔2012〕71 号）
2012 年 8 月 10 日	国家税务总局发布《关于北京等 8 个省市营业税改征增值税试点，增值税一般纳税人资格认定有关事项的公告》（国家税务总局公告 2012 年第 38 号）

续表

时间	主要政策
2012 年 8 月 20 日	市国家税务局发布《关于营业税改征增值税试点，一般纳税人资格认定有关问题的公告》（公告〔2012〕6 号）
2012 年 8 月 21 日	北京市国家税务局发布《关于尽快办理营业税改征增值税试点税务事项的公告》
2012 年 8 月 24 日	国家税务总局发布《关于北京等 8 个省市营业税改征增值税试点有关税收征收管理问题的公告》（国家税务总局公告 2012 年第 42 号）
2012 年 8 月 27 日	国家税务总局发布《关于北京等 8 个省市营业税改征增值税试点增值税纳税申报有关事项的公告》（国家税务总局公告 2012 年第 43 号）
2012 年 8 月 31 日	北京市国家税务局北京市地方税务局发布《关于营业税改征增值税试点税收征收管理若干事项的公告》（公告〔2012〕7 号）
2012 年 9 月 3 日	市国家税务局发布《关于营业税改征增值税试点期间有关增值税优惠政策管理问题的公告》（公告〔2012〕8 号）
2012 年 12 月 4 日	财政部国家税务总局发布《关于交通运输业和部分现代服务业营业税改征增值税试点若干税收政策的补充通知》（财税〔2012〕53 号）

资料来源：课题组根据 http：//www. chinatax. gov. cn 资料整理。

3. 广东省“营改增”政策实施

广东省于 2012 年 7 月底获国务院批准，成为首批扩大试点的 8 个省市之一，几个月来，试点各项准备工作扎实有序推进：制订了试点实施方案，明确纳入试点范围的纳税人初步名单和基础数据，核实试点纳税人；全面培训试点税收征管人员，已完成培训两万余人；设立试点财政专项资金，做好专项扶持的预案，对可能增加税负的企业给予扶持。具体实施情况如下：

一是加强组织领导，确保改革试点组织保障到位。省试点工作领导小组及其办公室要不断完善实施措施，帮助协调解决各地自身难以解决的问题。市县要认真参照省的做法，切实加强组织领导，健全工作机制，在人员、经费等方面给予必要保障。

二是加强实施准备，确保改革试点如期顺利启动。认真做好税源摸查、征管衔接、纳税准备、模拟运行、制订过渡性财政扶持政策方案以及加强税务稽查管理等各项工作。2012 年 10 月 13 日前完成涉税系统的调整升级，2012 年 10 月 20 日前在征管系统中完成所有相关涉税事项以及发表发售和税控器具的准备，并完成对所有试点纳税人的培训。同时，针对税务登记、发票管理、纳税申报、系统保障等方面可能出现的紧急情况，制订应急方案。

三是加强政策衔接，确保试点税收征管体制的平稳过渡。确定国税系统是营业税改征增值税后的征管主体。继续加强国税、地税部门之间的工作衔接，认真落实试点期过渡性政策，对部分企业因试点可能增加的税收负担，由各级财政设立财政专项资金予以补助。省财政安排约 10 亿元设立专项资金保障试点顺利进行。抓紧完善促进现代服务业发展的政策保障，开展实施税收任务划转、财政体制调整、应急方案完善等各项工作。

四是加强督察评估，确保试点经验的及时总结推广。一方面加大监督检查力度，确保中央和省的决策部署不折不扣落到实处。另一方面科学评估试点效果，深入研究试点对企业税负变化的结构性影响和广东省财政收入的影响，及时发现问题并研究解决，避免出现部分行业实际税负加重的现象。

五是加强宣传发动，确保推进改革试点的良好氛围。要把宣传工作与对试点纳税人培训结合起来，确保试点运行后纳税人购票、开票、申报、征管等有关工作顺利进行。要主动及时通过新闻媒体向社会通报试点情况，着重就国家开展试点的目的、广东省参加试点的原因、试点将产生的预期成效，以及对有关行业的过渡性支持政策等进行宣传解释，引导社会各界准确理解、支持试点。

4. 浙江省“营改增”政策实施

从 2012 年 12 月 1 日开始，浙江省与天津市、湖北省一起启动营业税改征增值税试点。浙江“营改增”试点基本延续了“上海模式”，试点范围涉及交通运输业和部分现代服务业，部分现代服务业包括研发和技术服务、信息技术服务、文化创意服务、物流辅助服务、有形动产租赁服务、鉴证咨询服务等生产性服务业税率和征收率进行了调整。在现行增值税 17% 标准税率和 13% 低税率基础上，新增 11% 和 6% 两档低税率。租赁有形动产等适用 17% 税率，交通运输业等适用 11% 税率，其他部分现代服务业适用 6% 税率。增值税征收率为 3%。试点纳税人按年增值税应税销售500万元，划分为增值税一般纳税人和增值税小规模纳税人。

试点税率上，在现行增值税17%标准税率和13%低税率的基础上，新增11%和6%两档低税率。其中，租赁有形动产等适用17%税率，交通运输业适用11%税率，其他部分现代服务业适用6%税率。“营改增”后，交通运输业将由原先征收3%的营业税，调整为11%的增值税；部分现代服务业中的研发和技术服务、信息技术服务、文化创意服务、物流辅助服务、鉴证咨询服务，由原先5%的营业税，改征6%的增值税，有形动产租赁服务改征17%的增值税。

为了满足纳税人经营的需要，浙江省国税局新启用2类11种通用普通发票票种，沿用出租车机打发票、汽车客票等企业冠名发票票种，拓展部门原有票种的使用范畴。截至目前，增值税专用发票、货品运输业增值税专用发票、增值税普通发票已印刷完成，并已送往各级国税构造验收入库。试点税率的改变，对于涉及试点的企业来说，根据前期开展试点模拟测算的结果，浙江省95%左右的试点纳税人在“营改增”后税负会下降或者扯平。

浙江省于2012年12月1日首次实施“营改增”试点改革，试点范围包括交通运输业及部分现代服务业等7个行业。其后又先后于2013年8月1日、2014年1月1日、2014年6月1日将广播影视服务业、铁路运输和邮政服务业、电信业纳入“营改增”试点范围。

三　“营改增”政策实施成效

“营改增”从试点至今进展迅速，随着全国范围内的推广、行业的扩围，其积极效应也逐步凸显，产业分工进一步深化、结构调整加速、资源配置优化，为中国经济结构优化提供了不可或缺的制度平台。具体实施成效如下。

1. 有效减轻了企业的税收负担

自2012年1月1日开始试点，至2014年6月，在已纳入试点的342万户纳税人中，超过96%的纳税人的税负有不同程度的下降。由于原增值税一般纳税人提供的应税服务增加了可抵扣进项税额，税负相应下降。2014年上半年，由于“营改增”的实施，总体减税额为851亿元，其中试点纳税人因税制转换减税额为385亿元，非试点纳税人因购进服务可以抵扣进项税而增加抵扣减税额为466亿元。据测算，“营改增”试点以来的减税总规模已达 2679 亿元。2014 年 1—6 月，全国试点纳税人户数增加了 69 万户。其中，一般纳税人 64 万户，占 19%；小规模纳税人 278 万户，占 81%。

2. 成为产业结构调整的助推器

首先，促进了第二、第三产业的深度融合，打破了长期存在的服务业和工商业的税制障碍。这一方面有利于加快服务业从工商企业分离，促进了产业结构的调整；另一方面使分离出来的服务部门在为社会提供服务时，可由以前缴纳营业税改为缴纳增值税，下游增值税一般纳税人企业也因此可抵扣取得的进项税款。其次，逐步形成了跨区域、跨行业的抵扣链条，强化了区域内外、上下游企业之间的联系，加强了区域合作。再次，国际与国内两个市场的衔接进一步加强。在“营改增”试点中，企业所提供的国际运输服务、向境外单位提供研发和设计等服务实行零税率，服务贸易出口被纳入出口退税范围。这就使得中国服务贸易出口可以以不含税的价格进入国际市场，从而实现了与国际通行税制的接轨，有效地提升了中国服务型出口企业在国际市场上的竞争力，增强了中国企业参与全球资源配置的能力。以可提供国际运输服务的天津航运为例，“营改增”试点后，企业符合适用“增值税零税率”的条件，不仅本环节税款得以免除，而且以前环节已经缴纳的增值税款也退还给最终向境外提供服务的单位，企业应税服务能够以不含税的价格进入国际市场。该企业的国际竞争力因此得到了很大提升。

3. 拉动了区域经济发展

由于“营改增”试点降低了企业税负，众多试点企业快速成长，相关行业迅速崛起，由此被拉升的区域经济优势反过来又带动相关产业的集聚，形成良性循环。在这方面，天津滨海新区的“营改增”试点就是一个成功的案例。随着现代服务业和交通运输业加入“营改增”试点，该区发展获得新的发展动力。试点一年来，滨海新区试点企业净增 5173 户，增长 44.38%，以 30.31% 的试点户数，贡献了全市 46.44% 的改征增值税。其中东疆保税港区更是充分享受了“营改增”试点给予的税收优惠政策，有 57 户企业办理了增值税即征即退，退税额达到 9940 万元。目前，该保税港区的融资租赁业已成为中国最大的单机、单船融资租赁集聚地，各类注册租赁公司达到 519 户，比试点前增加了 213 户。

4. 促进了服务业的快速发展

“营改增”试点的战略意图是推进中国服务经济和实体经济的发展。从制度层面解决了影响服务业发展的税收“瓶颈”问题，对服务业的结构转型和发展方式转变具有深远的影响。增值税抵扣机制促使服务业进一步优化其经营模式，加强内部管理，加快设备更新速度，扩大业务需求，从而有效提升其自我发展能力和市场竞争能力。自“营改增”试点以来，服务业企业户数、经济总量和出口规模三项指标均呈现快速增长态势，更多资源向服务业集聚，服务业占比由此进一步提升。据统计，2013 年北京市新增“营改增”试点纳税人 11.6 万户，其中 9.1 万户为新办试点纳税人。从行业分布看，8.9 万户属于现代服务业，主要集中于研发和技术服务、文化创意服务和鉴证咨询服务三个领域，占新办试点纳税人的比例高达 90.6%。这充分表明，打通增值税抵扣链条可以形成良好的产业导向，促使更多资源向现代服务业聚集。

但是，随着“营改增”试点范围在全国的推广，实施过程中出现了企业税负“不减反增”、税收征管困难等方面的问题。有些行业例如交通运输业出现税负加重的现象，营业税税率是 3%，改增值税后税率变为 11%，要保持税负不变，进项税额抵扣的水平要达到 8%，如果不能达到 8% 的抵扣，那么税负就会加重。这对于改革试点过渡时期的交通运输企业来说很难达到。此外，营业税属于地方税，增值税是中央与地方共享税。“营改增”改革后，中央与地方税收如何重新分配也成为新的问题。

“营改增”是一项对中国当前和今后社会经济生活产生深远影响的财税改革措施。所以我们应该以可观的态度来正确地看待这项措施，“营改增”并不是说要以增值税完全取代营业税。营业税淡出国家主体税系是社会经济发展尤其是制造业、服务业发展的结果，但并不意味着要退出国家税制体系；增值税作为现代社会执行最广泛的税收政策，也有其固有的局限性，并非尽善尽美。因此，中国当下的“营改增”改革还面临着众多的机遇和挑战。

第三节　中国推动中小企业降费用的政策措施

一　降费政策措施内容

（一）国家层面出台的中小企业降费政策

为清理和规范涉企收费，减轻企业负担，2016 年 1 月 27 日召开的国务院常务会议决定，从 2 月 1 日起，清理规范一批政府性基金收费项目，包括：①将新菜地开发建设基金和育林基金征收标准降为零，停征价格调节基金，整合归并水库移民扶持基金等 7 项政府性基金，取消地方违规设立的政府性基金；②将教育费附加、地方教育附加、水利建设基金的免征范围由月销售额或营业额不超过 3 万元的缴纳义务人，扩大到不超过 10 万元。免征政策长期有效。上述措施预计每年可为企业减负约 260 亿元。并且今后一般不再新设政府性基金项目，保留的全部进入目录清单，公开预决算，接受社会监督。

为减轻企业负担，增强企业活力，促进增加就业和职工现金收入，2016 年 4 月 13 日召开的国务院常务会议决定阶段性降低企业社保缴费费率和住房公积金缴存比例。4 月 20 日，人力资源与社会保障部与财政部联合发布《关于阶段性降低社会保险费率的通知》，决定阶段性降低社会保险费率。通知规定：（1）自 5 月 1 日起两年内，企业职工基本养老保险单位缴费比例超过 20% 的省（区、市），将单位缴费比例降至 20%；（2）自 5 月 1 日起两年内，单位缴费比例为 20% 且 2015 年年底企业职工养老保险基金累计结余可支付月数高于 9 个月的省份，可以阶段性将单位缴费比例降低至 19%；（3）自 5 月 1 日起两年内，失业保险总费率在 2015 年已降低 1 个百分点基础上可以阶段性降至 1%—1.5%，其中个人费率不超过 0.5%。此外，住建部同发改委等正在制定《关于规范和阶段性适当降低住房公积金缴存比例的通知》。通知内容是自 5 月 1 日起两年内，凡住房公积金缴存比例高于 12% 的，一律予以规范调整，不得超过 12%；生产经营困难企业除可以降低缴存比例外，还可以申请暂缓缴存住房公积金。

2016 年 4 月 28 日，财政部和国家发改委联合发布《关于扩大 18 项行政事业性收费免征范围的通知》，规定自5月1日起，将现行对小微企业免征的18项行政事业性收费的免征范围扩大到所有企业和个人。此次涉及免征的收费项目包括：国内植物检疫费、新兽药审批费等11项农业部门收费项目、社会公用计量标准证书费、计量授权考核费等6项质监部门收费项目以及林业部门的林权勘测费。

2015年12月30日，国家发改委印发《降低燃煤发电上网电价和一般工商业用电价格的通知》。通知明确，自2016年1月起，全国燃煤火电上网电价平均每千瓦时下调约3分钱，全国一般工商业销售电价平均每千瓦时下调约3分钱，大工业用电价格不作调整。目前，国家发展改革委正在组织实施第二次降低电价，第二次电价降低，将涉及一般工商业电价平均每千瓦时可以降低1.05分钱，大工业电价平均每千瓦时降低1.1分钱。预计两次降价合计可减轻工商企业电费支出负担470亿元。

为进一步降低商户经营成本，国家发改委、中国人民银行决定完善银行卡刷卡手续费定价机制，从总体上较大幅度降低收费水平。调整后的刷卡手续费政策将于2016年9月6日起正式实施。这次政策调整主要涉及五个方面：（1）降低发卡行服务费费率水平；（2）降低网络服务费费率水平；（3）调整发卡行服务费、网络服务费封顶控制措施；（4）对部分商户实行发卡行服务费、网络服务费费率优惠措施；（5）收单服务费实行市场调节价，由收单机构与商户协商确定具体费率。

（二）地区层面出台的中小企业降费政策

党的十八大以来，供给侧结构性改革全面推进，简政放权大刀阔斧，从中央到地方持续推出减费降费措施，治理涉企收费进入新阶段。据统计，2013年以来，中央层面统一取消、停征、减免涉企政府性基金和行政事业性收费496项，地方取消收费600项以上。截至2016年上半年，中央涉企经营服务收费定价项目缩减幅度80%以上，各省级价格主管部门放开涉企经营服务性收费近千项，缩减幅度60%以上。社保费率稳步降低，2015年、2016年，国务院连续部署阶段性降低养老、失业、工伤、生育保险费率，两年共为企业降低成本约1300亿元。各省市政策详见表13－6。

表 13－6　　　　　　　　地方层面出台的中小企业降费政策

省份	主要措施
甘肃省	印发《甘肃省 2016 年政务公开工作要点》的通知中提到实行收费目录清单管理，在甘肃政务服务网公布行政事业性收费、政府性基金以及实施政府定价或指导价的经营服务性收费目录清单。《甘肃省人民政府关于推进供给侧结构性改革降低实体经济企业成本的实施意见》中提到积极推动普遍性降费；降低制度性交易成本；降低企业人工成本；降低企业用能用地成本；降低物流成本
陕西省	胡和平省长、姜锋副省长在全省工业促投资稳增长会议上的讲话中提到大力降低企业经营性成本，优化实体经济发展环境
湖南省	印发《湖南省降低实体经济企业成本工作方案》。政府在《让企业轻装上阵》中降低人工成本，用能、用地成本，物流成本等方面，提出了具体措施。2016 年 3 月 20 日起，湖北省先后分 5 批取消、停征、降标和放开 88 项涉企收费，其中取消和停征 18 项，降标 47 项，放开 23 项
湖北省	研究出台了《湖北省推进供给侧结构性改革五大任务总体方案》及相关专项案。印发了《湖北省人民政府办公厅关于降低企业成本激发市场活力的意见》（鄂政办发〔2016〕27 号）
江苏省	江苏省全面实施清理规范政府性基金方案。印发《苏州市供给侧结构性改革总体方案（2016—2018 年）》中提出，在不折不扣落实各类减税降费政策的同时，进一步深化政府改革、优化营商环境。江苏省政府发布《关于进一步降低实体经济企业成本的意见》
安徽省	安徽省人民政府印发《关于安徽省扎实推进供给侧结构性改革实施方案》的通知（皖发〔2016〕21 号）
江西省	江西省人民政府办公厅印发《2016 年政务公开工作要点的通知》中提到推进权力清单和责任清单公开，推进减税降费信息公开。发布《中共江西省委江西省人民政府关于开展降低企业成本优化发展环境专项行动的通知》（赣字〔2016〕22 号）。《关于发布船舶及船用产品检验计费标准的通知》（计价费〔1998〕800 号）的规定执行，其“K”值选取范围由原来的 0.6 下调到 0.54
福建省	福建省人民政府发布《福建省人民政府关于降低企业成本减轻企业负担的意见》（闽政〔2016〕21 号）。福建省人民政府发表《关于重新核定计量检定收费标准的通知》（闽价费〔2010〕349 号）的标准降低 30% 计费

续表

省份	主要措施
山东省	山东省人民政府办公厅关于印发《2016年山东省政务公开工作要点的通知》中提到（省财政厅、省地税局、省国税局牵头落实）实行收费目录清单管理，公布行政事业性收费、政府性基金以及实施政府定价或指导价的经营服务性收费目录清单。山东省人民政府办公厅《关于促进民间投资稳定增长若干政策措施的意见》中提出全面清理涉企收费。山东省人民政府出台《关于减轻税费负担降低企业财务成本的意见》
浙江省	浙江省物价局《"十二五"暨2015年工作总结和2016年工作要点》中提出：（1）进一步清理规范行政事业性收费。（2）加强行政审批中介服务收费管理。（3）清理规范物流相关收费。浙江省人民政府发布《浙江省人民政府关于加快供给侧结构性改革的意见》（浙政发〔2016〕11号）中提到进一步降低制度性交易成本，进一步降低企业税费负担。浙江省物价局发布《浙江省财政厅关于降低部分行政事业性收费标准的通知》。浙江省人民政府出台《浙江省人民政府办公厅关于在政务公开工作中进一步做好政务舆情回应的通知》（浙政办发〔2016〕142号）、《浙江省人民政府办公厅关于印发省政府行政规范性文件征求意见工作规定的通知》（浙政办发〔2016〕82号）和《浙江省人民政府办公厅关于进一步加强和改进政务公开工作的通知》（浙政办发明电〔2016〕74号）等工作制度
广东省	广州市出台《供给侧结构性改革总体方案》，涉及降低制度性交易成本，实施普遍性降费

资料来源：课题组根据相关省份发布的政策文件资料归纳整理。

二　降费政策措施实施

（一）湖北省降费政策措施实施情况

按照省政府统一部署和安排，围绕降低企业成本，湖北省人社部门重要开展以下几方面的工作：阶段性降低社会保险费；降低高速公路收费标准；降低高速公路联网收费系统维管费；落实通行费减免政策；全面清理规范收费；整顿规范银行业金融机构收费。2016年全省降低基本养老保险和失业保险缴费24亿元左右，取消收费基金项目49项，减轻企业负担50亿元；同时抓住有利时机3次调整大工业电价、4次调整一般工商业电价，大力推动发电企业与用户直接交易，合计减轻企业用电负担61亿元左右；降低高速公路通行收费标准，合计降费161.8亿元。全省2016年减税855亿元、降费161.8亿元，合计1016.8亿元，比预计的800亿元增加216.8亿元，多减27.1%，减税与降费比为84.1∶15.9，也就是说，企业因减税收益是降费收益的4倍多。

（二）陕西省降费政策措施实施情况

在经济下行压力加大的情况下，陕西财政不断加大行政事业性收费管理力度，帮助企业降低成本，轻装上阵。2016年以来，累计取消和停止执行23项收费基金项目，加上2015年执行的项目，年可减轻企业和社会负担近20亿元。目前，陕西省执行的涉企行政事业性收费由2008年的128项减少到60项，其中省级设立的仅6项，是全国收费项目最少的省份之一。在清理规范的基础上，陕西省严把收费立项审批关，从2013年起，没有新设立一项涉企行政事业性收费，用财政短期的“短收”，换取企业长期的经济效益。

（三）山东省降费政策措施实施情况

2016年4月15日，山东省政府印发《关于减轻企业税费负担降低财务支出成本的意见》，围绕降低企业税费负担、社会保障性支出等五个方面，制定30条降低企业成本的政策措施，初步测算可减轻全省企业负担500亿元左右。5月7日，山东省出台的《关于深入推进供给侧结构性改革的实施意见》又从引导企业实施内部挖潜、降低企业制度性交易成本、降低企业税费成本、降低企业社会保险费成本和降低企业生产要素成本五个方面综合施策，提出了8条政策措施。这些政策措施，针对性强、含金量高，充分体现了省委省政府最大限度降低企业成本负担、激发市场活力、促进经济持续稳定增长的鲜明态度和坚定决心，仅2016年就可减轻企业税费负担500亿元左右。

（四）四川省降费政策措施实施情况

近年来，四川省涉企收费清单制度逐步完善。2013年以来，把实施完善涉企收费目录清单制度作为减负核心工作来抓。目前，在全省范围内实施征收的政府性基金有20项（全为中央批准设立项目），涉企行政事业性收费54项（省本级设立的仅1项），省级设立实行政府定价或政府指导价的涉企经营服务性收费8项，已取消省级设立实行政府定价或政府指导价的进出口环节涉企经营服务性收费和涉企行政审批前置服务收费。四川省已成为全国省级设立收费项目最少、收费标准最低的省份之一。财政部门通过停征4项政府性基金、免征18项行政事业性收费，减轻企业和社会负担16.5亿元。在降低企业用工成本方面，自5月1日起，养老保险、失业保险费率各下降1%，减少企业支出12.5亿元；贯彻落实困难企业缴纳住房公积金降比、缓缴、停缴等政策，减少企业缴存住房公积金2.7亿元。

（五）江苏省降费政策措施实施情况

在2016年2月江苏省出台《关于降低实体经济企业成本的意见》之后，省政府于4月和9月组织开展了政策落实情况专项督察，省政府研究室也开展了第三方评估。从督察和评估情况看，政策落实情况较好，受到企业普遍欢迎。据省统计局调查，2017年1—9月，全省规模以上工业企业每百元主营业务收入的成本为86.49元，同比减少0.23元；每百元主营业务收入的“三项费用”为6.83元，同比减少0.09元。目前，全省为实体经济企业降低成本900亿元以上，预计全年将超过1000亿元。

对货车通行费和船舶过闸费的优惠期限和优惠幅度作了明确规定。关于货车通行费的优惠政策，主要针对江苏省籍货车，目前江苏省联网高速公路上通行的货车中，53%为江苏省籍货车。经测算，江苏省籍车辆一年通行费收入约为85亿元，将优惠幅度从2%提高到10%，江苏省联网高速公路一年将为企业减少物流成本6.8亿元。关于船舶过闸费的优惠政策，经测算内河航道一年将为企业减少物流成本约3亿元。

（六）浙江省降费政策措施实施情况

在全面公开省级政府工作部门权力清单和责任清单的基础上，落实权力清单“瘦身”和责任清单“强身”，进一步理顺省市县三级政府职责关系，全面优化政府职能和行政权力运行流程。完成全省行政权力目录梳理比对工作，基本形成规范、完整的全省行政权力事项库，建成全省统一的行政处罚裁量库、行政执法人员库。2016年，浙江省清理取消202项行政审批事项，全省行政许可事项从554项减少到516项，四年累计减少779项。

加大减税降费信息公开力度。加大对支持小微企业、促进就业创业、兼并重组等方面的税收优惠和减免政策落实情况公开力度，编制涉及“营改增”税收试点、高新技术企业所得税优惠政策、企业研究开发费用加计扣除税收优惠政策、固定资产加速折旧扩围相关政策、小型微利企业税收优惠政策、地方水利建设基金优惠政策、社会保险费征收及优惠政策、其他税费优惠政策等八类减税降费重点领域的共89条政策信息予以公开。公布浙江省行政事业性收费目录清单，以及针对教育、公安、司法、民政、人力社保、国土资源、环保、建设、交通等22个领域行政收费项目，明确收费部门、收费项目、政策依据、批准层级等内容的65条信息。

三 降费政策措施实施效果

中央经济工作会议把降费作为深化供给侧结构性改革的重要任务进行了部署，在减税、降费、降低要素成本上加大工作力度，真正打掉供给侧结构性改革和实体经济振兴的“拦路虎”，给企业带来真真切切的减负快感。具体政策措施实施效果如下。

1. 降低社保险种费率，减轻企业负担1000多亿元

在降费方面，国务院降低社保“五险”中三个险种费率后，2016年再次阶段性降低社会保险费率和住房公积金缴存比例。初步测算，这些措施每年可减轻企业负担1000多亿元。此外，中央清理规范了一批政府性基金收费项目，又扩大18项行政事业性收费的免征范围，各地设立的行政事业性收费也大大减少。

2. 规范政府收费项目，每年为企业减负260亿元

全面实施清理规范政府性基金方案。自2016年2月1日起，将新菜地开发建设基金和育林基金征收标准降为零；停征价格调节基金；整合归并水库移民扶持基金等7项征收对象相同、计征方式和资金用途相似的政府性基金；取消地方违规设立的政府性基金；将教育费附加、地方教育附加、水利建设基金免征范围由月销售额或营业额不超过3万元的缴纳义务人扩大到不超过10万元。上述措施预计每年可为企业减负约260亿元。并且今后一般不再新设政府性基金项目，保留的全部进入目录清单，公开预决算，接受社会监督。

3. 电价先后两次下调，企业减负470亿元

2016年1月1日，下调了工商业销售电价，下调幅度为每千瓦时3分钱。其中，1月通过实施煤电价格联动，减轻工商企业电费支出近300亿元。6月实施第二次降低电价，减轻工商企业电费支出约170亿元。两次降价合计可减轻工商企业电费支出负担470亿元左右。

4. 银行服务费标准下降，减少支出约 74 亿元

根据《国家发展改革委关于中国人民银行征信中心服务收费标准有关问题的批复》，商业银行等机构查询企业信用报告基准服务费由每份 100 元降低至 60 元。自 2016 年 9 月 6 日起，完善银行卡刷卡手续费定价机制，初步测算各类商户合计每年可减少刷卡手续费支出约 74 亿元。餐饮等行业商户贷记卡、借记卡交易的发卡行服务费、网络服务费费率合计可分别降低 53%—63%，百货等行业商户可降低 23%—39%。

5. 涉企收费项目虽减但负担仍比较重

目前，涉企收费项目数量不少，名目繁多。政府性基金、行政事业性收费、经营服务性收费等合法合规的收费项目有 200 多项，行业协会商会的收费项目也不少。根据财政部和国家发改委对一家知名制造业企业的收费调查结果显示，2015 年实际缴费项目 212 项，其中政府性基金 2 项，行政事业性收费 26 项，经营服务性收费 148 项，此外还有国有资源有偿使用收入 1 项，协会商会会费等其他收费 35 项。一项项涉企收费项目，虽然看上去不大，但累加起来就是不小的负担，尤其面对当前经济下行压力，企业对缴费负担更加敏感。期待相关部门在降费上拿出有力措施，真正打掉供给侧结构性改革和实体经济振兴的“拦路虎”，给企业带来真真切切的减负快感。

第十四章

中国中小企业融资评价专题研究

第一节　中国中小企业在国民经济中的重要地位

中小企业是中国国民经济的重要组成部分，创造了60%以上的GDP，50%以上的税收收入，超过75%的就业岗位以及68%以上的出口产品。近年来，国家经济政策愈加致力于促进中小微企业的健康发展。根据2013年国家经济普查统计数据，中国共有1169.9万家中小微企业，员工人数在300人以下的小企业占了全部企业的98.64%（见表14－1）。2015年，全国共有小企业785万家，个体工商户3279万家。但是据国家工商行政管理局统计数据显示，注册登记的企业数量更高，分别有1170万家和4440万家。

表14－1　　2013年中国中小企业规模分布

企业员工规模（人）	公司数量（家）	占比（%）
1—7	5629753	52.00
8—19	2672035	24.68
20—49	1441548	13.32
50—99	556331	5.14
100—299	378706	3.50
300—499	69948	0.65
500—999	45443	0.42
1000—4999	28458	0.26
5000—9999	2273	0.02

续表

企业员工规模（人）	公司数量（家）	占比（%）
10000 以上	1116	0.01
合计	10825611	100

资源来源：根据国家统计局（2015）《中国经济普查年报》数据整理。

随着全国商事制度改革等一系列政策措施的实施，中国出现了创新创业热潮。2015 年，在股票市场注册的实体（包括公司、个体经营户以及其他实体）股票数量达 7747 万股，较上年增长 11.8%。相应的注册资本达 175.5 万亿元，同比增长 35.8%。2015 年新注册企业数量达 444 万家，比前上年增长 21.6%；相应的新注册企业资本为 29 万亿元，增长 52.2%。数量和注册资本都打破了历史纪录。2015 年平均每天约 12000 家企业成立，相当于每 1000 个人中就有 16 家新注册企业。新创企业的产业分布侧面反映了新创业企业的质量和企业家精神都在不断提升。在所有新注册公司中，约 357 万家从事服务行业，相比 2014 年增长超过 24.5%；而制造业和建筑业则有约 67 万家，同比增长 6.3%。互联网经济和其他新兴行业在很大程度上促成了新企业创业的发展。2015 年新注册企业中有约 24 万家企业从事信息传输、软件和 IT 服务领域，同比增长 63.9%；文化、体育和娱乐行业的新注册企业有 10.4 万家，同比增长 58.5%；金融业新注册企业有 7.3 万家，增长 60.7%；而教育服务、健康和社会服务行业的新注册企业数量比 2014 年翻了一番。

融资渠道缺乏是中国创业发展和中小企业发展的主要障碍，也是政策制定者应该关注的焦点。另外，中小企业的融资条件差异化趋势愈加明显。许多初创企业和小微企业无法适应现有的融资体系，通过正规金融机构获得银行贷款的机会有限，但是中型企业和有良好抵押品的小企业则更容易获得银行贷款，并在宽松的货币环境中更易获得有利贷款条件。

第二节　中国中小企业借贷总体情况

2015 年，中小企业贷款余额达到 353003 亿元（见图 14 - 1）。

2009—2015 年，中小企业贷款额和所有企业贷款总额增长分别达 159.2% 与 116.1%。这个时期，中小企业贷款增长步伐要快于全部商业贷款的增长，中小企业贷款余额比重从 2009 年的 54.6% 增加到 2015 年的 65.55%。2015 年，中小企业贷款余额同比增长 5.75%，增速比上年末回落 10.6 个百分点，但比同期大型企业贷款增速分别高 7.5 个百分点，比全部企业贷款增速高 2.4 个百分点。2015 年中小企业新增贷款总额为 32296 亿元，比上年下降了 10.3%。2010—2015 年，中小企业新增贷款增长率为 0.85%，然而全部企业的新增贷款总额同比增长了 5.1%。中小企业新增贷款占全部新增贷款的比重下降了 64.14%，为五年来最低。

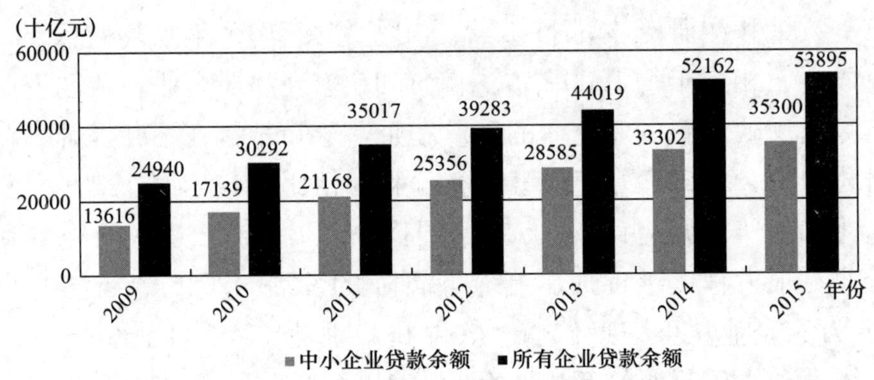

图 14-1 2009—2015 年中国中小企业和所有企业贷款余额

中小企业的短期贷款比重从 2013 年的 56.1% 下降至 2015 年的 47.56%。这是一个可喜的迹象，因为一些中国企业没有能力获得长期借款，所以在需要长期融资时这些企业会反复借入短期贷款滚动续借长期使用，这种“借短用长”的现象会使企业存在潜在现金流危机，造成资金链断裂。支付延迟天数、破产率和不良贷款等数据也都表明中小企业的借贷环境在不断改善。2015 年，B2B 和 B2C 行业的支付延迟平均天数分别为 64.4 天和 27.43 天，相比上一年分别下降了 7.8 天和 15.21 天。更短的 B2B 和 B2C 支付延迟天数表明中小企业的现金流和短期融资能力都得到改善。2015 年，不良贷款总额约为 11000 亿元（见图 14-2），同比增长 41.12%，其中，中小企业的不良贷款额为 9155 亿元，比上年增长

39.33%。中小企业不良贷款占全部企业不良贷款的比重为2.59%，略微上升0.62个百分点。此外，调查数据显示，2015年中国全部企业的破产率为5.45%，同比下降了22.1%；而中小企业的破产率为5.46%，比重下降了24.6%。

2009—2015年中国中小企业不良贷款和所有企业不良贷款总额如图14－2所示。

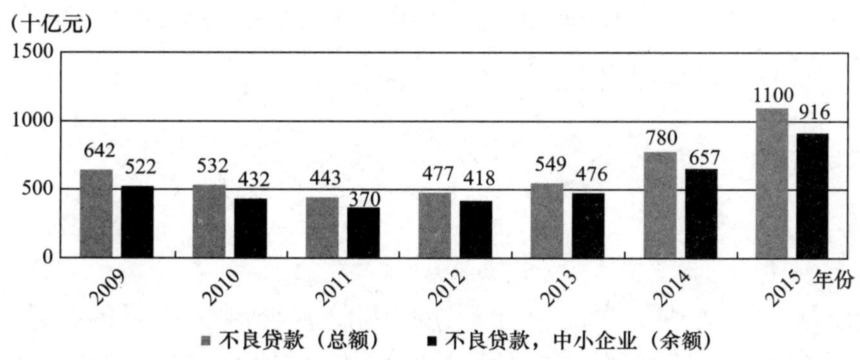

图14－2　2009—2015年中国中小企业不良贷款和所有企业不良贷款总额

另外，2015年85.1%的大型企业试图获得银行贷款，然而，只有69.88%的中小企业选择银行贷款。国有及股份制银行是中小企业融资的最主要来源。中国有5家大型国有商业银行，12家股份制银行和数千家小银行及金融公司。2014年全国5大国有银行和12家股份制银行分别控制了约41%和18%的国家银行资产。近年来，为了有针对性地促进中小企业的融资改善，政府大力支持小银行、民营银行、村镇银行、小型信贷公司和其他新的融资组织的有效开展。另外，为了响应国家融资战略的实施，作为政策性银行的国家开发银行也承担着为中小企业提供融资支持的部分政策责任，其2014年放贷额约占中小企业贷款总额的7.3%。总的来说，中国政府只提供有限的直接贷款、担保贷款和中小企业贷款担保。除从国家开发银行获得直接贷款支持外，一些分散的地方国有担保公司也会提供有限的政府贷款担保。2010—2015年中国中小企业政府直接贷款额如图14－3所示。

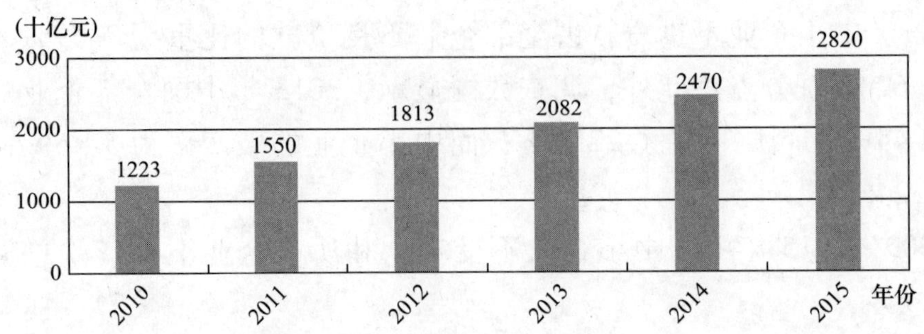

图14-3 2010—2015年中国中小企业政府直接贷款额

第三节 中国中小企业信贷环境变化

2015年，随着中国人民银行不断地调整基准利率和降低存款准备金率，中小企业享受到了更宽松的信贷条件（见表14-2）。值得一提的是，该调整对那些更愿意为小微企业提供信贷的小农信贷银行最有利。贷款基准利率从2014年的5.6%下降至2015年的4.35%，经过5次调整累计下降1.25个百分点。据调查，中小企业和大型企业的贷款利率分别从2014年的7.51%和7.47%，下降至2015年的5.23%和5.26%，分别下降了2.28个和2.21个百分点。

表14-2 2015年中国利率和存款准备金率调整

调整时间	调整内容
2015年2月4日	所有金融机构的存款准备金率都下降了0.5个百分点；对小微企业贷款占比达到一定标准的特定小银行额外再降低0.5个百分点，对中国农业发展银行额外降低4个百分点
2015年3月1日	所有金融机构贷款基准利率下调0.25个百分点，从5.60%降至5.35%；所有金融机构存款基准利率下调0.25个百分点，从2.75%降至2.5%
2015年4月20日	所有金融机构下调存款准备金率1个百分点；对农信社、村镇银行等农村金融机构额外再降低1个百分点

续表

调整时间	调整内容
2015 年 6 月 28 日	所有金融机构的基准贷款利率下调 0.25 个百分点，从 5.1% 下降至 4.85%；存款基准利率下调 0.25 个百分点，从 2.25% 下降至 2.0%；存款准备金率下调 0.5 个百分点
2015 年 8 月 26 日	所有金融机构的贷款基准利率下调 0.25 个百分点，从 4.85% 降至 4.6%；存款基准利率下调 0.25 个百分点，从 2.0% 下调至 1.75%
2015 年 10 月 24 日	所有金融机构的贷款基准利率下调 0.25 个百分点，从 4.6% 降至 4.35%；存款基准利率下调 0.25% 个百分点，从 1.75% 下调至 1.5%

资料来源：根据中国人民银行网站（http：//www. pbc. gov. cn）资料整理。

市场需求疲软和供应过剩造成融资成本的相对大幅下降。中国经济增长放缓，GDP 增长率从 2010—2015 年的两位数下降至现在的 6.9%，这对大型企业以及一些小企业都产生了深远影响。相较于大型企业，中小企业对银行信贷的需求下降幅度更大，这也导致了中小企业与大型企业的贷款利差从 2013 年的 0.67 个百分点，缩减为 2014 年的 0.04 个百分点，甚至在 2015 年利差变为 -0.03 个百分点（见图 14-4）。这个演变趋势需要仔细解释一下。近年来，以钢铁和房地产等行业为主的重工业行业是信贷控制的主要针对对象，这些控制措施限制了流向大型企业的信贷，并在某种程度上增加了大型企业的贷款价格。总体而言，在中小企业投资意愿放缓的背景下，加之为了解决产能过剩的问题而对大型企业的更严苛信贷控制，才导致中小企业与大型企业之间的利差一直在缩小。尽管这些发展带来了看似更公平的信贷环境，但是许多中小企业仍旧面临融资难问题。此外，许多微型企业和个体经营户都没能力获得也不愿意寻求银行贷款。

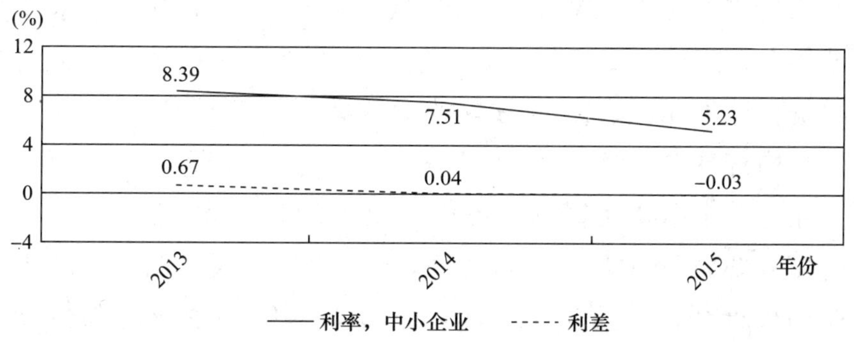

图 14-4 2013—2015 年中国中小企业利率及利差

除利息成本之外，在许多情况下，还需要支付额外的费用来获得银行贷款。2015 年中小企业平均支付银行贷款总额的 1.3% 作为额外贷款费用，比上年下降了 0.09 个百分点。额外贷款费用比重分别从 2013 年的 3.7%，下降至 2014 年的 1.4%，直至 2015 年的 1.3%，大量政策调整导致额外贷款费用的逐年降低，政府推行这些政策包括削减不必要的行政费用，提供一般性的中小企业减免税等来全面降低中小企业的融资成本。

在中国现有金融体系下，大型企业和具有合格抵押品的中小企业更易获得银行信贷，抵押贷款比例逐年提高。2015 年，中小企业信贷中约 55.7% 为抵押贷款，比 2014 年上升 0.9 个百分点。2009—2015 年，抵押贷款稳步增长，从 2009 年占 50.55% 上升到 2015 年达到 55.7%（见图 14－5）。

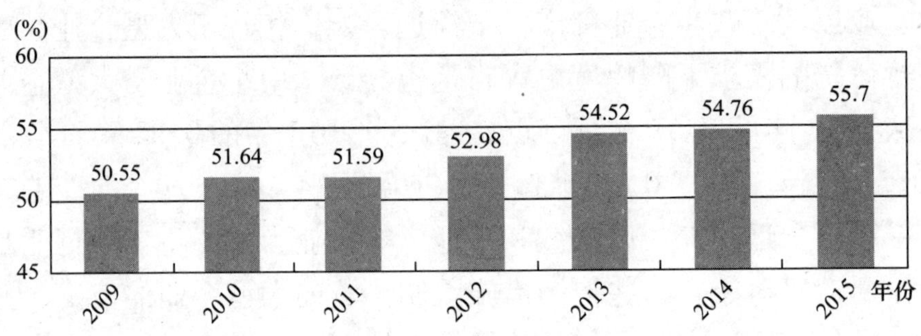

图 14－5 2009—2015 年中国中小企业抵押贷款比重

相反，严格的抵押要求增加了小企业，特别是微型企业的银行贷款申请被拒的可能性。2015 年，约 11.7% 的中小企业贷款申请被拒，而大型企业仅有 6.83% 的申请被拒。按申请数量统计，相比前一年中小企业贷款申请被拒率下降了 0.2 个百分点。与中小企业和银行谈判中制订的中小企业初始贷款计划相比，银行贷款的发放数量也有可能被削减。2015 年中小企业平均贷款申请缩减率为 31.9%，下降了 0.17 个百分点。这意味着中小企业每要求 100 元贷款，最终被批准的只有 68.1 元，而大型企业贷款申请缩减率为 26.09%。拒贷率和贷款申请缩减率侧面反映了大部分中小企业仍较难获得银行贷款。2013—2015 年中小企业的银行贷款利用率较高，处于 93.5%—94.8% 水平。2015 年，中小企业和大型企业的银行贷款利用率分别为 94.5% 和 93.6%。较高的贷款利用水平说明中小企业对信贷的需求并未完全得到满足。

总体而言，2015 年中小企业的信贷状况有所改善。利息差价，额外贷款费用，中小企业短期贷款比重，申贷被拒率和贷款申请缩减率等调查数据都反映了中国中小企业融资环境的改善。

第四节　中国中小企业其他融资渠道

中国政府多年来致力于构建一个更活跃、功能更强的多层次资本市场体系。2015 年，发行公司债券融资总额达 28249 亿元人民币，而非金融企业在国内股票交易市场的股权融资额总计为 7604 亿元人民币。除传统的适合大企业的上海证券交易所和深圳证券交易所的股权融资外，还有三家机构可以为中小企业提供股权融资替代工具：深交所自 2004 年开始运行的中小板、自 2009 年开始运行的创业板和自 2013 年开始运行的全国中小企业股份转让系统（新三板）。能在中小板和创业板上进行股权融资和债务融资的企业大都为高成长性中小企业或者高质量的初创型企业。2015 年，中小企业从中小板获得股权融资 3228 亿元，从创业板获得股权融资 1569 亿元，相比上年分别增长 90% 和 213.8%。2015 年在中小板和创业板上市的小企业分别有 44 家和 86 家，同比增长 41.9% 和 68.6%。

全国中小企业股份转让系统（NEEQ），俗称新三板，是于 2012 年 9 月专门为中小企业设立的另一个国家证券交易市场。2015 年共有 5129 家企业在新三板挂牌，比上年增长 226.3%；共获得股权融资额为 1216 亿元，比上年增长 820.7%。新三板股权融资的爆炸性增长要因有三个：一是 2015 上半年股市飙升的刺激；二是新三板的制度性基础设施建设；三是地方政府补贴。经过几年的试点运营，2013 年新三板市场正式在全国范围内运行。2013—2015 年，新三板电子系统以及一整套交易规则都已建立，对证券、交易商及相关风险资本的管理也已落实。新三板市场为一些未达主板上市资格的小企业提供了免费股权融资机会。

2015 年，中国创业投资行业继续保持着良好的发展势头，创业投资各类机构已达 1775 家，较 2014 年增加 224 家，增长 14.4%；风险资本投资总额约为 3361 亿元，比上年增长 12.7%。投资阶段以早前期项目为主，在种子期和早期阶段的风险投资总额为 995 亿元，较上年提高了 25.3%。总的来说，中小企业的股权融资总额（包括中小板和创业板 IPO，新三板挂牌和风险资本投资）与银行贷款规模相比还相差很远。

2015 年中国风险资本投资的阶段性分布情况如表 14－3 所示。

表 14－3　　2015 年中国风险资本投资的阶段性分布情况　　单位:%

投资阶段	投资资金占比	投资项目数量占比
种子期	8.1	18.2
初创期	21.5	35.6
成长期	54.4	40.1
成熟期	15.2	5.4
恢复期	0	0.7

资料来源：参考中国科学院、科技部《2015 年中国风险投资发展情况》相关内容整理。

2007—2015 年不同阶段风险投资额如图 14－6 所示。

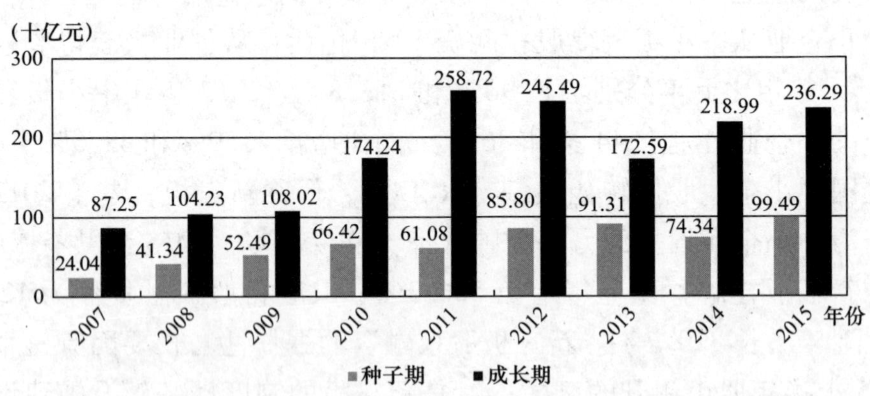

图 14－6　2007—2015 年不同阶段风险投资额

租赁和保理是重要且快速增长的非银行金融工具。在中国，融资租赁行业分为融资租赁公司和普通融资租赁公司，融资租赁公司属于金融机构，由银监会审批监督；而普通融资租赁公司被视为一般性商业组织，由国家商务部管理。2014 年，普通融资租赁公司共有 2045 家，增长率为

88.3%。这些公司控制了约1.1万亿元资产，比上年增长26.2%。而金融机构类融资租赁公司共有40家，总资产约1.6万亿元，在2015年融资额为7109亿元。近年来，在放松管制后商业保理业务有了突飞猛进的发展。2012年，中国出台了《关于商业保理试点有关工作通知》，同意开展商业保理试点和设立商业保理公司。中国商业保理试点工作首先在天津和上海正式推行，随后在全国范围内推行试点政策。2012年之前，所有保理业务由一些银行和少数指定的商业保理公司经营负责。提供商业保理业务的新成立公司数量从2010年的11家增加至2011年的19家，2012年的44家，2013年的200家增加至2014年的845家，而2015年共有2514家商业保理公司，其中包括1294家新成立公司，同比增长106.1%。保理费总额超过2000亿元，增长率超过50%。保理和租赁的快速增长为中国更多的中小企业融资提供了切实可行的解决方案。

另外，民间借贷和影子银行系统依旧被许多小微企业广泛使用。尽管对民间借贷利率没有国家官方指标规定，但在大多数情况下，正式银行体系和非正式的影子银行体系之间的利息差价比中小企业和大企业之间的利差更显著。自2012年发布以来，温州民间融资利率指数一直是某一区域民间融资市场的“晴雨表”。2015年1年期民间借贷利率处于14%—16%（见表14－4），与正式银行贷款的利差约为10%。这个高利率抑制了那些无法获得银行贷款的中小企业的发展，尤其是小微企业。

表14－4　　2015年中国影子银行体系中的民间借贷利率　　单位：%

贷款期限	1个月	3个月	6个月	1年	1年以上
1月	19.83	19.08	17.19	16.10	16.24
2月	20.18	18.53	17.00	15.36	13.28
3月	19.03	19.07	16.68	15.72	16.96
4月	19.03	19.07	16.85	15.49	18.42
5月	18.81	18.13	16.21	15.77	18.12
6月	18.13	17.82	16.65	15.46	17.10
7月	17.96	17.94	16.36	15.96	17.70
8月	17.67	17.60	16.21	14.16	15.87
9月	18.55	17.70	16.13	14.77	17.40

续表

贷款期限	1 个月	3 个月	6 个月	1 年	1 年以上
10 月	17. 70	17. 80	15. 68	15. 51	15. 04
11 月	17. 40	17. 95	15. 61	14. 62	15. 61
12 月	18. 30	17. 49	15. 76	14. 64	14. 89

资料来源：根据温州民间借贷财务指数监测网站（http：//www. wzpfi. gov. cn. ）资料整理。

互联网金融显示了作为中国中小企业替代性融资来源的重要作用，可能会重塑中小企业融资环境。2015 年，互联网借贷公司共有 2595 家，包括 1020 家新设立的互联网借贷公司，比上年增长 64. 7%。2015 年互联网融资总额为 9823 亿元，增长率打破纪录达到 288. 57%。其中，P2P 金融贡献了 4395 亿元，同比增长 324%。2015 年共有 283 个众筹平台，增长率达 99. 3%，众筹平台共获得融资 114 亿元，同比增长 429. 4%。2015 年中国众筹运营模式如表 14 -5 所示。

表 14 -5　　2015 年中国众筹运营模式

类型	平台数量（个）	项目数量（个）	融资额（亿元）
回报型	66	33932	56
股权型	130	7532	51. 9
募捐型	8	7778	6. 3
混合型	79	—	—

资料来源：根据盈灿咨询监测网站（http：//www. yingcanzixun. com/news/baogao/424. html）资料整理。

此外，2015 年共有 40 个众筹融资服务平台破产，896 个 P2P 金融平台遭遇经营危机。中国监管机构认为构建更全面的法规和更严格的风险控制体系对未来互联网金融的发展至关重要。在中国，现行监管框架和能力跟不上互联网金融行业的爆炸性增长。2015—2016 年，中国政府通过加强对互联网融资创新的监管，强调了对互联网融资平台违约风险和破产风险监管的重要性。

第五节 2016 年中国中小企业创业融资政策评价

2013 年 11 月，中国中央政府开始布局旨在推进经济和社会结构性转型的一系列改革措施。中央政府出台了广泛的政策措施来支持中小企业融资，降低融资成本，提高中小企业的银行贷款可得性，同时鼓励发展金融创新产品和互联网金融产品。近年来，中国中央政府十分重视创业和小微企业发展。政府降低了中小企业的所得税、增值税、行政收费以及其他费用。2014 年，政府为减轻税收负担，对年应纳税所得额低于 10 万元的小型微利企业，其所得减按 50% 计入应纳税所得额，按 20% 的税率缴纳企业所得税（一般企业税率为 25%）。2014 年对于每月销售收入不超过 3 万元的小企业（包括个体工商户）免征增值税和营业税。除此之外，54 项行政事业性收费也被取消。2015 年，中国政府持续调整中小企业政策，并不断降低其税收及收费。上述所有措施有助于小企业经营环境的进一步改善和成本负担的降低。

2014 年，中国政府出台的国家战略提出了一系列促进大众创业、万众创新的措施，并多次进行政策调整和出台新政策以促进创业和中小企业发展，特别是高新技术领域，如电子商务、物流和工业机器人。2014 年中国政府进行了商事制度改革，简化了新企业注册程序。这些改革措施包括将注册资本实缴登记制改为注册资本认缴登记制，放宽了新注册企业场所登记条件限制。2015 年，国家通过“三证合一”来缩短注册程序，即当工商行政管理总局允许企业注册时，将国家工商行政管理局核发的工商营业执照，质量技术监督局颁布的组织机构代码证和税务部门核发的税务登记证三证合并为标有统一社会信用代码的新营业执照。上述改革措施对新企业创业产生了深刻影响，使每天新注册企业从 2014 年的 10600 个增加至 2015 年的 12000 个。

2015 年 9 月，中国政府宣布由中央财政出资 150 亿元，设立国家中小企业发展基金，并通过 PPP 模式（政府与社会资本合作）引入民间资本 450 亿元，促进国家创业战略实施。2016 年国家中小企业发展基金首只区域实体基金在深圳设立运行。PPP 模式可以吸引更多的社会资本投资，基金采用市场化模式运行。在国家新兴产业创业投资引导基金下，PPP 模式和市场化规则也被采纳。400 亿元的引导基金，主要投向于在早期风险投资阶段有潜力的高科技企业。

在中国，地方国有担保公司只能提供有限的政府贷款担保。2014 年，政府通过提供直接资本投入、补贴和中小企业担保业务风险损失补偿，加强国有担保公司的发展。2015 年，中国试图通过建立专门针对中小企业的新担保公司，设立国家再担保基金和加强中小企业信用评级体系来加强担保业务风险分散体系的运作能力。中国政府将担保小额贷款调整为专门针对缺乏资金的初创企业的创业担保贷款，贷款最高额度由不同贷款条件下的 5 万元、8 万元、10 万元不等统一调整为 10 万元，并在规定限度内提供财政利息折扣。

中国政府也在不断加大对现有银行体系的改革力度，以拓宽中小企业的融资渠道。其中一个重要策略就是发展专门为小企业服务的小额信贷公司。2015 年，全国共有 8910 家小额信贷公司投入运营，为小企业提供了 9412 亿元贷款。同时还有超过 1100 家的村镇银行，成为中国银行体系发展小微金融的重要基础力量。此外，其他非银行融资来源也得到重视，包括 68 家信托公司、196 家金融机构和 4 大资产管理公司。此外，中国政府还为民营银行制定了监管体系，并为这些机构运营提供了法律依据。2014 年，第一批 5 家民营银行获得审批，并于 2015 年开始运营。另数十家民营银行极有可能获批并准备于 2016 年正式运营。此外，政府鼓励建立其他融资机构，比如金融公司、消费融资公司和融资租赁公司。2015 年金融租赁行业的监管力度逐渐放松，国家鼓励租赁业务创新，一些阻碍行业发展的制度因素被消除。

中国政府在对非正规影子银行体系的监测和监管方面做了许多努力。减轻正规银行体系的融资压力可以有效避免更多的小企业选择非正规融资体系。2014 年，政府鼓励国有银行设立专门服务小企业的分支机构或部门，并要求其在城镇和小城市增设更多子公司以覆盖更多小企业。2015 年中国银监会对中小企业银行贷款提出“三个不低于”目标：一是中小企业贷款增速不低于全部企业贷款平均增速；二是中小企业贷款户数不低于上年同期户数；三是中小企业申贷获得率不低于上年同期水平。

此外，银行需要编制独立的中小企业年度贷款预算。一些阻碍中小企业融资的障碍已被消除或解除。例如，抵押品范围扩大，包括了应收账款、库存商品、产权、设备和专利。为了避免民间信贷对互联网金融的滥用，中国政府加强了对互联网融资创新工具的监管，特别是 P2P 产品。但是，未来长远发展仍需要一个更完整的监管框架。

2007—2015 年中国中小企业融资评估情况如表 14 - 6 所示。中国中小企业融资评价指标定义如表 14 - 7 所示。

表 14-6　　2007—2015 年中国中小企业融资评价情况一览表

指标	单位	2007年	2008年	2009年	2010年	2011年	2012年	2013年	2014年	2015年
借款										
商业贷款，中小企业	十亿元			13616	17139	21168	25356	28585	33302	35300
商业贷款，所有企业	十亿元			24940	30292	35017	39283	44019	52162	53895
贷款份额，中小企业	%（占全部企业贷款额）			54.60	56.58	60.45	64.55	64.94	63.84	65.5
贷款增额，所有企业	十亿元				5286	4790	4470	4742	4738	5035
贷款增额，中小企业	十亿元				3505	3202	3390	3896	3600	3229
新增贷款份额，中小企业	%				66.31	66.86	75.83	82.17	75.97	64.14
短期贷款份额，中小企业	%（占中小企业全部贷款）							56.10	49.24	47.56
政府直接贷款，中小企业	十亿元				1223	1550	1813	2082	2470	2820
不良贷款，所有企业（总额）	十亿元			642	532	443	477	549	780	1100
不良贷款，中小企业	十亿元			522	432	370	418	476	657	915
不良贷款比重，所有企业	%（占全部企业贷款额）			2.58	1.76	1.26	1.21	1.25	1.49	2.04
不良贷款比重，中小企业	%（占中小企业贷款总额）			3.83	2.52	1.75	1.65	1.66	1.97	2.59
利率，中小企业	%							8.39	7.51	5.23
利率，大型企业	%							7.72	7.47	5.26
利率差价	%							0.67	0.04	-0.03
贷款额外费用，中小企业	%（占贷款总额）							3.7	1.38	1.29
抵押，中小企业	%（有抵押银行贷款额/贷款总额）			50.55	51.64	51.59	52.98	54.52	54.76	55.67
贷款申请率，中小企业	%（申请贷款的中小企业比例）									69.88

续表

指标	单位	2007年	2008年	2009年	2010年	2011年	2012年	2013年	2014年	2015年
贷款申请缩减率，中小企业	1－中小企业贷款授权/申请贷款							40.33	32.07	31.90
申请拒贷率	贷款申请被拒的比例							6.19	11.97	11.72
贷款利用率	中小企业已用贷款/授权贷款额							93.51	94.75	94.48
非银行融资										
风险资本投资（种子和初创阶段）	十亿元	24.04	41.34	52.49	66.42	61.08	85.80	91.31	74.34	
风险资本投资（成长和后期）	十亿元	87.25	104.23	108.02	174.24	258.72	245.49	172.59	218.99	
风险资本投资总额	十亿元	111.29	145.57	160.51	240.66	319.80	331.29	263.90	293.33	
风险资本投资增长率	%（同比增长率）		30.80	10.26	49.63	32.88	3.59	－20.34	11.15	
租赁和租赁购买	十亿元	24	155	370	700	930	1550	2100	3200	4440
保理费和发票	百万（欧元）		55000	67300	154550	274870	343759	378128	406102	
其他										
B2B 延迟支付	天数							95.91	72.31	64.44
破产率，所有企业	%							8.11	7	5.45
破产增长率，所有企业	%（同比增长）								－13.69	－22.14
破产率，中小企业	%							7.57	7.24	5.46
破产增长率，中小企业	%（同比增长）								－4.36	－24.59

表 14－7　　中国中小企业融资评价指标定义

指标	定义	资料来源
债务		
商业贷款，中小企业（余额）	中国人民银行监管下的银行（含外资银行）和融资机构对境内中小企业的年末贷款总额	中国人民银行
商业贷款，总额（余额）	中国人民银行监管下的银行（含外资银行）和融资机构对境内全部企业的年末贷款总额	中国人民银行
商业贷款份额，中小企业	中小企业贷款额占全部企业贷款额比重（%）	中国人民银行
新商业贷款，总额（增量）	中国人民银行监管下的银行（含外资银行）和融资机构对境内全部企业提供的商业贷款增量额	中国人民银行
新商业贷款，中小企业（增量）	中国人民银行监管下的银行（含外资银行）和融资机构对境内中小企业提供的商业贷款增量额	中国人民银行
新商业贷款比重，中小企业（增量）	中小企业新增贷款额/全部企业新增贷款额比重（%）	中国人民银行
短期贷款在中小企业贷款总额中占比（%）	中小企业短期贷款额/中小企业全部贷款额比重（%）	需求方调查
政府直接贷款，中小企业（余额）	国家开发银行提供给中小企业的政策性贷款额	中国开发银行
不良贷款，总额	中国人民银行界定的全国所有企业不良贷款余额	中国人民银行公布的中国金融和银行年鉴
不良贷款，中小企业	中国人民银行界定的所有中小企业不良贷款余额	中国人民银行公布的中国金融和银行年鉴
贷款利率，中小企业	中小企业银行贷款平均年利率	需求方调查

续表

指标	定义	资料来源
贷款利率，大型企业	大型企业银行贷款平均年利率	需求方调查
利差	中小企业与大型企业银行贷款平均年利率差价（百分比）	需求方调查
贷款额外费用，中小企业	中小企业为获得银行贷款所付的额外费用占银行贷款总额的比重（%）	需求方调查
抵押贷款比重，中小企业	有抵押的中小企业贷款占中小企业贷款总额比重（%）	中国人民银行
中小企业申贷率	最近一年申请过银行贷款的中小企业数量比重（%）	需求方调查
申请贷款金额缩减率，中小企业	1－（银行最终授权的中小企业贷款金额/受调查中小企业最初申请贷款金额的平均比率）	需求方调查
拒贷率，中小企业	中小企业被拒贷款金额/申贷总额	需求方调查
贷款利用率	1－（中小企业存放于银行账户中留用的贷款额/授权贷款额）	需求方调查
非银行融资		
风险投资（种子和早期阶段）	投放于种子和早期阶段的风险投资金额	中国中小企业研究所开展的需求调查
风险投资（成长和后期阶段）	投放于成长和后期阶段的风险投资金额	中国科学技术发展战略研究院，中华人民共和国科学技术部
租赁和租赁购买	各类融资租赁公司未清偿合同金额	中国融资租赁发展年度报告
保理和票据贴现	保理业的总营业额（十万欧元）	国际保理组织 SCRL
其他		
延迟支付，B2B	B2B 公司在合同到期后从客户那收到款项的平均延迟天数	需求方调查
破产率，所有企业	破产（含关闭）企业占所有受调查企业的比重（%）	需求方调查
破产率，中小企业	破产（含关闭）中小企业占全部受调查中小企业的比重（%）	需求方调查

第十五章

“一带一路”与中国中小企业“走出去”
——拉美地区专题研究

第一节　拉美主要国家产业现状及投资政策分析

拉美地区是世界上发展中国家和新兴经济体集中分布的重要地区之一，也一直是中国重要的经济贸易合作伙伴。进入21世纪以来，中国企业在拉美国家地区投资的现象越来越多。随着国家不断深化推进“一带一路”经济建设全球化战略，“一带一路”也不再仅仅局限于传统意义上的中亚、中东欧地区国家，而是一个广泛意义上更加开放包容的发展平台。在共建“一带一路”经济发展战略的进程中，接受包括拉美地区的国家加入到中国“一带一路”建设战略中来，具有重要的经济、文化等层面的战略意义。而共建“一带一路”的理念、原则和合作方式推动各领域务实合作，则能够促进中国在这些地区的民营企业更加安全、稳定和持续的投资经营活动。

一　拉美主要国家产业概况

（一）巴西重点产业

巴西是发展中国家中最早启动现代化的国家之一，在经历20世纪六七十年代期间经济快速增长的“巴西奇迹”后，率先进入中等收入阶段，建成了比较完整的工业体系。当前，巴西工业位居拉美之首，主要工业部门有钢铁、汽车、造船、石油、水泥、化工、冶金、电力、纺织、建筑等。核电、通信、电子、飞机制造、军工等已跨入世界先进国家的行列。除工业外，巴西的农牧业、旅游业等也比较发达（见表15－1）。

表 15 -1 巴西重点产业汇总

行业	产业	内容
农业	种植业	巴西雨水丰富，其咖啡、柑橘、甘蔗等的年产量居世界第一，大豆、可可等的年产量为世界第二
	畜牧业	畜牧业主要以养牛、鸡、猪为主，在肉类产品中，牛肉和鸡肉的产量居世界第三位，出口量居世界第一位
	木材业	由于巴西拥有丰富的木材资源，其储积量约 658 亿立方米
工业	钢铁业	巴西钢铁产量居拉美首位，其钢铁出口到 100 多个国家和地区，全球排名第 13 位
	纺织业	巴西是世界主要的纺织服装生产国之一。据巴西纺织业公布统计数据显示，2011 年巴西纺织服装业销售额为 567 亿美元
	汽车业	汽车工业已经逐步发展成为巴西工业的主要支柱，目前世界著名汽车企业均在巴西投资设厂，如德国的戴姆勒、大众等
	石油天然气业	巴西是拉美国家第三大产油国。此外，近年来政府也进一步对石油行业增加投资，如巴西“2007—2016 年能源发展规划”规定未来 10 年油气勘探和生产投资总额可望达到 1330 亿美元
	造纸业	巴西森林资源极为丰富，纸浆和造纸工业发展较快。2012 年巴西生产纸浆 1380 万吨、纸和纸板 1010 万吨
服务业	信息业	2012 年巴西信息技术市场总额达到 1230 亿美元，生产总值占 GDP 的 5%，全球排名第七位
	旅游业	巴西是世界 10 大旅游创汇国之一

资料来源：商务部国际贸易经济合作研究院、商务部投资促进事务所、中国驻巴西大使馆经济商务参赞处。

（二）墨西哥重点产业

墨西哥是拉美经济大国，国内生产总值位居拉美第二位。其中，工业是墨西哥国民经济中最重要的产业之一，提供了全国 30% 左右的就业岗位。墨西哥拥有比较完整且多样化的工业体系，不仅拥有饰品、纺织、制革、服装等轻工业，而且也有钢铁、化工、汽车制造等重工业，能源工业也比较发达。除工业外，墨西哥的农业、旅游业也比较发达（见表 15 -2）。

表 15－2　墨西哥重点产业

行业	产业	内容
农业	种植业	墨西哥农产品资源丰富，是玉米、番茄、甘薯和烟草的原产地，也是经济合作与发展组织成员中居美国和欧盟之后的第三大粗粮生产国
工业	石油工业	在墨西哥经济中占据重要地位，是墨西哥主要的出口产品和主要外汇来源，石油出口收入约占墨西哥财政收入的 1/3
	汽车业	是墨西哥最大的制造部门和最活跃的产业之一，截至 2013 年年底，墨西哥是全球第八大汽车生产商和第四大出口商
	纺织服装业	是全球主要的纺织服装品贸易国之一。在墨西哥国民经济中居于重要地位
	矿业	根据墨西哥经济部统计 2011 年墨西哥矿业领域吸引投资 50 亿美元，同比增长 50.8%
服务业		根据墨西哥国家统计局数据，2011 年墨西哥服务业对国内生产总值贡献率达 62%，其不仅是墨西哥产值最高的部门，也是创造就业机会最多的产业

资料来源：商务部国际贸易经济合作研究院、商务部投资促进事务所、中国驻墨西哥大使馆经济商务参赞处。

（三）阿根廷重点产业

阿根廷是拉美第三大经济体，作为一个新兴市场国家和发展中大国，早在 20 世纪上半叶就已经建立了食品与纺织工业，阿根廷已经形成了门类较齐全的工业体系。素有“世界粮仓和肉库”之称的阿根廷是世界粮食和肉类的重要生产和出口国。全国可耕地和多年生作物用地 3563 万公顷，占国土面积的 12.8%。阿根廷主要出口产品为油料作物、石油、天然气、谷物、牛肉、皮、渔产品和林产品等原材料和农产品。而进口产品则主要以工业品为主，包括机械设备、汽车、电子产品、塑料及其制成品、医药产品等（见表 15－3）。

表 15－3　阿根廷重点产业

行业	产业	内容
农业	种植业	阿根廷可耕地和多年生作物用地 3171 万公顷，占国土面积的 10.1%。此外，阿根廷也是世界最大的豆粉、豆油、葵花籽油、蜂蜜、梨等的出口国，玉米和高粱的第二大出口国，大豆的第三大出口国

续表

行业	产业	内容
农业	畜牧业	阿根廷长期牧场面积15170万公顷，占国土面积的51.1%，是牛肉生产、出口和消费大国，2013年牛肉产量253万吨
	渔业	阿根廷渔业资源丰富，2013年渔业产值为31.7亿比索，同比增长27.91%
工业	冶金、采矿业	阿根廷矿产资源丰富，现已探明蕴藏量：石油26亿桶，天然气4420亿立方米，煤炭6亿吨，铁3亿吨
	汽车业	阿根廷的汽车工业在拉美地区比较发达，2012年共生产汽车76.4万辆
服务业	旅游业	阿根廷是拉美第二大旅游国家，2013年共接待外国游客671.1万人次，创汇61.7亿美元

资料来源：商务部国际贸易经济合作研究院、商务部投资促进事务所、中国驻阿根廷大使馆经济商务参赞处。

（四）智利

智利拥有非常丰富的矿产资源、森林资源和渔业资源，矿业、林业、渔业和农业是国民经济四大支柱产业。铜矿产业是智利最重要的资源优势产业，智利是全球最大的铜资源国，占全球铜矿储存量的27.5%，同时，智利是全球最大的产铜国，占全球总产量的34%，铜矿业也是智利经济发展的第一支柱产业。其次，智利的农林牧业也较为发达，智利是南半球最大的鲜果出口国家（见表15－4）。

表15－4 智利特色行业

特色行业	行业情况简介
矿业	智利是拉美重要的矿业大国，拥有全球最多的铜资源，矿业占全国GDP总量的17%，占出口总额的55%
农林牧业	智利是南半球最大的鲜果出口国家，其中2012年智利水果行业出口总额达42.94亿美元，占农产品出口总额的83.72%
	2007年统计数据显示：智利的森林面积达1563.7万公顷，占国土面积的20.7%；2009年统计数据，智利的人工林面积达227.8万公顷，主要林产品为木材、纸浆和纸张
	智利牧场面积约12.93万平方公里，饲养牛、羊、猪和鸡等畜生和含禽类为主

续表

特色行业	行业情况简介
渔业	智利主要盛产三文鱼和鳟鱼，根据2012年的数据，智利渔业产品出口总额45.6%，其中三文鱼和鳟鱼的出口额占63%
葡萄酒业	智利的地理条件和地中海气候适合葡萄的生长，根据2012年数据，智利出口的葡萄酒4.39亿升，主要出口国家是美国和英国
零售业	该行业是近年来日渐发展起来的，根据2012年的数据，智利零售业约占GDP的9.1%

资料来源：根据《对外投资合作国别（地区）指南——智利》整理。

二 拉美主要国家外商投资管理政策汇总

（一）巴西投资政策汇总

巴西管理外国投资的主要法律是《外国资本法》，其实施细则是1965年第55762号法令。巴西与投资有关的法律主要包括《外资管理法施行细则》《劳工法》《公司法》《证券法》《工业产权法》《反垄断法》和《环境法》等。为促进本国工业的现代化，开发国土自然资源，解决国内的就业问题，增加政府的财政收入，巴西政府积极鼓励外国企业到巴西进行投资。其主要的优惠政策框架包括：给予外国投资者国民待遇；对外资给予税收优惠；外资企业在巴西境内生产的产品，如向第三国出口，可向巴政府申请出口信贷和保险。同时，巴西出于国家安全等因素的考虑，禁止或者限制外国资本对行业投资。巴西禁止或限制外国资本进入的领域：核能开发、医疗卫生、养老基金、海洋捕捞、邮政、报纸、电视、无线电通信网络、国内特许航空服务以及航天工业等方面（见表15－5）。

表15－5 巴西鼓励外商投资主要政策汇总

政策来源	政策内容	限制条件
巴西北部和东北部地区	实行免征10年企业所得税，从第11年起的5年内减征50%；免征或减征进口税及工业制成品税；免征或减征商品流通服务税等地方税	外国投资（必须是合资形式，而且巴西方面投资要占大股）
原产地证制度	出口时就可享受巴西与其他国家间的贸易优惠待遇	外资企业所生产的产品增值达到特定标准

续表

政策来源	政策内容	限制条件
行业鼓励政策	免征部分资本产品以及软件产品等的工业产品税；汽车新政（I novar - Auto）：免纳额外 30% 工业产品税	车企需执行相关能耗要求

资料来源：商务部国际贸易经济合作研究院、商务部投资促进事务所、中国驻巴西大使馆经济商务参赞处。

（二）墨西哥投资政策汇总

墨西哥有关外国投资的法律法规主要有《宪法》第 73 条、《外国投资法》及其实施条例。在墨西哥投资一般行业无须经过预先许可，但所有外国投资者和有外资参股的墨西哥公司需要在经济部下属的外国投资国家登记处进行登记，未及时登记将被罚款或制裁。墨西哥联邦政府和各个地方州政府针对外资制定了一系列的优惠措施（见表 15 -6）。现行外国投资法允许外国投资者可在墨西哥境内从事绝大多数行业，甚至外资可 100% 参与经营；国外投资者也可任意添购固定资产，扩充或迁移公司/厂房，同时投资其他新的产业或新生产线等；外资公司还可以将公司利润、权利金、股利、利息和资本自由汇出。

另外，根据墨西哥《外国投资法》规定，墨西哥国家控制的产业为：石油和其他碳氢化合物（相关运输、存储业务及有别于液化气的气体分拨业务除外）、基础石化工业、电力（自用电、合作发电，用于小型生产、出售给联邦电力委员会、应急等情况下的发电业务除外）、核能发电、放射性矿物、电报、无线电报、邮政服务铸币及货币发行、港口、机场管制及监控等行业。墨西哥政府为了维护本国的利益，除控制上述行业外，还对进入外国资本某些行业做了一定的限制（见表 15 -6）。

表 15 -6　　墨西哥鼓励外商投资主要政策汇总

政策来源	政策内容	限制条件
出口加工区优惠政策	长期租用土地和当地工厂设施，雇用外国经营管理人员不受限制，简化开办企业的手续，减少手续费用，降低运输费用，免征产品增值税	对外加工装配企业

续表

政策来源	政策内容	限制条件
保税加工出口工厂	保税工厂的生产过程中原材料、半成品、包装材料及机器等进口，可免征关税	年出口额50万美元以上或产品10%以上；进口生产机械及设备，公司年出口额占其销售额30%以上
临时加工出口计划	保税工厂的生产过程中原材料、半成品、包装材料及机器等进口，可免征关税，生产过程中燃料、零配件及其他消耗性物品进口免税	每年出口金额50万美元以上或产品10%以上
外贸公司计划	享有保税加工出口工厂和临时加工出口计划优惠，所有在墨西哥用于生产出口的采购均可免缴增值税	年出口额300万美元以上
原产地规则	以零关税方式向40多个国家出口	从事商品的生产加工并能取得原产地证明

资料来源：商务部国际贸易经济合作研究院、商务部投资促进事务所、中国驻巴西大使馆经济商务参赞处。

（三）阿根廷投资政策汇总

阿根廷管理外商投资行为的主要法规为阿根廷《宪法》和1993年颁布的第1853号法令。《宪法》规定外国人与阿根廷人在劳动、经商、买卖和拥有资产等方面享有同等权利。外国人的产权不可侵犯。第1853号法令规定，外国公司在阿根廷投资一般无须政府事先批准，外国投资者与本国投资者有着同等权利和义务。由于外国企业同本国企业享受同等的国民待遇，对待外国投资并无特别的优惠。但是，对某些行业有持股比例的硬性要求（见表15－7）。

表15－7　　阿根廷部分行业具体限制政策

行业	限制条件
渔业行业	外商持股比例上限为30%
通信媒体	外商持股比例上限为30%
银行、保险	特殊规定需要申请许可

续表

行业	限制条件
土地购买	购买的耕地不能超过该国农业土地面积的15%，且每个国家的买家购买的土地不能超过允许外国人购买土地总量的30%，每个外国法人或自然人在阿根廷购买的土地不能超过1000公顷；拥有大量水资源的土地将不能出售给外国人；外国人在阿根廷购置土地将不再被视为投资行为

资料来源：商务部国际贸易经济合作研究院、商务部投资促进事务所、中国驻巴西大使馆经济商务参赞处。

（四）智利投资政策汇总

智利针对外国投资的最主要两部法律是《中央银行涉国际资本法》（第14条）和《外国投资法》（600号法案）。智利对外资实行国民待遇，无特别优惠政策，所有外资一旦合法进入智利便与其国内企业享受完全相同的待遇。智利是一个对外资高度开放的国家。随着20世纪80年代电信和电力行业的私有化，外资可进入的投资行业范围已非常广泛。目前，外资已广泛进入矿业、电力、天然气、供水、通信、金融、化工、食品、饮料、烟草业等领域。目前，限制的行业主要在国际陆路运输、渔业捕捞、近海航运、电台、媒体印刷等领域（见表15－8）。

表15－8　智利部分行业具体限制政策

行业	限制条件
劳工雇佣	雇员多于25人的外国投资企业，外籍员工不得超过总人数的15%
土地买卖	边境线10公里、海岸公海线5公里以内的土地不只能为智利自然人或者法人所有
证券交易	外资进入智利市场参与交易至少应在智利境内驻留一年时间

资料来源：商务部国际贸易经济合作研究院、商务部投资促进事务所、中国驻巴西大使馆经济商务参赞处。

第二节　拉美主要国家外资需求及中国企业投资分析

一　拉美主要国家外商投资需求分析

（一）巴西投资需求分析

目前，巴西的投资主管部门由联邦投资促进机构和地方投资促进机构组成。根据“引资计划”（IPA），投资促进事务由巴西出口投资促进局负责。各州可根据自身情况设立地方一级的投资促进机构，现已有15个地区建立了投资促进机构，如阿克里州发展局、阿拉戈斯州经济发展中心、亚马逊州促进局等。此外，《外国资本法》《外资管理法施行细则》《劳工法》《公司法》《证券法》等法律规定有关外国投资的事项。同时，为鼓励开发巴西北部和东北部地区，巴西联邦政府和地方政府对外国投资（必须是合资形式，且巴西方面投资要占大股）实行免征10年企业所得税，从第11年起的5年内减征50%；免征或减征进口税及工业制成品税，免征或减征商品流通服务税等地方税。

在投资行业方面，根据有关法律规定禁止投资领域为核能开发、医疗卫生、养老基金等行业。同时，巴西更多地希望外资投资基础建设、农业生产等开发领域（见表15-9）。

表15-9　巴西投资行业规定

类别	行业	内容
禁止投资领域	工业、服务业	核能开发、医疗卫生、养老基金、海洋捕捞、邮政、报纸、电视、无线电通信网络、国内特许航空服务以及航天工业等
限制投资领域	工业	石油、天然气和矿业开采等
鼓励投资领域	服务业	电信、电力业等（对电信、电力业外资通过参与巴西企业私有化进入巴西市场，至少6年之后才能撤资）
	农业	农用拖拉机
	工业	蒸汽锅炉零件、汽轮机零件、泵类零件、非电热的工业或实验室用炉、皮革制品的制作机器、冶金、炼焦、铸造机械等14种资本产品
	服务业	软件产品、信息处理机器用的软件CD或DVD母片、用于制作发票的机器

资料来源：商务部国际贸易经济合作研究院、商务部投资促进事务所、中国驻巴西大使馆经济商务参赞处。

（二）墨西哥投资需求分析

目前，墨西哥的主管外国投资的政府部门或机构有，经济部外国投资局和外商投资登记处、墨西哥贸易投资局（PROMEXICO）等，其中，

PROMEXICO 网站有投资墨西哥专栏和中文版网站，为墨西哥专业性投资促进站点。此外，墨西哥有关外国投资的法律法规主要有《宪法》第 73 条、《外国投资法》及其实施条例。对于外资的投资方式，墨西哥并无特别规定，即外商可在当地以独资、合资的方式进行新建投资，也可以并购当地企业。其中，有关兼并和收购当地公司、在当地并购上市的主要法律是规《商业公司一般法》。

在投资行业方面，根据《外国投资法》规定，墨西哥国家控制的产业为石油和其他碳氢化合物、基础石化工业、电力等，允许具有外国人特例条款的公司经营的产业为国内陆上客货运和旅游运输、汽油和液化气零售、广播电视等（见表 15－10）。

表 15－10 墨西哥投资行业规定

<table>
<tr><th>类别</th><th colspan="2">内容</th></tr>
<tr><td>禁止投资领域</td><td colspan="2">石油和其他碳氢化合物、基础石化工业、电力、核能发电、放射性矿物、电报、无线电报、邮政服务、港口等</td></tr>
<tr><td rowspan="3">限制投资领域</td><td>最高可参与 10% 股份</td><td>生产合作企业</td></tr>
<tr><td>最高可参与 25% 股份</td><td>国内航空运输、驻机场出租车公司及特种航空运输</td></tr>
<tr><td>最高可参与 49% 股份</td><td>金融控股公司、合作银行、经纪公司、债券交易专业公司、保险公司、外币兑换所等</td></tr>
<tr><td>鼓励投资领域</td><td colspan="2">国内陆上客货运和旅游运输、客运巴士车站和相关服务管理、汽车零配件、中性投资与信托等</td></tr>
</table>

资料来源：商务部国际贸易经济合作研究院、商务部投资促进事务所、中国驻墨西哥大使馆经济商务参赞处。

（三）阿根廷投资需求分析

在阿根廷外资企业享受国民待遇，因此，阿根廷政府对外资管理无专门机构。目前，阿根廷外交部下属的投资促进副国务秘书处可为外国投资者提供经济金融、税务、教育、科技和法律等诸多方面的信息，并帮助投资者解决投资项目中可能出现的问题。此外，与投资者有关的法律包括阿根廷《宪法》《商业公司法》《民法典》和《商法典》等。根据上述《商业公司法》《民法典》和《商法典》，允许外国投资者可以选择各种投资形式，即可以采用公司、合伙、合资、独资、分支机构等形式。同时，外国投资者可以通过兼并、购买阿根廷法律承认的法人组织等形式自由进入市场。

此外，阿根廷大部分省份都出台了鼓励外国企业开展各类生产、经营活动的优惠政策，其都涉及税收减免、降低公共服务费用、基础设施建设项目的资金支持及设备租用便利、购买和租赁国有资本便利等内容。在投资行业方面，外国人和阿根廷人在劳动、经商、买卖和拥有资产等方面享有同等权利，因此，外国公司在阿根廷投资一般无须政府事先批准（见表 15－11）。

表 15－11　　阿根廷投资行业规定

类别		内容
禁止投资领域		渔业、军事领域和军事要地
限制投资领域		通信媒体（包括无线广播和互联网接入等，外商持股比例上限为 30%）
鼓励投资领域	农业	林业优惠政策，明确了 30 年不变的财政政策、盈利税加速折旧措施、加速消费税退税等
	工业	矿业投资优惠政策，即 30 年不变的财政政策、资本货物进口免税、30 年特许经营、减资产税等 汽车制造业优惠政策，规定南共市区域内部零关税
	服务业	旅游业优惠政策，15 个省制定了相应的旅游业优惠政策，其大都涉及省级赋税的减免优惠

资料来源：商务部国际贸易经济合作研究院、商务部投资促进事务所、中国驻阿根廷大使馆经济商务参赞处。

（四）智利投资需求分析

当前，智利对外资进入的方式无限制，可以是外国货币、设备、技术或信贷，若是可以与外资委员会签订合同方式提供保障的重大项目，现汇投资需超过 500 万美元，以货物或技术等其他方式投资需不低于 250 万美元，信贷方式投资不得超过总投资的 75%，此外智利对外资的并购行为无约束，可在其境内进行购买或兼并企业，也可通过购置资产成立企业。智利政府出台了部分地区的鼓励政策，例如：在第十五大区阿里卡省投资额不少于500U下M的企业，可返还30%的企业所得税；在第二大区特戈皮亚港从事生产、维修矿山设备或矿山材料的企业可享受免交所得税、增值税和进口税优惠等，对特戈皮亚、麦哲伦大区火地岛省等地区提出不同的鼓励政策。对智利的投资需求各项内容情况，如表15－12所示。

表15－12　智利投资需求汇总

投资需求类别	主要内容描述
投资行业	允许吸引外资的行业有矿业、水电气、金融、通信、商业、化工行业；智利对科技研发领域企业给予一定的税收优惠，并出台了部分开发系能源的鼓励政策，说明科技研发和新能源领域吸引外资偏好较大。智利对国际陆路运输、渔业捕捞、近海航运、电台、媒体印刷等领域的外资引进有所限制
投资方式	智利对外资进入的方式无特别要求，可以是外国货币、设备、技术或信贷，并允许在智利境内实行并购行为
投资地区	智利政府出台了部分地区的鼓励政策，规定如：在第十五大区阿里卡省投资额不少于500U下M的企业，可返还30%的企业所得税；在第二大区特戈皮亚港从事生产、维修矿山设备或矿山材料的企业可享受免交所得税、增值税和进口税优惠等，对特戈皮亚、麦哲伦大区火地岛省等地区提出不同的鼓励政策

资料来源：商务部国际贸易经济合作研究院、商务部投资促进事务所、中国驻巴西大使馆经济商务参赞处。

二　中国民营企业在拉美主要国家投资情况分析

（一）中国民营企业在巴西投资现状分析

中国和巴西同作为“金砖五国”成员，在过去10年里，中巴双边贸易增加18倍，2009年中国取代美国成为巴西最大贸易伙伴。截至2016年年底，中巴签署的双边投资保护协定有《关于鼓励和相互保护投资协定》《中华人民共和国政府与巴西联邦共和国政府关于加强基础设施领域工程建设合作的协议》等。目前，中国企业在巴西的投资主要有三类：第一类属于资源型企业，主要为了利用当地丰富的矿产资源，例如山东智翔等；第二类为制造型企业，主要借助于当地劳动力成本优势，并且着力开拓当地的市场潜力；第三类主要服务于当地的基础设施建设。中国企业具体投资现状如表 15 – 13 所示。

表 15 – 13　　　　中国民营企业近年对巴西投资概况

投资方	所属省市	企业性质	投资动机	投资领域
江苏牧羊集团有限公司	江苏省	民营企业	战略性资产寻求型	从事与国外客户联络，提供技术支持与服务，促进集团公司在该市场的拓展
中格复合材料（南通）有限公司	江苏省	民营企业	市场寻找型	生产销售各种玻璃钢复合材料产品
广州大运摩托车有限公司	广东省	民营企业	市场寻找型	摩托车及其配件等进出口贸易及自有品牌专卖
广州市伟腾投资集团有限公司	深圳市	民营企业	投资寻求型	农场经营；矿产投资
深圳市大族激光科技股份有限公司	深圳市	民营企业	效率寻求型	代表总公司在巴西进行市场调研、业务联络、信息咨询等非经营性业务
深圳市中控生物识别技术有限公司	深圳市	民营企业	效率寻求型	代表总公司开展市场调研、信息咨询等业务的联络活动
上海电虎数码科技股份有限公司	上海市	民营企业	市场寻找型	电子产品的进口贸易、销售、经营渠道的建立
芜湖帮的贸易有限公司	安徽省	民营企业	市场寻找型	奇瑞风云、QQ 系列汽车整车及发动机生产、销售
厦门汉航物流有限公司	厦门市	民营企业	市场寻找型	国际货运代理、无船承运业务及运输咨询服务；办理国际快递业务
山东智翔贸易有限责任公司	山东省	民营企业	自然资源	锰矿的勘探与开采
金乡县宏昌果菜有限责任公司	山东省	民营企业	战略性资产寻求型	客户联系，信息收集，产品宣传，售后服务
河南瑞贝卡发制品股份有限公司	河南省	民营企业	市场寻找型	发制品的生产、销售及进出口贸易

资料来源：商务部网站。

（二）中国民营企业在墨西哥投资现状分析

自1972年2月14日，中国与墨西哥建交以来，双边贸易额不断增长，两国也签订了一系列合作协定，如《促进与相互保护投资协定》等协定。目前，中国企业在墨西哥的投资主要为资源型企业，开采当地丰富的矿产资源，中国民营企业具体投资现状见表15－14。

表15－14　中国民营企业在墨西哥投资概况

投资方	所属省市	企业性质	投资动机	投资领域
天津多捷制衣有限公司	天津市	民营企业	市场寻找型	信息收集、客户联络、市场开发等
上海宙点国际贸易有限公司	上海市	民营企业	市场寻找型	市场开拓、联系客户以及提供售后服务
上海臻昂国际贸易有限公司	上海市	民营企业	市场寻找型	矿产和机械技术等的进出口以及相关实业投资
上海康耐特光学股份有限公司	上海市	民营企业	市场寻找型	镜片和材料、成镜和配件、光学仪器的生产、制造加工和销售
江苏新世纪机车科技有限公司	江苏省	民营企业	战略性资产寻求型	宣传本公司产品、获取市场信息、业务联系并做好销售服务
江苏世业海外矿产投资有限公司	江苏省	民营企业	资源寻找型	矿产项目投资、矿石开采和采购等
江苏高展投资集团有限公司	江苏省	民营企业	资源寻找型	矿山开采，铁矿石的提炼、加工、销售，炼铁、炼钢、金属废料和碎屑加工处理及销售，提供港口堆场存储及物流运输服务
台州市朔翔日用品有限公司	浙江省	民营企业	市场寻找型	收集市场信息、促销产品、联络客户、售后服务
台州市川铃摩托车制造有限公司	浙江省	民营企业	市场寻找型	收集信息、联络客户、销售产品、售后服务
三花丹佛斯（杭州）微通道换热器有限公司	浙江省	民营企业	效率寻求型	开发、制造微通道换热器产品及其组件（微通道换热器和压缩机、阀门、风扇、底盘安装在一起的部件组合），以及进行上述产品的技术开发和售后服务

续表

投资方	所属省市	企业性质	投资动机	投资领域
宁波舒博曼斯自行车有限公司	宁波市	民营企业	市场寻找型	生产和销售各类自行车配件和整车
宁波市鄞州中屹爱科控制器制造厂	宁波市	民营企业	市场寻找型	销售贸易
宁波矿业投资控股有限公司	宁波市	民营企业	资源寻找型	矿产勘探、开采；矿产有关服务和加工、经营等
沂源县金源矿业有限公司	山东省	民营企业	市场寻找型	铁矿石的加工与销售
青岛永杰进出口有限公司	青岛市	民营企业	资源寻找型	金属及非金属矿产资源的勘探、开采、加工、运输、销售等
青岛怡瑞丰实业有限公司	青岛市	民营企业	资源寻找型	矿业投资、勘探、开采、经营
何如文化用品（深圳）有限公司	深圳市	民营企业	效率寻求型	生产、加工纸制品
山西运城制版集团股份有限公司	山西省	民营企业	市场寻找型	生产、销售软包装凹印辊筒并提供售后服务
山西明迈特实业贸易有限公司	山西省	民营企业	资源寻找型	铁矿开采、选矿、深加工、仓储运输及进出口贸易
长春迪瑞医疗科技股份有限公司	吉林省	民营企业	市场寻找型	拓展业务，提供售后服务和技术支持

资料来源：商务部网站。

（三）中国民营企业在阿根廷投资现状分析

自1972年2月19日，中国与阿根廷建交以来，双边贸易额不断增长，两国也相应地签订了一系列合作协定，如《中华人民共和国政府和阿根廷共和国政府贸易协定》等。目前，中国企业在阿根廷的投资主要为农业企业，主要开发当地发达的种植业、丰富的渔业资源，中国企业具体投资现状见表15－15。

表 15－15　　中国民营企业在阿根廷投资概况

投资方	所属省市	企业性质	投资动机	投资领域
辽宁佳益五金矿产有限公司	辽宁省	民营企业	市场寻找型	开拓耐火材料、石墨电极及其他五金矿产品市场，收集市场信息和商品信息
大连闻达化工股份有限公司	大连市	民营企业	效率寻求型	中国产品如化工、农副、医药原料、食品添加剂和机械等产品在阿根廷市场的开发和调研；阿根廷产品如农副、工艺品、木制品等在中国市场的开发和调研；旨在寻找并联络阿根廷市场的潜在客户
上海金源国际经贸发展有限公司	上海市	民营企业	效率寻求型	项目跟踪、信息收集、业务联络、商务谈判、市场调研等非经营性活动
江苏智思机械制造有限公司	江苏省	民营企业	市场寻找型	生产经营卷烟及制丝线产品
南通华通国际有限公司	江苏省	民营企业	市场寻找型	从事家用纺织品、玩具和礼品的生产和销售业务
宜兴市银燕进出口有限公司	江苏省	民营企业	市场寻找型	销售农药化工产品及原料
绍兴金峰纺织面料有限公司	浙江省	民营企业	市场寻找型	化纤原料、针纺织品、服装及相关货物的进出口贸易
温州市百特电器有限公司	浙江省	民营企业	市场寻找型	销售电器配件、五金、美发器材等
浙江南方石化工业有限公司	浙江省	民营企业	市场寻找型	经销轻纺原料、纺织面料、服装等；开展转口贸易
宁波神马集团有限公司	宁波市	民营企业	市场寻找型	主要从事婴儿推车、童床、餐椅、摇椅、汽车安全座椅等婴儿产品的接单、售后服务、贸易咨询和信息联络
宁波永成矿业股份有限公司	宁波市	民营企业	市场寻找型	实业投资，矿产品及原材料的贸易，信息咨询，协调联络
烟台冰轮股份有限公司	山东省	民营企业	市场寻找型	对外联络、收集信息、联系客户等非经营性工作
潍坊雷克兰劳保用品有限公司	山东省	民营企业	市场寻找型	销售各类安全防护服

续表

投资方	所属省市	企业性质	投资动机	投资领域
山西运城制版集团股份有限公司	山西省	民营企业	市场寻找型	生产销售软包装凹印辊筒并提供售后服务
吉林德全水泥集团汪清有限责任公司	吉林省	民营企业	效率寻求型	铜银矿勘探、开发
黑龙江农垦北大荒商贸集团有限责任公司	黑龙江省	民营企业	市场寻找型	农业及生产资料、加工业、林业、牧业、渔业、贸易、码头、农机具、成品油
武汉烽火国际技术有限责任公司	湖北省	民营企业	市场寻找型	光纤通信和相关通信技术、信息技术领域的市场开发和销售，技术服务和代理销售，相关工程设计和施工，相关产品的进出口业务

资料来源：商务部网站。

（四）中国民营企业在智利投资现状分析

智利是拉美国家中同中国开展经贸发展较早的国家之一，目前智利已经成为中国在拉美地区第二大贸易伙伴和第二大进口来源国。随着中国企业“走出去”步伐加快，中国企业在智利的投资进程加快、规模不断扩大。智利丰富的资源条件、健全的政策、法律制度、自由的经济贸易环境，吸引了不少中国企业进入智利投资。目前，中国已有40家左右的民营企业在智利投资，主要从事新能源、农业、基础设施、电力和火力等业务领域（见表15－16）。

表15－16　　中国民营企业近年对智利投资概况

投资方	所属省市	企业性质	投资领域	投资动机
北京江河幕墙股份有限公司	北京市	民营企业	建筑工程承包；建筑幕墙的设计、生产、安装和进出口贸易；技术咨询、技术服务	市场寻求型
河北琪博国际贸易有限公司	河北省	民营企业	纺织、服装产品的销售及进出口贸易	市场寻求型

续表

投资方	所属省市	企业性质	投资领域	投资动机
河北文丰实业集团有限公司	河北省	民营企业	矿产资源勘探、开发与矿产品加工、销售	资源寻求型
本溪紫金科技创业有限公司	辽宁省	民营企业	环保新能源、设备制造及技术咨询技术服务、资源采购、机电产品销售及服务	市场寻求型
上海五角场（集团）有限公司	上海市	民营企业	进出口贸易、商品零售与批发及相关业务	市场寻求型
江苏惠泰投资发展有限公司	江苏省	民营企业	矿产开发及国际销售	资源寻求型
南通铭家纺织品有限公司	江苏省	民营企业	房地产投资与开发	市场寻求型
义乌市鹏达实业有限公司	浙江省	民营企业	服装、鞋帽、日用百货、针纺织品、五金交电、农产品、副食品、玩具、饰品等业务联系、收集信息、联络客户、售后服务	市场寻求型
浙江跃岭轮毂制造有限公司	浙江省	民营企业	收集信息、促销产品联络客户、做好服务	市场寻求型
绍兴县泽浩纺织品有限公司	浙江省	民营企业	纺织品、服装进出口贸易	市场寻求型
浙江雄盛进出口有限公司	浙江省	民营企业	销售针纺织品、服装、纺织原料及产品等	市场寻求型
嘉兴市友邦服饰有限公司	浙江省	民营企业	服装、毛衣等产品的进出口贸易，批发和零售	市场寻求型
天泽（福建）纺织品制造有限公司	福建省	民营企业	袜子、内衣等纺织品的加工贸易以及工艺品、建材、有色金属的进出口贸易	市场寻求型
莆田市保兰德贸易有限公司	福建省	民营企业	箱包、鞋服、电机等产品的销售	市场寻求型
山东大海集团有限公司	山东省	民营企业	印染产品的技术研发、制作与销售等	市场寻求型

续表

投资方	所属省市	企业性质	投资领域	投资动机
山东耀昌集团有限公司	山东省	民营企业	铁矿资源的勘探、开采、加工与销售	资源寻求型
青岛建邦国际贸易有限公司	青岛市	民营企业	开拓市场，建立客户网络，收集市场信息等非经营性工作	市场寻求型
广东兴必佳电器有限公司	广东省	民营企业	电子产品、塑料制品、日用金属品等批发零售；进出口贸易	市场寻求型
江西省地质矿产勘查开发局赣西地质调查大队	江西省	民营企业	地质矿产勘查/开发	资源寻求型
一拖国际经济贸易有限公司	河南省	民营企业	制造、研发	市场寻求型
广西广宁工业科技有限公司	广西壮族自治区	民营企业	发电设备、矿山设备、纸品、五金制品、铝材、矿产品、红酒、食品、水产品、日用百货、电子产品	市场寻求型
陕西重型汽车进出口有限公司	陕西省	民营企业	开展智利重型卡车市场的信息收集、市场调研及本公司产品的售后服务工作	市场寻求型

资料来源：商务部网站。

三 拉美主要国家促进中国企业投资的平台建设情况分析

（一）巴西促进中国民营企业投资平台建设情况分析

为进一步加强中巴双边贸易关系，促进两国间贸易投资方面的合作，中巴双方积极建立一些交流平台以方便两国企业间的交流。截至 2016 年年底，已设立的能够给中国企业提供投资合作咨询的机构有中国驻巴西大使馆经商参处、中国商务部研究院海外投资咨询中心等政府驻外机构，巴西中资企业协会、中国（巴西）投资贸易开发中心等企业行业协会（见表 15 – 17）。

表 15－17　　巴西促进中国企业投资相关机构或部门名称

机构或部门名称	职能
中国驻巴西大使馆经商参处	中巴双边经济合作和贸易发展；与中国商务部和巴西外经贸主管机构保持日常性联络等
中国商务部研究院海外投资咨询中心	外国投资、多双边援助、世界和地区经济贸易组织机构、中国对外经贸战略等方面的政策和实务研究
巴西中资企业协会	团结和带领好驻巴中资企业，克服国际化经营经验不足等因素的制约，利用好对巴投资、合作的巨大发展空间和潜力，推进各驻巴中资企业又好又快发展
巴西驻中国大使馆	向公众提供领事服务，并且在中国进行促进两国友好的活动，发展两国的经贸、文化与科学合作
巴西投资促进机构	为巴西吸收外资和企业对外投资提供相关服务，促进巴西与外国企业间的双向交流合作，提升巴西企业国际化经营水平
中国（巴西）投资贸易开发中心	专注于中国—巴西双边间的投资、贸易、文化交流，为中国企业在巴西拓展业务提供便利和营造适当的环境
“丰收宝投资”网络平台	巴西农牧业产品的中国进口商和投资者提供资讯

资料来源：本课题组整理。

（二）墨西哥促进中国民营企业投资平台建设情况分析

为进一步加强中墨双边贸易关系，促进两国间贸易投资方面的合作，中墨双方也建立了一些交流平台以方便两国企业间的交流。截至 2016 年年底，已设立的能够给中国企业提供投资合作咨询的机构有中国驻墨西哥大使馆经商参处、中国商务部研究院海外投资咨询中心等政府驻外机构，墨西哥中资企业商会、墨西哥投资促进机构等企业行业协会，具体见表 15－18。

表 15－18　　墨西哥促进中国企业投资相关机构或部门名称

机构或部门名称	职能
中国驻墨西哥大使馆经商参处	中墨双边经济合作和贸易发展；与中国商务部和墨西哥外经贸主管机构保持日常性联络等

续表

机构或部门名称	职能
中国商务部研究院海外投资咨询中心	外国投资、多双边援助、世界和地区经济贸易组织机构、中国对外经贸战略等方面的政策和实务研究
墨西哥中资企业商会	团结和带领好驻墨中资企业，克服国际化经营经验不足等因素的制约，利用好对墨投资、合作的巨大发展空间和潜力，推进驻墨中资企业又好又快发展
墨西哥驻中国大使馆	向公众提供领事服务，并且在中国进行促进两国友好的活动，发展两国的经贸、文化与科学合作
墨西哥投资促进机构	为墨西哥吸收外资和企业对外投资提供相关服务，促进墨西哥与外企业间的双向交流合作，提升墨西哥企业国际化经营水平

资料来源：本课题组整理。

（三）阿根廷促进中国民营企业投资平台建设情况分析

为进一步加强中阿双边贸易关系，促进两国间贸易投资方面的合作，中阿双方建立了一些交流平台以方便两国企业间的交流。截至 2016 年年底，已设立的能够给中国企业提供投资合作咨询的机构有中国驻阿根廷大使馆经商参处、中国商务部研究院海外投资咨询中心等政府驻外机构，阿根廷中资企业协会等阿根廷投资促进机构，具体见表 15－19。

表 15－19　　阿根廷促进中国企业投资相关机构或部门名称

机构或部门名称	职能
中国驻阿根廷大使馆经商参处	中阿双边经济合作和贸易发展；与中国商务部和阿根廷外经贸主管机构保持日常性联络等
中国商务部研究院海外投资咨询中心	外国投资、多双边援助、世界和地区经济贸易组织机构、中国对外经贸战略等方面的政策和实务研究
阿根廷中资企业协会	团结和带领好驻阿中资企业，克服国际化经营经验不足等因素的制约，利用好对阿投资、合作的巨大发展空间和潜力，推进各驻阿中资企业又好又快发展
阿根廷驻中国大使馆	向公众提供领事服务，并且在中国进行促进两国友好的活动，发展两国的经贸、文化与科学合作

续表

机构或部门名称	职能
阿根廷投资促进机构	为阿根廷吸收外资和企业对外投资提供相关服务，促进阿根廷与外国企业间的双向交流合作，提升阿根廷企业国际化经营水平

资料来源：本课题组整理。

（四）智利促进中国民营企业投资平台建设情况分析

智利设立了多个主管部门对国外经济事务来往进行管理，如贸易主管部门是外交部国际经济关系总司，其他涉及国际贸易的部门还包括财政部、经济部、农业部等；投资主管部门是智利外国投资委员会；专利主管部门是智利经济部工业产权处；外来劳动力监察部门是智利劳动和社会保障部劳动司、内政部；现有的对外投资咨询机构包括中国驻智利大使馆经商参处、智利驻中国大使馆、智利投资促进机构、中国商务部研究院海外投资咨询中心等；中国—智利自由贸易区的建立促进中智两国之间经济贸易往来。具体构建平台机构及其职能如表15－20所示。

表15－20　智利引进外资的平台构建

机构或部门名称	主要职能
外交部国际经济关系总司（DIRECON）	执行和协调政府的国际经济政策，谈判和管理国际经济贸易协定，促进本国参与世界经济事务，促进本国货物和服务的出口
智利外国投资委员会	代表国家执行《外国投资法》（第600号法）的有关外资程序，核准自愿提出申请的重大外资投资项目
中国—智利自由贸易区	促进两国经济、技术、投资交流和合作，进一步提升合作水平
经济部工业产权处（INAPI）	受理专利申请，核准专利申请者资质
劳动和社会保障部劳动司	负责监察外来人口的工作准证工作
智利内政部	负责批准外来人口的工作签证
中国驻智利大使馆经商参处	负责对外投资的咨询工作

续表

机构或部门名称	主要职能
智利投资促进机构	负责对外投资咨询工作

资料来源：本课题组整理。

第三节　总结分析

本章通过对拉美国家经济产业发展状况的概括性分析，并结合中国当前“一带一路”宏观经济国际化战略的分析，总结了中国企业在主要拉美国家投资的现状以及未来可能的投资潜力。在 2010 年之前，中国企业投资拉美一直处于缓慢增长状态，并且在拉美投资主要集中在矿业、石油和天然气及基础设施领域。2008 年金融危机之后，随着西方跨国企业因金融危机导致在拉美撤资，中国企业在拉美国家的投资领域选择余地逐渐增多，投资行业分布也更加多样化。2010 年左右，中国企业在拉美国家的并购领域主要集中在石油、天然气、矿业和能源等方面，仍然以基础资源为主，但自 2013 年中国提出“一带一路”战略以来，中国企业在拉美国家的投资领域已拓展至化工产品、电力、消费品乃至服务业。今后，拉美还将为中国投资者在更多领域提供机会。

从国别来看，从 2010 年开始，中国近些年在拉美国家的投资增长十分迅速，除了巴西之外，在墨西哥、阿根廷和智利的投资都以两位数的速度在增长。这与这些国家的产业经济结构是密切相关的，以巴西、墨西哥、阿根廷和智利等为主的拉美国家，石油、矿产、森林、草原等资源十分丰富，而这些国家基础设施普遍较为落后，需要大量的资金和技术来改善产业结构，投资基础设施。因此，拉美国家基础设施、矿产和能源项目投资的巨大需求，更加刺激了中国企业在拉美国家的投资信心，中国企业在拉美国家的投资是长期性的，并不是短期的投机性行为。

2016年中国中小企业大事记

1月

1月8日，重庆市中小企业局与中国联通就联合推进“重庆市中小企业云服务平台”建设签署协议。未来，云服务平台将为中小企业提供多样化、精准化、个性化服务，有效改善重庆中小企业发展环境。

1月9日下午，工业和信息化部中小企业经营管理领军人才武汉大学—湖北班结业典礼顺利召开。工业和信息化部人才交流中心、湖北省中小企业服务中心、武汉市经济和信息化委员会、武汉大学等单位领导出席结业典礼。

1月15日，“河南省中小企业公共服务平台联盟”在河南省首届中小企业公共服务平台创新发展论坛暨郑州大学企业研究中心年度论坛上宣布成立。该联盟将推动河南省各类中小企业服务平台之间的学习交流、资源互通和整合，促进平台间的功能互补和合作发展，进而提升河南省中小企业公共服务的水平，促进河南中小企业健康发展。

1月16日，2015—2016年度工业和信息化部中小企业经营管理领军人才清华大学—深圳班在清华大学深圳研究生院顺利开班。工业和信息化部有关领导及近60位企业家学员参加了开班仪式。

1月17日，2015—2016年度工业和信息化部中小企业经营管理领军人才家电行业班开班活动暨2014—2015年度工业和信息化部中小企业经营管理领军人才家电行业班结业活动在青岛举行。

1 月 19 日，时任中国工业和信息化部副部长冯飞、德国经济和能源部议会国务秘书伊丽斯·格莱克在广东省揭阳市共同主持召开第五次中德中小企业政策磋商会，中德双方围绕两国中小企业最新政策、初创企业政策及融资支持、商协会合作项目和活动、中小企业发展环境四个议题进行交流、探讨。双方就构建多层次合作机制、加强人才培训、创新金融合作等领域达成了共识。

1 月 20 日，由辽宁省中小企业管理局开展的“百支专家团队扶助千企惠及万人创业创新专项行动”在抚顺市启动。本次活动整合辽宁省 840 多个服务机构优秀服务资源，通过线上线下结合等多种方式，为企业解决实际难题。

1 月 21 日下午，全国性事业法人单位中小企业合作发展促进中心（中小企业全国理事会）在福州成立福建省工作委员会，致力于服务福建中小企业，为企业提供品牌及“互联网 +”服务。

1 月 29 日，财政部、工业和信息化部在深圳市联合召开国家中小企业发展基金首只实体基金成立会议。会议签署了基金实体合伙协议及首批投资项目协议，正式启动了首只实体基金的运营，并就相关工作提出了要求，进行部署。

2 月

2 月 6 日，财政部、工业和信息化部、科技部、商务部、国家工商行政管理总局启动第二批“小微企业创业创新基地城市示范”申报工作。

2 月 19 日，工业和信息化部中小企业局、财政部经济建设司在安徽省合肥市联合召开中小企业信用担保代偿补偿管理工作座谈会。财政部及工业和信息化部相关领导，北京、安徽、福建、山东、河南、广东 6 省市相关代表参加会议。

2 月 19 日，辽宁省政府下发《关于加快构建大众创业万众创新支撑平台的实施意见》，提出加快构建众创、众包、众扶、众筹等“大众创业、万众创新”支撑平台，培育“互联网 +”新业态新模式，提高资源配置效率，促进创业创新。

3 月

3 月 2 日，新疆维吾尔自治区中小企业服务中心和中国银行新疆维吾尔分行联合举办“中银全球中小企业跨境投资撮合服务”推介会，吸引了自治区内 40 余家企业参会，这是新疆维吾尔自治区中小企业服务中心首次举办“跨境投资撮合服务”推介会。目的是发挥中国银行商业银行加投资银行的业务优势，创新推出跨境投资撮合服务，以“中外中小企业一对一相亲会”的形式，实现全球中小企业互联互通，帮助国内中小企业引进先进技术，加快产业转型升级。

3 月 7 日，“变革、链接、重构——2016 中国中小企业创新与资本力峰会”在上海陆家嘴中国金融信息中心成功举办。在为期三天的会议中，两百多名来自全国各地的相关领域专家与中小企业家共同探讨如何解决中小企业融资难、融资慢、挂牌上市等问题。

3 月 10 日，工业和信息化部办公厅发布《关于进一步做好中小企业运行监测工作的通知》。目的是贯彻落实国务院关于“稳增长、防风险”的部署和要求，及时了解新常态下中小企业生产经营情况，准确把握中小企业运行和发展中面临的突出困难和问题，加强预警预测，应对经济下行压力，增强工作的主动性和预见性。

3 月 12 日，内蒙古中小企业发展联合会成立揭牌仪式在呼和浩特市金仕顿大酒店举行，160 多家中小企业代表参加了会议。大会上举行了揭牌仪式，这标志着内蒙古自治区中小企业之间经济合作与往来将达到一个新水平。

3 月 16 日，瑞中商务理事会在瑞士伯尔尼正式成立，以期为瑞中两国中小企业间贸易往来搭建一个全新交流互动平台。瑞中商务理事会将归瑞士工商企业联合会管理。

3 月 17 日，工业和信息化部会同教育部联合印发了《关于开展中小企业与高校毕业生创业就业对接服务工作的通知》（工信厅联企业函〔2016〕194 号），以促进中小企业与高校毕业生有效对接，广泛吸纳高校毕业生到中小企业就业。

3 月 19 日，2014—2015 年度工业和信息化部中小企业经营管理领军人才浙江大学—浙江班结业活动在浙江大学玉泉校区举行。

3 月 21 日，工业和信息化部办公厅教育部办公厅发布《关于开展中小企业与高校毕业生创业就业对接服务工作的通知》（工信厅联企业〔2016〕194 号）。目的是贯彻落实党的十八大和十八届三中、四中、五中全会精神，做好高校毕业生创业就业工作，优化中小企业人才结构，推动“大众创业、万众创新”。

3 月 30 日，中国“互联网 +”中小企业创新大会暨“互联网 +”行业中小企业评优活动在北京举行。目的是进一步落实党的十八届五中全会精神和国家“互联网 +”行动计划的具体行动，是中国互联网经济飞速发展、互联网企业创新发展取得的丰硕成果的展示。

4 月

4 月 22—24 日，2015—2016 年度工业和信息化部中小企业经营管理领军人才中国企业评价协会班开班活动在北京大学举行。

4 月 26 日上午，由工业和信息化部中小企业发展促进中心举办的中小企业政策大讲堂全国巡讲报告会暨 2016 年首讲式在京召开。国家知识产权局专利局专利审查协作北京中心、民建北京市委、部办公厅、规划司、财务司、运行局、中小企业局等单位领导，重点地区中小企业服务机构，相关行业协会组织、中小企业和媒体代表等参加会议。

4 月 26—27 日，领军企业家商业思潮巡回周（第八期）在成都成功举办。本次会议由工业和信息化部人才交流中心主办，《领军企业家》杂志、四川大学商学院、领军企业家联谊会、睿思咨询联合承办，领军企业研究院和美国管理会计师协会提供智力支持。

4 月 27 日，《发挥中小企业在创新链中的作用推动大众创业万众创新》课题汇报会在京召开，工业和信息化部副部长冯飞出席并听取了中小企业局、中国中小企业发展促进中心和浙江工业大学中小企业研究院关于课题研究工作和研究报告的汇报，并作重要讲话，在讲话中充分肯定了课题现阶段研究成果，并对继续深入做好课题下一步研究工作提出要求。

4 月 27 日，江苏中小企业公共服务平台网络首批特色优惠服务项目发布在南京召开。发布会上，江苏省平台网络首次集中发布了包括信息化、市场推广、法律、金融、检测等 8 个门类共计 25 项具体优惠服务清单。此份清单中包含的所有服务项目都会以优惠或免费的形式发布，江苏省内中小企业均可通过省平台线网站提出申请，经由各地区窗口服务平台对申请信息复核后推荐。

4 月 28 日，由宁波大红鹰学院主办、宁波大红鹰学院工商管理学院和浙江省中小企业研究会承办的“2016 中国宁波创业高峰论坛”在宁波举行。

4 月 29 日，浙江工业大学中国中小企业研究院与经济合作与发展组织（以下简称 OECD）创业、中小企业及区域发展司连续两年合作研究的重要研究成果《中小企业和企业家融资状况报告——OECD 打分板》在美国华盛顿正式发布。该研究院科研团队承担报告的中国部分研究，其中诸多观点将被吸纳到 2016 年 G20 财长公报的政策倡议书。

5 月

5 月 5 日，“2016 中小企业信息化服务信息发布会”在北京召开，来自地方政府部门、信息化服务商和服务机构、行业协会，以及在京部分新闻媒体的代表参加发布会。

5月7日，2016年中国·西部中小企业发展论坛在成都金堂恒大酒店隆重举行。论坛以“新起点·新征程”为主题，得到了全国各地专家、学者、知名企业家共2000余人积极参。

5月19日，“中小企业国家高新技术企业培育计划及首批辅导企业签约”活动在陕西省中小企业服务平台举行。活动对参会的百家企业进行高新技术企业政策辅导解读，以期为陕西省培育一批高质量的国家级高新技术企业，推动中小企业快速成长。

5月25日，“携手行动2016——湖南省企业家志愿者助力小微企业大型公益活动”在湖南省经信委启动，61名企业家、专家志愿者被聘任为本次活动的导师。

5月29日，2016年中小企业政策大讲堂全国巡讲暨浙江省中小企业政策宣贯月活动在温州启动。国家工业化和信息化部中小企业发展促进中心副主任郑红、浙江省经信委副主任杜华红，以及来自中国社会科学院、清华大学、北京大学、浙江大学等专家学者和浙江省中小企业家代表共200余人参会。政企代表介绍了关于创业创新的前沿战略规划和相关具体扶持政策，交流了企业技术创新与转型升级的多种可能，并围绕“互联网+”理论成果和实际案例展开探讨——通过帮助中小企业利用互联网优势，实现低成本、低风险、快起步、高效率的信息化目标。

5月27日，海南省政府出台《关于大力推进大众创业万众创新的实施意见》，提出建立和完善创业创新生态体系，不断推进资源整合和政策集成，着力构建有利于创业创新的政策环境、制度环境和公共服务体系，加快形成大众创业、万众创新新局面。

6月

6月2日，工业和信息化部研究制定了《国家小型微型企业创业创新示范基地建设管理办法》（工信部企业〔2016〕194 号）。目的是贯彻落实国务院关于推动“大众创业、万众创新”，支持小型微型企业发展的相关要求，从营造氛围、优化环境、规范服务、构建生态等角度推动小微企业创业创新基地的升级，实现平台化、智慧化和生态化，进一步推动双创向更大范围、更高层次、更深程度发展。

6 月 3 日，工业和信息化部办公厅下发《关于做好 2016—2017 年度中小企业经营管理领军人才培训工作的通知》（工信厅企业函〔2016〕391 号），以深入实施企业经营管理人才素质提升工程，提高中小企业经营管理水平。

6 月 6—7 日，第二届中德中小企业合作交流会在广东揭阳举行。本次会议由工业和信息化部、广东省人民政府、德国工商大会联合主办。

6 月 17 日，甘肃省出台《2016 年扶助小微企业专项行动实施方案》，进一步释放政策红利。2016 年甘肃省开展以“激发创业创新活力、提升企业内在素质”为主题，以“政策落实、优化环境、贴近服务、交流合作”为重点的扶助小微企业专项行动。

6 月 24 日，国家中小企业发展基金理事会第二次专题会议在北京召开。会议审议了国家中小企业发展基金新设子基金管理机构中标候选人尽职调查报告等事项，听取了国家中小企业发展基金首只实体基金——深圳国中创业投资管理有限公司关于近期投资工作情况的汇报。

6 月 27 日，浙江省促进中小企业发展工作领导小组办公室、浙江省经济和信息化委员会正式发布《浙江省中小企业发展“十三五”规划》（以下简称《规划》）（浙中小企业办〔2016〕7 号），提出今后五年的主要目标、重点任务与工程。《规划》具有可持续、可操作、可落地等特点，全面深化落实“创新、协调、绿色、开放、共享”五大发展理念，对促进浙江省中小企业转型升级，打造全国中小企业创业创新示范区具有重要的指导意义。

6 月 28 日，工信部为贯彻落实《中华人民共和国中小企业促进法》《中华人民共和国国民经济和社会发展第十三个五年规划纲要》，推进供给侧结构性改革，优化发展环境，推动“大众创业、万众创新”，促进中小企业实现持续健康发展，编制并印发《促进中小企业发展规划（2016—2020 年）》（工信部规〔2016〕223 号）。

6 月 28 日，福建省经信委印发《福建省中小企业成长计划（2016—2018 年）》。按照《计划》，到 2018 年年末，培育 500 家以上科技小巨人领军企业和 100 个以上众创空间。

7 月

7 月 1 日，福建省中小企业公共服务平台启动仪式在福州举行。

7 月 1 日，海南省中小企业公共服务平台正式启动。

7 月 3—7 日，由工业和信息化部、人力资源和社会保障部联合主办，工信部人才交流中心承办的“互联网 + 小微企业”行动高级研修班在南京成功举办。本次研修班旨在深入推进“大众创业、万众创新”，促进中小企业创新发展，重点围绕推动实施《中国制造 2025》“互联网 + 小微企业”行动，从政策解读、产业发展现状及趋势、创新创业服务平台建设、云平台协同设计与制造、企业网络监管服务及大数据应用等方面进行研讨。

7 月 5 日，工业和信息化部编制和印发《促进中小企业发展规划（2016—2020 年）》。旨在推进供给侧结构性改革，优化发展环境，推动“大众创业、万众创新”，促进中小企业实现持续健康发展。

7 月 14 日，由工业和信息化部、深圳市人民政府共同主办的第九届 APEC 中小企业技术交流暨展览会在深圳会展中心开幕，时任工业和信息化部副部长冯飞在开幕式上致辞并宣布开幕。本届技展会以“创新推动发展、合作创造未来”为主题，设置了“两展两区”，即创新成果展、创新企业展和洽谈对接区、论坛活动区。APEC 所有 21 个经济体均派代表和企业参展参会，企业涉及物联网、智能终端、“工业 4.0”、5G 互联等领域。

7 月 15 日下午，作为 APEC 大会重要活动之一的“工业互联网 + 智能制造高峰论坛”随之拉开了帷幕，论坛由第九届 APEC 中小企业技术交流暨展览会组委会主办，中国中小企业信息网承办，山东省淄博市临淄区人民政府、河北省邯郸市永年县人民政府、福天下电子商务有限公司、深圳市同创汇网络科技有限公司、贵州茅台镇曹怀仁酒业和江西弘萱堂生物科技有限公司协办，近 200 名中小企业和新闻媒体的代表参加了会议。

7 月 20 日，第四届中国中小企业投融资交易会在北京国家会议中心拉开帷幕。投融会在国家发展和改革委员会批准指导下，由中国中小企业协会、中国银行业协会等国家级协会共同主办，目前已经成功举办了三届。投融会是目前国内唯一服务于中小企业投融资的全国性、专业性展会。

7 月 21 日，“小企业，大梦想，赢在三板”——2016 年中国新三板高峰论坛在北京隆重召开。本次活动洞察 2016 年新三板投资的趋势与动向，探索更高效的投资策略，共同推动新三板市场的健康成长。吸引了近 500 位来自政府部门、投资机构、上市公司和新三板优秀企业家的代表参会。

7 月 25 日，全国中小企业工作电视电话会议召开，会议全面总结回顾“十二五”时期促进中小企业发展取得的经验和成绩，部署落实《促进中小企业发展规划（2016—2020 年）》和下一阶段重点工作。工业和信息化部副部长冯飞出席主会场会议并作重要讲话，工业和信息化部中小企业局副局长马向晖主持会议。

7 月 27 日，工业和信息化部关于同意设立中德（蒲江）中小企业合作区的批复（工信部企业函〔2016〕310 号）发布，同意设立中德（蒲江）中小企业合作区。积极探索中德中小企业产业合作新模式、新途径、新举措，把合作区建设成为引进先进技术、管理经验和高素质人才的重要平台，促进中小企业转型升级和技术创新。

8 月

8 月 1 日，工业和信息化部联合中国银行制定并印发《促进中小企业国际化发展五年行动计划（2016—2020 年）》。贯彻落实党中央、国务院关于支持中小企业发展的决策部署，推进“一带一路”建设和供给侧结构性改革，创新和完善投融资机制，支持中小企业利用全球要素，优化资源配置，积极融入全球产业链和价值链，鼓励中小企业把国外的先进技术、优质资产、高端人才和先进管理经验引到中国，促进中小企业转型升级和技术创新。

8 月 16 日，工业和信息化部办公厅下发《关于举办 2016 年“创客中国”创新创业大赛的通知》（工信厅企业函〔2016〕539 号）。营造“大众创业、万众创新”氛围，搭建“创客中国”国家创新创业公共服务平台，激发“草根”创业创新潜力；集聚创新创业资源，促进新业态、新模式发展，提高创业创新成功率；构建产业上下游融合生态圈，推动中小企业转型升级和创新发展。

8 月 26 日，重庆市中小企业服务云平台上线投入试运行。

9 月

9 月 8 日，昆明市中小企业服务中心公布《昆明市小微企业创业创新服务券管理办法》，昆明将设立不低于 2000 万元的创业创新服务专项资金，用于扶持小微企业，每家企业最高不超过 30000 元。与以往不同的是，该项扶持不是以资金形式直接补贴小微企业，而是以电子服务券形式补助。

9 月 13 日，工信部与国家发展改革委、中国银行在京联合举办了

“中国—秘鲁产能合作暨工商企业投资洽谈会”。洽谈会按行业分设基础设施、能源矿业、农业、外贸、旅游、金融服务、科技和电子商务8个小组，企业代表围绕两国经贸互惠政策、企业合作、项目对接等探讨了合作。25家秘鲁商协会和企业与50多家中方企业参加了对接洽谈。

9月18日，《甘肃省中小企业发展基金管理办法》正式下发。

9月26日，北京市开展“专家问诊中小企业劳动关系”专项服务活动，活动启动仪式在中关村领创空间举行，近50家企业参加。

9月28日，首届国家中小企业发展基金高峰论坛暨子基金揭牌仪式在江苏南京举行。国家中小企业发展基金首只子基金运作以来，取得了良好成效。首只实体基金已完成出资项目14个，投资总额2.7亿元。

9月30日，重庆市科委会同重庆市财政局制定了《重庆市科技创新券实施管理办法（试行）》。重庆科技创新券共分为三种，分别是“科技资源共享服务创新券”“高新技术企业培育创新券”和“科技型企业挂牌成长创新券”。

9月30日，为优化投资和营商环境，吉林省政府出台了《关于进一步促进全省民营经济加快发展的实施意见》。该意见支持民间资本进入金融领域，扩大了企业贷款抵（质）押物范围，要求进一步落实科研人员“松绑”政策，鼓励高校、科研院所等事业单位科研人员离岗创业，还支持创新型科技企业加快发展。

9月30日，四川省财政厅、四川省经济和信息化委员会、中国人民银行成都分行联合印发《四川省政府采购促进中小企业发展的若干规定》，要求采购人、采购代理机构应当积极支持中小企业自由进入本地区和本行业的政府采购市场，同时强调30%以上政府采购项目预算专门面向中小企业，并引入信用担保手段为中小企业提供专业化的融资担保服务。

10 月

10 月 10 日，由工业和信息化部、工商总局和广东省人民政府共同主办的第十三届中国国际中小企业博览会在广州举办。本届中博会展览面积 10 万平方米，境外展区展位达到 1100 个，参展国家和地区达到 30 个，其中联合主办国科特迪瓦展区设 98 个展位，展览面积 1200 平方米；联合主办国印度展区设 124 个展位，展览面积超过 1800 平方米。

10 月 10 日上午，由工业和信息化部主办，工业和信息化部信息中心、广东省经济和信息化委员会承办的 2016 年“创客中国”创新创业大赛在广州拉开帷幕。工业和信息化部副部长辛国斌出席大赛并致辞。来自小微企业和创客的 20 个优秀项目亮相大赛舞台，展示创新成果。

10 月 10 日，第十三届中国国际中小企业博览会中国中小企业高峰论坛在广州举行。工业和信息化部副部长辛国斌、国家工商行政管理总局副局长王江平、广东省副省长袁宝成、科特迪瓦国家企业事务、手工业及中小企业部部长阿祖马纳·穆塔耶、印度中小微企业部部长卡尔拉吉·米什拉出席论坛并发表演讲。

10 月 10 日，第十三届中博会国际产业合作与投资对接洽谈会在广州保利世贸博览馆开幕。

10 月 11 日，工业和信息化部中小企业局在广州召开部分地区中小企业主管部门负责人座谈会，中小企业局局长马向晖主持会议，会议围绕做好促进中小企业创新转型发展工作思路和举措进行研究讨论。河北、山西、内蒙古、辽宁、黑龙江、浙江、湖南、海南、四川、贵州、甘肃、宁夏、新疆等 21 个省（区、市）中小企业主管部门负责同志及相关人员参加了座谈会。

10 月 12 日，作为第十三届中国国际中小企业博览会重要活动之一的“中小企业信息化应用推广活动暨信息化论坛”在广州隆重举行。论坛由第十三届中博会组委会指导，中国中小企业信息网主办，300余人参加论坛。

10月12—18日，2016年“全国大众创业万众创新活动周”在深圳湾创业广场举行，主题是“发展新经济，培育新动能”。12—13日，中共中央政治局常委、国务院总理李克强在广东深圳、东莞考察，并出席2016年全国“大众创业、万众创新”活动周。在深圳主会场，马克·扎克伯格、埃隆·马斯克、比尔·盖茨、任正非等创客大咖将共同探讨创新创业。

10月16日，第十三届中国国际中小企业博览会（以下简称中博会）智慧建材与家居展在广州国际采购中心开幕，工业和信息化部中小企业局副局长秦志辉出席开幕式并致辞。本次展会展览面积约3万平方米，设置612个展位，参展品牌500多个，涵盖建材、家具、设计、智能家居等各个类别。为更好地聚合行业力量，凸显集群优势，展会设置地方展团和产业联盟特色主题专区。

10月24日，第五期德国中小企业经理人来华交流班开班式在揭阳举行。工业和信息化部中小企业局局长马向晖出席开班式并致辞。

10月24日，第十三届中博会智能制造与装备展在广州国际采购中心展馆开幕。本次展会由第十三届中博会组委会主办，国机智能科技有限公司、广州工业机器人制造和应用产业联盟共同承办，展期共4天，展览面积17500平方米，设国际标准展位513个，分“各省市展区”“智能制造骨干企业展区”“智慧工厂展区”“可靠性工厂展区”四大展区，参展企业226家，参展产品涵盖智能制造与装备、服务机器人、消费电子与智能穿戴产品、设备管理与可靠性工厂四大领域。此外，展会期间还举办中国企业设备管理高峰论坛，橡塑、铸造、模具及金属加工、电子电器、包装印刷等行业与机器人产需对接会等多场配套活动。

10月26日，贵州省中小企业公共服务平台网络正式上线。该平台已聚集了贵州省 10 个市州、6 个产业共 16 个窗口平台、100 多家机构的服务资源。

10 月 28 日，河北省委办公厅、省政府办公厅联合印发《河北省科技型中小企业成长计划》。计划到 2020 年，河北省科技型中小企业数量翻一番，发展到 8 万家。

11 月

11 月 7 日，2016 年中国（郑州）产业转移系列对接活动在郑州国际会展中心开幕。本届活动的主题是“融入新战略、深化新合作、共谋新发展”，由工业和信息化部、中国工程院与河南、河北、山西、内蒙古、安徽、江西、湖北、湖南、陕西等中西部 9 省（区）政府共同主办，海内外约 5000 名客商共赴盛会。

11 月 10 日，由工业和信息化部、贵州省人民政府、国家发改委、中国银行联合主办的“2016 中国 · 贵州内陆开放型经济试验区跨境投资贸易洽谈会”在贵州省贵安新区成功举办。

11 月 22 日，由青海省经信委和财政厅联合主办的青海省中小企业发展基金成立大会在青海西宁举行。青海省中小企业发展基金是经青海省人民政府批准，由青海省经信委和财政厅共同发起设立的政府引导性中小企业投资基金，总资金规模为 12 亿元，首期资金规模为 6 亿元，基金的主要投资方向为新能源、新材料、生物医药、高端制造、节能环保等领域。基金成立后，将带动更多的资金投向青海省中小企业，为企业转型升级，创新发展提供有力的资金支持。

11 月 24 日，第九届中国国际中小企业交易会在四川省内江市开幕。为期 3 天的活动，将举办中小企业产品展示及创业创新论坛等主题活动。

11 月 24 日，中外中小企业合作区建设经验交流会在广东省揭阳市举行，工业和信息化部中小企业局副局长田川出席会议并讲话。会上，揭阳、太仓、广州、江门、芜湖、蒲江等中外中小企业合作区代表就合作区建设进展情况和经验作了交流发言，中德金属集团代表介绍了中国（德国）中小企业中心筹建情况，工业和信息化部中小企业发展促进中心介绍了中德政府合作培训项目有关情况。

11 月 25 日，以“世界互联，创新互享”为主题，2016 年中国“互联网 +”创新大会在海口隆重开幕。本次大会是 2016 海南“互联网 +”创新创业节重要活动之一。为进一步推动中国“互联网 +”的全面战略布局，加速“互联网 +”产业生态建设，并将“互联网 +”的相关产业融合、创新的成果充分展示。

11 月 25 日，全国中小企业融资和担保工作座谈会在陕西省西安市召开。工业和信息化部中小企业局副局长秦志辉出席会议并讲话。

11 月 25 日，山东省财政厅、省科技厅印发《山东省小微企业升级高新技术企业财政补助资金管理办法》，对通过省高新技术企业认定管理机构认定、符合条件的小微企业（不含期满 3 年重新认定的小微企业），给予一次性补助 10 万元，主要用于企业研究开发活动。

11 月 26 日，第二届中国中小企业创新发展大会在京隆重举行。来自全国各地的中小企业代表，应邀的著名专家学者，政府部门相关代表、各民主党派代表及中国中小商业企业协会领导欢聚一堂，共同为中小企业创新发展凝心聚力，加速远航。

11 月 30 日，为研判当前中小企业发展形势，总结和交流各地开展中小企业运行监测工作的经验和方法，部署下一步工作，全国中小企业运行监测工作座谈会在河北省石家庄市召开。工业和信息化部中小企业局局长马向晖出席会议并讲话。工业和信息化部运行监测协调局副局长黄利斌作了宏观经济和工业经济形势报告。

12 月

12 月 2 日，由温州市经信委、温州职业技术学院共同举行的温州市中小企业公共服务平台揭牌仪式在温州职业技术学院成教学院隆重举行。仪式上，为温州市 82 家高成长型工业企业首期发放了总计 410 万元的企业服务券，助力温州中小企业提升企业核心竞争力，并对龙湾区分平台、浙南产业集聚区分平台、永嘉县分平台、平阳县分平台进行授牌，形成了市县平台网络体系。

12 月 6 日，由工业和信息化部中小企业局指导，中国中小企业信息网主办，中国中小微创新创业服务联盟、北京市中小企业公共服务平台承办，中国联通集团和领投会中国投资人中心协办的 2016 年“创新中国行——寻找创新创业之星”总决赛在北京举办。

12 月 8 日，在工业和信息化部中小企业局的指导下，工业和信息化部电子科学技术情报研究所在北京举办 2016 年中小企业服务高峰论坛暨“互联网 +”中小企业平台上线活动，工业和信息化部总工程师张峰出席活动并致辞，中小企业局局长马向晖到会讲话，中小企业局副局长秦志辉、中小企业局相关同志以及各省市中小企业主管部门、园区、相关专家、服务机构、企业及 40 余家媒体代表共 300 余人参加了本次活动。

12 月 8 日，工业和信息化部中小企业局在北京召开全国中小企业政策法规服务工作座谈会。旨在加强对中小企业资金支持、基金引导和政策服务，中小企业局副局长秦志辉出席会议并讲话，部分省市围绕本地区专项资金、发展基金以及政策服务和志愿服务工作开展情况进行交流。

12 月 15—16 日，工业和信息化部中小企业局在成都召开了全国中小企业服务体系建设座谈会。会议总结了“十二五”时期中国中小企业服务体系建设取得的成果，交流各地中小企业服务体系建设的成功经验，研究部署下一步重点工作。中小企业局局长马向晖出席会议并讲话。

12 月 15 日，河北省“专精特新”中小企业对接活动在石家庄市成功举办。首批 105 家“专精特新”中小企业董事长（总经理），省工信厅有关处室负责人，省中小企业协会相关人员等近 160 人出席活动现场。

12 月 21 日，以“适应引领新常态，创新创业创未来”为主题的第十届中国中小企业节在深圳市隆重开幕。来自全国各地政府机构、商协会和服务机构以及中小企业代表等一千余人参加了会议。

12 月 28 日，山西省中小企业发展促进会召开代表大会，公布 2016 年山西省“四新”中小企业。“四新”是指新技术、新产品、新业态、新模式。

12 月 29 日，北京市中小企业出口金融服务平台——“政保贷”正式启动，并为中小出口企业发放了第一笔贷款。

12 月 29 日，江苏举办第二届科技型中小企业“创新创业 200 强”评选活动。“创新创业 200 强”评选活动是由南京银行与江苏省生产力促进中心联合主办，是双方共同支持创新创业科技型企业、搭建银政企合作平台、深化科技金融领域合作的有效举措。

附　表

2017 年中国中小企业景气指数测评数据

附表 1　　　**2001—2016 年中国省际工业中小企业景气指数**

省份	年份	先行指数	一致指数	滞后指数	工业企业景气指数（ISMECI）
江苏	2001	111.64	118.14	130.24	118.61
	2002	111.41	118.87	130.89	119.04
	2003	113.87	120.66	133.16	121.12
	2004	115.12	122.62	135.69	122.99
	2005	115.26	122.96	135.91	123.24
	2006	116.42	124.16	137.04	124.41
	2007	117.49	125.39	138.27	125.59
	2008	119.62	127.27	140.35	127.59
	2009	119.34	127.40	140.45	127.60
	2010	120.07	129.71	142.02	129.28
	2011	123.28	129.21	142.57	130.10
	2012	123.26	131.35	144.58	131.57
	2013	123.13	131.30	143.58	140.78
	2014	153.83	157.86	165.58	158.19
	2015	141.27	123.39	128.07	129.69
	2016	**141.66**	**152.06**	**161.94**	**150.92**
广东	2001	125.10	125.02	166.84	133.41
	2002	125.14	125.92	167.78	134.06
	2003	130.12	128.90	172.81	138.05

续表

省份	年份	先行指数	一致指数	滞后指数	工业企业景气指数（ISMECI）
广东	2004	130. 03	130. 40	174. 55	139. 12
	2005	130. 36	131. 18	175. 57	139. 81
	2006	132. 13	132. 51	177. 30	141. 35
	2007	133. 34	133. 75	178. 61	142. 60
	2008	135. 35	135. 19	180. 26	144. 25
	2009	135. 36	135. 46	180. 78	144. 50
	2010	136. 57	137. 64	182. 59	146. 31
	2011	138. 81	135. 46	182. 09	145. 79
	2012	139. 87	139. 09	185. 77	148. 66
	2013	140. 12	138. 88	185. 76	150. 99
	2014	150. 96	148. 63	176. 64	154. 93
	2015	139. 01	114. 35	126. 96	124. 27
	2016	**134. 08**	**136. 75**	**166. 32**	**141. 86**
浙江	2001	96. 20	110. 15	113. 86	106. 71
	2002	96. 76	111. 44	115. 14	107. 78
	2003	98. 91	113. 19	117. 07	109. 68
	2004	100. 43	115. 49	119. 50	111. 77
	2005	101. 45	116. 01	120. 11	112. 46
	2006	101. 59	117. 16	121. 17	113. 29
	2007	102. 26	118. 09	121. 89	114. 10
	2008	103. 91	118. 78	122. 69	115. 10
	2009	103. 98	119. 04	123. 06	115. 33
	2010	104. 81	121. 64	124. 20	117. 11
	2011	108. 15	120. 07	125. 59	117. 60
	2012	107. 95	122. 82	126. 99	119. 19
	2013	108. 15	122. 31	126. 75	124. 86
	2014	130. 22	137. 82	140. 64	136. 11
	2015	128. 16	110. 26	116. 38	116. 85
	2016	**131. 31**	**143. 15**	**150. 10**	**140. 99**

续表

省份	年份	先行指数	一致指数	滞后指数	工业企业景气指数（ISMECI）
山东	2001	74.07	73.89	88.94	76.95
	2002	74.82	74.46	89.71	77.62
	2003	76.74	75.87	91.89	79.34
	2004	77.71	77.00	93.13	80.44
	2005	77.92	77.93	93.91	81.13
	2006	78.52	78.54	94.65	81.76
	2007	79.64	79.25	95.37	82.59
	2008	80.29	79.97	96.33	83.34
	2009	80.67	80.47	96.87	83.81
	2010	80.74	81.12	97.27	84.23
	2011	82.10	81.37	97.24	84.76
	2012	82.97	82.81	99.27	86.15
	2013	82.39	83.06	98.15	96.53
	2014	115.99	115.67	125.18	117.67
	2015	116.88	94.47	99.24	102.15
	2016	**120.32**	**117.76**	**129.99**	**120.97**
河南	2001	65.58	47.45	65.92	56.58
	2002	65.60	47.61	65.92	56.67
	2003	66.45	47.97	66.69	57.26
	2004	67.22	48.66	67.92	58.08
	2005	66.97	49.09	68.17	58.27
	2006	67.73	49.72	68.63	58.90
	2007	68.63	50.46	69.63	59.74
	2008	70.17	51.17	70.82	60.80
	2009	69.95	51.30	71.27	60.89
	2010	70.46	52.13	72.17	61.63
	2011	71.86	52.94	73.54	62.74
	2012	72.00	53.24	73.74	62.97
	2013	71.28	53.07	72.48	65.31

续表

省份	年份	先行指数	一致指数	滞后指数	工业企业景气指数（ISMECI）
河南	2014	76. 52	65. 03	77. 35	70. 94
	2015	72. 03	52. 86	56. 50	59. 34
	2016	**70. 28**	**61. 00**	**72. 02**	**65. 99**
河北	2001	60. 09	42. 15	55. 49	50. 20
	2002	60. 19	42. 36	55. 52	50. 34
	2003	61. 75	43. 00	57. 01	51. 43
	2004	62. 38	43. 65	57. 54	52. 05
	2005	62. 47	44. 04	58. 00	52. 36
	2006	63. 11	44. 41	58. 45	52. 83
	2007	63. 64	44. 81	58. 84	53. 27
	2008	64. 68	45. 35	59. 60	54. 00
	2009	64. 29	45. 64	60. 09	54. 13
	2010	64. 66	46. 58	60. 67	54. 82
	2011	65. 85	46. 84	61. 67	55. 51
	2012	66. 29	47. 30	62. 03	55. 94
	2013	65. 92	46. 97	60. 99	55. 26
	2014	62. 39	50. 70	59. 49	55. 96
	2015	58. 92	38. 98	43. 43	45. 85
	2016	**60. 26**	**50. 17**	**57. 95**	**54. 75**
福建	2001	37. 42	31. 02	42. 01	35. 14
	2002	37. 52	31. 28	42. 30	35. 36
	2003	38. 99	32. 14	43. 68	36. 50
	2004	38. 97	32. 45	44. 04	36. 72
	2005	39. 18	32. 64	44. 28	36. 93
	2006	39. 63	32. 97	44. 69	37. 31
	2007	39. 94	33. 31	45. 09	37. 65
	2008	40. 49	33. 50	45. 39	37. 97
	2009	40. 43	33. 65	45. 57	38. 07
	2010	40. 70	34. 23	46. 00	38. 52

续表

省份	年份	先行指数	一致指数	滞后指数	工业企业景气指数（ISMECI）
福建	2011	41.44	34.28	46.53	38.88
	2012	41.75	34.79	47.05	39.33
	2013	41.53	34.72	46.86	42.94
	2014	51.27	46.89	54.27	49.68
	2015	49.77	40.46	43.06	43.77
	2016	**49.34**	**46.80**	**54.44**	**49.09**
湖北	2001	43.97	31.05	42.13	37.14
	2002	43.90	31.17	42.17	37.19
	2003	44.67	31.65	43.22	37.87
	2004	45.23	31.80	43.55	38.18
	2005	44.91	31.93	43.46	38.13
	2006	45.04	32.18	43.61	38.32
	2007	45.41	32.62	44.08	38.75
	2008	46.34	33.30	45.12	39.57
	2009	46.14	33.44	45.18	39.60
	2010	46.39	34.29	45.64	40.19
	2011	46.91	34.10	45.45	40.22
	2012	47.09	34.51	46.15	40.61
	2013	47.08	34.32	45.64	41.83
	2014	52.32	47.43	51.45	49.70
	2015	48.83	37.45	39.74	41.32
	2016	**50.24**	**45.32**	**51.90**	**48.11**
辽宁	2001	71.20	30.50	50.79	46.77
	2002	70.95	30.63	50.87	46.77
	2003	72.64	31.23	52.27	47.86
	2004	73.69	31.63	52.71	48.47
	2005	72.84	31.74	52.75	48.28
	2006	73.35	32.09	53.31	48.71
	2007	73.84	32.45	53.84	49.15

续表

省份	年份	先行指数	一致指数	滞后指数	工业企业景气指数（ISMECI）
辽宁	2008	75. 03	32. 90	54. 88	49. 93
	2009	75. 05	33. 12	55. 17	50. 11
	2010	75. 16	33. 62	55. 70	50. 50
	2011	76. 64	33. 72	56. 01	51. 05
	2012	76. 67	34. 17	56. 73	51. 43
	2013	76. 88	34. 24	56. 30	54. 82
	2014	74. 83	48. 83	62. 25	59. 32
	2015	64. 00	37. 89	45. 31	47. 21
	2016	**59. 09**	**38. 41**	**50. 68**	**47. 07**
安徽	2001	27. 62	18. 01	27. 94	22. 88
	2002	27. 52	18. 05	27. 93	22. 86
	2003	28. 29	18. 40	28. 49	23. 38
	2004	28. 32	18. 54	28. 61	23. 49
	2005	28. 41	18. 65	28. 80	23. 61
	2006	28. 69	18. 86	29. 07	23. 85
	2007	28. 90	19. 02	29. 38	24. 05
	2008	29. 53	19. 33	29. 89	24. 50
	2009	29. 65	19. 47	30. 19	24. 67
	2010	29. 91	19. 91	30. 67	25. 06
	2011	30. 70	20. 20	31. 31	25. 57
	2012	30. 61	20. 24	31. 26	25. 55
	2013	30. 44	20. 10	31. 00	30. 53
	2014	44. 96	38. 67	45. 28	41. 88
	2015	43. 92	36. 22	38. 23	38. 93
	2016	**48. 19**	**43. 86**	**49. 74**	**46. 33**
上海	2001	47. 89	53. 09	56. 79	52. 27
	2002	47. 64	53. 20	56. 69	52. 23
	2003	49. 40	54. 95	58. 87	54. 07
	2004	49. 89	55. 89	59. 77	54. 87

续表

省份	年份	先行指数	一致指数	滞后指数	工业企业景气指数（ISMECI）
上海	2005	50.10	55.85	59.84	54.92
	2006	50.45	56.22	60.19	55.28
	2007	50.90	56.61	60.51	55.68
	2008	51.02	57.03	60.88	56.00
	2009	51.03	57.08	60.94	56.04
	2010	51.13	57.77	61.12	56.45
	2011	52.88	56.05	60.81	56.05
	2012	52.77	58.11	62.23	57.33
	2013	53.29	57.70	62.12	55.43
	2014	47.48	49.86	52.38	49.65
	2015	39.58	32.94	35.42	35.43
	2016	**38.77**	**42.70**	**45.32**	**42.05**
四川	2001	42.70	23.34	38.22	32.12
	2002	42.74	23.48	38.30	32.22
	2003	44.08	23.91	39.41	33.06
	2004	44.70	24.19	39.73	33.45
	2005	44.60	24.33	39.87	33.52
	2006	44.83	24.55	40.16	33.76
	2007	45.14	24.84	40.62	34.09
	2008	46.00	25.19	41.24	34.64
	2009	46.17	25.35	41.50	34.83
	2010	46.81	25.63	42.04	35.27
	2011	46.13	25.83	41.67	35.09
	2012	47.23	26.12	42.56	35.74
	2013	46.93	26.21	42.15	38.28
	2014	49.29	36.66	46.25	42.37
	2015	46.14	30.78	35.27	36.29
	2016	**46.14**	**35.85**	**44.39**	**40.64**

续表

省份	年份	先行指数	一致指数	滞后指数	工业企业景气指数（ISMECI）
湖南	2001	31.82	19.78	30.86	25.61
	2002	31.78	19.93	31.05	25.71
	2003	32.88	20.26	31.83	26.36
	2004	33.15	20.50	31.97	26.59
	2005	33.11	20.66	32.21	26.70
	2006	33.52	20.81	32.39	26.94
	2007	33.52	21.02	32.64	27.10
	2008	34.10	21.31	33.13	27.51
	2009	34.32	21.43	33.44	27.70
	2010	34.65	21.86	33.98	28.12
	2011	35.14	22.27	34.71	28.62
	2012	35.35	22.29	34.67	28.68
	2013	35.04	22.24	34.42	32.26
	2014	43.45	35.63	43.04	39.46
	2015	40.48	31.64	33.65	34.69
	2016	**40.06**	**34.96**	**41.93**	**37.89**
江西	2001	21.68	11.80	19.37	16.28
	2002	21.60	11.85	19.40	16.28
	2003	22.29	12.04	19.80	16.67
	2004	22.38	12.20	19.99	16.81
	2005	22.33	12.29	20.14	16.87
	2006	22.47	12.41	20.31	17.01
	2007	22.78	12.56	20.55	17.22
	2008	23.14	12.74	20.96	17.51
	2009	23.19	12.78	20.97	17.54
	2010	23.44	12.98	21.21	17.77
	2011	23.84	13.16	21.56	18.04
	2012	23.90	13.25	21.70	18.13
	2013	23.60	13.19	21.39	19.77

续表

省份	年份	先行指数	一致指数	滞后指数	工业企业景气指数（ISMECI）
江西	2014	27.55	21.12	26.15	24.05
	2015	26.58	19.72	20.81	21.99
	2016	**27.02**	**21.91**	**26.61**	**24.38**
天津	2001	23.21	26.24	28.96	25.88
	2002	23.54	26.28	29.00	26.00
	2003	24.09	26.94	29.96	26.69
	2004	24.31	27.37	30.43	27.06
	2005	24.48	27.55	30.46	27.21
	2006	24.53	27.72	30.44	27.31
	2007	24.66	27.89	30.71	27.48
	2008	24.94	28.28	31.11	27.85
	2009	24.81	28.35	31.26	27.87
	2010	24.76	28.63	31.41	28.03
	2011	25.34	28.23	31.36	27.99
	2012	25.47	29.00	31.95	28.53
	2013	25.55	28.92	31.63	27.76
	2014	24.05	25.88	27.68	25.69
	2015	24.45	17.94	19.04	20.11
	2016	**24.42**	**22.97**	**25.43**	**23.90**
北京	2001	28.95	23.06	25.16	25.25
	2002	29.14	23.28	25.44	25.47
	2003	29.80	23.77	26.01	26.03
	2004	30.64	24.32	26.80	26.71
	2005	30.69	24.37	26.88	26.77
	2006	30.75	24.54	26.94	26.88
	2007	30.91	24.73	27.06	27.05
	2008	31.25	24.81	27.14	27.21
	2009	31.27	24.90	27.17	27.26
	2010	31.39	25.21	27.38	27.50

续表

省份	年份	先行指数	一致指数	滞后指数	工业企业景气指数（ISMECI）
北京	2011	30.04	24.18	26.11	26.32
	2012	31.55	25.27	27.47	27.59
	2013	31.23	24.99	26.96	25.78
	2014	24.26	20.45	21.54	21.81
	2015	25.35	14.32	17.57	18.28
	2016	**25.03**	**19.42**	**22.11**	**21.64**
山西	2001	33.18	17.05	32.63	25.00
	2002	33.33	17.21	32.93	25.19
	2003	34.34	17.48	33.67	25.78
	2004	34.52	17.77	34.11	26.06
	2005	34.47	17.81	34.18	26.08
	2006	34.62	17.92	34.47	26.24
	2007	34.92	18.06	34.77	26.46
	2008	35.39	18.17	34.84	26.67
	2009	35.46	18.06	34.98	26.67
	2010	35.78	18.46	35.30	27.03
	2011	36.16	18.47	35.17	27.12
	2012	36.39	18.68	35.81	27.42
	2013	36.09	18.54	35.18	25.68
	2014	27.79	17.12	27.17	22.33
	2015	26.43	12.86	18.17	17.99
	2016	**25.84**	**15.85**	**26.07**	**20.89**
陕西	2001	30.89	12.98	24.01	20.56
	2002	30.80	13.03	24.01	20.56
	2003	31.73	13.26	24.75	21.10
	2004	31.76	13.40	24.84	21.20
	2005	31.77	13.46	24.91	21.24
	2006	31.85	13.52	24.98	21.31
	2007	32.01	13.62	25.10	21.43

续表

省份	年份	先行指数	一致指数	滞后指数	工业企业景气指数（ISMECI）
陕西	2008	32.64	13.86	25.54	21.83
	2009	33.15	14.02	25.92	22.14
	2010	33.22	14.33	26.34	22.40
	2011	34.05	14.42	26.46	22.72
	2012	33.91	14.49	26.62	22.74
	2013	33.91	14.44	26.27	22.06
	2014	28.01	16.16	23.39	21.16
	2015	25.91	13.00	16.98	17.67
	2016	**26.45**	**16.00**	**22.27**	**20.39**
吉林	2001	22.45	13.06	21.45	17.56
	2002	22.52	13.09	21.49	17.60
	2003	23.07	13.28	22.05	17.97
	2004	23.31	13.44	22.17	18.15
	2005	23.08	13.48	22.10	18.08
	2006	23.19	13.58	22.29	18.20
	2007	23.37	13.75	22.45	18.38
	2008	23.70	13.98	22.79	18.66
	2009	23.74	14.09	22.98	18.76
	2010	23.84	14.29	23.20	18.93
	2011	24.36	14.53	23.68	19.31
	2012	24.31	14.56	23.64	19.30
	2013	24.13	14.52	23.46	19.71
	2014	23.32	17.39	22.84	20.26
	2015	22.49	13.59	16.83	16.91
	2016	**23.56**	**17.06**	**22.45**	**20.09**
广西	2001	35.15	13.82	22.89	22.03
	2002	34.94	13.78	22.80	21.93
	2003	35.79	14.08	23.39	22.46
	2004	35.99	14.27	23.60	22.65

续表

省份	年份	先行指数	一致指数	滞后指数	工业企业景气指数（ISMECI）
广西	2005	35. 85	14. 29	23. 58	22. 61
	2006	36. 10	14. 41	23. 71	22. 78
	2007	36. 53	14. 58	24. 02	23. 05
	2008	36. 75	14. 69	24. 24	23. 22
	2009	37. 03	14. 77	24. 36	23. 37
	2010	37. 34	15. 19	24. 77	23. 75
	2011	37. 65	15. 32	25. 10	23. 98
	2012	37. 81	15. 37	25. 15	24. 05
	2013	37. 83	15. 29	24. 91	23. 80
	2014	31. 59	17. 92	23. 75	23. 19
	2015	25. 79	13. 75	16. 33	17. 88
	2016	**24. 84**	**14. 82**	**19. 96**	**18. 85**
重庆	2001	18. 78	10. 58	17. 06	14. 33
	2002	18. 82	10. 64	17. 11	14. 39
	2003	19. 37	10. 83	17. 49	14. 73
	2004	19. 42	10. 90	17. 59	14. 80
	2005	19. 40	10. 97	17. 69	14. 85
	2006	19. 52	11. 05	17. 81	14. 94
	2007	19. 85	11. 21	18. 04	15. 17
	2008	20. 26	11. 38	18. 37	15. 44
	2009	20. 29	11. 45	18. 47	15. 51
	2010	20. 55	11. 70	18. 75	15. 76
	2011	20. 97	11. 65	18. 75	15. 87
	2012	20. 99	11. 82	19. 00	16. 00
	2013	20. 91	11. 79	18. 85	17. 00
	2014	21. 51	15. 96	20. 22	18. 48
	2015	20. 89	13. 91	15. 88	16. 40
	2016	**21. 14**	**16. 46**	**20. 42**	**18. 65**

续表

省份	年份	先行指数	一致指数	滞后指数	工业企业景气指数（ISMECI）
云南	2001	31.75	11.88	21.13	19.69
	2002	31.66	11.86	21.06	19.64
	2003	32.94	12.16	21.63	20.29
	2004	33.03	12.33	21.73	20.42
	2005	33.29	12.39	21.83	20.55
	2006	33.48	12.52	22.04	20.71
	2007	33.72	12.61	22.24	20.87
	2008	34.12	12.75	22.49	21.11
	2009	34.11	12.79	22.68	21.16
	2010	34.64	12.99	22.93	21.47
	2011	34.46	12.68	22.65	21.21
	2012	35.10	13.08	23.14	21.70
	2013	34.22	12.98	22.78	20.32
	2014	26.41	13.37	19.34	18.48
	2015	24.10	10.22	13.90	15.12
	2016	**24.28**	**12.35**	**17.56**	**16.97**
黑龙江	2001	21.27	11.79	19.88	16.25
	2002	21.29	11.85	19.91	16.30
	2003	21.94	12.00	20.40	16.66
	2004	22.07	12.22	20.65	16.86
	2005	21.79	12.16	20.44	16.70
	2006	21.83	12.21	20.49	16.75
	2007	21.99	12.32	20.62	16.88
	2008	22.23	12.54	20.91	17.12
	2009	22.20	12.55	20.89	17.11
	2010	22.46	12.88	21.20	17.42
	2011	22.86	12.73	21.34	17.49
	2012	22.75	12.91	21.41	17.56
	2013	22.72	12.89	21.32	17.43

续表

省份	年份	先行指数	一致指数	滞后指数	工业企业景气指数（ISMECI）
黑龙江	2014	18.80	14.76	19.73	16.97
	2015	18.94	11.46	13.72	14.15
	2016	**18.87**	**13.66**	**18.21**	**16.13**
内蒙古	2001	22.87	8.69	15.65	14.34
	2002	22.91	8.75	15.69	14.39
	2003	23.34	8.88	16.02	14.65
	2004	23.62	9.01	16.23	14.83
	2005	23.96	9.11	16.44	15.03
	2006	24.16	9.21	16.58	15.17
	2007	24.43	9.31	16.74	15.33
	2008	24.82	9.40	16.97	15.54
	2009	24.80	9.44	16.99	15.56
	2010	24.98	9.58	17.23	15.73
	2011	25.46	9.69	17.35	15.95
	2012	25.68	9.79	17.59	16.12
	2013	25.63	9.82	17.45	16.38
	2014	22.36	12.83	17.38	16.60
	2015	20.86	10.36	13.19	14.07
	2016	**20.83**	**12.53**	**16.53**	**15.82**
贵州	2001	17.33	8.08	13.12	11.86
	2002	17.38	8.15	13.17	11.93
	2003	17.74	8.31	13.51	12.18
	2004	17.85	8.43	13.61	12.29
	2005	17.79	8.43	13.62	12.28
	2006	17.82	8.48	13.70	12.32
	2007	17.99	8.53	13.78	12.42
	2008	18.37	8.64	14.02	12.63
	2009	18.48	8.67	14.07	12.69
	2010	18.50	8.83	14.28	12.82

续表

省份	年份	先行指数	一致指数	滞后指数	工业企业景气指数（ISMECI）
贵州	2011	18.96	8.91	14.28	13.00
	2012	18.90	8.96	14.45	13.04
	2013	18.79	8.90	14.22	12.79
	2014	17.17	11.12	14.39	13.59
	2015	17.27	9.86	11.04	12.32
	2016	**18.39**	**12.19**	**15.31**	**14.67**
新疆	2001	23.67	8.04	14.65	14.05
	2002	23.87	8.06	14.72	14.14
	2003	24.23	8.10	14.92	14.30
	2004	24.21	8.20	14.97	14.36
	2005	24.28	8.27	15.02	14.42
	2006	24.47	8.36	15.12	14.54
	2007	24.99	8.47	15.35	14.80
	2008	25.21	8.56	15.55	14.95
	2009	25.28	8.60	15.67	15.02
	2010	25.85	8.90	16.09	15.42
	2011	26.15	8.86	16.05	15.49
	2012	26.17	8.94	16.17	15.56
	2013	25.84	8.85	15.83	14.40
	2014	19.04	8.72	13.05	12.68
	2015	20.27	6.91	10.69	11.67
	2016	**20.83**	**8.89**	**13.37**	**13.37**
甘肃	2001	16.96	11.18	16.19	13.92
	2002	17.00	11.23	16.17	13.95
	2003	17.17	11.30	16.32	14.07
	2004	17.42	11.39	16.49	14.22
	2005	17.34	11.46	16.36	14.21
	2006	17.35	11.48	16.43	14.23
	2007	17.49	11.62	16.49	14.35

续表

省份	年份	先行指数	一致指数	滞后指数	工业企业景气指数（ISMECI）
甘肃	2008	17.66	11.72	16.64	14.49
	2009	17.70	11.78	16.75	14.55
	2010	17.86	11.90	16.88	14.69
	2011	18.33	11.70	16.93	14.73
	2012	18.16	11.93	16.97	14.81
	2013	18.11	11.98	16.97	13.82
	2014	14.06	10.27	13.37	12.03
	2015	14.06	7.96	8.53	9.91
	2016	**14.27**	**9.69**	**12.36**	**11.60**
宁夏	2001	6.05	2.36	4.89	3.97
	2002	5.97	2.32	4.79	3.91
	2003	6.12	2.37	4.93	4.01
	2004	6.20	2.42	4.99	4.07
	2005	6.23	2.43	5.02	4.09
	2006	6.22	2.44	5.02	4.09
	2007	6.26	2.45	5.05	4.11
	2008	6.34	2.47	5.07	4.15
	2009	6.36	2.48	5.11	4.17
	2010	6.42	2.51	5.16	4.21
	2011	6.40	2.48	5.12	4.18
	2012	6.48	2.53	5.20	4.25
	2013	6.48	2.52	5.18	4.13
	2014	5.44	3.06	4.66	4.09
	2015	3.93	2.37	2.77	2.92
	2016	**4.12**	**2.78**	**3.57**	**3.34**
海南	2001	8.22	3.19	4.85	5.03
	2002	8.21	3.22	4.85	5.04
	2003	8.35	3.27	4.97	5.13
	2004	8.41	3.29	4.99	5.17

续表

省份	年份	先行指数	一致指数	滞后指数	工业企业景气指数（ISMECI）
海南	2005	8.51	3.32	5.09	5.23
	2006	8.51	3.34	5.11	5.25
	2007	8.64	3.37	5.13	5.30
	2008	8.57	3.38	5.13	5.29
	2009	8.58	3.40	5.15	5.31
	2010	8.77	3.45	5.21	5.40
	2011	8.46	3.47	5.17	5.31
	2012	8.72	3.50	5.27	5.42
	2013	8.87	3.52	5.26	4.93
	2014	5.74	2.58	3.62	3.74
	2015	4.95	1.63	2.55	2.81
	2016	**4.88**	**2.29**	**3.18**	**3.24**
青海	2001	3.20	1.65	3.32	2.45
	2002	3.22	1.66	3.34	2.46
	2003	3.27	1.68	3.38	2.49
	2004	3.29	1.70	3.42	2.52
	2005	3.24	1.68	3.37	2.48
	2006	3.26	1.69	3.39	2.50
	2007	3.29	1.72	3.43	2.53
	2008	3.33	1.74	3.47	2.56
	2009	3.35	1.74	3.48	2.57
	2010	3.37	1.77	3.54	2.61
	2011	3.42	1.78	3.56	2.63
	2012	3.41	1.79	3.56	2.63
	2013	3.40	1.78	3.54	2.47
	2014	2.77	1.77	2.84	2.29
	2015	2.93	1.49	2.10	2.05
	2016	**2.90**	**1.76**	**2.74**	**2.30**

续表

省份	年份	先行指数	一致指数	滞后指数	工业企业景气指数（ISMECI）
西藏	2001	3. 18	1. 23	1. 82	1. 93
	2002	3. 20	1. 23	1. 82	1. 94
	2003	3. 19	1. 24	1. 82	1. 94
	2004	3. 21	1. 24	1. 82	1. 95
	2005	3. 23	1. 25	1. 83	1. 96
	2006	3. 24	1. 26	1. 83	1. 97
	2007	3. 22	1. 25	1. 79	1. 95
	2008	3. 26	1. 26	1. 82	1. 97
	2009	3. 29	1. 27	1. 82	1. 98
	2010	3. 35	1. 30	1. 85	2. 03
	2011	3. 39	1. 31	1. 84	2. 04
	2012	3. 36	1. 31	1. 83	2. 03
	2013	3. 31	0. 78	1. 84	1. 55
	2014	2. 15	0. 90	1. 24	1. 34
	2015	2. 12	0. 66	0. 92	1. 15
	2016	**1. 97**	**0. 62**	**0. 97**	**1. 09**

附表 2　2001—2016 年中国区域工业中小企业景气指数

地区	年份	先行指数	一致指数	滞后指数	工业企业景气指数（ISMECI）
华东	2001	148. 35	178. 69	165. 94	167. 04
	2002	148. 60	180. 00	167. 01	167. 99
	2003	153. 62	183. 49	170. 92	172. 02
	2004	155. 14	186. 50	173. 74	174. 54
	2005	155. 70	187. 52	174. 54	175. 38
	2006	156. 83	189. 25	176. 02	176. 88
	2007	158. 46	191. 01	177. 45	178. 53
	2008	160. 82	193. 12	179. 41	180. 69

续表

地区	年份	先行指数	一致指数	滞后指数	工业企业景气指数（ISMECI）
华东	2009	160.88	193.78	179.95	181.14
	2010	161.71	195.32	181.15	182.40
	2011	164.39	198.00	183.88	185.09
	2012	165.96	200.00	185.69	186.92
	2013	188.66	134.36	128.00	166.30
	2014	119.80	119.32	125.14	120.63
	2015	133.71	114.45	120.06	121.35
	2016	**135.68**	**138.31**	**149.38**	**139.73**
华南	2001	58.52	60.44	67.89	61.36
	2002	58.39	60.83	68.21	61.57
	2003	60.64	62.27	70.25	63.38
	2004	60.71	63.02	71.00	63.92
	2005	60.79	63.37	71.38	64.20
	2006	61.57	64.00	72.06	64.88
	2007	62.22	64.64	72.67	65.52
	2008	62.98	65.32	73.34	66.22
	2009	63.13	65.50	73.57	66.40
	2010	63.82	66.08	74.18	67.02
	2011	64.54	66.92	75.17	67.86
	2012	65.13	67.62	75.95	68.54
	2013	69.17	95.56	127.43	82.91
	2014	58.80	56.08	70.75	59.83
	2015	37.67	29.02	32.62	32.34
	2016	**34.89**	**32.81**	**40.68**	**35.01**
华中	2001	48.15	41.04	47.24	44.41
	2002	48.11	41.23	47.32	44.51
	2003	48.99	41.74	48.33	45.23
	2004	49.65	42.22	48.90	45.79
	2005	49.39	42.55	49.03	45.90

续表

地区	年份	先行指数	一致指数	滞后指数	工业企业景气指数（ISMECI）
华中	2006	49.75	43.00	49.30	46.28
	2007	50.23	43.59	49.90	46.85
	2008	51.36	44.30	50.90	47.74
	2009	51.16	44.47	51.19	47.82
	2010	51.54	44.91	51.70	48.26
	2011	52.21	45.53	52.41	48.91
	2012	52.49	45.90	52.76	49.25
	2013	49.70	69.35	120.44	62.67
	2014	48.76	39.39	48.61	44.05
	2015	41.44	32.51	34.28	35.54
	2016	**34.93**	**30.54**	**36.09**	**32.97**
华北	2001	56.55	49.61	54.86	52.74
	2002	56.82	49.92	55.11	53.03
	2003	58.23	50.83	56.61	54.21
	2004	59.56	51.84	57.77	55.34
	2005	59.80	52.16	58.06	55.63
	2006	60.12	52.59	58.34	56.00
	2007	60.54	53.05	58.74	56.43
	2008	61.20	53.60	59.23	57.01
	2009	61.12	53.75	59.44	57.10
	2010	61.46	54.22	59.91	57.53
	2011	62.41	54.85	60.65	58.28
	2012	63.10	55.49	61.35	58.94
	2013	59.48	71.97	125.70	69.85
	2014	30.07	24.47	28.40	26.94
	2015	33.37	19.62	23.52	24.52
	2016	**32.43**	**24.72**	**30.73**	**28.23**
西南	2001	38.08	22.68	31.73	29.11
	2002	38.13	22.78	31.77	29.18
	2003	39.37	23.25	32.67	29.97
	2004	39.76	23.53	32.91	30.28
	2005	39.72	23.66	33.04	30.35

续表

地区	年份	先行指数	一致指数	滞后指数	工业企业景气指数（ISMECI）
西南	2006	39.91	23.87	33.30	30.57
	2007	40.22	24.14	33.68	30.87
	2008	41.08	24.49	34.23	31.41
	2009	41.27	24.63	34.46	31.59
	2010	41.73	24.81	34.81	31.89
	2011	40.94	24.53	34.31	31.41
	2012	42.07	25.16	35.20	32.24
	2013	32.51	62.34	125.74	50.78
	2014	26.59	17.83	22.76	21.44
	2015	22.55	12.50	15.13	16.04
	2016	**22.26**	**14.49**	**19.26**	**17.77**
东北	2001	37.77	22.94	32.07	29.22
	2002	37.74	23.03	32.11	29.26
	2003	38.76	23.44	33.00	29.95
	2004	39.24	23.79	33.30	30.32
	2005	38.75	23.82	33.20	30.18
	2006	38.96	24.05	33.48	30.41
	2007	39.25	24.33	33.77	30.69
	2008	39.85	24.70	34.37	31.18
	2009	39.85	24.86	34.54	31.29
	2010	40.04	25.07	34.81	31.51
	2011	40.55	25.41	35.29	31.92
	2012	40.69	25.61	35.50	32.11
	2013	32.37	61.88	134.96	51.48
	2014	33.60	20.94	28.90	26.33
	2015	21.18	11.71	14.60	15.12
	2016	**19.36**	**12.11**	**17.07**	**15.28**
西北	2001	26.92	14.76	22.15	19.88
	2002	26.95	14.80	22.11	19.91

续表

地区	年份	先行指数	一致指数	滞后指数	工业企业景气指数（ISMECI）
西北	2003	27.63	15.00	22.65	20.32
	2004	27.81	15.16	22.86	20.50
	2005	27.75	15.22	22.81	20.50
	2006	27.79	15.33	22.91	20.58
	2007	28.12	15.50	23.09	20.80
	2008	28.59	15.76	23.42	21.14
	2009	28.89	15.90	23.69	21.36
	2010	29.13	16.11	24.00	21.59
	2011	29.69	16.36	24.40	21.96
	2012	29.66	16.39	24.37	21.97
	2013	22.17	54.47	199.63	49.60
	2014	10.72	4.77	8.30	7.26
	2015	16.51	8.65	10.75	11.43
	2016	**11.25**	**4.61**	**8.00**	**7.28**

附表 3　2010—2017 年中国省际上市中小企业景气指数

省份	年份	先行指数	一致指数	滞后指数	上市企业景气指数（SCNBCI）
广东	2010	158.76	146.20	164.89	137.83
	2011	157.54	146.00	164.29	137.36
	2012	157.31	145.28	164.62	137.02
	2013	157.09	145.25	164.48	136.94
	2014	145.32	131.58	141.62	137.71
	2015	145.00	130.64	134.35	151.78
	2016	153.13	132.48	136.22	139.42
	2017	**122.60**	**105.98**	**111.62**	**112.09**
浙江	2010	132.18	122.99	138.79	115.69
	2011	131.97	122.92	138.59	115.57

续表

省份	年份	先行指数	一致指数	滞后指数	上市企业景气指数（SCNBCI）
浙江	2012	131.31	122.13	138.83	115.09
	2013	131.61	122.24	139.07	115.26
	2014	112.84	102.26	103.19	105.62
	2015	114.03	102.67	104.27	118.78
	2016	124.63	109.97	111.99	114.77
	2017	**107.78**	**98.62**	**101.46**	**101.93**
北京	2010	98.95	97.76	115.88	91.85
	2011	98.72	97.77	115.52	91.74
	2012	98.57	97.39	116.16	91.64
	2013	98.47	97.36	115.76	91.52
	2014	100.18	89.40	101.38	95.03
	2015	102.96	90.43	95.84	106.25
	2016	123.04	107.97	111.98	113.29
	2017	**106.93**	**96.91**	**103.40**	**101.22**
江苏	2010	112.25	106.06	124.31	100.34
	2011	111.29	105.83	123.20	99.81
	2012	112.24	105.29	124.75	100.04
	2013	111.98	105.28	124.32	99.90
	2014	94.02	84.36	88.07	88.00
	2015	95.29	85.08	89.24	99.16
	2016	93.28	80.78	84.17	85.21
	2017	**96.01**	**90.24**	**95.93**	**93.11**
上海	2010	78.20	77.51	97.46	73.89
	2011	78.08	77.44	97.18	73.77
	2012	77.96	76.43	96.97	73.20
	2013	78.06	76.44	97.04	73.24
	2014	72.14	69.99	71.24	70.88
	2015	74.50	71.44	73.89	80.99
	2016	87.23	76.68	79.96	80.50

续表

省份	年份	先行指数	一致指数	滞后指数	上市企业景气指数（SCNBCI）
上海	**2017**	**95.28**	**89.99**	**95.47**	**92.68**
河南	2010	89.35	80.40	95.54	77.18
	2011	89.38	80.38	95.59	77.18
	2012	88.87	79.29	95.75	76.57
	2013	88.78	79.32	95.53	76.52
	2014	87.85	63.46	74.76	73.04
	2015	90.69	65.45	73.02	82.90
	2016	84.56	64.48	64.84	70.58
	2017	**102.49**	**87.73**	**90.08**	**92.63**
辽宁	2010	89.47	71.73	92.18	72.19
	2011	88.42	71.63	92.02	71.90
	2012	88.37	70.89	91.98	71.52
	2013	88.12	70.79	91.89	71.40
	2014	74.26	63.74	64.97	67.15
	2015	77.15	65.28	66.56	76.77
	2016	81.41	63.49	64.69	69.10
	2017	**98.55**	**88.11**	**90.72**	**91.76**
湖南	2010	88.64	74.65	93.19	73.69
	2011	88.00	74.58	92.35	73.36
	2012	88.53	73.74	92.89	73.15
	2013	88.22	73.73	92.36	72.98
	2014	78.52	59.79	70.51	67.56
	2015	80.70	61.94	68.74	76.58
	2016	84.57	66.92	71.55	73.14
	2017	**98.79**	**85.81**	**92.03**	**90.95**
四川	2010	86.57	78.58	98.13	76.23
	2011	86.06	78.56	98.26	76.14
	2012	85.42	77.98	98.22	75.72
	2013	85.51	78.02	98.20	75.75

续表

省份	年份	先行指数	一致指数	滞后指数	上市企业景气指数（SCNBCI）
四川	2014	74.63	63.36	68.97	67.86
	2015	77.26	65.84	71.71	78.28
	2016	85.24	67.08	69.33	72.98
	2017	**98.30**	**84.26**	**90.45**	**89.71**
山东	2010	87.89	87.90	103.99	82.33
	2011	87.51	87.74	103.74	82.12
	2012	87.98	87.19	104.08	82.01
	2013	88.09	87.15	104.02	82.00
	2014	79.74	77.47	78.83	78.43
	2015	82.07	78.81	81.08	89.33
	2016	85.89	74.38	76.98	78.35
	2017	**91.43**	**87.42**	**91.07**	**89.35**
安徽	2010	70.45	76.47	96.15	71.56
	2011	70.23	76.53	95.84	71.48
	2012	70.14	75.69	96.11	71.09
	2013	70.19	75.78	96.10	71.15
	2014	68.57	61.00	71.10	65.29
	2015	71.11	62.83	65.81	73.18
	2016	79.57	65.79	67.79	70.33
	2017	**94.04**	**85.63**	**89.37**	**88.90**
陕西	2010	80.43	66.67	90.52	67.53
	2011	80.15	66.62	90.44	67.43
	2012	80.03	65.40	89.90	66.69
	2013	80.39	65.56	90.02	66.86
	2014	36.97	54.93	57.04	49.96
	2015	39.77	57.00	59.43	57.87
	2016	70.05	60.00	65.03	64.02
	2017	**87.55**	**86.92**	**94.18**	**88.56**

续表

省份	年份	先行指数	一致指数	滞后指数	上市企业景气指数（SCNBCI）
天津	2010	73.95	65.77	89.14	65.50
	2011	73.52	65.65	88.30	65.19
	2012	73.76	65.12	88.96	65.10
	2013	74.33	65.25	88.45	65.18
	2014	53.16	50.81	61.47	53.65
	2015	55.51	52.15	63.78	61.44
	2016	74.98	60.29	62.07	65.05
	2017	**93.86**	**84.72**	**88.15**	**88.15**
新疆	2010	70.00	66.09	95.98	66.24
	2011	68.96	65.96	95.56	65.88
	2012	68.48	65.45	95.08	65.44
	2013	67.82	65.34	94.91	65.22
	2014	73.13	59.37	64.22	64.47
	2015	74.85	59.88	65.19	72.65
	2016	67.74	58.15	64.39	62.27
	2017	**89.28**	**83.09**	**95.44**	**87.42**
重庆	2010	84.18	68.97	91.67	69.66
	2011	83.60	68.94	91.59	69.51
	2012	84.33	68.53	91.75	69.48
	2013	84.69	68.70	92.24	69.74
	2014	68.19	53.75	40.89	55.51
	2015	70.91	55.93	43.77	64.26
	2016	78.37	55.48	57.74	62.80
	2017	**98.85**	**81.53**	**84.00**	**87.22**
福建	2010	82.21	71.01	87.43	69.44
	2011	81.96	70.93	86.90	69.24
	2012	81.65	70.33	87.25	68.94
	2013	81.72	70.32	87.00	68.91
	2014	70.99	61.41	67.86	65.57

续表

省份	年份	先行指数	一致指数	滞后指数	上市企业景气指数（SCNBCI）
福建	2015	73. 49	63. 31	66. 61	74. 44
	2016	78. 47	59. 80	62. 86	66. 01
	2017	**93. 42**	**79. 02**	**84. 19**	**84. 38**
湖北	2010	73. 57	61. 60	76. 58	60. 83
	2011	73. 02	61. 51	76. 63	60. 69
	2012	72. 54	61. 05	76. 70	60. 37
	2013	72. 32	60. 92	76. 83	60. 29
	2014	73. 00	58. 77	69. 07	65. 10
	2015	75. 91	60. 70	55. 81	71. 35
	2016	75. 93	57. 67	56. 23	62. 86
	2017	**93. 39**	**81. 08**	**77. 44**	**84. 05**
甘肃	2010	93. 73	71. 62	100. 36	74. 63
	2011	94. 14	71. 75	100. 27	74. 76
	2012	93. 40	71. 22	101. 66	74. 62
	2013	93. 77	71. 29	102. 15	74. 83
	2014	60. 86	52. 29	58. 74	56. 15
	2015	60. 28	51. 15	45. 43	58. 35
	2016	68. 83	53. 74	59. 32	59. 38
	2017	**88. 53**	**78. 29**	**87. 40**	**83. 18**
贵州	2010	67. 78	67. 60	78. 76	63. 11
	2011	67. 71	67. 54	78. 82	63. 08
	2012	67. 87	67. 43	79. 20	63. 13
	2013	68. 11	67. 38	79. 07	63. 12
	2014	55. 74	53. 73	63. 16	56. 22
	2015	58. 95	56. 32	63. 52	64. 89
	2016	70. 99	56. 61	61. 72	61. 94
	2017	**83. 52**	**77. 78**	**85. 47**	**81. 04**
宁夏	2010	—	—	—	—
	2011	—	—	—	—

续表

省份	年份	先行指数	一致指数	滞后指数	上市企业景气指数（SCNBCI）
宁夏	2012	—	—	—	—
	2013	—	—	—	—
	2014	76. 80	81. 52	86. 33	81. 06
	2015	76. 44	80. 77	85. 76	80. 46
	2016	76. 78	80. 74	85. 74	80. 55
	2017	**76. 30**	**80. 25**	**85. 48**	**80. 11**
河北	2010	63. 78	68. 26	89. 02	64. 69
	2011	63. 59	68. 06	88. 71	64. 49
	2012	64. 19	67. 57	89. 24	64. 47
	2013	64. 14	67. 50	89. 06	64. 39
	2014	57. 15	56. 38	59. 48	57. 23
	2015	60. 25	58. 37	53. 54	64. 24
	2016	64. 77	62. 69	55. 29	61. 84
	2017	**74. 47**	**83. 60**	**75. 83**	**79. 30**
海南	2010	70. 80	66. 81	78. 51	63. 26
	2011	70. 37	66. 48	78. 30	62. 97
	2012	70. 71	66. 16	79. 08	63. 04
	2013	71. 14	65. 90	79. 57	63. 09
	2014	45. 63	60. 37	56. 38	55. 15
	2015	45. 81	59. 99	25. 57	53. 97
	2016	62. 70	54. 30	43. 95	54. 75
	2017	**80. 29**	**80. 69**	**68. 83**	**78. 20**
江西	2010	53. 11	63. 74	73. 44	57. 18
	2011	53. 09	63. 63	73. 32	57. 10
	2012	53. 32	63. 48	74. 21	57. 24
	2013	53. 16	63. 45	73. 82	57. 12
	2014	72. 96	51. 68	62. 04	60. 14
	2015	74. 56	52. 50	63. 73	68. 06
	2016	56. 57	52. 39	51. 79	53. 53

续表

省份	年份	先行指数	一致指数	滞后指数	上市企业景气指数（SCNBCI）
江西	**2017**	**73.72**	**80.94**	**77.21**	**78.03**
青海	2010	—	—	—	—
	2011	—	—	—	—
	2012	—	—	—	—
	2013	—	—	—	—
	2014	91.42	65.91	86.99	77.78
	2015	90.98	66.12	86.24	77.60
	2016	90.66	66.33	85.84	77.53
	2017	**90.94**	**65.71**	**85.66**	**77.27**
云南	2010	41.85	61.55	74.30	54.00
	2011	41.99	61.59	74.31	54.06
	2012	42.20	61.28	74.73	54.02
	2013	42.24	61.40	74.91	54.13
	2014	50.91	45.26	54.50	48.80
	2015	53.99	47.75	56.99	56.91
	2016	55.21	55.67	59.78	56.36
	2017	**68.39**	**78.89**	**84.74**	**76.91**
山西	2010	67.97	51.74	43.06	48.08
	2011	67.96	51.78	43.13	48.11
	2012	68.28	51.78	43.99	48.34
	2013	68.34	51.96	44.33	48.51
	2014	68.79	43.25	18.46	45.95
	2015	69.70	44.40	19.77	51.95
	2016	65.37	50.77	37.13	52.42
	2017	**78.16**	**75.47**	**48.13**	**70.81**

附表 4　　2010—2017 年中国区域上市中小企业景气指数

地区	年份	先行指数	一致指数	滞后指数	上市企业景气指数（SCNBCI）
华东	2010	142. 44	173. 58	154. 22	160. 36
	2011	141. 93	173. 21	153. 73	159. 93
	2012	142. 16	172. 51	154. 54	159. 81
	2013	142. 17	172. 51	154. 47	159. 80
	2014	139. 70	130. 68	135. 56	134. 36
	2015	140. 02	129. 73	133. 39	133. 55
	2016	144. 36	131. 05	133. 39	135. 51
	2017	**134. 77**	**131. 50**	**131. 52**	**132. 48**
华南	2010	108. 32	132. 03	114. 98	121. 51
	2011	107. 15	131. 80	114. 49	120. 94
	2012	107. 00	130. 87	114. 82	120. 50
	2013	106. 76	130. 83	114. 73	120. 39
	2014	97. 12	93. 37	98. 69	95. 56
	2015	92. 30	87. 43	79. 22	87. 25
	2016	102. 04	87. 15	86. 43	91. 47
	2017	**102. 02**	**97. 19**	**94. 96**	**98. 19**
华北	2010	74. 95	108. 41	90. 69	94. 83
	2011	74. 62	108. 35	90. 37	94. 64
	2012	74. 96	107. 92	91. 08	94. 66
	2013	74. 84	107. 85	90. 74	94. 52
	2014	78. 83	68. 97	69. 20	71. 97
	2015	80. 38	68. 09	69. 27	72. 01
	2016	101. 11	85. 03	88. 80	90. 61
	2017	**101. 45**	**95. 90**	**97. 23**	**97. 83**
华中	2010	78. 51	104. 24	83. 01	92. 27
	2011	78. 07	104. 12	82. 91	92. 06
	2012	77. 89	102. 87	83. 27	91. 45
	2013	77. 58	102. 81	82. 95	91. 27
	2014	80. 58	61. 46	72. 24	69. 35

续表

地区	年份	先行指数	一致指数	滞后指数	上市企业景气指数（SCNBCI）
华中	2015	82. 14	61. 83	65. 41	68. 64
	2016	81. 16	61. 95	63. 75	68. 07
	2017	**89. 56**	**80. 48**	**79. 74**	**83. 06**
西南	2010	67. 83	100. 42	80. 40	86. 64
	2011	67. 58	100. 37	80. 50	86. 56
	2012	67. 76	99. 95	80. 71	86. 44
	2013	67. 93	100. 06	80. 76	86. 56
	2014	68. 33	58. 77	62. 27	62. 34
	2015	72. 09	61. 41	66. 06	65. 54
	2016	75. 79	62. 93	66. 90	67. 58
	2017	**83. 06**	**79. 45**	**81. 96**	**81. 04**
西北	2010	69. 09	92. 58	87. 02	84. 42
	2011	68. 70	92. 54	86. 72	84. 22
	2012	68. 53	91. 67	86. 51	83. 70
	2013	68. 46	91. 66	86. 62	83. 69
	2014	54. 60	53. 14	57. 61	54. 47
	2015	55. 05	46. 76	52. 82	50. 46
	2016	69. 17	52. 38	61. 43	59. 23
	2017	**79. 38**	**72. 27**	**75. 52**	**75. 06**
东北	2010	75. 09	97. 43	81. 13	87. 47
	2011	74. 12	97. 26	80. 77	87. 02
	2012	74. 29	96. 39	80. 96	86. 68
	2013	74. 06	96. 28	80. 69	86. 50
	2014	68. 00	56. 56	66. 02	61. 88
	2015	72. 59	52. 17	61. 94	60. 25
	2016	68. 69	51. 53	56. 26	57. 62
	2017	**79. 63**	**71. 46**	**81. 34**	**75. 89**

附表 5　　2010—2017 年中国区域中小企业比较景气指数

地区	2010 年	2011 年	2012 年	2013 年	2014 年	2015 年	2016 年	2017 年
华东	120.42	128.75	129.91	125.34	128.73	102.76	95.13	**101.32**
华中	123.68	123.01	123.53	117.00	125.99	82.80	88.35	**96.47**
华北	118.36	131.03	126.77	117.66	125.70	80.78	87.17	**97.01**
华南	120.02	123.14	127.14	122.09	127.43	91.57	86.55	**98.04**
西南	116.88	124.92	128.84	122.49	126.19	76.89	82.81	**93.57**
东北	123.75	134.38	137.89	124.76	134.96	63.52	73.50	**89.49**
西北	117.40	131.56	126.87	124.76	119.63	63.85	72.35	**91.64**

附表 6　　2010—2017 年中国省际中小企业综合景气指数

省份	2010 年	2011 年	2012 年	2013 年	2014 年	2015 年	2016 年	2017 年
广东	129.25	133.49	132.84	141.87	143.33	146.79	122.91	**129.09**
浙江	115.86	120.44	119.79	118.6	118.14	127.82	113.68	**125.86**
江苏	116.75	118.1	119.59	118.45	124.02	132.55	111.15	**129.13**
山东	46.72	48.38	47.32	100.42	94.49	105.45	92.93	**109.31**
河南	67.56	69.91	69.48	76.92	72.7	75.8	68.52	**77.07**
北京	52.66	56.69	55.57	60.91	56.5	63.08	62.78	**53.63**
上海	72.72	77.96	76.31	78.18	67.46	72.54	61.63	**63.42**
福建	54.35	58.35	56.92	64.55	58.78	67.54	60.46	**64.78**
辽宁	54.8	58.91	57.11	74.08	65.62	66.39	59.27	**64.82**
河北	59.19	64	62.18	77.95	64.13	62.33	58.50	**66.31**
安徽	51.4	54.44	52.89	58.4	51.12	59.92	58.31	**64.21**
四川	52.48	55.09	53.37	62.78	55.73	63.25	57.96	**61.11**
湖北	55.67	59.06	57.8	63.1	57.08	63.36	57.52	**63.84**
湖南	51.31	53.48	52.48	59.72	53.6	59.82	56.62	**59.68**
天津	53.48	53.99	54.09	55.13	44.94	50.89	48.76	**50.90**
重庆	43.17	45.78	43.83	48.48	38.5	47.2	45.19	**47.20**
江西	43.76	46.42	44.82	48.29	42.27	47.86	44.03	**47.61**
陕西	38.7	44.66	43.2	60.07	42.98	42.29	43.39	**48.13**
吉林	45.47	47.86	46.84	53.56	45.09	44.42	42.25	—

续表

省份	2010 年	2011 年	2012 年	2013 年	2014 年	2015 年	2016 年	2017 年
贵州	42. 81	41. 82	40. 39	51. 66	37. 55	40. 94	41. 38	**42. 47**
广西	44. 74	47. 31	45. 88	53. 83	44. 31	45. 89	41. 04	—
云南	41. 77	44. 2	43. 07	50. 15	40. 3	40. 38	40. 92	**42. 58**
山西	42. 96	45. 97	44. 95	56. 06	41. 02	40. 05	40. 68	**43. 10**
新疆	40. 87	44. 19	42. 75	47. 3	38. 78	41. 19	38. 27	**43. 16**
甘肃	38. 58	43. 04	41. 92	54. 74	37. 17	36. 27	37. 52	**41. 00**
海南	37. 1	37. 54	37. 18	42. 1	33. 36	33. 4	34. 03	**34. 80**
西藏	30. 1	21. 45	24. 73	24. 48	31. 63	31. 59	31. 02	—
内蒙古	31. 7	31. 85	33. 08	36. 46	22. 34	20. 48	22. 39	—
黑龙江	28. 06	31. 48	30. 11	45. 63	13. 84	19. 77	21. 60	—
宁夏	23. 68	25. 88	25. 18	27. 33	13. 72	13. 68	15. 61	**34. 98**
青海	23. 77	24. 21	24. 3	30. 24	12. 47	12. 58	15. 37	**33. 55**

附表 7　　2010—2017 年中国区域中小企业综合景气指数

地区	2010 年	2011 年	2012 年	2013 年	2014 年	2015 年	2016 年	2017 年
华东	164. 81	168. 36	170. 10	173. 42	166. 30	120. 93	120. 35	**133. 72**
华南	79. 34	81. 56	90. 65	92. 35	82. 91	74. 40	60. 92	**60. 27**
华北	67. 32	69. 85	79. 65	82. 37	69. 58	51. 23	56. 88	**55. 99**
华中	62. 23	64. 77	72. 55	73. 94	62. 67	59. 18	55. 86	**54. 34**
西南	50. 74	50. 34	62. 40	62. 92	50. 78	49. 91	44. 86	**44. 33**
东北	47. 69	50. 91	64. 18	66. 96	51. 48	25. 86	39. 54	**41. 10**
西北	41. 27	44. 56	55. 29	58. 49	49. 60	31. 54	37. 95	**35. 83**

附表 8　　2010—2017 年中国省际中小企业综合景气指数排名

省份	2011 年	2012 年	2013 年	2014 年	2015 年	2016 年	2017 年
江苏	3	3	3	2	2	3	**1**
广东	1	1	1	1	1	1	**2**
浙江	2	2	2	3	3	2	**3**
山东	4	15	4	4	4	4	**4**

续表

省份	2011 年	2012 年	2013 年	2014 年	2015 年	2016 年	2017 年
河南	6	5	7	5	5	5	**5**
河北	9	6	6	8	12	10	**6**
辽宁	12	8	8	7	8	9	**7**
福建	7	9	9	9	7	8	**8**
安徽	13	13	15	14	13	11	**9**
湖北	10	7	10	10	9	13	**10**
上海	5	4	5	6	6	7	**11**
四川	15	12	11	12	10	12	**12**
湖南	14	14	14	13	14	14	**13**
北京	8	10	12	11	11	6	**14**
天津	11	11	17	16	15	15	**15**
陕西	19	21	13	18	20	18	**16**
江西	18	19	24	19	16	17	**17**
重庆	16	20	23	23	17	16	**18**
新疆	25	23	25	22	21	24	**19**
山西	17	18	16	20	24	23	**20**
云南	23	22	22	21	23	22	**21**
贵州	27	25	21	24	22	20	**22**
甘肃	24	24	18	25	25	25	**23**
宁夏	29	29	30	30	30	30	**24**
海南	28	26	27	26	26	26	**25**
青海	—	—	29	31	31	31	**26**
吉林	20	16	20	15	19	19	**27**
广西	22	17	19	17	18	21	**28**
黑龙江	26	28	26	28	29	29	**29**
内蒙古	21	27	28	29	28	28	**30**
西藏	30	30	31	27	27	27	**31**

附表 9　　2010—2017 年中国区域中小企业综合景气指数排名

地区	2010 年	2011 年	2012 年	2013 年	2014 年	2015 年	2016 年	2017 年
华东	1	1	1	1	1	1	1	**1**
华南	2	2	2	2	2	2	2	**2**
华北	3	3	3	3	3	4	3	**3**
华中	4	4	4	4	4	3	4	**4**
西南	5	6	5	6	6	5	5	**5**
西北	7	7	7	7	7	6	6	**6**
东北	6	5	6	5	5	7	7	**7**

附表 10　　2010—2017 年中国主要城市中小企业综合景气指数

城市	2010 年	2011 年	2012 年	2013 年	2014 年	2015 年	2016 年	2017 年
苏州	133.86	138.99	138.99	136.38	140.06	137.19	134.97	**145.19**
杭州	124.26	126.16	127.82	124.01	124.73	125.87	120.35	**123.28**
广州	106.61	110.21	111.17	106.39	106.11	111.59	105.16	**101.57**
青岛	80.57	83.72	83.73	83.03	85.38	82.57	83.56	**75.56**
成都	64.19	67.14	70.01	65.63	75.69	68.55	67.04	**64.28**
郑州	41.87	42.04	42.31	42.22	42.54	64.03	65.6	**57.36**
武汉	60.98	63.73	63.23	63.63	61.6	62.86	63.39	**56.14**
福州	58.03	64.56	65.54	66.12	68.97	66.94	65.73	**55.89**
长沙	56.43	57.96	58.58	58.83	60.05	58.34	59.33	**54.35**
大连	66.29	62.41	61.51	63.23	60.08	60.66	60.29	**51.27**
石家庄	36.23	36.53	36.7	38.68	39.79	62.05	63.05	**49.33**
合肥	50.88	52.9	52.82	53.13	52.84	54.5	55.27	**46.29**
乌鲁木齐	22.33	22.38	22.38	22.49	21.83	45.1	46.36	**37.78**
昆明	24.81	24.85	24.93	24.83	24.9	49.25	52.39	**37.16**
西安	42.93	49.08	48.47	48.82	59.01	49.91	51.24	**36.91**
贵阳	21.97	22	22.03	23.2	23.03	47.88	49.54	**36.45**

附表 11　2010—2017 年中国主要城市中小企业综合景气指数排名

城市	2010 年	2011 年	2012 年	2013 年	2014 年	2015 年	2016 年	2017 年
苏州	1	1	1	1	1	1	1	**1**
杭州	2	2	2	2	2	2	2	**2**
广州	3	3	3	3	3	3	3	**3**
青岛	4	4	4	4	4	4	4	**4**
成都	6	5	5	6	5	5	5	**5**
郑州	12	12	12	12	12	7	7	**6**
武汉	7	7	7	7	7	8	8	**7**
福州	8	6	6	5	6	6	6	**8**
长沙	9	9	9	9	9	11	11	**9**
大连	5	8	8	8	8	10	10	**10**
石家庄	13	13	13	13	13	9	9	**11**
合肥	10	10	10	10	11	12	12	**12**
乌鲁木齐	14	14	14	15	16	16	16	**13**
昆明	—	—	—	—	14	14	13	**14**
西安	11	11	11	11	10	13	14	**15**
贵阳	15	15	15	14	15	15	15	**16**

参考文献

[德] 奥利弗·索姆、伊娃·柯娜尔：《德国制造业创新之谜：传统企业如何以非研发创新塑造持续竞争力》，工业4.0研究院译，人民邮电出版社2016年版。

[美] 丹尼尔·鲁斯：《改变世界的机器：精益生产之道》，余锋、陶建刚译，机械工业出版社2015年版。

[美] 詹姆斯·P. 沃麦克、[英] 丹尼尔·T. 琼斯、[美] 亚力克·福奇：《工匠精神：缔造伟大传奇的重要力量》，陈劲译，浙江人民出版社2014年版。

[日] 秋山利辉：《匠人精神：一流人才育成的30条法则》，陈晓丽译，中信出版社2015年版。

Abberger，K.，Forecasting Quarter – on – Quarter Changes of German GDP with Monthly Business Tendency Survey Results [J]. Access & Download Statistics，2007.

Asheim，B. T.，Isaksen，A.，Localized knowledge，interactive learning and innovation：between regional networks and global corporations，In Vatne，E. and Taylor，M. eds.，The Networked Firm in a Global World [M]. Aldershot：Ashgate，2000.

Audretsch，D. B.，Feldman，M. P.，R&D Spillovers and the Geography of Innovation and Production [J]. *American Economic Review*，1996，86 (3)，pp. 630 – 40.

Autio，E.，Evaluation of RTD in regional systems of innovation [J]. *European Planning Studies*，1998，6 (2)，pp. 131 – 140.

Bahovec，V.，Čižmešija，Mirjana，Kurnoga，Živadinovic N.，Cluster and

Discriminant Analysis of Business Survey Data in the Manufacturing Industry in Eastern and Southern Europe [C]. An Enterprise Odyssey: Tourism - Governance and Entrepreneurship, 2008, pp. 1373 - 1384.

Barska, M., Demand Forecast with Business Climate Index for a Steel and Iron Industry Representative [J]. *Quantitative Methods in Economics*, 2014.

Bittlingmayer, G., Business Climate Indexes: Which Work, Which Don't, and What Can They Say About the Kansas Economy? [J]. *Research Report*, 2005.

Carree, M. A., Thurik, A. R., Small firms and economic growth in Europe [J]. *Atlantic Economic Journal*, 1998, (26).

Clavel, L., Minodier, C., A Monthly Indicator of the French Business Climate [J]. *Documents de Travail de la DESE - Working Papers of the DESE*, 2009.

Cooke, P., Uranga, M. G., Regional innovation systems: Institutional and organization dimensions [J]. *Research Policy*, 1992 (26), pp. 156 - 171.

Donald N. Steinnes, Business Climate, Tax Incentives, and Regional Economic Development [J]. *Growth and Change*, 2006.

Dua, P., Miller, S. M., Forecasting and analyzing economic activity with coincident and leading indexes: The case of Connecticut [J]. *Journal of Forecasting*, 1996, 15 (7), pp. 509 - 526.

Engle, Robert F., C. W. J. Granger, Co - integration and Error Correction: Representation, Estimation, and Testing [J]. *Econometrica*, 1987, 55, pp. 251 - 276.

Feldman, M. P., *The Geography of Innovation* [M]. Norwell: Kluwer Academic Publishers, 1994.

Fischer, M. M., Varga, A., Spatial Knowledge Spillovers and University Research: Evidence from Austria [J]. *Annals of Regional Science*, 2003, 37 (2), pp. 303 - 322.

Freeman, C., Technology Policy and Economic Performance: Lessons from Japan [M]. London: Pinter, 1987.

Furman, J. L., Porter, M. E., Sterns, The determinants of national innovative capacity [J]. *Research Policy*, 2002, 31 (6), pp. 899 – 933.

G. H. Moore and Shiskin, Indicators of Business Expansions and Contractions. NBER, New York, 1967.

Hamilton, J. D., *Time Series Analysis*. Princeton University Press, 1994.

Iselin, D., Siliverstovs, B., Using newspapers for tracking the business cycle: A comparative study for Germany and Switzerland [J]. *Ssrn Electronic Journal*, 2013, 65 (1), pp. 168 – 93.

IUD 中国政务舆情监测中心：《浙江版“大禹治水”：五水共治倒逼转型升级》,《领导决策信息》2014 年第 13 期。

Jaffe, A. B., Technological Opportunity and Spillovers of R & D: Evidence from Firms' Patents, Profits, and Market Value [C]. National Bureau of Economic Research, Inc., 1986, pp. 984 – 1001.

James H. Stock, Mark W. Watson, Interpreting the evidence on money – income causality [J]. *Journal of Econometrics*, 1989, 40 (1), pp. 161 – 181.

Jel, C. C., German stock market behavior and the IFO business climate index: A copula – based Markov approach [J]. *Mario Jovanovic*, 2011.

Joseph, M., Business Perceptions Indicate Slow Recovery in Economic Conditions [J]. *The Uganda Business Climate Index*, 2012.

Krugman, P., Development, Geography, and Economic Theory [M]. Cambridge: MIT Press, 1997.

Kuhlmann, S., Future policy, governance of innovation policy in Europe – three scenarios [J]. *Research* 976, 2001 (30).

Lundvall, B. A., National systems of innovation: Towards a theory of innovation and interactive learning [M]. London: Pinter, 1992.

Lux, T., Collective opinion formation in a business climate survey [J]. *Working Papers*, 2007, 16 (12), pp. 1311 – 1311.

Mitchell, W. C., Business Cycles: The Problem and Its Setting [M]. NBER, New York, 1927.

Moore, W. C. , *Business Cycles, Inflation, and Forecasting* [M]. Cambridge: Ballinger Publishing Company, 1983.

Moore, G. H. , *Business Cycle Indicators.* Volume Ⅰ, Princeton University Press, Princeton, 1961.

Moore, G. H. , Statistical Indicators of Cyclical Revivals and Recessions. reprinted in GH, 1950.

Nilsson, R. , Guidetti, E. , Current Period Performance of OECD Composite Leading Indicators (CLIs): Revision analysis of CLIs for OECD Member countries [J]. *Oecd Papers*, 2007.

OECD, National innovation system. Paris: OECD Publication, 1997. 10 Office of e - envoy. UK Online Annal Report 2003 [EB/OL].

Ortega - Argilés, R. , Moreno, R. , Caralt, J. S. , Ownership structure and innovation: is there a real link? [J]. *Annals of Regional Science*, 2005, 39 (4), pp. 637 - 662.

Ozyildirim, A. , Schaitkin, B. , Zarnowitz, V. , Business cycles in the euro area defined with coincident economic indicators and predicted with leading economic indicators [J]. *Journal of Forecasting*, 2010, 29 (1 - 2), pp. 6 - 28.

Peter Fisher, Grading Places: What Do the Business Climate Rankings Really Tell Us? [J]. *Taxanalysts*, 2005.

Porter, M. , The competitiveof nations [M]. London: Macmillan, 1990.

Riddei, M. , Schwer, R. K. , Regional innovative capacity with endogenous employment: Empirical evidence from the U. S. [J]. *The Review of Regional Studies*, 2003, 33 (1), pp. 73 - 84.

Rosenberg, N. , Nelson, R. , The roles of universities in the advance of industrial technology [M]. In Rosen - bloom, R. S. , Spencer, W. J. eds. , *Boston*: *Engines of Innovation*, Harvard Business School Press, 1996, pp. 87 - 109.

Rothwell, R. , Successful industrial innovation: critical factors for the 1990s [J]. *R&D Management*, 1992 (22), pp. 221 - 239

Samuelson, Paul A. , Science and Stocks [M]. *Newsweek*, 1966,

(19), p. 92.

Schmitt, Neal, Gleason, Sandra E., Pigozzi, Bruce, Marcus, Philip M., Business climate attitudes and company relocation decisions [J]. *Journal of Applied Psychology*, Vol. 72 (4), Nov 1987, pp. 622 – 628.

Seiler, C., Heumann, C., Microdata imputations and macrodata implications: Evidence from the Ifo Business Survey [J]. *Economic Modelling*, 2013, 35 (5), pp. 722 – 733.

Simmie, J., Innovation and urban regions as national and international nodes for thetransfer and sharing of knowledge [J]. *Reg Stud*, 2003 (6), pp. 607 – 620.

Thomas R. Plaut and Joseph E. Pluta, Business Climate, Taxes and Expenditures, and State Industrial Growth in the United States [J]. *Southern Economic Association*, 1983.

Turner, L. W., Kulendran, N., Fernando, H., Univariate modelling using periodic and non – periodic analysis: Inbound tourism to Japan, Australia and New Zealand compared [J]. *Tourism Economics*, 1997, 3 (1), pp. 39 – 56.

阿里研究院:《2012—2014年阿里农产品电子商务白皮书》, 2015年。

阿里研究院:《2014年中国城市电子商务景气指数报告》, 2015年。

阿里研究院:《阿里巴巴小企业活跃指数报告（aBAI)》, 2014年。

阿里研究院:《互联网+从IT到DT》, 2015年。

阿里研究院:《中国淘宝村》, 电子工业出版社2015年版。

艾瑞咨询集团:《2012—2014年中国跨境电商市场研究报告》, 2015年。

艾瑞咨询集团:《2014年中国电子商务行业年度监测报告（简版)》, 2014年。

毕大川、刘树成:《经济周期与预警系统》, 科学出版社1990年版。

蔡萌、苏丹丹:《义乌文交会发布一指数两榜单》,《中国文化报》2015年4月29日第2版。

曹方超:《山东中小企业借道“互联网+”提质增效》,《中国经济时报》2016年4月20日。

曹继军、颜维琦:《上市互联网企业景气指数首发》,《光明日报》2015

年 3 月 25 日第 8 版。
曹淑敏:《推进“互联网 +”加快经济提质增效升级》,《人民论坛》2015 年第 6 期。
陈灿、曹磊、郭勤贵、黄璜:《互联网 +:跨界与融合》,2015 年。
陈迪红、李华中、杨湘豫:《行业景气指数建立的方法选择及实证分析》,《系统工程》2003 年第 4 期。
陈刚:《制造业“机器换人”的浙江路径》,《浙江日报》2016 年 4 月 14 日第 15 版。
陈劲:《中国创新发展报告(2014)》,社会科学文献出版社 2014 年版。
陈乐一、粟壬波、李春风:《当前中国经济景气走势的合成指数分析》,《当代经济研究》2014 年第 2 期。
陈磊、吴桂珍、高铁梅:《主成分分析与景气波动:对 1993 年中国经济发展趋势的预测》,《数量经济技术经济研究》1993 年第 7 期。
陈磊:《企业景气状况与宏观经济运行》,《管理世界》2004 年第 3 期。
陈清:《营改增试点成效问题与对策》,《税务与经济》2015 年第 1 期。
陈文博、余国新、刘运超:《基于新疆红枣产业景气分析的抗风险研究》,《新疆农业科学》2015 年第 2 期。
陈祥荣:《建设学习、服务、创新、效能、廉洁“五型工商”为我市加快基本实现现代化作出新贡献》,《杭州》2013 年第 3 期。
陈晓红、彭佳、吴小瑾:《基于突变级数法的中小企业成长性评价模型》,《研究财经研究》2004 年第 11 期。
陈晓红、邹湘娟、佘坚:《中小企业成长性评价方法有效性研究——来自沪深股市的实证》,《当代经济科学》2005 年第 5 期。
陈玉川:《区域创新能力形成机理研究》,博士学位论文,江苏大学,2009 年。
谌新民、葛国兴、李萍:《中国就业景气指数及其公共政策研究》,《广东社会科学》2013 年第 3 期。
程恩富、高建昆:《中国经济新常态重在提质增效》,《中国社会科学报》2015 年 9 月 17 日第 001 版。
池仁勇、林汉川、蓝庆新等:《中国中小微企业转型升级与景气动态研究的调研报告》,中国社会科学出版社 2016 年版。

池仁勇、林汉川等：《转型期我国中小企业发展的若干问题研究》，中国社会科学出版社 2012 年版。

池仁勇、刘道学、林汉川、秦志辉等：《中国中小企业景气指数研究报告（2013）》，中国社会科学出版社 2013 年版。

池仁勇、刘道学、林汉川、秦志辉等：《中国中小企业景气指数研究报告（2014）》，中国社会科学出版社 2014 年版。

池仁勇、刘道学、林汉川、秦志辉等：《中国中小企业景气指数研究报告（2015）》，中国社会科学出版社 2015 年版。

池仁勇、刘道学、林汉川、秦志辉等：《中国中小企业景气指数研究报告（2016）》，中国社会科学出版社 2016 年版。

池仁勇、谢洪明、程聪等：《中国中小企业景气指数研究报告（2011）》，经济科学出版社 2011 年版。

池仁勇：《区域中小企业创新网络形成、结构属性与功能提升：浙江省实证考察》，《管理世界》2005 年第 10 期。

褚立波：《区域创新能力评价体系构建与实际测度——基于浙江 11 地市的数据分析》，工作论文，浙江大学公共管理学院，2010 年。

从佩华：《浅谈企业的成长性及其财务评价方法》，《财会研究》1997 年第 9 期。

崔霞、李贝贝：《京房景气指数》，《数据》2013 年第 12 期。

崔宇丹、潘佳：《新产品开发风险与策略》，《职业圈》2007 年第 4 期。

戴静、张建华：《金融所有制歧视、所有制结构与创新产出——来自中国地区工业部门的证据》，《金融研究》2013 年第 5 期。

邓圩：《转型升级助推业绩增长中小企业活力不断增强》，《人民日报》2015 年 3 月 2 日第 1 版。

电商平台 eBay：《大中华区跨境电子商务零售出口产业地图》，eBay 网，http：//www. ebay. com/，2014 年 4 月 1 日。

丁焕峰：《论区域创新系统》，《科研管理》2001 年第 6 期。

丁勇、姜亚彬：《我国制造业 PMI 与宏观经济景气指数关系的实证分析》，《统计与决策》2016 年第 3 期。

董文泉、郭庭选、高铁梅：《我国经济循环的测定，分析和预测（Ⅰ）——经济循环的存在和测定》，《吉林大学社会科学学报》1987

年第3期。

董文泉、高铁梅、陈磊：《Stock - Watson型景气指数及其对我国经济的应用》，《数量经济技术经济研究》1995年第12期。

董文泉、高铁梅、陈磊、吴桂珍：《Stock - Watson型景气指数及其对中国经济的应用》，《数量经济技术经济研究》1995年第12期。

董文泉、高铁梅、姜诗章、陈雷：《经济周期波动的分析与预测方法》，吉林大学出版社1998年版。

冯明、刘淳：《基于互联网搜索量的先导景气指数、需求预测及消费者购前调研行为——以汽车行业为例》，《营销科学学报》2013年第3期。

高铁梅、谷宇、王哲：《中国出口周期性波动及成因研究：基于主成分方法构建中国出口景气指数》，《商业经济与管理》2007年第2期。

高铁梅、孔宪丽、王金明：《国际经济景气分析研究进展综述》，《数量经济技术经济研究》2003年第11期。

高铁梅、梁云芳：《中国工业景气调查数据的综合分析》，《预测》2002年第4期。

高鑫：《区域差异视角下我国所有制结构与非正规金融关系研究》，《经济问题探索》2015年第11期。

工业和信息化部赛迪智库中小企业形势分析课题组：《2014年中国中小企业发展形势展望》，赛迪网，2013年12月16日。

工业和信息化部中小企业司：《大力促进中小企业发展——〈中国制造2025〉解读文章》，工业和信息化部中小企业司网站，2015年5月22日。

工业和信息化部中小企业司：《中小企业知识产权战略推进工程综述》，《中国中小企业》2014年第5期。

龚盈盈：《基于景气指数的宏观经济监测预警系统研究》，博士学位论文，武汉理工大学，2005年。

辜胜阻、杨威：《“十二五”时期中小企业转型升级的新战略思考》，《江海学刊》2011年第5期。

辜胜阻：《为小微企业大幅减负刻不容缓》，《中华工商时报》2012年3月28日。

顾海兵、张帅：《“十三五”时期我国经济安全水平预测分析》，《中共中央党校学报》2016 年第 2 期。

郭艳丽:《对中西部欠发达地区中小企业发展的思考》,《山西经济日报》2014 年 4 月 15 日第 007 版。

郭振纲:《降费，让企业轻装前行》,《工人日报》2017 年 3 月 29 日第 3 版。

郭志刚、贾善和:《产业集群助推四川县域经济发展》,《商业研究》2006 年第 16 期。

国家工商行政管理总局全国小型微型企业发展报告课题组:《全国小型微型企业发展情况报告（摘要）》，国家工商行政管理总局网，http://www.saic.gov.cn/xw/yw/zj/201403/t20140331_209839.html，2016 年 3 月 31 日。

工业和信息化部:《关于做好 2016 年减轻企业负担工作的通知》，2016 年。

工业和信息化部:《国家发展改革委关于降低燃煤发电上网电价和工商业用电价格》，2015 年。

工业和信息化部:《湖南省着眼大局抓减负服务企业促发展》，2015 年。

工业和信息化部:《李克强：打赢全面实施营改增改革攻坚战》，2016 年。

工业和信息化部:《李克强主持召开国务院常务会议部署全面推开营改增试点进一步减轻企业税负》，2016 年。

工业和信息化部:《辽宁省大力帮扶企业减负脱困助力工业经济复苏》，2015 年。

工业和信息化部:《全面实施营改增让中国经济“动起来”》，2016 年。

工业和信息化部:《四川省多措并举减轻企业负担经济稳增长注入新动力》，2015 年。

国家经济贸易委员会中小企业司、国家统计局工业交通司和中国企业评价协会组成的联合课题组:《成长性中小企业评价的方法体系》,《北京统计》2001 年第 5 期。

国家开发银行研究院等:《经济周期出现微波化“新常态”》,《上海证券报》2015 年 1 月 5 日第 05 版。

国家信息中心战略性新兴产业研究组:《2016 年四季度战略性新兴产业行业景气大幅上涨刷新年度最高值》,《中国战略新兴产业》2017 年第

13 期。

国家知识产权局：《2016 年中国知识产权保护状况》，2016 年。

韩晓明、范德成：《区域创新环境对中小企业成长的影响及促进对策》，《现代管理科学》2010 年第 5 期。

郝君超、张瑜：《国外众创空间现状及模式分析》，《科技管理研究》2016 年第 18 期。

何勇、张云杰：《海南省旅游景气指数构建研究》，《经济研究导刊》2014 年第 1 期。

胡佳蔚：《经济景气预警研究发展评述》，《现代商业》2016 年第 34 期。

胡佳蔚：《经济景气指标筛选原理论述——以中关村示范区为例》，《现代商业》2016 年第 33 期。

胡萌、孙继国：《经济景气评价》，中国标准出版社 2009 年版。

胡培兆、朱惠莉：《需求结构波动的周期测定及与经济波动相关性分析》，《福建论坛》（人文社会科学版）2016 年第 2 期。

胡涛、王浩、邱文韬：《我国国房景气指数与宏观经济景气指数的联动关系——基于 VAR 模型的实证研究》，《湖北科技学院学报》2016 年第 12 期。

胡雯：《民建中央：建议加快营改增步伐减轻小微企业税负》，《网易财经》2013 年 2 月 28 日。

胡莹：《推动供给侧结构性改革，各地政府积极“降成本”》，中国中小企业信息网，http：//www. sme. gov. cn/cms/news/100000/0000000274/2016/6/22/9ffcd2d71e834e7aa9c86bb2418255c9. shtml，2016 年 6 月 22 日。

胡志坚、苏靖：《区域创新系统理论的提出与发展》，《中国科技论坛》1999 年第 6 期。

胡作华：《浙江对六类小微企业提供信用贷款服务》，新华网，http：//www. xinhuanet. com/，2012 年 4 月 9 日。

湖北省人民政府：《湖北财政落实减税降费政策努力优化经济发展环境》，湖北省人民政府网，http：//www. hubei. gov. cn/zwgk/zdlyxxgk/jsjf/ccjg/201703/t20170308_ 961654. shtml，2017 年 3 月 8 日。

湖南省发展和改革委员会：《湖南取消和降低 88 项涉企收费为企业减负

28 亿元》，湖南省发展和改革委员会网，http：//fgw. hunan. gov. cn/tslm_ 77952/mtgz/201607/t20160708_ 3081133. html，2016 年 7 月 8 日。

湖南省人民政府办公厅：《湖南省降低实体经济企业成本工作方案》，湖南省人民政府网，http：//www. hunan. gov. cn/2015xxgk/fz/zfwj/szfb-gtwj/201604/t20160420_ 3046611. html，2016 年 4 月 19 日。

黄隽：《解读艺术品景气指数》，《21 世纪经济报道》2015 年 4 月 6 日第 19 版。

黄玲：《基于会计信息的房地产景气指数及预警系统研究》，博士学位论文，长江大学，2015 年。

黄薇、徐建炜、徐奇渊：《领先指数：对未来经济趋势的推测》，《统计与信息论坛》2012 年第 6 期。

黄维成：《优序图法在评比中的应用》，《技术经济》1997 年第 3 期。

黄晓波、曹春嫚、朱鹏：《基于会计信息的企业景气指数研究——以我国上市公司 2007—2012 年数据为例》，《南京审计学院学报》2013 年第 5 期。

黄阳华：《德国“工业 4. 0”计划及其对中国产业创新的启示》，《经济社会体制比较》2015 年第 2 期。

霍晨：《浅谈行业景气指数与企业信用评级——以商业企业财务信用评级为例》，《中国经贸导刊》2015 年第 2 期。

机械工业信息研究院：《我国中小企业“专精特新”发展调查研究》，《中国中小企业》2014 年第 4 期。

贾帆联、林洁、易双云：《浙江工业企业“机器换人”情况调查》，《政策瞭望》2013 年第 8 期。

蒋小华：《不一样的美国工匠精神/为什么需要新工匠精神》，凤凰网蒋小华管理培训专栏，http：//jiangxiaohua. blog. ifeng. com/，2016 年 5 月 5 日。

交通银行：《中国财富景气指数报告》，《金融博览（财富）》2015 年第 6 期。

解维敏：《企业 R&D 投入的制度动因与经济后果研究——来自中国上市公司的经验证据》，博士学位论文，中山大学，2009 年。

金高云：《提升我国区域创新能力的构想》，《工业技术经济》2009 年第 28 期。

科技部火炬高技术产业开发中心、中国高新技术产业导报社：《我国促进科技成果转化的若干新趋势研究》，科学技术部火炬高技术产业开发中心，http://www.chinatorch.gov.cn/kjb/llyj/201312/24b06c87bc2d45689f7eae2f6d9bbff4.shtml，2013 年 12 月 21 日。

孔杰：《怎样认识企业景气指数》，《中国统计》2007 年第 2 期。

孔宪丽、何光剑：《中国汽车工业景气指数的开发与应用》，《统计与决策》2007 年第 3 期。

孔宪丽、梁宇云：《2016 年中国工业经济景气态势及特点分析》，《科技促进发展》2016 年第 5 期。

赖福平：《工业企业景气指数研究与实证分析》，博士学位论文，暨南大学，2005 年。

冷媛、孙俊歌、付蕾、梁振杰：《经济景气指数研究的比较与思考》，《统计与决策》2017 年第 2 期。

李柏洲、孙立梅：《基于 β 调和系数法的中小型高科技企业成长性评价研究》，《哈尔滨工程大学学报》2006 年第 6 期。

李春涛、宋敏：《中国制造业企业的创新活动：所有制和 CEO 激励的作用》，《经济研究》2010 年第 5 期。

李庚寅、周显志：《中国发展中小企业支持系统研究》，经济科学出版社 2003 年版。

李丽辉：《营改增试点一年　减税 426.3 亿　中小企业税负降 40%》，《人民日报》2013 年 2 月 18 日第 10 版。

李玲：《“一带一路”背景下我国旅游产业的统计监测研究》，《知识经济》2016 年第 17 期。

李平：《嘉善百家企业“景气”》，《经贸实践》2015 年第 4 期。

李倩、王伟、虞立教：《营改增全面推开，2016 年将为浙江省有关企业减负超 300 万元》，《浙江日报》2017 年 5 月 2 日第 2 版。

李思：《“微金融”发展大有可为》，《中国金融报》，上海金融新闻网，http://www.shfinancialnews.com/，2012 年 7 月 10 日。

李思：《中国经济景气指数呈现波动》，《上海金融报》2015 年 4 月 10 日第10版。

李维安：《中小企业发展电子商务的模式探析》，博士学位论文，浙江工业大学，2008年。

李文溥、尚琳琳、林新：《地区经济景气指数的构建与景气分析初探》，《东南学术》2001年第6期。

李晓芳、高铁梅：《应用HP滤波方法构造我国增长循环的合成指数》，《数量经济技术经济研究》2001年第18期。

李晓佳：《马桶盖背后——经济循环二元分裂与中国制造困境》，财新网，http：//opinion. caixin. com/2015－04－15/100800364. html，2015年4月15日。

李扬：《小微金融发展迎来新起点》，新浪财经，http：//finance. sina. com. cn/，2012年5月15日。

李园、刘宁、姜早龙：《辽宁省建筑业景气指数波动分析与对策建议》，《工程管理学报》2017年第2期。

李贞、杨金祥、袁婷婷：《科技成果转化研究的反思与启示》，《广西民族大学学报》（哲学社会科学版）2006年第1期。

廖蓁、王明宇：《跨境电商现状分析及趋势探讨》，《电子商务》2014年第2期。

林汉川、池仁勇、秦志辉等：《中国中小企业发展研究报告（2013）》，企业管理出版社2013年版。

林汉川、管鸿禧：《中国不同行业中小企业竞争力评价比较研究》，《中国社会科学》2005年第3期。

林汉川等：《中小企业的界定与评价》，《中国工业经济》2000年第7期。

林火灿：《降成本初见效，提效益有空间》，《经济日报》2016年12月5日第5版。

林巧婷：《总理力督，国务院开出减税降费清单》，中国政府网，http：//www. gov. cn/xinwen/2016－08/01/content_5096526. htm，2016年8月1日。

刘存信：《2015年一季度我国安防行业经济“低调”开局，类似去年同期》，《中国安防》2015年第8期。

刘道学、池仁勇等：《中国中小企业景气指数研究报告（2012）》，经济科学出版社 2012 年版。

刘方：《中国中小企业发展状况与政策研究》，《当代经济管理》2014 年第 2 期。

刘凤朝、冯婷婷：《国家创新能力形成的系统动力学模型及应用》，《科研管理》2011 年第 32 期。

刘洪涛、王应洛、贾理群：《国家创新系统—理论与中国的实践》，西安交通大学出版社 1999 年版。

刘娟：《中小企业国际化与电子商务应用研究》，经济科学出版社 2014 年版。

刘素坤：《科技型中小企业成长影响因素研究》，博士学位论文，大连交通大学，2009 年。

刘小玄：《中国工业企业的所有制结构对效率差异的影响——1995 年全国工业企业普查数据的实证分析》，《经济研究》2000 年第 2 期。

刘艳：《中小企业资金管理策略研究》，博士学位论文，吉林大学，2013 年。

刘奕、夏杰撰：《共享经济理论与政策研究动态》，《经济学动态》2016 年第 4 期。

刘莹莹：《我国区域创新能力影响因素的实证研究》，博士学位论文，湖南大学，2008 年。

刘永芳：《江苏省属高校本科专业结构与区域经济结构对接现状及策略研究》，博士学位论文，南京师范大学，2005 年。

刘元鹏：《中小企业开展电子商务的模式选择》，博士学位论文，西南财经大学，2013 年。

柳卸林、高太山：《中国区域创新能力报告》，知识产权出版社 2015 年版。

卢俊、罗能生：《所有制结构对区域创新能力影响的实证研究》，《河南农业大学学报》2015 年第 2 期。

陆静丹、张雅文、洪伟芳、陈健、陈俊梁：《就业景气指数实证研究》，《人力资源管理》2014 年第 3 期。

罗淑君：《浙江省移动商务发展策略研究》，博士学位论文，浙江师范大学，2011 年。

吕香亭：《综合评价指标筛选方法综述》，《合作经济与科技》2009 年第 3 期。

马云飞：《高技术中小企业成长影响因素研究》，博士学位论文，大连理工大学，2005 年。

莫欣达：《1 月份中色铝冶炼产业月度景气指数报告》，《中国金属通报》2016 年第 2 期。

倪明：《中小企业信息化问题的研究》，博士学位论文，安徽农业大学，2003 年。

钮军：《中小企业的电子商务发展模式研究》，博士学位论文，北京交通大学，2009 年。

潘峰、田雄：《中小企业科技成果转化的模式研究》，《当代经济》2006 年第 3 期。

庞淑娟：《钢铁行业景气周期预测方法研究》，《中国物价》2015 年第 6 期。

彭龙、张晨昊：《中国电商市场发展报告》，人民邮电出版社 2015 年版。

彭森：《基于粗糙集与支持向量机的工业企业经济景气指数智能预测模型研究》，博士学位论文，华中师范大学，2012 年。

彭十一：《中国中小企业界定标准的历史回顾及评价》，《商业时代》2009 年第 32 期。

彭瑜：《中小型企业如何迈向智能制造》，《智慧工厂》2015 年第 10 期。

彭元正：《我国一季度石油产业景气指数分析——石油产业步入新常态深化改革成为关键点》，《中国石油企业》2015 年第 4 期。

戚少成：《景气指数的概念、种类和数值表示方法》，《中国统计》2000 年第 11 期。

乔冒玲：《构建企业成长性评价指标初探》，《南京工业大学学报》（社会科学版）2002 年第 1 期。

卿倩、赵一飞：《全球干散货航运市场景气指数的建立与研究》，《西南民族大学学报》（自然科学版）2012 年第 2 期。

屈魁等：《完善工业企业景气监测动态调整机制》，《金融时报》2015 年 1 月 19 日第 11 版。

瞿麦生：《论层次分析法的经济逻辑基础：兼论经济思维层次性原则》，

《天津商业大学学报》2008 年第 4 期。
任保平、李梦欣:《新常态下地方经济增长质量监测预警的理论与方法》,《统计与信息论坛》2017 年第 5 期。
任桂萍、李思明:《黑龙江省科技成果转化瓶颈问题分析及对策研究》,《商业经济》2016 年第 2 期。
任胜刚、王伟:《区域中小企业发展水平的评价与比较研究》,《求索》2008 年第 1 期。
任胜钢、彭建华:《基于因子分析法的中国区域创新能力的评价及比较》,《系统工程》2007 年第 25 期。
任旭东:《解读大数据反映大趋势——有色金属产业景气指数意义重大》,《中国有色金属》2015 年第 1 期。
如婳:《北京旅游市场景气指数编制》,博士学位论文,首都经济贸易大学,2016 年。
阮俊豪:《BDI 指数风险测度及其与宏观经济景气指数关系的实证研究》,《经济视野》2013 年第 8 期。
上海国际航运研究中心:《中国航运景气指数创历史新低》,《中国水运报》2016 年 5 月 9 日第 6 版。
上海国际航运研究中心中国航运景气指数编制室:《干散货海运企业将迎史上最难季》,《中国远洋航务》2016 年第 1 期。
史亚楠:《基于扩散指数的中国经济景气预测》,《财经界》2014 年第 11 期。
宋河发、穆荣平、彭茂祥:《区域创新能力及其基于熵变计算的建设政策研究》,《科学学研究》2012 年第 30 期。
宋长征:《让企业轻装上阵——我省如何降低实体经济成本》,《三湘都市报》2016 年 5 月 12 日。
宋周莺、刘卫东:《中国工业中小企业省区分布及其影响因素》,《地理研究》2013 年第 32 期。
孙赫、王晨光:《山东省旅游景区景气指数研究》,《商业经济研究》2015 年第 1 期。
孙凌云:《聊城市区域经济发展存在的问题及对策》,《中国经贸导刊》2010 年第 18 期。

孙延芳、胡振：《中国建筑业景气指数的合成与预测》，《统计与决策》2015 年第 11 期。

孙阳、贾兴鹏、夏晓伦：《聚焦“供给侧结构性改革”系列之四　做好“减法”做优“加法”，打赢降成本这场“硬仗”》，人民网，http://finance.people.com.cn/n1/2016/0805/c1004 - 28614684.html，2016 年 8 月 5 日。

孙早、王文：《产业所有制结构变化对产业绩效的影响——来自中国工业的经验证据》，《管理世界》2011 年第 8 期。

孙泽厚、黄箐：《市场预测的景气问卷模糊预测法》，《工业技术经济》1997 年第 2 期。

孙智强：《苏北地区科技成果转化服务体系建设研究》，《特区经济》2016 年第 3 期。

唐福勇：《长三角小微企业景气度好转》，《中国经济时报》2015 年 2 月 12 日第 1 版。

田俊荣：《中小企业税费调查：实际税负为何比大企业还高》，《人民日报》2013 年 4 月 16 日第 10 版。

万春霞：《发展产业集群壮大县域经济》，博士学位论文，四川大学，2007 年。

汪倩：《中小企业信息化建设面临的障碍及对策》，《现代情报期刊》2004 年 2 月第 2 期。

汪向东、梁春晓：《“新三农”与电子商务》，中国农业科学技术出版社 2014 年版。

汪勇婷、谢印成：《阿里巴巴电子商务平台的功能挖掘与中小企业应用对策探讨》，《中国民营科技与经济》2007 年第 9 期。

王安琪：《营业税改征增值税问题研究》，博士学位论文，山东财经大学，2013 年。

王呈斌：《基于问卷调查的民营企业景气状况及其特征分析》，《经济理论与经济管理》2009 年第 3 期。

王恩德、梁云芳、孔宪丽、高铁梅：《中国中小工业企业景气监测预警系统开发与应用》，《吉林大学社会科学学报》2006 年第 46 卷第 5 期。

王恩德：《工业景气调查在工业生产形势分析中的应用》，中国电子学会工业工程学会第五届年会，1997 年。
王尔德：《“中国制造 2025”应与“一带一路”无缝对接》，《21 世纪经济报道》2015 年 5 月 21 日第 7 版。
王桂虎：《“新常态”下的宏观经济波动、企业家信心和失业率》，《首都经济贸易大学学报》2015 年第 1 期。
王晖、陈丽、陈垦、薛漫清、梁庆：《多指标综合评价方法及权重系数的选择》，《广东药学院学报》2007 年第 5 期。
王晖：《区域创新与区域经济发展的关系研究——以浙江省为例》，浙江工业大学，2012 年。
王辉：《我国中小企业电子商务发展模式》，博士学位论文，武汉理工大学，2005 年。
王继承：《中小企业 2013 年度报告》，《中国经济报告》2014 年第 2 期。
王磊、马冬：《全球知识产权新趋势及我国应对策略》，江苏省中小企业协会网，http：//www. jsa - sme. org/html/2017 - 05/168497. shtml，2015 年 5 月 18 日。
王明鹏：《我国中小企业的影响因素系统研究》，博士学位论文，北京邮电大学，2015 年。
王鹏、赵捷：《产业结构调整与区域创新互动关系研究——基于我国 2002—2008 年的省际数据》，《产业经济研究》2011 年第 4 期。
王鹏飞、石林芬：《基于因子分析的大中型工业企业区域创新能力评价研究》，《科技管理研究》2008 年第 28 期。
王茜：《我国中小企业信息化建设的价值分析》，博士学位论文，天津大学，2012 年。
王三兴、熊凌：《FDI 与区域创新能力——基于省市面板数据的经验研究》，《山西财经大学学报》2007 年第 29 期。
王彤彤：《宏观经济景气状况与中国股市收益的相互影响——基于 VAR 模型的研究》，《经济研究导刊》2016 年第 14 期。
王潼、张元生、李凯、宫维可、刘欲：《景气问卷模糊预测方法及其在中国的应用》，《预测》1991 年第 4 期。
王伟明：《BDI 指数对我国上市航运企业业绩影响的实证研究》，《亚太经济》2016 年第 2 期。

王杏芬：《R&D、技术创新与区域创新能力评估体系》，《科研管理》2010年第S1期。

王亚南：《湖北20年文化消费需求景气状况测评——基于内生动力的文化发展民生成效视角》，《江汉学术》2013年第4期。

王媛：《交银中国财富景气指数走弱》，《上海证券报》2016年2月6日第2版。

王祖强：《探索建立“五水共治”的长效机制》，《浙江经济》2014年第23期。

魏江、申军：《传统产业集群创新系统的结构和运行模式——以温州低压电器业集群为例》，《科学学与科学技术管理》2003年第1期。

魏守华、吴贵生、吕新雷：《区域创新能力的影响因素——兼评我国创新能力的地区差距》，《中国软科学》2010年第9期。

翁晋阳、Mark、管鹏、文丹枫：《再战跨境电商》，人民邮电出版社2015年版。

邬关荣、刘婷、唐琼：《浙江省广告业景气指数的编制与分析》，《江苏商论》2014年第12期。

吴春青：《我国中小企业信息化建设的问题及对策》，《产业与科技论坛》2008年第1期。

吴凤菊：《江苏省中小企业政策景气指数的现状及原因分析》，《当代经济》2016年第1期。

吴家曦、李华燊：《浙江省中小企业转型升级调查报告》，《管理世界》2009年第8期。

吴健辉、洪旺元、郝朝晖：《中部六省企业景气指数与GDP增长率的相关关系分析》，《景德镇高专学报》2005年第20期。

吴君、吴业明：《我国货币政策的非对称性效应：基于消费者景气指数分析》，《数学的实践与认识》2015年第3期。

吴立涛：《我国众创空间的发展现状、存在问题及对策建议》，《中国高新技术产业导报》2017年2月20日第7版。

吴伟军：《区域企业结构差异对我国货币政策区域效应的影响》，《上海金融》2009年第3期。

吴小明：《我国中小企业发展电子商务策略研究》，博士学位论文，华中师范大学，2012 年。

吴瑛：《温州新型农村金融机构问题与对策研究》，《浙江万里学院学报》2012 年第 6 期。

吴勇毅：《微时代电商 Style》，《销售与市场》（管理版）2013 年第 5 期。

吴智慧：《工业传统制造业转型升级的新思维与新模式》，《家具》2015 年第 1 期。

武鹏、胡海峰：《中国金融风险指数 FRI 的构建及经济预测的检验》，《统计与决策》2016 年第 2 期。

肖欢明、苏为华、陈骥：《产业链视角下的纺织业景气评价与预警研究——以浙江省为例》，《财经论丛》2014 年第 1 期。

肖欢明：《行业景气与行业股价关系的实证研究——以纺织服饰行业为例》，《金融经济》2015 年第 10 期。

肖加其、苏文希：《中小企业科技成果转化投融资现状及投融资机制的探讨》，《企业技术开发》2012 年 5 月下旬刊。

肖阳阳：《中国上市公司研发投入影响因素实证研究》，博士学位论文，中南大学，2008 年。

谢海燕：《各地陆续启动扶助小微企业专项行动将改善融资服务》，中国中小企业信息网，http：//www. sme. gov. cn/，2013 年 4 月 8 日。

刑伟：《对浙江家族企业问题的几点思考》，《商场现代化》2006 年第 8 期。

熊义杰、郝思羽：《产业集群发展与区域产业结构演》，《统计与决策》2007 年第 5 期。

徐广军、张腊梅：《基于企业景气状况的财务预测研究——以企业调查数据为样本》，《上海立信会计学院学报》2008 年第 22 期。

徐国祥、郑雯：《中国金融状况指数的构建及预测能力研究》，《统计研究》2013 年第 8 期。

徐小平：《发展中小企业集群实现中部县域经济跨越式发展》，《武汉理工大学学报》（社会科学版）2011 年第 8 期。

许慧楠、吴兰德、顾姝姝：《南通市中小企业景气调研分析——以纺织业为例》，《市场周刊》（理论研究）2016 年第 3 期。

许谏：《把握经济周期看准“钟点”投资》，《现代物流报》2013 年 4 月 28 日第 A19 版。

许阳千：《基于景气指数理论框架的广西区域壁经济预警系统构建》，《广西经济管理干部学院学报》2013 年第 2 期。

许洲：《景气分析之物价水平波动》，《投资与合作》2013 年第 8 期。

学习时报：《百度中小企业景气指数 2015 年一季度报告》，《学习时报》2015 年 4 月 20 日第 4 版。

杨帅：《共享经济类型、要素与影响：文献研究的视角》，《产业经济评论》2016 年第 3 期。

杨婷：《两大指数双双回落工业生产形势严峻——2015 年四季度盐城市亭湖区工业企业景气调查报告》，《新经济》2016 年第 12 期。

杨婷：《中小企业移动互联网营销模式研究》，博士学位论文，安徽大学，2014 年。

杨晓光、鲍勤：《新常态下的中国经济转型——在阵痛中稳步前行》，《中国科学院院刊》2016 年第 3 期。

杨英杰、闫书华：《深化供给侧结构性改革有效改善经济结构性失衡》，学习时报网，http：//www. studytimes. cn/zydx/GCFT/2017 -03 -08/8612. html，2017 年 3 月 8 日。

姚燕清：《造纸企业再次提价行业高景气将延续》，《上海证券报》2016 年 12 月 16 日第 10 版。

叶成雷：《区域中小企业景气指数研究和实证分析》，博士学位论文，浙江工业大学，2012 年。

叶华：《浅谈中国外贸跨境电子商务的发展》，《湖北经济学院学报》（人文社会科学版）2013 年第 11 期。

叶伟锋：《佛山市工业企业景气波动预警系统研究》，博士学位论文，吉林大学，2008 年。

殷克东、高文晶、徐华林：《我国海洋经济景气指数及波动特征研究》，《中国渔业经济》2013 年第 4 期。

于德泉：《影响经济波动的国际因素分析》，《中国物价》2016 年第 4 期。

余思成、周桂荣：《中小企业转型升级的关键问题及解决对策分析》，《环渤海经济瞭望》2015 年第 4 期。

余韵、陈甲斌、冯丹丹、张艳：《基于合成指数模型的中国煤炭行业周期波动研究》，《资源科学》2015 年第 5 期。

袁成英：《中小企业经营绩效的宏观经济影响因素研究》，《广西财经学院学报》2011 年第 24 期。

袁宁：《影子银行、房地产市场与宏观经济景气程度——基于 SVAR 模型的实证分析》，《时代金融》2016 年第 26 期。

张洪国：《智能制造生态链：助力中小企业创新发展》，《互联网经济》2015 年第 5 期。

张捷、王霄：《中小企业金融成长周期与融资结构变化》，《世界经济》2002 年第 9 期。

张金如：《2014 浙江省中小企业发展报告》，浙江工商大学出版社 2014 年版。

张晶：《中小企业知识产权政策该如何破题》，《科技日报》2014 年 10 月 19 日第 2 版。

张凌云、庞世明、刘波：《旅游景气指数研究回顾与展望》，《旅游科学》2009 年第 5 期。

张宁：《谁来破解中小企业融资困局》，《企业观察报》，中国经济网，http：//finance. ce. cn/rolling/201503/16/t20150316 _ 4832452. shtml，2005 年 3 月 16 日。

张平：《我国区域产业结构调整的冲突及其协调——基于行政区域和经济区域的差异》，《管理世界》2007 年第 7 期。

张婷、卢颖：《科技型中小企业知识产权质押融资困境及完善路径》，《金融与经济》2016 年第 11 期。

张同斌：《中央企业发展与宏观经济增长——基于景气合成指数和 MS - VAR 模型的实证研究》，《统计研究》2015 年第 3 期。

张维迎、栗树和：《地区间竞争与中国国有企业的民营化》，《经济研究》1998 年第 12 期。

张伟斌、葛立成：《2013 年浙江发展报告》，杭州出版社 2013 年版。

张炜、方辉、刘信：《浙江省战略性新兴产业景气指数研究》，《科技管理研究》2015 年第 4 期。

张言伟：《经济景气循环对股市波动的影响分析》，《经营管理者》2017年第9期。

张彦、魏钦恭、李汉林：《发展过程中的社会景气与社会信心——概念、量表与指数构建》，《中国社会科学》2015年第4期。

张艳芳、江飞涛、谭运嘉：《中国工业景气指数构建与分析》，《河北经贸大学学报》2015年第4期。

张扬：《我国中小企业发展电子商务研究》，博士学位论文，首都经济贸易大学，2012年。

张洋：《企业景气指数与宏观经济波动研究》，博士学位论文，北京工商大学，2005年。

张永军：《经济景气计量分析方法与应用研究》，中国经济出版社2007年版。

张宇青、周应恒、易中懿：《经济预警指数、国房景气指数与CPI指数波动溢出实证分析——基于三元VAR－GARCH－BEKK模型》，《统计与信息论坛》2014年第29卷第3期。

张煜：《营改增累计减税近两千亿元》，《解放日报》2017年3月30日第1版。

赵陈诗卉、祝继常：《铁路货运市场景气指数构建与应用》，《中国铁路》2016年第2期。

赵光娟：《企业景气指数的干预模型研究》，博士学位论文，华中农业大学，2011年。

赵军利：《经济学家信心指数总体回升——2015年一季度中国百名经济学家信心调查报告》，《中国经济景气月报》2015年第4期。

赵倩晨：《"营改增"对现在服务企业的影响研究》，博士学位论文，安徽大学，2015年。

赵斯惠：《基于O2O视角的共享经济商业模式研究——汽车共享为例》，首都经济贸易大学，2015年。

赵晓晖：《我国中小企业信息化发展现状与对策研究》，博士学位论文，燕山大学，2013年。

支小军、王伟国、王太祥：《我国棉花价格景气指数构建研究》，《价格理论与实践》2013年第1期。

中国出版传媒商报专题调查组：《“十问”书业景气指数》，《中国出版传媒商报》2015 年 1 月 16 日第 1 版。

中国互联网络信息中心：《2013 年下半年中国企业互联网应用状况调查报告》，2014 年 1 月。

中国互联网络信息中心：《2014 年下半年中国企业互联网应用状况调查报告》，2015 年 2 月。

中国互联网协会：《2015 中国互联网产业综述与 2016 发展趋势报告》，2016 年 1 月。

中国柯桥纺织指数编制办公室：《产出回缩销售上涨景气指数微升》，《中国纺织报》2015 年 6 月 3 日第 4 版。

中国人民大学宏观经济分析与预测课题组、刘元春、闫衍、刘晓光：《持续探底进程中的中国宏观经济——2015—2016 年中国宏观经济分析与预测》，《经济理论与经济管理》2016 年第 1 期。

中国物流与采购联合会：《2015 年 11 月物流业景气指数为 54.2%》，《现代物流报》2015 年 12 月 4 日第 A02 版。

中国中小企业发展促进中心：《2015 年全国企业负担调查评价报告》，2015 年 11 月。

国家工商行政管理总局：《全国小型微型企业发展情况报告（摘要）》，2016 年。

国家知识产权局：《2016 年中国知识产权保护状况》，国家知识产权局网，http：//www. sipo. gov. cn/gk/zscqbps/201704/t20170425 _ 1310328. html，2017 年 4 月 25 日。

中国社会科学院：《2016 年钢铁及煤炭行业景气将延续下行态势》，《资源导刊》2016 年第 1 期。

中信建投：《造纸：文化纸景气提升太阳等龙头受益》，《股市动态分析》2017 年第 6 期。

中央经济工作会议：《五大政策推进供给侧结构性改革》，《人民日报》2015 年 12 月 22 日第 1 版。

中债资信：《2017 年水泥行业景气度解析》，《中国水泥》2017 年第 3 期。

周程程：《8 月三大投资数据回暖明显经济企稳信号强》，《每日经济新闻》2016 年 9 月 14 日第 1 版。

周德全:《中国航运企业景气状况分析与预测》,《水运管理》2013 年第 7 期。

周东峰、马政:《中小企业科技成果转化问题及对策初探》,《青海科技》2009 年第 2 期。

周黎安、罗凯:《企业规模与创新:来自中国省级水平的经验证据》,《经济学》(季刊) 2005 年第 4 期。

周跃锋、李英博:《工业 4.0 背景下中小企业未来之路的探讨》,《科技和产业》2014 年第 11 期。

朱海就:《区域创新能力评估的指标体系研究》,《科研管理》2004 年第 3 期。

朱军、王长胜:《经济景气分析预警系统的理论方法》,中国计划出版社 1993 年版。

朱顺泉:《基于突变级数法的上市公司绩效综合评价研究》,《系统工程理论与实践》2002 年第 2 期。

朱晓霞:《中小企业与区域创新系统(RIS)的绩效关系研究》,《科技进步与对策》2010 年第 27 期。

朱云英:《浅论统计指标和景气指数对工业经济的预测意义》,《中国外资》2013 年第 5 期。

庄幼绯、卢为民、毛鹰翱、李毅:《土地市场景气指数编制的探索与实践——以上海土地市场为例》,《上海国土资源》2016 年第 1 期。

邹洪伟:《投资景气指数的研究》,博士学位论文,北方工业大学,2002 年。

邹磊、徐策:《实施“互联网 +”行动计划推动提质增效升级》,《宏观经济管理》2015 年第 6 期。